KB263456

선진국 진입을 위한

한국경제의 새로운 성장전략

선진국 진입을 위한
한국경제의 새로운 성장전략

초판 1쇄 발행 2004. 12. 30.
초판 2쇄 발행 2005. 9. 25.

지은이   함정호 편저
펴낸이   김경희
펴낸곳   ㈜지식산업사
         서울시 종로구 통의동 35-18
         전화 (02)734-1978(대) 팩스 (02)720-7900
         인터넷 한글문패   지식산업사
         인터넷 영문문패   www.jisik.co.kr
         전자우편   jsp@jisik.co.kr
         등록번호   1-363
         등록날짜   1969. 5. 8.

책값은 뒤표지에 있습니다.

ⓒ 함정호 편저, 2004
ISBN   89-423-3059-2 (93320)

이 책을 읽고 지은이에게 문의하고자 하는 이는 지식산업사 전자우편으로 연락 바랍니다.

선진국 진입을 위한
한국경제의 새로운 성장전략

함 정 호 편저

지식산업사

책을 내면서

　경제성장이 진전되어 어느 정도 잘살게 되고 경제가 성숙기에 이르게 되면 투자수익률 하락, 출산율 저하, 고임금 구조, 사회복지지출 부담 증대 등으로 성장을 위한 환경이 어렵게 되는 것이 일반적인 현상이다. 주요 선진국의 경우 국가별로 약간 차이는 있으나 대체로 1인당 국민소득이 1만 달러가 되는 수준에서 전형적인 성숙기의 징후가 나타나기 시작하였으며 이러한 경제성숙기의 성장환경 변화는 경제성장률 하락으로 나타나 성장률이 연 3%대로 낮아졌다. 이러한 경제성숙기의 진통과 고난을 슬기롭게 극복하고 생산성과 효율 향상을 이룩한 나라는 국민소득 2~3만 달러의 진정한 선진국으로 진입할 수 있었고 그렇지 못했던 일부 국가는 안타깝게도 선진국의 문턱에서 주저앉았다.

　우리 경제에도 최근 들어 이러한 경제성숙기의 징후들이 여기저기서 다양한 모습으로 나타나고 있다. 지금 우리 경제가 겪고 있는 양극화, 노사 갈등, 고임금 구조, 과도한 복지욕구 분출, 고비용·저효율의 교육제도, 생산성 정체 등은 모두 경제성숙기의 징후들이다. 이러한 징후들은 우리 경제의 앞날에 일대 위기이자 도전으로 다가오고 있다.

　우리의 경우 아직 잠재성장률이 4~5%대를 유지하고 있다는 점에서 성장능력에는 문제가 없는 것처럼 보인다. 그러나 출산율이 1.17명에 그쳐 경제협력개발기구(OECD) 국가 가운데 가장 낮은 수준으로 떨어졌고 인구고령화 현상까지 겹쳐 인구문제가 성장잠재력에 미치는 영향이 심각해지고 있다. 선진국에 비해 낮았던 투자수익률은 1980년대 이후 1~2%대로 떨어졌다. 뿐만 아니라 선진국에서 고도성장이 끝나면서 분배를 둘러싼 갈등이 표면화했던 것처럼 노사분규도 줄어들지 않고 있으며 일각에서는 복지욕구도 지나치게 분출되고 있다.

　그럼 우리는 어떻게 하면 이러한 경제성숙기의 문제점들을 슬기롭게 극복하고 국민소득 2~3만 달러의 진정한 선진국으로 도약할 수 있겠는가? 현재와 같은 고임금 구조 아래에서는 경제 전반의 생산성과 효율을 높이는 방향으로 체질을 개선하는 것 이외에 다른 방법은 없다. 주요 선진국의 경험을 보면 이러한 체질개선은 국민 모두가 많은 고통을 감내하면서 오랜 기간 꾸준히 추진할 때 비로소 가능하였다. 우리 경제의 환경변화와 성숙기의 징후들을 정확하게 진단하고 '체질개선이 불가피하다'는 인식을 국민 모두가 다함께 공유하는 것이 그 첫걸음일 것이다.

　체질개선의 필요성에 대한 경제주체들의 인식과 더불어, 성장의 패러다임을 기술혁신에 근거한 '혁신주도 성장전략'으로 바꿔야 한다. 일찍이 크루그먼이 지적했듯이 풍부한 노동공급을 바탕으로 자본동원과 기술모방에 의존했던 과거의 성장전략은 이제 한계에 이르렀기 때문이다. 따라서 기술혁신과 생산성 향상을 바탕으로 하는 선진국형 성장모형으로 패러다임을 전환해야 한다. 이를 위해서는 제도와 관행을 개혁하고 우리 의식도 철저히 혁신해야 한다. 그러나 주요국의 경험에서 알 수 있는 것처럼 이러한 패러다임 전환 역시 국민 모두가 많은 고통을 감내하면서 오랜 동안 꾸준히 추진할 때 비로소 가능하다. 이를 위한 출발점은 우리 경제의 현 위치에 대한 정확한 인식을 통해 패러다임 전환이 불가피하다는 사회적 합의를 이루는 일이 될 것이다.

경제성숙기의 성장환경 변화 흐름을 분명히 인식하고 이러한 제약요인을 슬기롭게만 극복한다면, 우리 경제는 1인당 국민소득 2~3만 달러의 진정한 선진국으로 진입할 수 있는 충분한 잠재력이 있다. 그러나 선진국 진입을 위해서는 무엇보다 먼저 과거의 요소투입형 양적 성장방식이 이제는 한계에 도달했다는 점을 인식하고, 기술혁신과 인력의 질적 향상에 초점을 맞추어 성장잠재력을 확충해 나가야 한다. 세계화가 진전되고 기술이 진보할수록 과거와 같이 선진기술을 모방해서 성장하기는 어렵다는 점을 직시하고 독자적인 원천기술 개발에 혼신의 노력을 기울여야만 할 것이다. 그리고 첨단기술을 독자적으로 개발할 수 있는 역량을 갖추기 위해 우수한 인적자원을 길러내고 이들의 창의성을 극대화할 수 있는 교육 및 연구개발 시스템을 국가적 차원에서 구축해야 한다. 현 시점에서 경기의 단기적 순환에 연연하기보다는 적어도 10년 앞을 내다보는 지속성장의 발판을 확보하는 것이 아주 중요하기 때문이다. 아울러 각 경제주체도 자신의 이익과 욕구만을 내세우고 단기적 손익에 일희일비하기보다 장기적인 관점에서 우리 경제의 지속적 성장을 위해 합심해야 할 것이다.

이 책은 이러한 인식 아래 우리 경제의 선진국 진입을 위한 새로운 성장전략의 전환 필요성에 대한 사회적 합의 및 성장잠재력 확충을 위한 정책과제 도출에 조금이나마 보탬이 되고자, 한국은행 금융경제연구원을 중심으로 여러 연구자들이 지난 1년 동안 수행한 연구결과들을 모아 엮은 것이다. 아무쪼록 이 책이 정책당국자의 정책수립이나 관련 연구자들의 연구에 조금이라도 보탬이 되길 바라마지 않는다.

끝으로 이 연구를 위해 혼신의 힘을 기울인 한국은행 금융경제연구원의 양동욱 부원장, 홍승제 차장, 전승철 팀장, 임철재 과장, 하준경 박사, 김영준 과장, 강태수 과장, 조사국의 이종건 팀장, 문소상 과장, 은행국의 이주경 박사, 경기본부의 이내황 실장, 그리고 논문 게재에 흔쾌히 응해주신 고려대학교 이종화 교수께 깊이 감사드린다. 특히 책자 발간을 위해 편집과정에서부터 발간까지 노고를 아끼지 않은 장동구 경제연구팀장에게 특별한 감사의 마음을 전한다. 마지막으로 본 책자의 내용은 각 집필자 개인의 의견일 뿐 한국은행의 공식견해가 아님을 새삼 밝혀 둔다.

2004년 12월
필자들을 대표하여
함 정 호

차 례

제1부 성장환경 변화와 새로운 성장전략의 필요성

|||||| 제1장 경제성숙기의 성장환경 변화와 대응방향 | 임철재 · 김영준

제2부 성장잠재력에 대한 도전과 과제

‖‖‖‖ 제4장 우리 경제의 장기성장기반 확충을 위한 과제

| 양동욱 · 홍승제 · 이주경 · 임철재 · 문소상

‖‖‖ 제6장 경제양극화의 원인과 영향 및 정책과제

| 이내황 · 하준경 · 강태수 · 임철재

제3부 새로운 성장전략의 추진동력

||||| 제7장　설비투자 확충 : 양적 성장에서 질적 성장으로

| 전승철·김영준·하준경

‖‖‖‖‖ 제8장 연구개발 투자의 질적 향상 : 모방에서 창조로 | 하준경

서 장

함 정 호

《종(種)의 기원》으로 유명한 찰스 다윈은 오랜 생명의 역사에서 살아남는 것은 가장 강하거나 지능이 높은 종이 아니라 환경변화에 가장 잘 적응하는 종이라고 갈파한 바 있다. 즉 최선의 생존전략은 스스로를 변화시키는 능력에 있다는 것이다.

최근 우리 경제는 밖으로는 테러 등 국제정치 불안, 중국·인도 등의 신흥 경제강국으로 급부상, 유가 앙등, 안으로는 잠재성장률 하락, 내수부진, 경제양극화 등 과거와는 전혀 다른 대내외 환경에 봉착해 있다. 따라서 현재 우리 경제는 새로운 환경에 잘 적응하고 여러 난제들을 원만히 해결함으로써 선진국 진입의 꿈을 이룰 것인가, 아니면 1980년대 남미국가들처럼 선진국 문턱에서 주저앉고 말 것인가의 중대 갈림길에 서 있다고 할 수 있다.

우리나라는 1960년대 이후 30여 년 동안의 고도성장을 통해 선진국과의 격차를 급속히 줄임으로써 세계적으로 경제성장의 모범국가라는 칭송을 받아 왔으나 1990년대에 들어서면서부터는 선진국과 격차를 전혀 좁히지 못하고 있다. 경제성장론자들은 선진국으로 진입할 수 있는 잠재력이 충분한 나라가 선진국 수준으로 수렴하지 못하고 후진국 상태에 머무르는 안타까운 상황을 '비수렴함정'(non-convergence trap)이라고 부른다. 이는 경제발전 초기에 선진기술의 모방과 규모 확대로 성장해온 경제가 자체 기술혁신 능력을 갖추지 못해 일정 단계에서 성장동력을 급속히 상실하게 되는 상황을 일컫는 용어이다.

우리 경제의 잠재성장률은 1980년대 7%대 중반, 1990년대 6%대 중반 수준이던 것이 2000년대 들어서는 5% 미만 수준으로 떨어져 최근 들어서 우리의 성장잠재력이 크게 약화된 것이 아니냐 하는 우려감이 팽배해 있다. 그런데 역사적으로 보면 경제의 성숙과 함께 잠재성장률이 하락하는 것은 선진국들도 다 함께 경험한 일반적인 현상이다. 주요 선진국들도 1970년대 말~1980년대 중반 무렵 1인당 국민소득 1만 달러를 달성하였으며, 이 시기를 전후하여 성장률이 연 3%대 이하로 낮아진 바 있다. 따라서 우리 경제의 성장률이 향후 10년 동안 4~5%대에서 유지될 것으로 전망되는 것은 오히려 고무적이기까지 하다.

그러나 이러한 전망도 우리 경제가 급변하는 환경 속에서 지금과 같은 성장기반을 그대로 유지할 수 있다는 것을 암묵적으로 전제하고 있다는 점에 유념할 필요가 있다. 더욱이 우리가 아직 국민소득 2만 달러도 달성하지 못한 점을 감안하면 성장률 4~5%는 결코 만족스러운 수준이라고 보기 어렵다. 특히 최근 선진국들의 경기가 전반적인 회복세로 돌아서고 장기불황으로 어려움을 겪던 일본마저 지속적인 수출호조에 힘입어 투자와 소비가 되살아나는 등 경기회복 조짐이 뚜렷한 지금, 우리 경제만 나홀로 부진을 지속하고 있는 현상도 우리 성장전망을 결코 낙관할 수만은 없음을 시사하는 것이다.

현재 우리 경제 앞에는 굵직한 위험요인들이 적잖게 도사리고 있다. 경제성숙기 진입에 따른 투자수익률 하락과 전반적 리스크 증대에 따른 투자부진의 장기화, 가계신용 급팽창에 따른 가계부채 누적과 주택가격 버블 조정 및 이에 따른 소비부진, 높은 임금 등에 기인한 고비용 구조와 노사관계 불안정, 출산율 저하와 인구 고령화, 고비용·저효율의 교육제도, 선진국의 50~60%에 불과한 기술격차의 지속, 여러 분야에서 나타나고 있는 경제양극화 등이 대표적인 요인들이다. 그런데 이들 위험요인들은 경기가 회복되면 자연스레 해결될 일시적인 문제들이기보다는 경기순환에 상관없이 지속될 구조적 성격의 것들이고 더욱이 우리 경제의 성장동력과 밀접한 관련을 가지고 있다는 점에 문제의 심각성이 있다.

더군다나 우리 경제의 성장이 이러한 위험요인들로 말미암아 어려움을 겪고 있는 사이에 중국 등 후발국들이 저임금, 높은 질의 인적자원, 왕성한 투자 등을 통해 무서운 기세로 추격해오고 있어, 우리 앞에 놓여 있는 이러한 위험요인들을 잘 극복하고 새로운 성장동력이나 발전전략을 마련하지 못하면 중국 등 후발국과 선진국 사이에서 넛 크래커(nut cracker)에 낀 호두와 같은 상황에 처할 우려가 없지 않다. 또한 우리나라의 경우 선진국의 3~4배나 급속히 진행되는 인구고령화로 어려움이 가중되고 있다. 이는 결국 우리 경제의 사활이 그 어느 국가보다도 더욱 더 생산성 향상에 달려 있음을 시사한다고 하겠다.

우리 경제가 생산성 향상을 통해 지속적으로 성장하기 위해서는 먼저 우리의 성장전략과 성장모형이 과거의 기술모방이나 양적 확대 중심에서 자체 기술개발을 중시하는 혁신주도형으로 바뀌지 않으면 안 된다. 이를 위해 투자의 중점도 단순히 양적 확장을 위한 투자보다는 새로운 성장동력이 될 수 있는 산업이나 기술분야를 발굴하고 발전시키기 위한 기술개발 투자에 놓여져야 하며, 이를 통해 후발국들이 쉽게 모방할 수 없는 경쟁력의 원천을 하루속히 마련하여야 한다. 또한 연구개발과 기술혁신을 담당할 고급인력을 체계적으로 양성하고 활용하기 위한 국가적 시스템도 시급히 확립해야 한다.

　그러나 연구개발 투자의 확대와 고급인력의 증가가 곧 경제 전체의 생산성 향상으로 직결되는 것은 아니다. 사회경제 전체적으로 기술혁신의 성과를 충분히 활용하여 각 분야의 효율성 향상으로 연결시키는 한편, 기술혁신능력 제고를 원활히 지원하는 사회적 역량(social capability)이 함께 높아져야 한다. 이러한 사회적 역량은 사회경제의 여러 제도, 관행, 의식들이 효율과 생산성을 중시하는 방향으로 동시에 변화할 때 비로소 높아질 수 있을 것이다.

　요컨대 지금은 우리 경제가 한 단계 높이 발전하기 위해 성장모형과 성장전략을 혁신과 효율 위주로 과감히 전환해야 할 때이다. 아울러 산업, 금융은 물론, 경제 각 분야에서 이에 부응한 구조조정이 조속히 추진되어야 한다. 그러나 선진국의 문턱에서 좌절한 남미국가들의 경험은 물론 구조전환기를 경험한 주요국의 사례에서 잘 알 수 있는 것처럼 새로운 성장패러다임으로 전환하는 것은 지난한 과정이다. 성장패러다임의 변화로 후생이 증가하는 주체들과 후생이 감소하는 주체들 사이의 이해마찰이 불가피하게 발생하기 때문이다. 그럼에도 경제 전체가 퇴보하지 않고 발전하기 위한 구조전환은 불가피하며, 우리 경제에서 지금은 그 어느 때보다 강력한 리더십과 패러다임 전환에 대한 사회적 합의가 필요한 때이다.

　이 책은 이러한 문제의식을 가지고 우리가 처한 성장환경이 과거에 견주어 과연 어떻게 달라졌는지, 이러한 문제를 극복하기 위한 바람직한 성장전략은 무엇이고, 성장잠재력 확충을 위한 구체적인 방안은 또 무엇인지에 대해 다양한 차원과 측면에서 심도 있게 살펴보기 위한 목적으로 쓰였다.

　이 책은 크게 세 부분으로 나뉜다. 제1부 '성장환경 변화와 새로운 성장전략의 필요성'은 가장 거시적인 차원에서 성장전략에 대해 논한다. 먼저 주요국들이 국민소득 1만 달러를 전후한 시점에서 나타나기 마련인 생산성 하락, 분배를 둘러싼 사회·경제적 갈등 등의 문제들을 어떻게 극복하고 선진국으로 진입하였는지(제1장), 그리고 20세기 들어 주요한 후발경제로서 그 경제적 성패에 관심이 모아졌던 독일, 일본, 아르헨티나가 어떻게 성장모형 전환에 성공 또는 실패함으로써 장기적 성장경로가 달라지게 되었는지 살펴보고(제2장), 우리의 성장전략이 혁신주도 지식기반 지향으로 바뀌지 않으면 장기간 정체상태에 머무는 '비수렴함정'에 빠질 수도 있음을 보여준다(제3장).

제2부 '성장잠재력에 대한 도전과 과제'는 잠재성장률 전망과 성장잠재력의 구성요인에 대한 기여도 분석 등을 통해 제1부에서 주장한 성장전략 전환 필요성의 구체적인 근거를 제시한다. 이를 위해 먼저 우리 경제가 맞닥뜨리고 있는 위험요인들을 적시하고 이러한 위험요인이 극복되지 않을 경우 성장잠재력이 어느 정도 약화될 수 있는지 실증적으로 보인다(제4장). 아울러 성장모형 추정을 통한 성장잠재력 결정요인들의 기여도 변화를 살펴봄으로써 혁신기반 경제구조로 전환하는 데 장애가 되고 있는 요인은 무엇인지 살펴보고(제5장), 최근 성장잠재력 확충에 걸림돌이 되고 있는 경제양극화 문제에 대한 심도 깊은 분석을 시도한다(제6장).

제3부 '새로운 성장전략의 추진동력'에서는 이상의 논의를 바탕으로 좀더 각론으로 들어가 성장동력의 주된 구성요소인 설비투자(제7장), 연구개발 투자(제8장), 생산성(제9장), 인적자본(제10장) 등의 문제에 대해 심층 분석한 뒤 성장동력 확충을 위한 세부 방안을 제시한다.

각 장의 내용을 더 구체적으로 살펴보면, 먼저 제1장은 경제성장이 진전되어 경제가 성숙기로 진입하면 성장환경이 어떻게 달라지는지를 선진국의 경험을 통해 살펴보고 있다. 필자들은 주요 선진국들도 1970년대 말~1980년대 중반 무렵 1인당 국민소득 1만 달러를 달성한 시기를 전후하여 출산기피와 노동공급 둔화, 투자 수익률과 생산성 하락, 노사갈등 심화와 고임금, 실업증가 등에 따른 소득분배 악화와 사회복지 지출 부담 증대 등 여러 가지 문제들에 직면하여 성장률이 연 3%대로 낮아졌음을 지적한다. 또한 주요국들은 이러한 성장환경 변화에 적극적으로 대처함으로써 생산성과 효율 향상을 이루고 국민소득 2~3만 달러의 진정한 선진국으로 성장할 수 있었음을 보인다. 아울러 이 장은 주요국들이 출산율 제고, 기업경쟁력 강화, 노동시장 유연화, 과도한 사회복지제도의 폐해 방지 등을 위해 구체적으로 어떠한 정책들을 사용하였고 그 성과는 어떠하였는지를 평가함으로써 우리 경제에 대한 시사점들을 이끌어내고 있다.

제2장에서는 앞장의 논의를 더 진전시켜 독일, 일본, 아르헨티나의 3개국 사례를 비교·고찰함으로써 성장모형 전환 및 구조조정에 실기할 경우 한 국가경제의 성장경로가 얼마나 극명하게 달라질 수 있는지를 보여주고 있다. 필자들에 따르면 독일, 일본, 아르헨티나는 모두 성장 초기단계에는 풍부한 노동과 자본 공급, 선진기술 도입 등을 바탕으로 고도성장을 지속하였다. 그러나 독일과 일본의 경우 1970년대 중반 무렵 기존의 성장모형이 한계에 이르자 생산성 향상, 기술혁신 및 경쟁을 촉진하는 구조개혁을 통해 새로운 성장모형으로 전환함으로써 안정성장을 유지한 반면, 아르헨티나는 끊임없는 정치불안과 경제주체들 사이의 이해상충으로 말미암은 개혁 실패로 성장과 후퇴를 반복하고 있다.

이러한 3개국 경험으로부터 필자들은 성장모형 전환과 관련하여 다음과 같은 5가지의 중요한 시사점을 이끌어내고 있다. 첫째, 풍부한 노동력과 후발국의 모방이익을 바탕으로 한 초기의 고도성장 모형은 어느 단계에 이르면 한계에 봉착하게 되므로 지속적 성장을 이룩하기 위해서는 효율과 혁신, 개방과 경쟁 중심의 선진국형 성장모형으로 이행하는 것이 필수적이라는 것이다. 둘째, 성장모형 전환에서 가장 중요한 것은 경제구조 개혁의 불가피성에 대한 사회 전체의 자각과 합의이며, 특히 노사관계의 안정과 집단이기주의의 극복이라는 점이다. 셋째, 구조개혁은 각 구성원의 고통분담을 수반하며 그 성과도 오랜 기간에 걸쳐 꾸준한 개혁이 추진된 뒤에야 가시화되므로 장기적인 관점에서 개혁정책을 일관성 있게 지속적으로 추진해 나가야 한다는 점이다. 넷째, 지속적인 구조개혁 추진을 위해서는 거시경제 기반의 건전성 유지가 뒷받침되어야 하며, 이를 위해서는 절도 있는 재정·금융정책 운영이 필요하다는 것이다. 마지막으로, 아르헨티나의 예에서 보는 바와 같이 국내외 경제상황이나 시장원리에 위배되는 정책수단은 장기적으로 비용증가만 가져올 뿐이므로 시장원리에 바탕을 둔 경제구조 개혁이 필요하다는 점이다.

제3장에서는 경제발전과 성장전략 사이의 관계를 분석하기 위한 동태적 거시경제 모형을 만들고, 이에 바탕을 두고 발전단계별 성장전략의 유효성을 평가한다. 필자의 분석에 따르면 선진국과 기술격차가 매우 큰 경제발전의 초기단계에서는 양적 팽창 중심의 성장전략이 유효할 수 있으나, 기술격차가 충분히 좁혀진 뒤에는 기술혁신 중심의 성장전략만이 지속적 성장을 보장해준다. 성장전략이 적절히 바뀌지 않으면 기존의 팽창전략이 오히려 경제성장의 걸림돌이 되어 경제가 정체상태에 머무는 비수렴함정에 빠질 위험이 있다는 것이다. 또한 모의실험 결과 제도개선 등을 통해 혁신활동을 늘리도록 기업들의 유인체계를 변화시키는 정부정책은 경제를 한 단계 더 도약시켜 선진국 대열에 진입하게 하는 데 효과적이지만, 규모 확대와 기술혁신이라는 두 가지 목표를 동시에 추구하는 정책은 실패할 가능성이 높음을 보여준다.

아울러 이 장은 물적자본, 인적자본, 연구개발 투자를 모두 포괄하는 넓은 의미의 총투자에 대한 내용분석을 시도하고 우리나라는 아직 기술모방을 통한 규모 확대 중심의 성장전략을 크게 벗어나지 못하고 있음을 지적한다. 또한 우리나라와 미국의 기술격차와 그 추이를 측정한 뒤 우리나라는 1970년대와 1980년대에는 미국과의 기술격차를 상당히 좁혔으나, 1990년대 초부터는 미국의 50% 수준에서 정체되고 있는 모습을 보임으로써 비수렴함정의 징후가 지속되고 있다고 주장한다. 이상의 분석에 바탕을 두고 필자는 우리나라가 선진국 대열에 진입하려면 혁신주도 성장전략으로 시급히 전환해야 하며, 이를 위해서는 한정된 자원이 현상유지적 설비투자가 아닌 기술혁신을 위한 연구개발과 기업경영의 선진화 등에 사용될 수 있도록 유도하고, 제도·의식·관행의 혁신 등을 지속적으로 추진하는 정책들이 긴요하다고 결론짓고 있다.

제4장은 우리 경제가 직면한 위험요소들로서 기술격차 지속, 인구고령화, 기업가정신 위축 및 투자율 저하, 저효율 교육제도 등을 들면서 시나리오별 잠재성장률 전망을 시도한 뒤 우리 경제의 구조적 장기불황 가능성에 대해 평가한다. 필자들에 따르면 우리 경제의 잠재성장률은 기초 경제여건을 감안할 때 향후 10년 동안 연 4.5~5% 수준을 유지할 수 있을 것으로 전망되나, 장기 성장기반 저해요인들을 극복하지 못할 경우 잠재성장률이 현저히 낮아지는 가운데 수요부진으로 실제성장률이 잠재성장률 수준을 계속 밑도는 일본형 구조적 장기불황의 가능성도 배제할 수 없다.

즉 우리 경제의 잠재성장률은 현재의 기초 경제여건이 유지되더라도 출산율 저하 및 인구고령화 문제 등으로 2020년 무렵에는 선진국과 같은 3%대 성장에 진입할 것으로 전망되는데, 성장기반 확충 노력이 충분하지 않을 경우 이러한 잠재성장률 하락 시기가 앞당겨지거나 실제성장률이 장기간 잠재성장률을 밑도는 구조적 저성장에 빠질 위험도 배제할 수 없다는 것이다. 또한 이 장에서는 위험요인들을 제대로 관리하지 못하는 비관적 시나리오 아래서는 앞으로 10년 동안 잠재성장률이 연 3.9%~4.1%로 떨어질 수도 있는 것으로 추정하고 있다. 한편 주요국의 경우 소득수준 상승과 함께 대체로 성장률이 낮아지는 추세를 보이고는 있으나, 아일랜드의 예에서 보듯이 생산성 향상이나 외국인투자 유치 등을 통해 그 하락속도를 완화하거나 높은 수준의 성장률을 유지하는 것도 가능하기 때문에, 지속적 성장능력 유지를 위한 다각적인 정책적 노력이 필요함을 역설하고 있다.

제5장에서는 혁신기반 성장모형에 바탕을 두고 우리나라의 성장잠재력 변동요인을 분석하고 있다. 필자들이 이 모형에서 중요한 성장요인으로 여기는 4가지 경제조건인 노동·자본 능 요소조건, 기술·제도조건, 산업연관관계, 수요조건을 중심으로 우리 경제의 성장잠재력을 결정하는 요인들이 어떻게 변화해왔는지를 실증적으로 보이고 있다. 이 장에서는 1983~2002년을 대상으로 우리나라의 성장모형을 추정한 결과, 우리 경제는 1990년대 이후 기술발전, 수요기반 확충 등 혁신요건을 일부 갖추기는 했으나, 소재·부품의 해외의존도 심화 등으로 산업연관관계가 크게 악화되어 혁신기반 경제성장구조로 전환하는 데 어려움이 있었던 것으로 평가하고 있다.

각 요인별로 성장기여 정도를 살펴본 결과, 먼저 실물·인적자본 등 요소조건의 성장기여율은 1980년대와 1990년대에 걸쳐 70% 정도의 높은 수준을 유지하는 가운데 기술·제도조건의 기여율이 1990년대 들어 크게 상승하여 30% 정도에 이르고, 수요조건도 소득수준 향상, 소비 다양화 등을 통해 기여율이 1990년대 들어 9%로 다소 상승하였으나, 산업연관관계는 1980년대와 비교하여 1990년대 이후 크게 악화된 것으로 분석되었다.

　　이러한 분석결과에 바탕을 두고 필자들은 우리나라가 지식·혁
신기반 경제성장구조를 정착·발전시키기 위해서는 노동, 자본 등
요소의 안정적 투입, 지속적인 기술발전, 제도개선 뿐만 아니라 부
품소재 국산화율 제고 등을 통한 산업연관관계의 강화, 거시경제
안정, 소비활동의 합리화 등을 통한 수요조건 개선 등에 정책적 노
력을 기울여야 한다고 결론짓고 있다.

　　제6장에서는 최근 수출과 내수, IT산업과 비IT산업, 대기업과
중소기업, 그리고 고소득층과 저소득층 사이의 양극화 등 우리 경
제의 여러 부문에서 경제적 성과의 격차가 커지고 있음을 보이고,
그 원인에 대해 심층적으로 분석하고 있다. 필자들은 경제양극화는
근본적으로 우리 경제의 성숙단계 진입, 세계화의 진전, 기술진보
등 급속한 환경변화에 대한 산업간·개인간 적응성 격차에 따라 불
가피하게 발생하는 면도 있으나, 부품소재산업이 발달하지 못한 데
서 오는 수출 − 내수 사이의 연관성 미약, 중소기업 성장기반의 취
약성, 고용구조 악화와 소득재분배기능 미흡 등 구조적 요인에 더
해 설비투자와 민간소비 부진과 같은 경기적 요인이 겹쳐 여러 부
문에서 과도하게 나타나고 있다고 진단한다. 그리고 경제양극화가
지속되면 단기적으로는 특정 부문에 대한 의존성 증대로 경기변동
성이 커지며, 장기적으로는 인적·물적자본의 원활한 축적이 어려
워 경제의 성장잠재력이 훼손될 우려가 있다고 지적한다.

　　이러한 인식에 바탕을 두고 필자들은 양극화의 부작용을 방지
하기 위해 '수출 증가 → 투자·고용 증가 → 소비 증가'라는 수출
과 내수 사이의 선순환구조를 정착시키고, 혁신과 구조조정으로
부문간 격차를 축소하며, 인적자본 육성 중심의 성장촉진형 재분
배정책을 추진할 필요가 있음을 제언하고 있다.

　　제7장은 과거 고도성장기에 경제성장을 견인했던 설비투자가
최근 4분기 연속 마이너스 성장을 기록하는 등 부진이 지속되고

있는 현상에 대한 원인분석을 시도하고 있다. 필자들은 그 이유를 외환위기 이후의 경기적·구조적 요인뿐만 아니라 이미 1990년대부터 나타나기 시작한 근본적인 경제여건의 변화에서 찾고 있는데, 무엇보다도 지난 수십 년 동안 엄청난 속도의 물적자본 축적에도 불구하고 기술혁신과 고급인력 개발이 상대적으로 미흡하여 자본의 한계생산성이 지속적으로 하락해온 점이 투자부진의 근본적 원인이라는 것이다.

필자들은 특히 설비투자의 유발경로가 크게 변화한 점에 주목하고 있다. 즉, 경제발전의 초기 단계에서는 초중급기술을 쉽게 모방할 수 있고 노동력도 풍부한 반면 자본스톡은 부족하여 자본의 한계생산성이 높으므로 설비투자가 쉽게 유발된다. 하지만 이러한 물적자본 두입위주의 경제싱장이 지속되어 자본의 한계생산성이 낮아지면 초기형 설비투자 수요는 둔화된다. 이 때에는 자본의 생산성을 높일 수 있는 고급인력과 고급기술이 설비투자 수요를 높이는 선결조건이 된다. 다시 말해, 설비투자가 R&D 및 교육훈련 투자 등 질적 투자에 의해 유발되는 경로가 더 중요해지면서 설비투자의 내생성이 증대하게 된다는 것이다. 우리나라의 경우에는 지난 수십 년 동안 R&D 및 교육훈련 투자 등 질적인 투자보다는 물적자본 위주의 양적인 투자가 중심이 되어 온 결과 물적자본의 축적은 어느 정도 이루어진 반면 고급기술 및 인적자본의 축적은 미흡하였으며 이것이 바로 최근 투자부진 현상의 근본적인 요인으로 작용하고 있다는 것이다.

따라서 필자들은 지속적인 투자가 이루어지기 위해서는 최근의 경기적·구조적 투자저해 요인을 해소하는 것은 물론 적극적인 R&D 및 교육훈련 투자를 통해 물적자본과 기술 및 인적자본 사이의 균형을 회복함으로써 자본의 한계생산성 자체를 높이는 것이 중요하다고 지적하고 있다. 이를 위해서 필자들은 먼저 공공부문을 중심으로 기초과학 및 원천기술 개발을 위한 투자를 확대하여 민간 부문의 기술혁신 기반을 강화해야 한다고 주장한다. 그리고 이와 더불어 산·학·연 사이의 네트워크 구축 등 투자 인프라의 확충, 기술혁신의 주체로 기능할 수 있는 창의적 고급인력 양성을 위한 교육시스템의 효율성 제고, 지대추구(rent seeking) 행위보다는 창의적인 혁신을 통한 새로운 가치창출을 촉진하기 위한 교육, 산업, 노동 등 각 분야별 진입제한 철폐 등 국가·사회적인 혁신능력 (innovative capacity)을 배양하는 것이 긴요하다고 제언하고 있다.

제8장은 R&D가 경제성장에 미치는 영향을 이론적, 실증적으로 분석하고 있다. 먼저 필자는 R&D정책이 과연 필요하고 유효한지에 대한 근본적인 질문을 던지고 이론적 모형과 선진국 자료를 이용한 실증분석을 통해 R&D정책이 유효함을 보여준다. 한편 필자에 따르면 우리나라는 GDP 대비 R&D 투자비중이 1970년대 이후 증가추세를 보여왔음에도 경제성장률은 크게 높아지지 않고 대체로 안정적인 모습을 보이고 있다. 이에 대해 필자는 R&D뿐 아니라 선진국의 기술전파효과(후발자 이익)를 감안한 수정된 성장모형을 설정하고 실증분석을 시도한다. 그 결과 우리나라에서는 R&D 집약도 증가에 따른 성장률 증가효과가 후발자 이익 감소로 상쇄되어 왔다는 결론을 도출한다. 즉, 우리나라의 경우 GDP 대비 R&D 투자비중을 1%p 높여도 성장률은 0.16%p밖에 높아지지 않고, 성장률의 52%가 후발자 이익에서 말미암은 것으로 나타나는 등 혁신역량이 매우 낮다는 것이다.

이러한 분석결과에 바탕을 두고 필자는 지속적 경제성장을 위해서는 국가 R&D 체계의 선진화를 위한 정부의 R&D 지원과 조정기능 강화, 대학교육 특히 이공계 교육의 질적 향상, 기업의 혁신 노력을 극대화할 수 있는 경쟁제도의 확립 등을 제언하고 있다.

제9장에서는 우리 경제가 이룩한 고도성장의 요인과 성장전망

을 생산성의 변화를 중심으로 고찰하고 있다. 필자는 먼저 우리나라의 '선진국 따라잡기식' 성장이 주로 어떤 요인을 통해 이루어져 왔는지에 대한 실증분석을 시도한다. 그 결과 우리나라와 선진국 사이의 1인당 소득 격차는 1970년에 미국의 19% 수준이었던 것이 2000년에는 44%로 크게 줄어들었으나 이러한 따라잡기 과정은 주로 요소 축적에서 비롯된 것이며, 선진국에 대비한 생산성 격차는 여전히 크게 유지되고 있음을 보인다. 즉 1인당 물적자본과 인적자본의 격차는 시간이 지나면서 상당히 줄어들었으나, 2000년 현재 우리나라의 총요소생산성 수준은 미국의 57% 수준에 불과해 홍콩(90%), 싱가포르(88%), 대만(86%)에 견주어서도 매우 낮은 것으로 추정되고 있다.

따라서 필자는 생산성 격차가 우리나라와 선진국의 소득 격차를 가져오는 주된 요인이므로 앞으로 생산성을 향상시키지 않고서는 빠른 시일 안에 선진국으로 진입하기는 힘들다고 결론짓는다. 더군다나 우리나라가 물적자본과 인적자본 스톡 면에서 장기 균형 수준에 접근하면서 투자수익률 하락 등으로 과거와 같이 높은 요소축적률을 유지하는 것이 불가능해졌다는 사실을 감안하면 더욱 그렇다고 주장한다. 이 장의 추정에 따르면 우리나라가 현재의 생산성 수준에 머물 경우 미국 수준의 물적, 인적자본을 갖춘다고 하여도 미국 1인당 소득의 57%밖에 달성하지 못하지만 만약 생산성이 미국 수준으로 향상된다면 현재의 물적자본과 인적자본 격차가 유지된다고 하여도 1인당 소득 수준은 미국의 82%까지 증가할 수 있다.

이상의 분석을 바탕으로 필자는 우리 경제가 지속적으로 성장하기 위해서는 꾸준히 생산성을 증가시켜 성장잠재력을 높여가야 하며, 이를 위해 기술혁신 투자를 증대하고 외국 선진기업의 직접투자(FDI)를 적극적으로 유치하는 한편, 새로운 기술 개발을 위한 창의력을 가진 인적자본의 배양을 위한 체계적인 노력이 필요하다고 제언하고 있다.

제10장에서는 혁신주도형 성장전략의 지속성을 확보하기 위한 장치로서 인적자본의 원활한 축적을 보장하기 위한 인프라 구축에 대하여 살펴본다. 필자에 따르면 혁신이 가속화하면 경제양극화가 불가피하게 일어나는 경향이 있다. 즉 혁신에 따른 변화에 빨리 적응하는 경제주체와 느리게 적응하는 경제주체들 사이에 격차가 발생하는 것이다. 이때 그 격차는 양극화의 낙후계층에서 인적자본의 원활한 축적을 곤란하게 하는 경향이 있는데, 이는 경제의 혁신역량을 약화시켜 혁신주도형 경제의 지속을 저해할 수 있다. 따라서 인적자본의 원활한 축적과 활용을 보장하기 위한 국가적 인프라를 갖춤으로써 혁신의 선순환구조를 확립할 필요가 있다.

이 장에서는 특히 영유아시기부터 노년기에 이르기까지 평생에 걸쳐 인적자본의 축적과 활용 기회를 제공하는 인프라 구축이 중요하며, 그 실효성을 높이기 위해서는 전국적이고 종합적인 학습 네트워크를 구축하여 기존의 공급자 중심의 교육서비스 체제를 수요자 중심으로 개편하는 것이 중요하다고 강조한다. 또한 필자는 인적자본 축적의 기반을 확충하기 위해 공교육의 활성화, 학자금 지원제도의 개선 등을 시급히 추진해야 할 과제이며, 사람이 성장의 엔진이 되는 시대에 인적자본에 대한 원활한 투자에 경제의 장래가 달려 있다는 데 대한 사회적 인식과 합의가 하루속히 이루어져야 한다고 결론짓고 있다.

제1부

성장환경 변화와 새로운 성장전략의 필요성

제1장
경제성숙기의 성장환경 변화와 대응방향

임철재·김영준

>>>>>
본 장의 내용은 한국은행 금융경제연구원에서 발간된《금융경제연구》 제187호
〈경제성숙기의 성장환경 변화와 대응방향-선진국 경험과 국내여건 비교-〉
(2004. 8)를 일부 수정·보완한 것임.

Ⅰ. 머리말

최근 우리 경제는 국민소득 1만 달러 수준에서 너무 빨리 조로화(早老化)하는 모습을 보임으로써, 경제의 성장동력이 약화되는 것이 아닌가 하는 우려가 제기되고 있다. 경제성장이 진전되어 경제가 성숙기에 이르게 되면 출산기피와 투자수익률 하락, 고임금, 사회복지지출 부담 증대 등으로 성장을 위한 환경이 어렵게 되는 것이 일반적인 현상이다. 그러나 이러한 경제성숙기의 제약요인들을 극복하고 생산성과 효율 향상을 이룩해야만 국민소득 2~3만 달러의 진정한 선진국으로 도약할 수 있다.

선진국의 경험을 보면, 국가별로 다소 차이는 있으나 대체로 국민소득 1만 달러 안팎에서 이러한 경제성숙기의 진통을 겪은 국가들이 대부분이다. 영국, 네덜란드 등은 과도한 복지제도와 노사갈등으로 성장이 둔화되었고, 일본과 스웨덴은 부동산 버블형성과 붕괴, 미국은 생산성 정체와 투자부진을 경험한 바 있다.

이 글에서는 주요 선진국들이 경제성숙기에 겪어온 문제점과 우리 경제의 현상을 비교 분석하고 선진국의 당시 대응정책을 살펴봄으로써, 우리 경제에 대한 시사점을 모색해 보고자 한다.

이 글의 구성은 다음과 같다. Ⅱ절에서는 경제성숙기의 성장환경 변화와 대응정책을 출산기피 현상과 노동공급 둔화, 투자수익률 저하와 생산성 둔화, 노사갈등 심화와 고임금, 소득분배 악화와 사회복지 부담 증대 등 부문별로 살펴보았다. 아울러 선진국의 경험과 우리나라의 여건을 비교하였다. Ⅲ절에서는 우리 경제가 성숙기의 징후들을 극복하고 선진국으로 도약하기 위한 대응방향을 제시하였다.

Ⅱ. 경제성숙기의 성장환경 변화
: 선진국 경험과 국내여건 비교

1. 개황

주요 선진국의 경우 대체로 1970년대에 1인당 국민소득 1만 달러를 달성하였으며,[1] 이 시기를 전후하여 전형적인 경제성숙기의 징후를 나타내기 시작하였다. 출산율 저하, 투자수익률 하락 등으로 노동, 자본 등 요소투입 확대에 따른 양적 성장이 한계에 이르렀으며, 고성장기에는 심각하지 않았던 분배문제가 표면화하면서 노사갈등 심화와 고임금, 과도한 복지제도, 생산성 정체 등의 문제점이 대두되었다.

이러한 경제성숙기의 성장환경 변화는 경제성장률 하락으로 나타나 대부분의 선진국이 1인당 국민소득 1만 달러 달성시기를 전후하여 성장률이 연 3%대로 낮아졌다.

〈표 1〉 주요국의 1인당 GDP 1만 달러 달성시기와 경제성숙기 징후

국가	1만 달러 달성년도		경제성숙기 징후
	경상 달러	불변 달러	
미국	1978	1951	생산성 정체, 기업경쟁력 약화
영국	1987[1]	1975	영국병(과도한 사회복지, 노사분규, 성장 둔화)
일본	1984	1973	부동산 버블 형성과 붕괴
독일	1978	1970	분배의 위기, 노사관계 악화, 사회보장지출 증대
스웨덴	1977	1963	복지지출 증가, 부동산 버블 형성과 붕괴
네덜란드	1978	1972	네덜란드병(과도한 복지, 실업증가, 노사갈등)
한국	1995	1995	고비용 경제, 기업가정신 위축, 강성노조

주 : 1) 1980년 9,528달러로 1만 달러에 접근하였으나 이후 7~8천 달러대로 후퇴.

---

1) 경상달러로는 1970년대 후반~1980년대 초, 1995년 불변달러로는 1970년대 초반이다.

주요 선진국의 경우 이러한 성장환경 변화에 능동적으로 대처하여 생산성과 효율 향상을 이룩함으로써 국민소득 2~3만 달러의 진정한 선진국으로 성장할 수 있었다.

<표 2> 주요국의 실질GDP 성장률 추이[1]

(연평균, %)

	1960년대	1970년대	1980년대	1990년대	2000~2003
미국	4.4	3.3	3.1	3.1	2.4
스웨덴	4.3	2.5	2.2	1.7	2.2
독일[2]	4.8	3.1	1.8	1.9	1.0
프랑스	5.7	3.7	2.2	1.7	2.0
영국	3.3	2.4	2.4	2.1	2.4
아일랜드	4.5	4.7	3.1	7.1	6.1
캐나다	5.1	4.4	2.9	2.4	3.0
이탈리아	5.8	3.8	2.4	1.5	1.4
네덜란드	5.0	3.4	2.0	3.0	1.1
일본	10.4	5.2	3.7	1.7	1.4
한국	7.7	8.6	7.6	6.1	5.6

주 : 1) ▒▒은 1인당 GDP가 1만 달러(경상가격 기준)에 달했던 시기.
　　2) 1980년대 이전은 서독, 이후는 통일독일.
자료 : OECD(2004), Economic Outlook Database ; 한국은행, 《국민계정》 각호.

<표 3> 주요국의 1인당 GDP 1~3만 달러 달성 시기

	1970년대	1980년대	1990년대 이후
1만 달러	스웨덴(77), 스위스(77), 미국(78), 네덜란드(78), 독일(78), 프랑스(79)	캐나다(80), 일본(84), 이탈리아(86), 영국(87), 스페인(89), 아일랜드(88)	대만(92), 한국(95), 포르투갈(95)
2만 달러		스위스(86), 스웨덴(87), 미국(88), 일본(88), 캐나다(89), 스페인(2003)	독일(90), 프랑스(90), 네덜란드(91), 이탈리아(91) 영국(96), 아일랜드(96)
3만 달러			스위스(90), 일본(92), 미국(97), 아일랜드(2002), 스웨덴(2003), 영국(2003), 네덜란드(2003)

자료 : OECD(2004), Economic Outlook Database.

2. 부문별 변화와 대응정책

가. 출산기피 현상과 노동공급 둔화

(1) 문제점

주요 선진국의 경우 대체로 1970년대 후반에 합계출산율2)이 대
체출산율(replacement fertility rate) 수준인 2.1명 이하로 떨어져 노
동공급 확대에 의한 양적 성장을 더 이상 기대할 수 없게 되었다.
이는 소득수준 상승에 따른 여가 중시 경향, 여성의 사회참여 확대
등으로 결혼연령이 높아지고 출산기피 경향이 증대한 데서 비롯한
것이다.

우리나라의 출산율은 1980년대 이후 급격히 낮아져 2002년 현
재 1.2명으로 OECD 국가 가운데 가장 낮은 수준을 나타내고 있다.

<그림 1> OECD 국가 합계출산율 추이

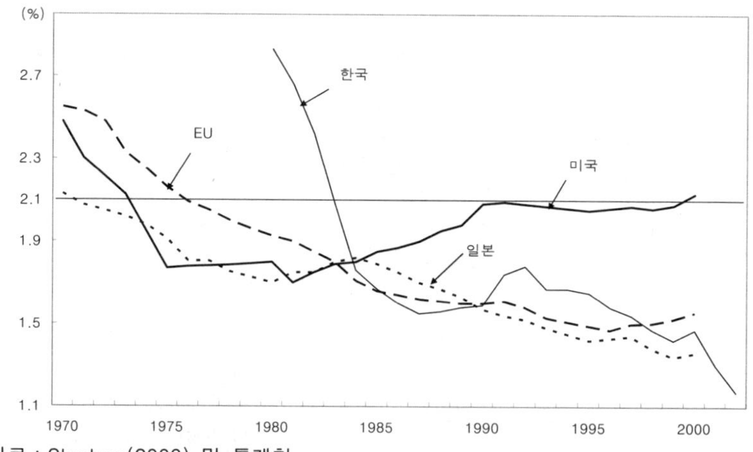

자료 : Sleebos(2003) 및 통계청.

---

2) 여성 1인당 가임기간의 평균 출생아 수. 유아사망률을 감안할 때 합계출산율이
2.1명이 되어야 전체 인구수를 유지할 수 있다.

<표 4> 주요국의 인구 고령화율[1] 추이

(연평균, %)

	1960년대	1970년대	1980년대	1990년대	2000~2003
미국	9.5	10.4	11.9	12.7	12.5
영국	12.1	13.9	15.2	15.8	15.9
독일	11.9	14.3	15.1	15.9	17.2
스웨덴	12.6	14.9	17.1	17.6	17.4
일본	6.3	7.9	10.2	14.4	17.9
한국	3.0	3.4	4.2	5.9	7.7

주 : 1) 65세 이상 인구비중.
자료 : OECD, Economic Outlook Database ; 통계청.

특히 최근에는 인구고령화 현상까지 겹쳐 인구문제가 성장잠재력에 미치는 영향이 더욱 커지고 있다.

(2) 대응정책

당시 선진국들은 출산율을 높이기 위해 출산장려금 지급, 탁아·보육서비스 등 다각적인 대응정책을 실시하였다. 출산장려금 지급, 자녀 소득공제, 공공주택 입주 우선권, 의료·교육비 보조 등의 직접적 유인정책과 탁아·보육 서비스, 출산·육아를 위한 휴가·휴직제도, 시간제 고용, 신축적 근무시간제도 등의 간접적 환경개선정책을 병행하였다.

그러나 이러한 대응정책의 효과는 매우 제한적이었으며, 대부분의 선진국에서 출산율은 하락추세를 지속하였다. 정책수단별 실증분석결과를 보면, 출산장려금 등 직접적 유인책의 효과는 크지 않으며, 탁아·보육 서비스 등 간접적인 환경 개선이 더 효과적인 것으로 나타나고 있다(Sleebos 2003, Castle 2003 등).

우리나라의 경우, 최근 산아제한정책에서 출산장려정책으로 전환을 추진하고 있으나 실현된 정책은 아직 미미한 실정이다.

나. 투자수익률 저하와 생산성 둔화

(1) 문제점

주요 선진국은 1950~1960년대 이른바 자본주의 황금기를 거치면서 고성장, 고투자, 저실업의 호황을 지속하였으나 1970년대에 들어서면서 자본축적의 진전과 노동비용 상승 등으로 이윤율이 크게 하락하였다. 제조업의 총자산 경상이익률은 미국의 경우 1960년대 11.6%에서 1970년대 10.1%로, 같은 기간에 독일은 7.4%에서 5.4%로, 일본은 4.9%에서 4.4%로 떨어졌다. 또한 경제 전체의 자본스톡 대비 이윤율에 대한 추정결과도 주요 선진국의 경우 1970년대부터 하락추세를 나타낸 것으로 분석되고 있다(Armstrong et al. 1993 등).

우리나라의 제조업 총자산 경상이익률은 투자효율의 저위와 일부 산업의 과잉투자를 반영하여 1980년대 이후 1~2%대로 하락하였다. 2002~2003년에는 5%대로 크게 높아졌으나, 이는 투자부진에 따른 차입금 감소로 금융비용이 크게 줄어든 데서 주로 비롯된 것으로, 투자 없는 성장에는 한계가 있다.

<표 5> 주요국의 제조업 총자산 경상이익률[1] 추이

(연평균, %)

	1950년대[2]	1960년대	1970년대	1980년대	1990년대	2000~2003[3]
미국	12.8	11.6	10.1	8.4	6.8	5.2
독일[4]	5.8	7.4	5.4	6.1	5.3	6.2
일본	4.2	4.9	4.4	4.7	3.2	3.2
한국	—	7.2	4.0	2.5	1.4	3.0

주 : 1) 미국, 독일은 세전이익(경상이익 + 특별손익) 기준.
    2) 1955~1959년.
    3) 독일은 2000년, 일본은 2000~2002년.
    4) 1998년 이전은 서독, 이후는 통일독일.
자료 : 한국은행, 《기업경영분석》 각호 ; 일본은행, 《국제비교통계》 각호.

<표 6> 주요국의 투자[1] 증가율 추이

(연평균, %)

	1950년대	1960년대	1970년대	1980년대	1990년대	2000~2003
미국	4.1	5.1	4.2	3.1	5.2	1.4
영국	5.0	5.5	1.3	4.3	2.3	3.0
독일[2]	9.9	3.8	2.0	1.1	2.0	-2.8
스웨덴	—	5.3	0.6	4.3	0.2	-0.1
일본	10.5	15.7	5.3	4.2	0.7	-0.3
한국	11.2	22.9	16.5	8.5	5.9	5.5

주 : 1) GDP 총고정자본형성.
　　2) 1980년대 이전은 서독, 이후는 통일독일.
자료 : OECD(2004), Economic Outlook Database.

또한 고수익 투자기회의 감소는 투자부진의 주요인으로 작용하여 투자증가율도 1970년대 이후 크게 하락하였다. 이러한 투자부진은 생산성 둔화로 이어져 경제성장률 하락의 원인이 되었다. 1970년대 선진국의 성장 둔화는 고용 감소, 즉 노동투입량 감소보다 노동생산성 둔화로 말미암은 것이다.

최근 우리나라의 성장 둔화도 주로 투자부진과 생산성 둔화에서 비롯하고 있으며, 특히 2003년에는 생산성 둔화와 함께 고용도 감소함으로써 성장률이 크게 떨어졌다.

(2) 대응정책

이러한 기업수익률 저하와 투자부진, 생산성 둔화에 대응하여 선진국들은 연구개발투자 확대, 교육개혁, 규제 완화, 기업구조조정 촉진 등 기술혁신과 기업경쟁력 강화를 위한 다각적인 정책을 추진하였다.

특히, 미국의 경우 1970년대 경제부진의 가장 큰 원인을 생산성 정체로 파악하고, 1983년 대통령 직속의 산업경쟁력위원회

<표 7> 주요국의 GDP 성장률과 노동생산성[1]및 고용 증가율의 기여도 추이

(연평균, %)

		1960년대	1970년대	1980년대	1990년대	2000~2003
미국	GDP	4.4	3.3	3.1	3.1	2.4
	생산성	2.5	0.8	1.3	1.8	1.6
	고용	1.9	2.4	1.7	1.3	0.8
영국	GDP	3.3	2.4	2.4	2.1	2.4
	생산성	3.1	2.2	1.8	2.0	1.6
	고용	0.2	0.3	0.6	0.2	0.9
독일[2]	GDP	4.8	3.1	1.8	1.9	1.0
	생산성	4.6	2.9	1.0	1.7	0.8
	고용	0.2	0.3	0.9	0.2	0.1
스웨덴	GDP	4.3	2.5	2.2	1.7	2.2
	생산성	3.9	1.4	1.6	2.6	1.2
	고용	0.6	1.0	0.6	-0.8	1.0
일본	GDP	10.4	5.2	3.7	1.7	1.4
	생산성	8.8	4.3	2.6	1.2	2.0
	고용	1.5	0.8	1.1	0.5	-0.6
한국[3]	GDP	9.8	8.6	7.6	6.1	5.6(3.1)
	생산성	6.1	4.6	4.8	4.5	3.3(3.2)
	고용	3.5	3.9	2.6	1.5	2.2(-0.1)

주 : 1) GDP/취업자.
    2) 1980년대 이전은 서독, 이후는 통일독일.
    3) ( )안은 2003년도.
자료 : OECD(2004), Economic Outlook Database.

(President's Commission on Industrial Competitiveness)를 설치하는 등 경쟁력 강화를 위한 대책을 지속적으로 추진하였다. 이에 따라 운수·통신·금융 등 주요 산업에 대한 규제 완화,[3] 인적자원 육성 지원 확대, 지적소유권 보호 강화, 독점규제 완화 등이 이루어졌

---

3) 대표적으로 항공·장거리 육상운수의 운임 및 노선 자유화, AT&T 분할, 은행금리 및 증권수수료 자유화 등을 들 수 있다.

다. 영국의 경우도 노동시장 개혁과 함께 과감한 규제완화, 공공기업 민영화, 세율인하 등 경쟁력 강화정책을 추진하였다.

우리나라의 경우도 연구개발투자 확대, 교육개혁, 규제 완화 등 경쟁력 강화를 위한 다각적인 정책을 추진하여 왔으나, 낮은 기업수익률과 투자부진은 여전히 지속되고 있다. 우리나라의 연구개발비와 교육비 지출규모는 선진국들 가운데 가장 높은 수준[4]이나, 기술개발이나 우수한 인력공급 면에서 성과는 크게 미흡한 실정이다.

다. 노사갈등 심화와 고임금

(1) 문제짐

선진국 경제가 고성장기에서 저성장기로 전환되면서 분배문제를 둘러싼 노사갈등이 심화되고 대규모 파업이 빈발하였다.

미국, 영국, 일본 등 대부분의 선진국에서 파업에 따른 손실노동일수가 1970년대에 급증하였다. 노조가입률도 1970년대에 미국과 일본에서는 다소 줄어들었으나 유럽 국가에서는 공공부문을 중심으로 증가하였으며, 특히 스웨덴 등 북유럽 국가는 90%에 육박하였다. 그러나 1980년대 이후에는 실업증가로 노조의 힘이 약화되면서 파업이 감소하고 노조가입률도 크게 떨어졌다.

우리나라의 경우 1980년대 후반 이후 민주화의 진전과 함께 노사분규가 급증하였다. 노조가입률은 선진국들 가운데 가장 낮은 수준이나 대규모 사업장의 강성 노조활동으로 경기부진에도 노사분규가 줄어들지 않고 있다.

---

4) 2002년 현재 GDP에 대한 연구개발비 비율은 OECD 국가 가운데 5위, 교육비 비율은 1위인 반면 GDP에 대한 기술수지(로열티 지급 등) 비율은 OECD 24개국 가운데 23위이다.

<표 8> 주요국의 손실노동일수와 노조 가입률 추이

(연평균, 일, %)

	1960년대	1970년대	1980년대	1990년대	2000~2002
손실노동일수[1]					
미국	432	500	121	39	56
영국	156	573	337	30	32
독일[2]	15	49	25	10	3
스웨덴	17	45	182	47	1
일본	110	124	10	2	1
한국	15	3	197	140	111
노조 가입률[3]					
미국	27.7	24.5	17.5	14.0	12.3
영국	44.5	53.8	51.9	37.8	—
독일[2]	—	33.0	32.3	28.9	—
스웨덴	—	73.3	82.5	82.2	—
일본	34.8	33.7	28.9	23.8	21.5
한국	11.7	14.9	14.6	13.3	11.4

주 : 1) 근로자 1천 명당 손실일수.
　　 2) 1980년대 이전은 서독, 이후는 통일독일.
　　 3) 조합원수/피용자수.
자료 : ILO, Labour Statistics Database ; OECD, Labour Force Statistics Database.

　주요 선진국의 경우 성장률 둔화와 함께 임금 상승률도 낮아졌으나, 1970년대에는 실질임금 상승률이 생산성 증가율[5]을 웃돌면서 이윤율 압박과 인플레이션을 일으켰다. 1980년대 이후는 실업 증가에 따른 노사분규 감소와 함께 실질임금 상승률이 생산성 증가율 범위 안에서 안정되었다.

　우리나라의 경우 노사분규가 격심했던 1980년대 후반 실질임금 상승률이 생산성 증가율을 상회하다가 1990년대 이후 생산성 증가율 범위 안에 머물렀으나, 2001년부터 다시 생산성 증가율을 웃돌고 있다.

---

5) 실질임금과 생산성 계산방법은 〈참고 1〉을 참조.

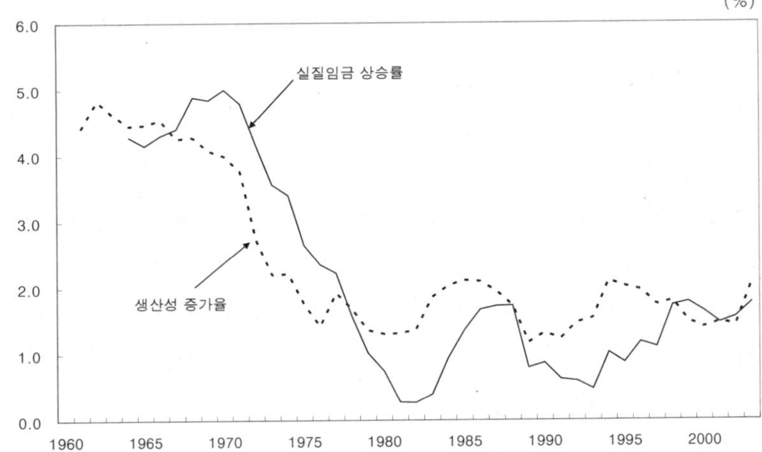

주 : 1) 미국, 영구, 독일, 스웨덴, 일본의 단순평균(5년 이동평균).
자료 : OECD(2004), Economic Outlook Database.

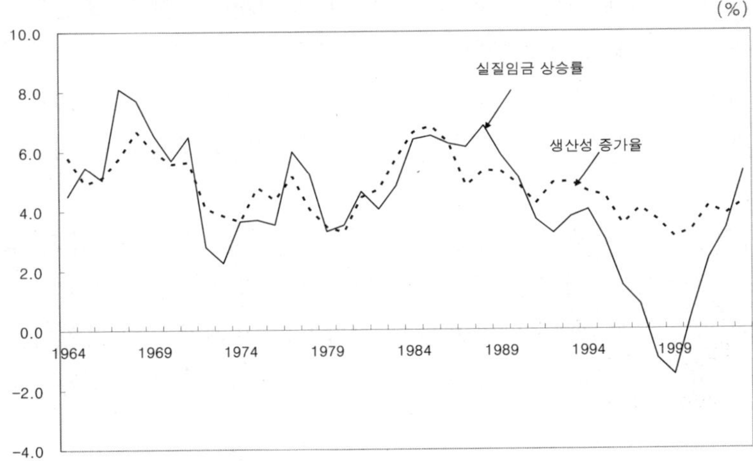

주 : 1) 5년 이동평균.
자료 : 한국은행(2004), 《국민계정》.

(2) 대응정책

1970년대 초반 대부분의 선진국들은 고임금 억제를 위하여 소
득정책(incomes policy)으로써 물가·임금을 통제하였다. 그러나 이
러한 임금결정에 대한 정부 개입은 노조의 반발을 불러 파업 등 대
규모 노사분규를 가져왔을 뿐 임금안정에는 별다른 성과를 거두지
못하였다. 1970년대의 선진국 노사분규는 경기가 침체되었음에도
일자리와 생활수준 유지를 위한 것이었다.

1980년대 이후에도 고실업이 지속되자 구조적 실업완화를 위한
노동시장 개혁이 추진되었다. 이들 국가의 노동시장정책은 크게
영미형과 유럽(대륙)형으로 나누어 볼 수 있다.

영국과 미국은 노동시장의 유연성을 최대한 보장함으로써 수요
변화에 따른 해고와 채용이 쉽도록 노동시장 개혁을 추진하였다. 영
국은 1979년 이른바 '불만의 겨울'[6]을 겪으면서 노사관계가 근본적으
로 개혁되지 않으면 영국병의 치유가 불가능하다는 사회적 인식이
확대되었다. 이에 힘입어 클로즈드 숍(closed shop) 금지, 노조간부의
면책특권 제한 등 노동조합의 권한을 약화하고, 해고요건 완화, 최저
임금제 폐지 등 강력한 노동시장 개혁을 추진하였다. 미국도 1981년
항공관제사 파업[7]을 강경 진압하는 등 불법 파업에 대해 강력 대응하
였다.

이러한 노동시장 유연화는 실업 완화와 노사분규 감소 등의 성
과를 거두었으나, 저기술 단순근로자의 임금 하락을 불가피하게 하
여 소득불평등의 심화와 빈곤계층 증가라는 문제점을 가져왔다.

복지국가를 지향하는 유럽 국가들은 이와 같은 강성 노동정책

---

6) 1979년 1월 공공부문연맹의 주도로 시작된 대규모 연대파업으로 학교가 문을 닫고
   의료시스템이 마비되는 등 최악의 사태가 발생하였다.
7) 1981년 8월 업무복귀명령에 불응하고 파업을 강행한 연방항공관제사 노조 소속 관
   제사 1만 1천 명을 전원 해고하고 대체인력을 채용하였다.

<참고 1> 생산성 및 실질임금 계산방법과 국별 비교

생산성 및 임금 지표로는 여러 가지가 있으나 일관성 있는 국제
비교를 위해 국민계정상 1인당 생산과 피용자보수 개념으로 계산
하였다. 생산성은 GDP/취업자이며, 실질임금은 피용자보수/피용자
를 최종민간소비 디플레이터로 실질화하였다. 피용자보수는 현금
과 현물급여는 물론 사용자가 부담한 사회보장기금, 연금기금 및
보험 분담금도 포함된다.

분석대상 선진국 모두 1970년대에 실질임금이 생산성 증가율을 앞
질렀으나 1980~1990년대에는 생산성 증가율 범위 안으로 낮아졌다.

(연평균 증가율, %)

		1960년대[2]	1970년대	1980년대	1990년대	2000~2003
미국	생산성(A)	2.7	0.8	1.3	1.8	1.6
	실질임금(B)	2.5	1.1	0.5	1.3	1.6
	A-B	0.2	-0.3	0.8	0.4	-0.1
영국	생산성(A)	3.4	2.2	1.8	2.0	1.6
	실질임금(B)	4.0	3.2	1.7	1.2	3.0
	A-B	-0.6	-1.0	0.1	0.7	-1.4
독일[3]	생산성(A)	4.3	2.9	1.0	1.7	0.8
	실질임금(B)	5.1	4.4	0.8	0.9	0.4
	A-B	-0.7	-1.5	0.2	0.8	0.4
스웨덴	생산성(A)	3.6	1.4	1.6	2.6	1.2
	실질임금(B)	3.9	2.4	0.9	1.3	2.1
	A-B	-0.3	-1.0	0.8	1.2	-0.9
일본	생산성(A)	9.6	4.3	2.6	1.2	2.0
	실질임금(B)	8.4	4.8	1.1	0.3	0.6
	A-B	1.2	-0.5	1.5	0.8	1.4
한국	생산성(A)	6.1	4.6	4.8	4.5	3.3
	실질임금(B)	6.5	4.4	5.1	2.0	3.4
	A-B	-0.4	0.2	-0.3	2.5	-0.1

주 : 1) ▨은 실질임금 상승률이 생산성 증가율을 초과하였던 시기.
   2) 미국, 독일은 1961~1969년, 영국, 스웨덴, 한국은 1964~1969년,
      일본은 1966~1969년.
   3) 1980년대 이전은 서독, 이후는 통일독일.
자료 : OECD(2004), Economic Outlook Database.

을 따르기는 어려웠기 때문에 실업 감소를 위한 노동시장 유연화
와 저소득 근로자 보호라는 두 목표 사이의 조화를 모색하였다. 노
사정 협약과 일자리 나누기(work sharing), 직업훈련 및 알선, 고용
보조금 지급 등을 통한 고용안정을 도모하였다.

유럽 국가들은 미국과 영국에 견주어 노동시장 경직성은 높지
만 1980년대 이후 고실업이 장기화되면서 노조의 힘이 약화되고
노사분규도 크게 줄어들었다.

우리나라의 경우 외환위기 이후 경제구조개혁을 위한 노동시장
유연화와 함께 직업훈련과 알선, 고용보조금 지급 등을 통한 고용
안정, 저소득자 생활보호를 위한 사회안전망 확충을 동시에 추진
하였다. 그러나 강성 노조와 고임금이 경제성장의 가장 큰 장애요
인의 하나로 지적되고 있는 등 성과는 아직 미흡한 실정이다.

라. 소득분배 악화와 사회복지 부담 증대

(1) 문제점

1970년대에 선진국 경제가 저성장기로 전환하면서 실업 증가와
함께 소득불평등 문제가 심화되기 시작하였다. 지니계수 추이를
보면, 노동시장 유연화를 추진한 미국·영국의 경우 소득분배 악
화가 뚜렷한 반면 유럽 국가들은 상대적으로 실업률은 높으나 소
득분배 악화는 완만하였다.

우리나라의 경우 외환위기 이후 소득분배가 두드러지게 악화되
었다. 소득분배의 국제비교는 어려우나 지니계수 포괄범위를 표준
화하여 비교할 경우, 우리나라의 소득 불평등도는 1995년에는 유
럽 국가들과 비슷한 수준이었으나, 2000년에는 영·미 수준으로
악화되었다는 연구결과도 있다(유경준·김대일 2003).

이러한 소득불평등 확대와 실업 증가에 대처하여 선진국은 복

	1960년대	1970년대	1980년대	1990년대	2000~2003
실업률(%)					
미국	4.8	6.2	7.3	5.8	5.1
영국	2.0	3.2	9.5	8.2	5.2
독일[1]	1.0	2.8	7.9	9.3	9.8
스웨덴	1.7	2.1	2.5	6.2	4.4
일본	1.3	1.7	2.5	3.0	5.1
한국	6.6	4.0	3.8	3.3	3.6
지니계수[2]					
미국	0.393	0.399	0.418	0.448	0.463
영국	0.252	0.247	0.278	0.338	0.345
독일[1]	0.275	0.249	0.252	0.271	—
스웨덴	—	0.211	0.209	0.256	0.291
일본	0.336	0.333	0.332	0.368	0.381
한국	0.279	0.283	0.307	0.293	0.314

주 : 1) 실업률은 1980년대 이전은 서독, 이후는 통일독일. 지니계수는 서독.
    2) 국별 통계의 포괄범위 차이로 국가간 비교는 의미가 없음.
자료 : OECD(2004), Economic Outlook Database ; BLS(2004) ; 통계청, 《도시가
    계연보》 각호.

지제도를 확충함으로써 1970년대 이후 사회보장지출이 급증하였다. 독일은 1972년 연금법 개정으로 연금수급연령을 65세에서 여성·실업자·장애자는 60세, 장기가입자는 63세로 단축하였고, 영국은 1975년 종전의 기초연금제 외에 소득비례연금제도를 추가로 도입하였다.

이에 따라 조세와 사회보장기여금 부담이 크게 높아져 기업이 고용과 투자를 기피하는 등의 부작용이 생겼다. 스웨덴의 경우 GDP에 대한 조세와 사회보장기여금 부담률이 1960년대 34.5%에서 1970년대 45.3%, 독일의 경우 34.1%에서 38.9%로 높아졌다.

우리나라의 경우 연금보험과 고용보험이 아직 도입단계에 있기 때문에 일반정부의 사회보장지출은 1970년대 선진국에 견주어 아

<표 10> 주요국의 일반정부 사회보장지출[1] 추이

(GDP대비, 연평균 %)

	1960년대	1970년대	1980년대	1990년대	2000~2003
미국	5.2	8.6	9.8	11.2	11.5
영국	7.7	10.0	13.4	14.5	13.5
독일[2]	12.9	15.2	16.1	17.6	19.2
스웨덴	8.0	13.3	17.9	20.1	18.0
일본	3.1	5.1	7.9	8.2	10.6
한국	—	0.8	1.4	2.3	3.7

주 : 1) 중앙정부, 지방자치단체, 사회보장기금의 사회보장 급부금과 보조금 등.
    2) 1980년대 이전은 서독, 이후는 통일독일.
자료 : OECD(2004), Economic Outlook Database.

<표 11> 주요국의 사회보장 기여금과 조세 부담 추이

(GDP대비, 연평균 %)

	1960년대	1970년대	1980년대	1990년대	2000~2003
사회보장기여금(A)					
미국	3.7	5.3	6.6	7.1	7.1
영국	5.4	7.2	8.1	7.5	7.6
독일	10.5	14.6	16.7	18.4	18.5
스웨덴	6.6	11.1	14.0	14.1	15.3
일본	3.2	5.0	7.1	9.0	10.3
한국	—	0.2	1.0	2.5	4.1
조세(B)					
미국	21.5	21.4	20.1	20.6	20.3
영국	26.3	28.2	29.8	28.3	29.6
독일	23.6	24.2	23.3	22.8	23.2
스웨덴	27.8	34.2	36.2	37.1	36.7
일본	14.5	15.8	19.2	18.5	16.7
한국	10.7	14.5	16.6	17.8	19.9
국민부담률(A+B)					
미국	25.2	26.7	26.7	27.7	27.5
영국	31.6	35.4	37.9	35.8	37.2
독일	34.1	38.9	40.0	41.2	41.7
스웨덴	34.5	45.3	50.2	51.2	52.0
일본	17.7	20.9	26.3	27.5	26.9
한국	10.7	14.7	17.6	20.3	24.0

자료 : OECD(2004), Economic Outlook Database.

직 크게 낮은 수준이다. 그러나 조세와 사회보장기여금을 합한 국
민부담률은 GDP의 24.0%로 1970년대 일본(20.9%)보다 높고 미
국(26.7%)과 비슷한 수준이다.

(2) 대응정책

미국과 영국은 과도한 사회복지제도의 폐해 방지와 재정적자
축소를 위해 복지제도 개혁을 추진하였다.

미국은 1980년대 레이건 행정부가 복지제도 축소를 추진하여
실업보험 지출을 대폭 삭감하였다. 실업보험의 경우 실업급여를
인하하고 수혜자격을 강화하여 노동을 통한 복지(workfare)를 강조
하였고, 의료보험의 경우는 사전수가제 도입으로 가격통제 등 제
도를 개선하였음에도 지출증가를 억제하지 못하였으며, 노령연금
축소에는 별다른 성과를 거두지 못하였다. 1979년 대처정부 등장
과 함께 추진된 영국의 복지제도 개혁은 주로 실업보험 부문을 주
대상으로 하여 실업급여를 대폭 축소하였으나, 노령연금과 의료보
험은 소폭 개선에 그쳤다.

유럽 국가의 경우는 가급적 복지제도의 큰 틀을 유지하는 정책
을 지속하였으나, 1990년대 이후 경기침체와 기금고갈 우려 등으
로 본격적인 복지제도 개혁을 추진하고 있다.

독일은 노동시장 유연화를 위해 실업보험 축소와 연금수급연령
의 65세 환원, 의료보험의 수익자부담 강화 등을 추진하였으나,
큰 성과는 거두지 못한 데다 통일에 따른 사회보장지출이 확대되
고 있다. 스웨덴의 경우 의료보험 지출 축소에는 상당한 성과를 거
두었으나, 실업보험과 노령연금은 다른 선진국에 견주어 여전히
높은 수준을 유지하고 있다.

이처럼 선진국의 사회보장지출 축소를 위한 복지제도 개혁은
영국과 미국의 실업보험 축소를 제외하면, 큰 성과를 거두지 못한

<표 12> 주요국의 3대 부문 사회보장지출 추이

(GDP 대비, %)

		1980	1985	1990	1995	1998[2]
미국	노령연금	5.0	5.2	5.1	5.3	5.1
	의료보험	3.7	4.1	4.8	6.1	5.8
	실업보험	0.7	0.4	0.4	0.4	0.3
영국	노령연금[3]	5.1	5.6	5.0	5.3	5.3
	의료보험	4.9	4.9	5.0	5.8	5.6
	실업보험	1.1	1.8	0.7	0.9	0.3
독일	노령연금	8.7	8.7	8.5	10.1	10.5
	의료보험	6.0	6.2	5.9	8.0	7.8
	실업보험	0.4	0.9	0.6	1.5	1.3
스웨덴	노령연금	6.7	7.1	7.2	7.9	7.5
	의료보험	8.5	7.9	7.6	6.9	6.6
	실업보험	0.4	0.9	0.9	2.2	1.9
일본	노령연금	2.9	3.7	4.0	5.1	5.7
	의료보험	4.5	4.6	4.5	5.4	5.7
	실업보험	0.4	0.3	0.2	0.4	0.5
한국	노령연금	—	—	0.6	1.1	1.1
	의료보험	—	—	1.8	1.7	3.2
	실업보험	—	—	—	—	0.2

주 : 1) ▒▒▒은 사회복지제도 개혁으로 지출이 감소한 부문.
　　2) 미국은 1999년, 한국은 2001년.
　　3) 1990년부터 포함된 직역연금(occupational pensions) 제외.
자료 : OECD(2004), Social Expenditure Database ; 고경환 외(2003), 《한국의 사회복지지출 추계》.

것으로 나타나고 있다. 전 국민을 대상으로 하는 노령연금의 축소는 매우 어려우며 의료보험의 경우도 수혜수준이 매우 높았던 스웨덴의 경우 외에는 지출 수준이 계속 올라가고 있다.

Ⅲ. 향후 대응방향

이상에서 본 선진국의 경험과 우리 경제의 현상에 비추어 경제
성숙기 우리 경제의 대응방향을 정리해 보면 다음과 같다.

(1) 생산성과 효율 향상을 위한 제도 개혁

경제성숙기의 기업수익률 저하와 투자부진, 생산성 둔화는 성
장잠재력 확충을 위해 극복해야 할 가장 중요한 과제이다.

이를 위해 연구개발투자, 교육개혁, 규제 완화, 기업구조조정
촉진 등 기술혁신과 기업경쟁력 강화를 위한 다각적인 정책을 지
속적으로 추진해 나가야 한다. 필요시 미국의 대통령경쟁력위원회
와 같이 경제·교육·과학정책 등 전 분야에서 종합적인 경쟁력
강화방안을 모색할 수 있는 기구 신설도 검토해 봄직하다.

특히 높은 연구개발투자에도 그 성과가 미흡한 것은 생산성 향
상을 위한 사회적 역량(social capability)[8]이 낮기 때문으로, 이의
개선을 위한 각 부문의 제도개혁 노력이 긴요하다. 교육시장 개방,
대학교육의 자율성 확대, 산학협력 강화 등 교육의 효율성을 높이
고 산업이 필요로 하는 우수인력을 공급하기 위하여 교육제도를
개선할 필요가 있으며, 기업의 기술혁신을 촉진하기 위한 세제 등
유인구조 정비, 세계적 수준의 연구인력 확보와 연구기관 육성 등
도 필요하다.

(2) 출산율 제고와 여성·고령인력 활용 확대

적극적인 출산장려정책으로 출산율을 대체출산율 수준(2.1명)

---

8) 우수한 교육제도, 기득권층의 지대추구행위(rent-seeking)를 억제할 수 있는 유인
구조, 강력하나 절제되고 예측 가능한 정부정책, 기업투자환경 조성과 원활한 금
융공급 등(Levine 1996, Eichengreen 1996 등)을 들 수 있다.

까지 높임으로써 인구문제에서 비롯된 성장둔화를 최대한 완화할 필요가 있다.

출산장려금 도입, 조세감면 등 재정적 유인보다는 탁아·보육 서비스, 출산휴직제도 강화, 시간제 고용·신축적 근무시간제도 등 근로여성의 출산환경 개선을 중점 추진해야 할 것이다. 출산장려금 등 직접적인 유인책은 선진국에서 큰 성과를 거두지 못한 것으로 분석되며 경직적 재정지출 부담으로 작용할 가능성이 높다.

그러나 선진국의 경험에서 보는 바와 같이 출산율이 한번 낮아지면, 이를 다시 높이기는 매우 어려우므로 여성과 고령인구의 고용확대 등 보완책을 강구할 필요가 있다. 우리나라의 여성 경제활동참가율은 일본, 독일과 비슷하나 대졸 이상 여성(25~54세)의 고용률은 55.0%로 OECD 28개 나라 가운데 최하위(OECD 평균 82.1%)에 머물고 있어, 여성의 근로환경을 개선하여 생산성이 높은 고학력 여성의 경제활동참가율을 높이는 것이 중요하다. 또한 임금피크제, 직무급제 등 고령자 고용을 촉진하기 위한 제도 개선을 유도하는 한편 장기적으로는 정년연장을 검토할 필요가 있다.

(3) 노사관계 안정과 노동시장의 유연화

강경투쟁 방식의 노조활동 불식과 노동시장 유연화는 기업의 고용 및 투자 확대와 경제의 장기성장기반 확충을 위한 필수적 과제라고 할 수 있다.

노·사의 불법 관행으로 과격한 노사분규가 반복되지 않도록 현행 법률제도의 엄정한 집행을 통해 법과 원칙을 철저히 준수하는 것이 노사관계를 안정화시키는 첫걸음이 될 것이다.

한편 노사관계의 근본적 개선을 위하여는 채용과 임금결정제도의 개혁이 이루어져야 한다. 실질적인 계약고용제, 연봉제 확산을 유도하고 궁극적으로는 임금협상제도를 단체협상 방식에서 개인별 임금교섭 방식으로 전환하는 것이 바람직하다. 특히 성과에 관계 없이 매년 자동 승급되는 호봉제도와 정규직·비정규직간 임금격차문제(insider-outsider 문제)의 해결이 필요하다.

(4) 소득분배 불균형 완화와 복지제도 개선

노동시장 유연화는 불가피하게 임금격차 확대를 가져오게 되며, 최근의 소득분배 불평등 심화가 실업 증가에서 주로 비롯한다는 면에서 실업자와 저소득 근로자에 대한 지원을 강화할 필요가 있다.

그러나 실업급여의 확대보다는 실업자의 직업훈련과 고용촉진을 위한 지원을 강화하고, 저소득층에 대하여는 현행 국민기초생활보장제도[9]에 따른 지원을 섬신적으로 확내하는 것이 바림직하다.

선진국의 예에서 보는 바와 같이 노령연금과 의료보험은 일단 늘어나면 이를 축소하기는 매우 어렵다는 점을 감안할 때, 국민연금과 의료보험의 경우는 조속히 장기 지속가능한 제도로 개선하여 일관성 있게 운영해 나가는 것이 긴요하다.

---

[9] 소득이 최저생계비 이하인 가구에 대해 소득 부족분을 지원하는 제도[2003년에 150만 명에 3조 4천억 원(1인당 월 평균 21만 8천 원) 지원].

참 고 문 헌

고경환·장영식·이내연(2003), 《한국의 사회복지지출 추계 : 1990~2001》,
보건복지부·한국보건사회연구원, 정책보고서 2003-36.

유경준·김대일(2003), 《소득분배 국제비교와 빈곤 연구》, 한국개발연
구원, 연구보고서 2003-05.

Amstrong, P., Glyn A. and J. Harrison(1991), *Capitalism Since 1945*, Basil
Blackwell Ltd.(김수행 역, 《1945년 이후의 자본주의》, 동아출
판사, 1993).

Castle, F.(2003), "The world turned upside down : below replacement
fertility, changing preferences and family-friendly public policy
in 21 OECD countries," *Journal of European Social Policy*, Vol.
13(3).

Eichengreen, B.(1996), "Institutions and Economic Growth : Europe after
World War II," in N. Crafts and G. Toniolo(eds.), *Economic
Growth in Europe since 1945*, Cambridge University Press.

Levine, R.(1996), "Financial Development and Economic Growth :
Views and Agendas," *World Bank Policy Research Working
Paper* No.1678.

Sleebos, J.(2003), "Low Fertility Rates in OECD Countries : Facts
and Policy Response," *OECD Working Papers* No. 15.

통계출처

일본은행,《국제비교통계》각호.

일본후생노동성, 데이터베이스, http://www.mhlw.go.jp

통계청,《도시가계연보》각호.

통계청, 데이터베이스, http://kosis.nso.go.kr

한국은행,《국민계정》각호.

한국은행,《기업경영분석》각호.

Goodman, A. and Z. Oldfield(2003), "Permanent Differences? Income and Expenditure Inequality in the 1990s and 2000s," *The Institute For Fiscal Studies*.

Bundesbank, *Bundesbank Monthly Report* 각호.

Bureau of Economic Analysis, BEA Database, http://www.bea.gov

Bureau of Labor Statistics(2004), *Comparative Civilian Labor Force Statistics*, BLS.

Economist(1984), *Economic Statistics*.

Eurostat, Population and Social Conditions,
http://europa.eu.int/comm/eurostat/statshop

ILO, Labour Statistics Database, http://laborsta.ilo.org

IMF(2003·2004), World Economic Outlook Database.

Ministry of Health and Welfare, *Income Redistribution Survey*, 각호.

OECD(2004), Economic Outlook Database.

______(2003), *Education At a Glance*.

______, Labour Force Statistics Database,
http://www.oecd.org/statisticsdata/

______(2003), *Science, Technology and Industry Scoreboard*.

______(2004), Social Expenditure Database.

Statistics Sweden, Database,

　　　http://www.scb.se/templates/Publikation____90889.asp

US Census Bureau(2003), "Income in the United States : 2002."

University of Frankfurt, EVS-Database.

제2장
주요국의 성장모형 전환 과정과 시사점

홍승제·임철재

>>>>>

본 장의 내용은 한국은행 금융경제연구원에서 발간된 《금융경제연구》 제180호 〈주요국의 성장모형 전환 과정 : 일본 아르헨티나 독일의 사례〉(2004. 6)를 일부 수정·보완한 것임.

Ⅰ. 머리말

우리 경제는 그동안 노동, 자본 등 생산요소의 투입 확대와 선진기술 도입에 힘입은 양적 성장 위주의 성장전략을 통해 고도성장을 지속해 왔으나, 최근 이러한 성장모형은 더 이상 유효하지 않으며, 효율과 혁신 중심의 새로운 성장모형으로 이행해야 한다는 주장이 많이 제기되고 있다. 이는 풍부한 노동공급(Lewis 1954)과 후발국의 모방이익(Gerschenkron 1962)을 결합한 초기 성장모형이 한계에 이른 시점에서 우리 경제가 생산성과 기술, 개방과 경쟁을 바탕으로 하는 성장모형으로 이행하지 않을 수 없음을 의미한다.

이러한 성장모형 이행과정은 우리나라만의 현상은 아니며 과거 선진국들의 경우도 동일한 과정을 겪어 왔고, 현재 고도성장을 지속하고 있는 개도국들도 어느 단계에 이르면 이러한 과정을 불가피하게 겪어야 할 것으로 보인다. 또한 이러한 성장모형 전환은 국가적인 자각과 합의를 바탕으로 경제 전반의 혁신과 구조개혁을 이룩할 때에만 가능하며 실패할 경우 성장후퇴의 위기를 맞을 수 있다.

우리보다 먼저 성장모형의 이행과정을 겪은 일본, 아르헨티나, 독일의 경제성장 과정을 보면, 성장 초기단계에는 우리나라와 마찬가지로 풍부한 노동과 자본 공급, 선진기술 도입을 바탕으로 고도성장을 지속할 수 있었다. 일본과 독일의 경우 1970년대 초 고도성장이 한계에 이르자, 구조개혁에 힘입어 성장모형 전환을 성공적으로 추진함으로써 1990년대 초까지 견실한 성장을 지속하였다. 반면 1930년대까지 선진국 대열에 있던 아르헨티나는 이후 수입대체 산업화와 자유화·개방화 등의 성장모형 전환 시도가 모두 실패함으로써 선진국 대열에서 탈락하고 경제위기를 반복하고 있다.

다음에서는 성장모형 전환에 성공한 일본, 독일과 성장모형 전환에 실패한 아르헨티나의 경험을 살펴봄으로써 우리 경제에 대한 시사점을 모색해 보고자 한다.

II. 주요국의 성장모형 전환과정

일본, 아르헨티나, 독일의 경제성장모형 전환과정을 보면, 성장 초기단계에는 풍부한 노동과 자본의 공급, 선진기술 도입 등을 바탕으로 고도성장을 지속하였다.

일본과 독일의 경우 1970년대 중반 이러한 초기 성장모형이 한계에 이르자 생산성 향상과 기술혁신, 경쟁촉진 등 경제 구조개혁을 통해 새로운 성장모형으로 전환함으로써 안정성장을 유지하였다. 반면 아르헨티나는 끊임없는 정치불안과 경제주체들 간의 이해상충으로 말미암은 개혁 실패 등으로 성장과 후퇴를 반복하고 있다.[1]

1. 일본

가. 개황

2차 세계대전 후 일본은 풍부한 노동력과 높은 저축률을 바탕으로 주요 기간산업을 집중 육성하는 정부 주도의 적극적인 산업정책을 추진하였다. 농촌의 유휴인력을 제조업과 서비스업으로 유도하여 산업화에 필요한 인력을 원활하게 공급하였다. 아울러 국내저축 동원을 극대화하여 철강, 금속, 석유화학 등 주력산업의 투자 재원으로 집중 지원하였으며, 보호무역·정책금융·세제혜택

---

1) 20세기 초 1인당 국민소득이 세계 6위까지 이르던 아르헨티나는 2002년 현재 74위로 하락하였다.

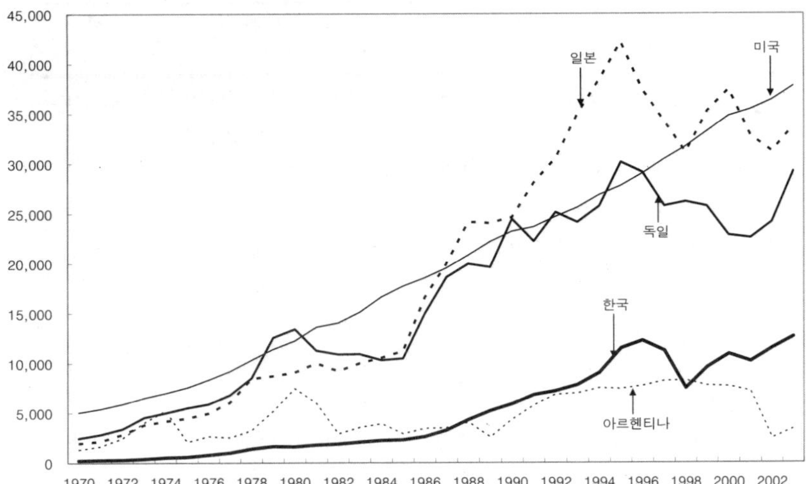

<그림 1> 주요국의 1인당 GDP 추이(미 달러화 기준)

자료 : IMF, The World Economic Outlook(WEO) Database.

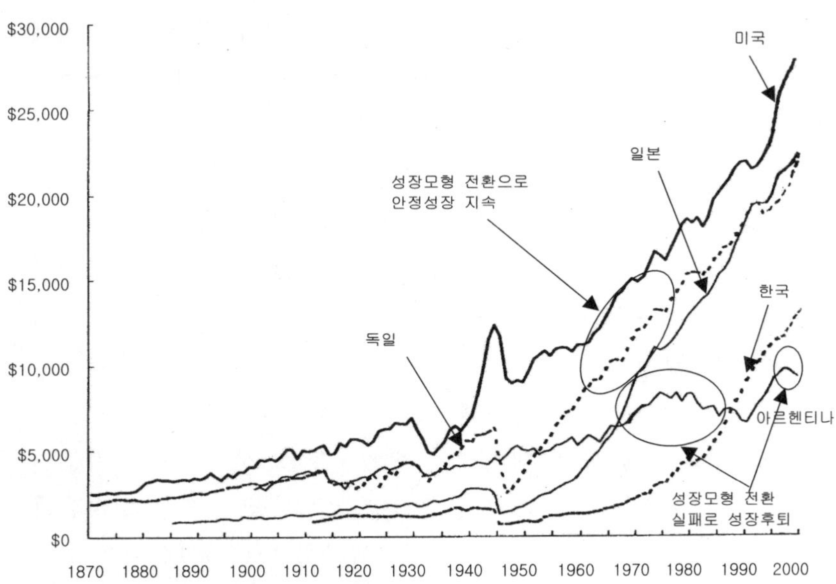

<그림 2> 주요국의 1인당 GDP 추이(PPP 기준)

<표 1> 일본의 경제성장 모형 전환

	정부주도형 고도성장 모형 (1950~1970년대 초반)	시장중시형 안정성장 모형 (1970년대 중반~)
특징	- 풍부한 노동력과 높은 저축률 - 정부주도 산업정책 - 1960년대 중반 이후 무역과 　금융자유화 추진	- 고부가가치·지식집약형 산업구조 - 규제완화와 경쟁촉진 - 노사관계 안정
성과	- 1950~1973년 평균 9.2% 성장 - 1968년 GDP 규모 세계 2위	- 1974~1990년 평균 4.0% 성장 - 1984년 1인당 소득 1만 달러, 　1988년 2만 달러 달성
한계	- 1973년 석유파동과 변동환율 　제 이행 - 농업부문의 유휴노동력 소진	- 경상수지 흑자에 따른 무역마찰 　심화 - 1980년대 후반 자산가격 거품 　형성과 붕괴

등 직접적인 정책수단을 적극 활용하고 성장목표 달성을 위한 정부와 기업의 협력을 강화(이른바 '일본주식회사론')하였다. 이에 힘입어 일본은 1950~1973년에 연평균 9.2%의 고도성장을 지속하였으며, 1968년에는 세계 제2위의 경제대국으로 부상하였다.

그러나 1973년 석유파동과 변동환율제 이행, 무역마찰 증대, 농업부문으로부터의 노동공급 감소 등 국내외 경제환경 변화로 종전과 같은 방식의 성장이 한계에 이르자, 고도성장에서 안정성장으로, 정부주도형에서 시장중시형으로 경제운용의 큰 틀을 전환하지 않을 수 없게 되었다.

일본은 1970년대 중반 이후 석유파동에 따른 인플레이션과 무역마찰, 엔화강세 등에 대처하여 산업구조를 재조정하고 정부의 시장개입을 최소화하는 등 시장중시형 안정성장 모형으로 전환하였다. 산업구조를 에너지절약형, 지식집약형으로 전환하고 엔화강세 등으로 구조적 불황에 처한 업종의 구조조정을 추진하였으며,

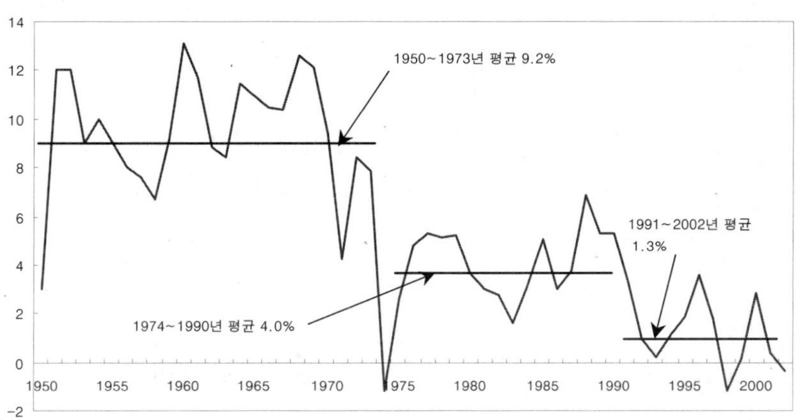

자료 : IMF, International Financial Statistics.

정책수단도 직접적인 규제와 보호보다 규제완화와 경쟁 촉진을 통해 시장기능과 민간기업의 활력을 활용하는 방향으로 전환하였다. 노사문제에서는 정부의 직접적인 간여보다 기업과 노동자의 상호 화합을 통한 안정을 유도하였다. 이에 따라 1974~1990년에 연평균 약 4%의 견실한 성장을 지속하였다.

한편 1980년대 중반 대규모 무역흑자에 따른 무역마찰과 엔화 강세로 성장이 급격히 둔화되자 일본은 내수주도형 경제로 전환을 모색하기에 이른다. 이는 해외경제에 대한 의존도를 줄임으로써 성장과 고용 안정을 도모하고 국제적인 무역불균형 완화에도 이바지하고자 한 것이었으나, 이 과정에서 내수확대를 위해 재정금융 확대정책을 지나치게 추진함으로써 자산가격 버블을 가져왔다.

일본은 1991년 자산가격 버블 붕괴 이후 10년 이상 연평균 성장률 1% 수준의 장기침체가 지속되고 있다. 이는 가계·기업의 대차대조표 악화, 금융기관 부실채권 정리 지연, 노동분배율 상승과 과잉설비에 따른 기업 이윤율 저하 등 여러 가지 요인이 복합적으로 작용한 데서 말미암은 것이다. 또한 정책당국이 버블 붕괴의 영향과 경제의 구조적 취약성을 과소평가하여 효과적인 정책대응이 이루어지지 못한 것도 장기침체를 지속시킨 요인으로 작용하였다.

최근에는 부실채권 정리를 통한 금융시장 안정, 규제완화, 세제개혁 등 구조개혁 노력으로 경제회복 가능성이 높아지고 있다.

나. 경제성장 모형 전환과정

(1) 정부주도형 고도성장 모형 : 1950~1970년대 초반

전후 일본은 풍부한 노동력과 높은 저축률을 바탕으로 주요 기간산업을 집중 육성하는 정부 주도의 적극적인 산업정책[2]을 추진하였다.

공업화를 농업근대화와 동시에 진행시키면서 농촌의 유휴인력을 제조업이나 서비스업으로 유도하여 산업화에 필요한 인력을 원활하게 공급하였다. 이와 함께 국내저축 동원을 극대화하여 철강, 금속, 석유화학 등 주력산업의 투자 재원으로 집중 지원하는 한편 무역을 자본재 공급과 선진 과학기술 도입을 지원하는 성장 촉매제(catalytic role)로 활용하였다. 아울러 보호무역,[3] 정책금융, 세제 혜택 등 직접적인 정책수단을 적극 활용하고 성장목표 달성을 위한 정부와 기업의 협력을 강화하였다. 그 결과 1950~1973년에 연평균 9.2%의 고도성장[4]을 지속하였으며 1968년에는 세계 제2위의

---

2) 일본 정부는 '경제자립 5개년계획'(1955), '신장기경제계획'(1957), '국민소득배증계획'(1960) 등을 수립하여 경제정책을 직접 주도하였다. 특히 통산성은 정책목표를 달성하기 위해 정부와 산업계의 상호 협조(이른바 '일본주식회사론')를 강화해 나가는 한편 〈특정산업진흥임시조치법〉을 제정(1964)하여 기업의 사업통합과 전문화를 적극 유도하기도 하였다.

3) 1960년대 들어서는 무역과 자본 자유화를 통해 대외개방 경제체제로 전환하고 대기업의 수출 증대와 다국적 기업화 전략을 추구하였다.

(연평균, %)

	1870~ 1913[1]	1913~ 1938	1950~ 1960	1960~ 1970	1970~ 1980	1980~ 1990	1990~ 1995	1995~ 2002
일본	2.6	3.9	8.0	11.1	4.4	4.0	1.4	1.0
영국	1.9	1.1	3.0	2.8	2.2	2.4	1.3	2.8
미국	4.3	2.0	3.2	3.9	3.2	2.9	1.9	3.2
독일[2]	2.8	1.6	8.0	4.7	2.9	2.2	1.4	1.4

주 : 1) 미국은 1867~1878년과 1913년 평균, 일본은 1887~1913년 평균.
　　 2) 1950~1990년은 서독 기준.
자료 : 鶴田俊正·伊藤元重(2001) ; IMF, International Financial Statistics.

경제대국으로 부상하였다.

일본 경세는 1973닌 1차 오일쇼크가 빌생하기 진까지 영국, 미국, 독일과 달리 추세가속화(trend acceleration)하여 1950년대의 고도성장세를 1960년대에도 유지하였다. 그러나 1970년대에 들어서면서 일본 경제는 환율제도가 변경된 데다 오일쇼크가 발생하면서 종전과 같은 고도성장세를 더 이상 유지하기 곤란하게 되었다. 고정환율제도가 붕괴되면서 엔화가치가 치솟고 오일쇼크로 말미암아 원자재가격이 급등하면서 수출경쟁력이 약화되고 투자가 급감하였다. 이와 함께 산업화에 따른 도시 인구집중 현상이 크게 완화되면서 소비가 둔화되었고 유휴노동력 공급도 감소하였다.

그 결과 1974년에는 전후 처음으로 마이너스 성장(-1.2%)을 기록하는 등 종전과 같은 방식의 성장이 한계에 이르게 되었다. 이에 따라 경제운용의 틀을 고도성장에서 안정성장으로, 정부주도형에서 시장중시형으로 전환하지 않을 수 없게 되었다.

---

4) 1955년에는 GATT 등 국제경제기구에 가입하였고 1인당 국민소득이 2차 세계대전 이전의 최고 수준을 넘어서 폐허에서 완전 회복하였다.

(2) 시장중시형 안정성장 모형 : 1970년대 중반~

일본은 1차 오일쇼크 이후 높은 인플레이션과 무역마찰, 엔화
강세 등에 대처하여 산업구조를 재조정하고 시장중시형 안정성장
모형으로 전환하였다. 먼저 산업구조를 에너지 다소비형 소재산업
대신 에너지절약형, 지식집약형으로 전환하고 엔화강세 등으로 구
조적 불황에 처한 업종의 구조조정을 추진하였다. 또한 1970년대
부터 시작된 공장재배치를 통한 생산설비 지방분산을 지속적으로
유도하고, 이를 토대로 테크노폴리스정책을 추진하여 첨단정보산
업을 적극 육성하였고, 공동연구개발조합제도5) 등 제도적 지원을
통해 기업의 첨단기술 획득을 지원하였다. 이와 함께 공적기금을
조성하여 첨단산업의 '상업화기술' 개발에 중점 투입하는 등 기업
부문의 R&D 투자를 적극 지원하였다.

아울러 노사문제에서는 정부의 직접적인 간여보다는 기업과 노
동자간 상호 화합을 통해 안정을 유도하였다. 전후 15년 동안 대량
해고 등 노사간의 대립이 심했으나, 이후 노동계와 경영자 양측은
생산성을 향상시키고 '겐센(原泉 : Pie)'을 먼저 확보하는 데 합의하
여 노사관계가 크게 안정되었다.6) 개별기업의 노동조합은 임금협
상을 하는 때에 상급단체로부터의 지시내용은 참고만 할 뿐 회사
의 경영여건과 노동생산성, 물가 등을 먼저 고려함으로써 임금조
정 폭을 합리적 선에서 기업과 상호 타협하여 결정하였다. 1970년
대 오일쇼크로 말미암아 인플레이션이 나타나자 노동조합은 물가
상승률보다 낮은 임금인상률을 수용하기도 하였다. 이처럼 일본은

---

5) 대표적 예로 미국 IBM의 차세대 대형컴퓨터에 대항하기 위해 통산성이 1976~
   1980년까지 富士通, 日本電氣, 日立製作所, 三菱電氣 등 7개사와 공동으로 수행한
   대규모집적회로(超LSI) 프로젝트(총사업비 700억 엔 가운데 300억 엔은 정부가
   보조)를 들 수 있다. 이 제도에 참여하는 기업에 대해서는 연구보조금을 지급하고
   세금감면 등 우대조치를 실시하였다.
6) 노사분규 건수가 1975년 5천 200여 건에서 1985년에는 500건으로 급감하였다.

명시적인 노사정 협의기구는 없었으나, 정부-기업간 전통적인 협력체제와 종신고용제, 연공서열제 관행 등을 바탕으로 노사관계의 안정을 유지하였다. 이와 같은 안정성장 모형으로 전환한 데 힘입어 1974~1990년에 연평균 약 4%의 견실한 성장을 지속하였다.

한편 1980년대에 들어서면서는 1960년대부터 이어진 무역흑자가 제조업의 높은 국제경쟁력을 바탕으로 더욱 확대되면서 미국 및 유럽과의 무역마찰[7]이 심화되고 정치 이슈로까지 확산되었다. 이에 따라 일본 정부는 대미 수출을 줄이기 위해 엔고를 용인하는 것을 골자로 한 플라자합의(1985)를 하게 되었다. 이와 같이 무역마찰과 엔화가치 급등으로 말미암아 수출이 감소되어 성장세가 둔화되자 내수주도형 경제로 전환을 모색하였다. 1980년에는 외환자유화를 시행하고, 1984년에는 미일간 엔·달러위원회 개최를 계기로 금융자유화를 본격 실시하였다. 그러나 내수확대로의 전환은 정책 제약[8]으로 초기에는 큰 성과를 내지 못하였다.

1980년대 중반 이후 내수주도형 경제로 전환을 모색한 것은 해외경제에 대한 의존도를 크게 줄임으로써 성장과 고용안정을 도모하고 국제적인 무역불균형 완화에도 기여하고자 한 것이었다. 그러나 이 과정에서 내수확대를 위해 재정금융 확대정책을 지나치게 추진함으로써 자산가격 버블을 초래하였다.

일본의 지가와 주가는 유동성 확대 외에 금융자유화, 토지관련 세제규제 완화, 취약한 규율부과 메커니즘, 일본 경제에 대한 경제주체들의 과신 등으로 1990년대 초까지 크게 급등하였다.[9] 1980년

---

7) 이 과정에서 미국의 대일통상압력은 섬유(1950년대), 철강(1960년대), 컬러TV (1970년대), 자동차, 반도체(1980년대) 순으로 이루어졌다.
8) 이미 1981년을 '재정건전화 원년'으로 삼아 적극적인 재정확대정책을 펴기 어려웠던 데다 추가적인 금리 인하는 미국과의 금리격차를 크게 하여 엔화약세를 통한 대미수출의 증대를 가져왔다.
9) 거품의 발생과 확대 요인에 대해서는 翁邦雄 외(2000)를 참조할 수 있다.

대 후반 이후 부동산 가격이 폭등하면서 자산가격에 대해 거품이라는 우려가 제기되자, 일본 정부는 급격하게 대출을 규제하고 금리를 인상하는 등 금융긴축정책으로 선회함으로써 1991년 자산가격 거품이 붕괴하였으며, 이후 10년 이상 연평균 성장률 1% 수준의 장기침체가 지속되고 있다.

일본 경제의 장기침체가 지속되는 데는 가계·기업의 대차대조표 악화, 금융기관 부실채권 정리 지연, 노동분배율 상승과 과잉설비에 따른 기업 이윤율 저하 등 여러 가지 요인이 복합적으로 작용하고 있다. 아울러 정책당국이 버블 붕괴의 영향과 경제의 구조적 취약성을 과소평가하여 효과적인 정책대응이 이루어지지 못한 것도 장기침체를 지속시킨 요인으로 작용하였다.[10]

거품 붕괴로 말미암아 기업들의 수익률이 크게 떨어지면서 제조업을 중심으로 일본 국내산업의 해외 이전이 가속화하였다. 1990년대 들어 생산비용이 상승하면서 제조업체들이 생산기반을 해외(주로 중국, 동남아 등)로 이전하였는데, 제조업 해외생산비율이 1990년 6.4%에서 2000년 14.5%로 급상승하였다. 이와 함께 거품붕괴의 영향으로 기업수익이 악화되면서 고용흡수 능력이 약화되어 실업률이 급등하였다. 기업들의 조기퇴직제도 도입으로 종신고용제가 상당히 약화되었으며, 과잉설비와 투자효율 하락으로 이윤율이 저하되면서 고용이 감소하여 1980년대 2%대의 완전고용 수준에 머물렀던 실업률이 2002년에는 5%로 크게 상승하였다.

최근 일본 경제는 부실채권 정리를 통한 금융시장 안정, 규제

---

10) 정책당국은 거품 붕괴의 후유증을 일시적인 것으로 판단하여 금융·재정정책을 통해 이를 단기적으로 해소할 수 있을 것으로 기대하고 1992~2000년에 9차례에 걸쳐 123조 엔이 넘는 경기부양책을 반복 실시하였으나 실효성을 거두지 못하였다. 또한 거품 붕괴 이후 금융기관 부실채권을 조기에 과감히 정리하기보다 자산가격 회복을 통한 해결을 기대하여 미봉책으로 일관함으로써 부실이 더욱 확대되었다.

<표 3> 일본의 경제성장모형 전환과정

시기구분	항목	내용
정부주도형 고도성장모형 (1950~1970년대 초반)	성장기여 요인	▶ 풍부한 노동력 　- 농촌의 유휴인력이 제조업과 서비스업으로 이동 ▶ 높은 저축률 　- 국내저축을 주력산업의 투자재원으로 적극 활용 ▶ 정부주도 산업정책 　- 기간산업 집중 육성(傾斜生産方式) 　- 보호무역, 정책금융, 세제혜택(1950년대) 　- '일본주식회사론' ▶ 대외개방체제 전환 　- 무역과 자본자유화(1960년대)
	한계	▶ 오일쇼크 　- 원자재가격 급등 ▶ 변동환율제 이행 　- 엔화가치 상승, 수출경쟁력 약화 ▶ 유휴노동력 소진 　- 산업화에 따른 도시 인구집중 현상 완화
시장중시형 안정성장모형 (1970년대 중반~)	위기 극복과 성장모형 전환노력	▶ 산업구조조정 　- 성장 활용형 경제정책 운영 　- 산업구조를 중화학공업에서 고부가가치의 조립가공 산업과 첨단기술산업 위주로 전환 ▶ 규제완화와 경쟁촉진 　- 내수주도형 경제로 전환 모색 　- 확대 재정금융정책, 기업과 금융부문에 대한 규제 완화 ▶ 첨단 정보산업 육성 　- 생산설비 지방분산 유도 　- 테크노폴리스 정책 추진을 통한 첨단정보산업 육성 ▶ 노사관계 안정화 유도 　- 기업과 노동자간 상호 화합을 통한 안정 도모 　- 명시적 노사정 협의기구 대신 정부-기업간 전통적 협력체제와 종신고용제, 연공서열제 등으로 노사관계 안정
	성과와 문제점	▶ 1970~1980년대 안정성장으로 이행 　- 1974~1990년 평균 4%의 성장 　- 노동시장과 물가안정 　- 경상수지 흑자기조 유지 ▶ 1990년대 거품경제 이후 장기불황 　- 내수주도형 경제로 전환하면서 지나친 확대재정금융정책으로 자산가격 거품 발생 　- 거품 붕괴 이후 적절한 정책대응 미흡으로 장기 불황 지속

완화, 세제개혁 등의 구조개혁 노력으로 장기불황의 원인이었던 문제들이 점차 해소되고 있어서 장기불황 탈출 가능성이 높아지고 있다.

2. 아르헨티나

가. 개황

아르헨티나는 대공황 이전까지 세계 최대 농산물 수출국 가운데 하나로, 유럽으로부터의 이민과 자본유입 확대를 바탕으로 하여 높은 성장세를 지속하였다. 19세기 말 유럽에서 산업혁명이 일어나자 원자재 수요가 급증하였으며 수출 증대를 위해 필요한 노동력은 유럽 등지에서 온 이민 인력으로 충원하였다. 또한 영국 등 외국으로부터 자본을 유치하고 신기술을 흡수하는 동시에 선진 교육시스템을 받아들여 우수 인적자본을 축적하였다. 아울러 경제정책도 정부의 시장개입을 최소화하고 자유무역 기조를 유지하였다. 이에 따라 1900~1930년에 연평균 4.8%의 성장을 이룩하였으며, 1913년에는 1인당 GDP 세계 6위, GDP 규모 10위에 이르게 되었다.

그러나 대공황과 2차 세계대전의 여파로 선진국의 보호무역주의가 강화되면서 농산물 수출 급감, 해외이민과 자본유입 감소 등으로 종전 방식의 고도성장을 더 이상 지속할 수 없게 되었다.

1946년 집권한 페론 정부와 그 이후의 군사정권은 지나친 대외의존형 경제에서 벗어나 자립경제를 이룩하기 위해 내부지향적 수입대체 산업화 전략으로 전환을 추진하였다. 이를 위해 먼저 관세장벽을 높여 국내소비재와 중간재산업을 보호하는 한편 농업부문에 대한 지원을 대폭 삭감하였다. 또한 통신, 가스, 철도, 항공 등

기간산업을 공기업화하고 은행을 국유화하여 공기업과 수입대체산업에 정책자금을 지원하였다. 아울러 페론 정부는 정치적 기반인 노동자계층의 지지 확보를 위해 연금제도 확충 등 복지·분배 중심의 사회민주주의적 경제정책을 추진하였다.

이러한 정책전환은 국내산업 보호와 고용안정을 통해 일시적인 성과를 나타내기도 하였으나, 결국 국내산업의 국제경쟁력 약화와 재정적자 확대, 인플레이션 악화 등으로 한계에 이르게 되었다.

이에 따라 1970년대 중반 이후에는 정부규제와 국내산업 보호를 기반으로 한 수입대체 산업화정책에서 과감한 자유화·개방화정책으로 전환을 추진하였다. 그러나 거시경제 기반이 취약한 가운데 시도된 자유화·개방화는 금리상승과 경기침체, 기업도산, 국제수지 악화를 가져옴으로써 결국 1980년대 초 경제위기를 불러왔다.

1982년 외채위기와 포클랜드 전쟁 패배 후 군정 종식과 함께 등장한 알폰신 정부는 경제안정화를 위해 재정금융 긴축과 함께 화폐개혁을 단행하고 노동시장 개혁을 추진하였다. 그러나 노동조합, 자본가, 관료 등이 각각 자신의 기득권을 고수하기 위해 개혁에 강력히 저항함에 따라 효과적인 개혁에 실패하였다. 1980~1989년에 성장은 연평균 0.1%에 그쳤으며 같은 기간에 1인당 GDP는 7천478달러에서 2천565달러로 하락하였다.

알폰신 정부에 이어 1989년 집권한 메넴 정부는 1990년대 초반까지 경제안정화와 성장잠재력 회복을 위해 시장친화적이고 근본적인 경제구조개혁을 추진하였다. 먼저 통화위원회제도를 도입하여 페소화와 미 달러화의 1:1 교환을 보장하였다. 아울러 농산물수출관세와 수입쿼터제 폐지, 외국인 투자제한 철폐 등 전면적인 자유화·개방화를 추진하고 철도·항공·전력·금융 등 매각 가능한 모든 공기업을 민영화하였다. 이에 힘입어 1990~1998년에 평균 6%의 성장을 이루었으며 물가도 크게 안정되는 성과를 거두었다.

<**표 4> 아르헨티나의 경제성장 모형 전환**

	대외의존형 모형 (1930년대 이전)	수입대체 산업화 모형 (1940~1970년대 초반)	자유화·개방화 모형 (1970년대 중반~)
특징	- 유럽 이민과 자본유입 확대 - 농산물 수출 - 자유무역정책	- 관세장벽·국내산업 보호 - 기간산업 공기업화 - 분배·복지정책 강화	- 급격한 자유화·개방화 - 수차에 걸친 개혁추진 - 1991~2002년 통화위원회제도 시행
성과	- 1900~1930년 평균 4.8% 성장 - 1913년 1인당 GDP 세계 6위	- 1946~1979년 평균 4.1% 성장 - 국내산업 보호와 고용 안정	- 1980~1989년 평균 0.1% 성장에 그쳤으나 1990~1998년 평균 6.0% 성장
한계	- 대공황 이후 선진국 보호무역 강화 - 이민·자본유입 감소	- 국내산업의 경쟁력 약화 - 재정적자 확대, 인플레이션 악화	- 거시경제기반 취약, 기득권층 반발 등으로 개혁 실패

<그림 4> 아르헨티나의 경제성장률 추이

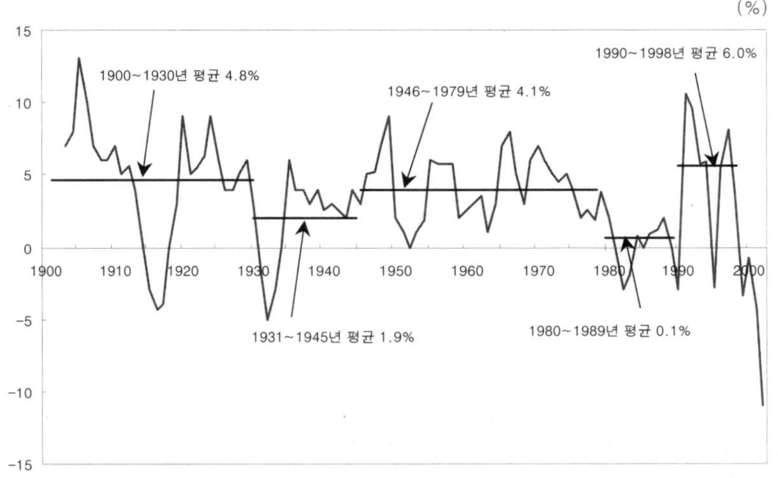

자료 : Maddison(1995) ; IMF, International Financial Statistics.

그러나 1990년대 후반 이후 재정수지가 악화되고 환율정책이 경직적으로 운용되면서 대외충격을 효과적으로 흡수하기가 어려워짐에 따라 경제위기가 재연되었다. 정치 불안과 부정부패 만연, 정부정책에 대한 국민의 불신, 기득권층의 반발 등으로 구조개혁이 지연되고, 브라질 등 경쟁국의 평가절하에도 경직적 환율제도인 통화위원회제도를 고수함으로써 대외경쟁력 약화와 환투기 공격을 초래하였다. 통화위원회제도를 포기한 2002년에 페소화 가치가 75%나 폭락하였으며, GDP 성장률이 마이너스 10.9%로 하락하고 초인플레이션이 재발하는 등 경제위기가 재발되었다.

최근에는 외채상환 일정을 재조정하고 공공 및 금융부문에 대한 구조조정을 추진하는 등 경제안정화에 주력하고 있으나, 정치적 불안정 지속과 인플레이션 및 실업률 상승 등 불안요인이 상존하고 있다.

나. 경제성장모형 전환과정

(1) 대외의존형 초기 성장모형 : 1930년대 이전

아르헨티나는 대공황 이전까지 밀, 소고기, 낙농제품, 모직 등의 농축산물을 주로 수출하는 세계 최대 농산물 수출국 가운데 하나로, 유럽으로부터 온 이민과 자본유입 확대를 바탕으로 높은 성장세를 지속하였다. 19세기 말 유럽의 산업혁명으로 원자재 수요가 급증하였으며 수출 증대를 위해 필요 노동력을 유럽 등지에서 온 이민 인력으로 충원하였다.[11] 또한 영국[12] 등 외국으로부터 자

---

11) 아르헨티나는 1880년대부터 유럽 이주민(주로 농장이민자)들을 끌어들이기 위해 30년 동안(Alluvial Era) 적극적인 이민장려정책을 시행하였다.

12) 영국의 아르헨티나에 대한 투자는 1826년에 1.2백만 파운드에 불과하였으나, 이후 계속 늘어나 1913년에는 479.8백만 파운드로 영국의 남미 전체 투자액의 40.7%에 이르렀다.

본을 유치하고 신기술을 흡수하는 동시에 선진 교육시스템을 받아
들여 우수 인적자본[13]을 축적하였다. 경제정책도 대공황 이전까지
정부의 시장개입을 최소화하고 자유무역 기조를 유지하였다. 그
결과 1900~1930년에 연평균 4.8%[14] 성장하였으며, 소득수준이
가장 높았던 1913년에는 1인당 GDP 세계 6위, GDP 규모 10위에
달하였다.

그러나 대공황과 연이은 2차 세계대전의 여파로 선진국의 보호
무역주의가 강화되면서 농산물 수출이 둔화되고 해외이민과 자본
유입이 크게 감소하여 종전방식의 고도성장을 더 이상 지속할 수
없게 되었다.

대공황 전까지 아르헨티나 경제는 소비재 경공업제품 생산에
주력하는 한편 1차 농산물을 수출하고 기계류, 보석, 자동차 등 자
본재를 수입하는 불균형 교역구조를 지녔다. 그런 가운데 대공황에
이은 2차 세계대전으로 구미 국가들이 보호무역주의로 선회하면서
농산물의 가격은 폭락하고 수출은 급격히 감소하여 국제수지 불균

---

13) 아르헨티나는 우사이(1947년 생의학상), 를루아르(1970년 화학상), 밀슈타인
   (1984년 생의학상) 등 3명의 과학 분야 노벨상 수상자를 배출하였다.
14) 1차 세계대전 기간을 제외하면 성장률이 연평균 6%에 이른다.
15) 인구증가율이 1차 세계대전 전에는 4%대였으나 1920년대 3%, 1930년대 1.5%로
   급감하였다.

인구증가율 추이

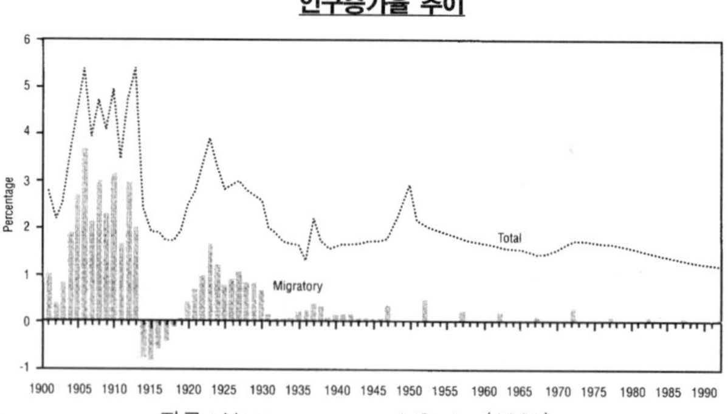

자료 : Veganzones and Carlos(1997)

형이 크게 심화되었다. 게다가 1930년대 들어서면서 인구 증가세가 둔화된 데다 해외로부터의 농업이민이 감소하고 유럽자본이 북미 등으로 분산 투자되면서 GDP대비 해외투자유치액이 1929년 1.12%에서 1950년에는 0.12%로 급락하였다.

(2) 분배중시·수입대체 산업화 모형 : 1940~1970년대 초반

대공황으로 해외수요가 크게 줄어들면서 수출시장이 위축되고 성장률이 크게 하락하자, 아르헨티나는 해외경제여건 변화에 영향을 덜 받는 자립경제(autarky economy)를 구축하기 위해 내부지향적 수입대체 산업화 전략으로 전환을 추진하였다. 농산물 수출국이었던 아르헨티나는 대공황의 여파가 다른 나라와 비교할 때 상대적으로 적었으나, 국내산업을 보호히고 지니친 대외의존 경제체제를 개선할 필요성이 대두되었다. 국내산업 보호를 위해 관세장벽을 높인 데는 당시 아르헨티나에서 재배된 농축산물에 대한 수입을 억제[16]하고자 하였던 영국과 미국에 대한 반감도 작용하였다. 아울러 대공황 이후 케인즈경제학의 등장으로 경제정책 결정에서 정부의 적극적인 역할이 강조되는 분위기도 이에 일조하였다.

이러한 여건 아래에서 1946년 노동자의 적극적인 지지를 받고 등장한 페론 정부와 그 이후 군사정권은 지나친 대외의존형 경제에서 벗어나 자립경제를 이룩하기 위해 내부지향적 수입대체 산업화 전략으로 전환을 적극 추진하였다.

페론 정부는 농업부문에 대한 지원을 대폭 줄여 나가는 한편 수입규제조치를 통해 국내소비재와 중간재산업을 육성하는 동시에 통

---

16) 1933년 영국이 Roca-Runcimann Pact를 발효시키면서 자국시장에 외국 소고기 판매를 제한한 데다 미국 대통령 Calvin Coolidge가 자국 농민들의 로비에 굴복, 아르헨티나에서 생산된 수입소고기에 대해 높은 관세를 부과하였다.

신, 가스, 철도, 항공 등 기간산업을 공기업화하고, 일부 은행을 국
유화하여 공기업 및 수입대체산업에 정책자금을 집중 지원하였다.

또한 섬유제품(1940년대), 중간재(1950년대), 자동차(1960년대),
석유화학, 금속정제, 전기제품(1970년대)을 단계적으로 집중 육성
하는 한편 공업부문에 필요한 유휴노동력을 조달하기 위해 영농기
계화를 추진하였다. 아울러 1947년에는 국내기업의 보호를 위해
GATT 가입을 거부하고 외국인투자에 대한 규제 조치를 취하였다.
이밖에 최대 교역 상대국이었던 영국이 파운드화의 태환을 중지하
자 금본위제를 포기하고 페소화의 평가절하를 단행하기도 하였다.

페론 정부는 수입대체 산업화를 추구하면서 정치적 기반인 노
동자계층의 지속적인 지지를 얻기 위해 연금제도 확충 등 경제·
사회적인 면에서 복지·분배 중심의 사회민주주의적 경제정책을
실시하였다. 또한 노동자의 임금을 대폭 인상하고 완전고용의 동
시달성 등을 추진하였다.

분배중시·수입대체 산업화정책으로의 전환은 국내산업 보호
와 고용안정을 통해 초기에는 성장률 상승 등 일시적인 성과를 나
타내기도 하였으나, 결국 국내산업의 국제경쟁력 약화와 재정적자
확대, 인플레이션 악화 등으로 한계에 이르게 되었다.[17]

수입대체 산업화정책 실시 초기에는 자국산업의 보호를 통해
어느 정도 성장률을 높일 수 있었으나, 시간이 지나면서 생산성 저
하, 사회보장지출 증대 등으로 국제경쟁력이 약화되었다. 아울러
부가가치가 높은 공산품을 상당 부분 수입하고 국방과 중공업 분
야를 육성한 결과 외채가 누적되고 경상수지 적자가 장기화되어
해외로부터 인플레이션 압력이 더욱 강해졌다. 낮은 저축률로 국

---

17) Gerschenkron(1962)은 후발국이 수입대체 산업화정책을 통해 공업화에 성공하려면
　　자본축적, 사유권 확립, 기술축적, 농업생산 증대, 기업능력, 시장 확보 등이 이루
　　어져야 한다고 강조하였다.

내자본의 축적이 충분히 이루어지지 않은 상황에서 외자도입을 통해 공업화가 추진되면서 외채가 증가하게 되었다. 또한 외국인 직접투자에 대해 불리한 조치를 취함으로써 해외로부터 자본과 선진기술 도입이 억제되고 투자가 활성화하지 못하였다.

정부가 기득권층의 요구를 적극 들어주면서 조세체계가 왜곡되었으며, 자국산업보호정책의 하나로 은행의 국유화를 통해 생산성이 낮은 공기업에 자금지원을 계속함으로써 자금배분 왜곡과 금융부실 증대를 가져왔다. 특히 1970년대 후반까지 수입대체 기업과 공공부문의 부채를 실질적으로 경감시켜주기 위해 큰 폭의 마이너스 실질금리를 장기간 유지함으로써 자금배분의 비효율성이 심화되었다.[18)

또한 페론 정부 이후 계속해서 군사정권이 등장하면서 정치불안이 가시지 않는 가운데 성장률이 둔화되면서 일자리 창출이 원활하게 이루어지지 않음에 따라 우수 두뇌들이 해외로 대거 이탈(brain-drain)하였다. 아울러 1970년대 들어 재정적자가 더욱 확대되면서 교육부문에 대한 투자가 어려워져 교육프로그램이 산업화에 필요한 우수인력을 양성하는 방향으로 개선되지 못하였다(Veganzones and Carlos 1997).

이밖에도 군정 아래에서 수차례에 걸쳐 경제개혁 조치가 있었음에도 정치불안으로 경제정책이 일관되게 추진되지 못한 데다 노조의 정치적 영향력이 더욱 막강해지면서 임금상승압력이 지속되고, 통화증발을 통해 재정적자를 보전하면서 인플레이션이 만성화되었다.[19)

---

18) Canavese, Elias and Montuschi(1983)는 마이너스 실질금리정책이 수입대체재 생산기업, 주택건설 부문, 정부 등에 차입부담을 덜어주는 효과는 있었으나, 생산성 향상을 유도하지 못해 자금배분의 비효율성을 더욱 심화시켰다고 지적하였다.
19) Furtado(1969)에 따르면 농산물 수출국이 수입대체 산업화정책을 추진할 경우 수입공산품에 견주어 수출품의 가격이 상대적으로 저렴하여 교역조건이 점점 악

(3) 자유화·개방화 성장모형 : 1970년대 중반~

아르헨티나는 1970년대 중반 이후 정부규제와 국내산업 보호에 의한 수입대체 산업화정책에서 과감한 자유화·개방화 정책으로 전환을 추진하였다. 1975~1978년에는 외환자유화를 시행하였고, 자본시장을 개방하였으며, 1977년에는 금리자유화를 단행하였다. 그러나 거시경제기반(macroeconomic fundamentals)이 취약한 가운데 시도된 자유화·개방화는 금리상승과 경기침체, 기업도산, 국제수지 악화를 초래함으로써 결국 1980년대 초 경제위기로 이어지게 되었다.

2차 오일쇼크로 주요 선진국의 경기가 다시 후퇴하고 인플레이션 억제를 위해 긴축정책이 실시되면서 해외수요가 급감함으로써 경기침체가 장기화되는 가운데 1980년대 초에 자본의 해외유출이 급증하면서 1982년에는 결국 채무불이행에 빠지게 되었다. 아르헨티나 정부는 외채위기를 지급불능보다는 일시적인 유동성 부족에 따른 문제로 보고, 자금경색을 완화하기 위해 유동성을 확대 공급함으로써 부실채권이 크게 늘어났다. 부실기업에 대해 자금지원이 지속되면서 금융기관의 부실채권이 늘어나고, 이를 막기 위해 대규모의 공적자금이 투입되면서 재정적자 확대와 인플레이션 악순환이 지속되었다.

1982년 외채위기 이후 포클랜드 전쟁 패배 등으로 군정이 종식되면서 등장한 알폰신 정부는 경제안정화를 위해 재정금융 긴축과 함께 노동시장 개혁을 추진하였다. 아울러 IMF 등 해외채권자들과 채무상환연기 협상[20]을 시작하여 대외신인도 회복을 도모하였으며,

---

화되게 된다. 이 경우 수입대체 산업화를 추진하는 국가는 수출증대를 위해 자국통화를 평가절하하게 되는데, 이 과정에서 인플레이션이 구조적으로 발생할 수 있다.

20) 1989년 3월 Brady 미국 재무장관은 멕시코위기(1982)를 시발로 브라질, 아르헨티나 등이 채무 불이행을 선언하자 채권금융기관으로 하여금 기존 대출금의 원금 일

1985년에는 공적채무를 재조정하기 위한 주요 채권국의 협의체인 파리클럽과 28억 달러의 외채에 대한 상환일정을 재조정하였다.

그러나 알폰신 정부는 정치적 기반이 취약한 데다 군정으로부터 물려받은 취약한 경제구조와 노조의 강력한 영향력 등으로 위기조정 능력에 한계를 보였으며, 노조·자본가·관료 등이 제각각 자신들의 기득권을 고수하기 위해 강력히 저항하면서 개혁에 실패하였다. 아르헨티나 경제는 장기간 만연된 인플레이션 기대심리와 환율의 평가절하 기대로 1980년대 중반에는 인플레이션율이 6천%에 이르는 등 초인플레이션이 지속되었다.[21] 그 결과 1980~1989년에 연평균 경제성장률은 0.1%에 그쳤으며, 같은 기간 1인당 GDP는 7천478달러에서 2천565달러로 크게 하락하였다.[22]

1980년대에 수차례에 걸쳐 비상경제계획과 환율안정화정책이 실시되었지만, 경제 사회적 불안정으로 말미암아 어려움을 겪은 이후, 1989년에 집권한 메넴 정부는 경제안정화와 성장잠재력 회복을 위해 시장친화적인 개혁조치를 추진하였다. 메넴 정부는 신자유주의적 경제정책을 표방하여 내각에 기업 출신의 전문가를 대거 영입하는 동시에 노동조합과 결별을 선언하였다. '국가개혁'(Laley de Reforma del Estado)의 기치 아래 매각 가능한 모든 공기업을 민영화[23]하고, 규제를 완화하는 동시에 무역과 금융자유화를 가속화하였다. 또한 메넴 정부는 투자활성화를 위해 외국인투자

부를 탕감해주는 방안(일명 'Brady Plan')을 제안하였다.

21) 舊 페소화를 Austral貨로 1000 : 1로 교환하는 화폐개혁도 시행되었다.

22) 이른바 '잃어버린 10년'이라고 불린다.

23) 공기업 민영화를 위해 1989년 8월 정부개혁법(law of the state reform)을 제정하고 1991~1994년까지 철도, 항공사, 발전소, 도로 석유회사, 금융회사 등 모든 산업에 걸쳐 매각 가능한 국영기업을 민간에 매각하였다. 그러나 공기업 민영화는 재정수지 개선과 해외투자자의 신뢰 회복과 물가안정에 어느 정도 기여했으나 매각수입 극대화를 위한 무차별적인 해외매각으로 국내 성장산업기반이 약화되는 부작용을 초래하기도 하였다.

제한규정을 철폐하고 가격과 환율통제를 없애는 동시에 수출관세와 수입쿼터제를 폐지하였다.[24]

메넴 정부는 1991년에는 오스트랄(Austral)화를 다시 페소화로 변경하고 미 달러화와 페소화를 1 : 1로 고정시켜 무제한 달러화와의 교환을 보장하는 통화위원회제도(currency board system)[25]를 도입하였다. 또한 1995년 1월에 브라질, 파라과이, 우루과이와 남미공동시장(Mercosur)[26]을 결성하여 지역 내 기업간 제휴를 통한 수출시장 확대를 도모하였다.

1990년대 초 메넴 정부의 개혁·개방정책은 통화금융, 정부예산, 공기업, 무역, 규제 등 경제 전반에 실질적인 영향을 미쳤으며, 공기업 민영화, 무역자유화 추진 등의 경제개혁과 남미공동시장에 대한 낙관적인 전망 등에 힘입어 국내 및 외국인 투자가 증가하면서 1990~1998년에 연평균 경제성장률이 6%에 이르렀으며, 물가도 크게 안정되는 등의 성과를 거두었다.

그러나 1994~1995년에는 멕시코발 금융위기에 따른 경기후퇴로 일시적으로 세수에 차질이 빚어지고 위기극복을 위한 각종 기금 설립[27]과 비효율적인 조세행정, 세수기반 약화, 방만한 재정지

---

24) 1991년 4월 수입물품에 대한 특별관세 폐지 등으로 1998년 10월 26.5%였던 평균 수입관세가 1991년 4월에는 9.7%로 인하되었다.

25) 통화위원회제도의 도입 이후 물가가 급속히 안정됨에 따라 이 제도가 1990년대 초반 성장잠재력을 회복하는 데 기여한 것으로 평가되고 있다. 그러나 1990년대 미국경제의 호황으로 미 달러화가 강세가 되면서 페소화 가치가 상대적으로 경쟁국들 통화에 견주어 고평가되어 수출이 크게 둔화되고 다국적기업들도 생산비 절감을 위해 생산기지를 인접국으로 이전함으로써 무역수지의 불균형이 심화되고 산업경쟁력이 크게 약화되었다. 아울러 통화위원회제도 도입으로 통화와 재정정책의 독자적인 운영이 어려워져 탄력적인 경기부양책을 쓸 수가 없게 되었다.

26) Mercosur는 1991년 3월 파라과이에서 이루어진 아순시온조약을 배경으로 관세동맹형태로 출범하였으며 지역 내 제품에 대해서는 원칙적으로 무관세를 적용하였다.

27) 민간은행 구조조정기금(25억 달러), 주(州)은행 민영화지원기금(19.5억 달러) 등이 대표적 예이다.

출 행태 등으로 정부채무가 급증하여 재정수지가 악화되었다.28) 또한 통화위원회제도를 유지함에 따라 페소화가 여타 주변국들에 견주어 상대적으로 고평가되면서 수출기업들의 경쟁력이 점차 악화되었으며, 메넴 정부가 IMF 금융지원조건으로 강도 높은 긴축정책29)을 받아들임으로써 경제성장률이 1990년대 말부터 다시 둔화되었다. 아울러 환율정책이 경직적으로 운용되면서 대외충격을 효과적으로 흡수하기가 더욱 어려워졌을 뿐 아니라 환투기 공격을 야기하였다. 더욱이 동아시아(1997), 브라질(1998)의 경제위기로 말미암아 페소화가 상대적으로 고평가되고 1999년에 들어 메넴 정권의 정치적 혼란이 가중되면서 수출과 투자가 격감하였으며, 이는 국내 외국기업들의 생산기지를 브라질·칠레 등 주변 인접국으로 이전하게 하는 요인으로 작용하였다. 메넴 정부기 의욕적으로 실시한 공기업 민영화도 기업간 경쟁적 환경을 조성하기보다 독점적 지위를 공공부문에서 민간부문으로 이전하는 데 그쳐 실효를 얻지 못하였다.30)

한편 남미공동시장도 비회원국들에 대해 14%의 최고관세를 부과하고 2001년부터는 시장결성 전에 합의했던 비회원국들과의 자유무역협정이 불가능해지면서 교역증대 효과가 미미하였다. 아울러 정통성이 약한 정권이 장기간 집권하면서 재산권 보호에 대한 법적용이 일관성이 없는 데다 관료적 문화가 지배하고 부정부패31)

---

28) GDP 대비 공공부채가 1991년 34%에서 1999년에는 52%로 급증하였다.

29) IMF의 아르헨티나 지원 실적과 주요 개혁 요구사항은 이 책 87~88쪽 〈표5〉를 참조하라.

30) 대표적 예로 국영 통신회사를 프랑스와 스페인 회사에 매각하여 전화서비스제공지역을 7년 동안이나 독점 할당해 주었으며 그 이후 독점기간을 3년이나 추가 연장하였다.

31) 부정부패가 만연하면서 2000년 현재 아르헨티나의 지하경제 규모는 GDP의 23%(640억 달러)에 달하는 실정이다(Latin American Foundation for Economic Research, 2001).

가 만연하면서 법제도에 대한 불신32)으로 개혁정책의 일관성 있는 추진이 어려웠다.

결국 아르헨티나는 1999년에 들어 최악의 경제위기에 직면하면서 IMF의 구제금융지원 조건 아래 재정적자를 단계적으로 축소하고 공공부문과 금융, 노동시장 등에 대해 개혁을 광범위하게 추진하였다. GDP 대비 재정적자 비율을 1999년 4%, 2000년 3%, 2003년에는 0%로 단계적으로 축소하고, 〈Fiscal Responsibility〉법 제정을 통해 중기재정건전화계획을 수립하였다. 그러나 2000년 말에 그동안의 개혁 개방정책 추진과정에서 내재되었던 재정적자 확대 등 경제불안 요인33)이 1999년 브라질 경제위기와 맞물리면서 경제위기가 촉발되었다.

그 결과 2000년 12월 IMF로부터 향후 3년 동안 총 397억 달러의 구제금융을 받는 데 합의하고 위기를 모면하였다. 이후 각종 비상경제대책을 강구해 왔으나 세계적인 경기침체에 더하여 정치권과 국민반발 등으로 개혁정책이 난항하면서 2001년에 들어서도 금융불안이 지속되었고, 마침내 2001년 12월 대외채무(1천 410억 달러) 상환의 일시중단을 선언하였다. 이후 2002년 2월 통화위원회제도를 포기하고 변동환율제를 도입하였으나, 페소화 가치가 폭락(75%)하면서 사상 최악의 마이너스 경제성장률을 기록34)하는 등 또다시 경제위기35)에 직면하고 있다.

---

32) Diario La Nacion의 조사(2001.1)에 따르면 아르헨티나 전국민의 82%는 법체제에 대해 불신하는 것으로 나타났다.

33) 1990년대 후반 이후 경기침체에 따른 세수 감소와 함께 노동자의료보건기금, 연금기금 등 사회보장성 연기금을 과감하게 자유화하지 못한데다 지방정부가 분권화되어 정치구조에서 취약한 지방재정을 지원하기 위한 중앙정부 지출이 크게 증대하였다.

34) 2002년에는 경제성장률이 -10.9%를 기록하면서 1998년에 비해 실질 GDP가 18.4%, 1인당 GDP는 22.3%나 급격히 감소하였다.

35) Cline(2003)은 위기재발 요인으로 부적절한 재정정책으로 말미암은 과도한 정부부채 누적, 통화위원회제도 아래에서의 환율 경직성, 잦은 정권교체(1930~2003년

이러한 가운데 아르헨티나는 2003년 9월 IMF와 중기협정을 타결하고 공공부문과 금융시스템에 대한 구조조정을 추진하고 있다. 그러나 정치불안과 구조적 문제가 상존하는 가운데 인플레이션 재연, 실업률 급증, 예금동결조치 후유증 등으로 경제불안 요소가 가시지 않은 상태이다.

<표 5> IMF의 아르헨티나 지원 실적 및 주요 개혁요구 사항

지원유형 (승인시기)	규모 (백만)	주요 개혁요구사항
스탠바이 협정 (1983년 1월)	SDR 2,020 ($2,562)	▶ 세금징수 등 조세행정 강화 ▶ 중앙정부와 국영기업의 운영비용 절감 ▶ 적정이자율 정책과 국내 신용확대 제한
스탠바이 협정 (1984년 12월)	SDR 1,694 ($2,148)	▶ 소득세율 인상과 기업의 사회보장부담금 인상 ▶ 정부지출 재조정 ; 국방비 축소, 의료·주거·교육 부문에 대한 지출 확대 ▶ 가격과 임금억제조치 단계적 폐지 ▶ 긴축 재정과 통화정책 실시
스탠바이 협정 (1987년 7월)	SDR 1,113 ($1,411)	▶ 재정적자 감축과 지속적인 징세강화 ▶ 융통성 있는 가격통제시스템 가동 ▶ 경쟁력을 감안한 환율정책과 국영기업 효율성 제고
스탠바이 협정 (1989년 11월)	SDR 1,104 ($1,400)	▶ 재화와 서비스에 대한 부가가치세 적용 범위 확대와 징세 강화 ▶ 보조금과 산업발전 촉진 프로그램 축소 ▶ 전화산업, 철도, 항공, 도로, 공익사업, 일부 석유 산업의 민영화 추진 ▶ 중앙은행의 독립성 제고 ▶ 수입관세, 쿼터, 수입금지 제한조치 완화 및 수출관세 폐지

기간에 대통령 35명 교체)로 말미암은 정치 불안 등을 지적하고 아르헨티나 경제를 3D경제(default, devaluation, depression)로 규정하였다.

지원유형 (승인시기)	규모 (백만)	주요 개혁요구사항
스탠바이 협정 (1991년 7월)	SDR 780 ($989)	▶ 징수제도 개선, 공공지출 억제, 　재정흑자를 위한 자산 매각 ▶ 공공부문의 축소와 공적채무 재조정 ▶ 경제개방 가속과 노동시장의 유연성 제고
확대기금 신용 (1992년 3월)	SDR 4,020 ($5,098)	▶ 기존 스탠바이협정에서 체결된 정책 유지 ▶ 시장성부채와 이자지급 감소를 통해 　외국 금융기관과의 신뢰회복 ▶ 공공부문의 구조조정 강화 ▶ 지속적인 규제완화와 자본시장 발전
스탠바이 협정 (1996년 4월)	SDR 720 ($913)	▶ 세금징수 강화, 은행과 기업의 민영화 및 연 　금제도의 정부 이전을 통해 지방정부 개혁 ▶ 노동시장의 유연성 제고 ▶ 의료 시스템의 개혁과 세금징수과정 　감시 강화
확대기금 신용 (1998년 2월)	SDR 2,080 ($2,638)	▶ 지속적인 재정긴축과 노동 개혁 강화 ▶ 조세운영체제의 효율성 증진과 　공공지출의 투명성 강화 ▶ 발전소, 국영은행(Banco Nacion), 　모기지은행의 민영화 추진 ▶ 의료분야 개혁 지속 ▶ 연간 5만 소형가구의 주택공급 계획착수
스탠바이 협정 (2000년 3월)	SDR 10,586 ($13,423)	▶ 징세체계의 개선, 과세기준 확대, 징세 　과정 감시강화, 2002년까지 재정균형 　달성을 위한 공공지출 투명성 강화 ▶ 정부지출 감축과 사회보장제도 개혁 ▶ 생산성 향상을 위한 노동개혁 지속 ▶ 독점적인 에너지와 통신산업의 경쟁 촉진 ▶ 예산 범위 안에서 사회보장지출대상 　확대와 제도 개혁

자료 : IMF, http://www.imf.org.

<표 6> 아르헨티나의 경제성장 모형 전환과정

시기구분	항목	내용
대외 의존형 모형 (1930년대 이전)	성장기여 요인	▶ 해외자본 유입 - 영국자본 대거 유입 ▶ 유럽 이민 노동력 - 적극적인 이민장려정책 시행 ▶ 농산물 수출 - 밀, 소고기, 낙농제품, 모직 등 ▶ 자유무역정책 - 시장개입 최소화
	한계	▶ 대공황과 2차 세계대전 - 자본과 이민 등 생산요소 이동이 제약 ▶ 선진국 보호무역 - 농산물 가격 폭락과 수출 급감 ▶ 이민감소·자본유입 급감 - 농업이민 감소, 해외자본이 북미로 선회 ▶ 정치적 불안정 태동 - 지배계층 내의 갈등과 빈부격차 심화
수입대체산업화 모형 (1940~1970년대 초반)	위기극복과 성장모형 전환노력	▶ 관세장벽, 국내산업 보호 - 국내소비재와 중간재산업 육성 ▶ 기간산업 공기업화 - 통신, 가스, 철도, 항공 등 기간산업 공기업화 ▶ 사회민주주의적 분배·복지정책 - 사회복지제도 확충 등 노동자의 지위 향상 추구
	한계	▶ 정치적 불안정 고조 - 군사쿠데타 반복 ▶ 국내산업 경쟁력 약화 - 해외로부터 자본 및 선진기술 도입 억제 ▶ 재정적자 확대와 인플레이션 - 외채누적과 경상수지 적자 장기화
자유화·개방화 모형 (1970년대 중반~)	위기극복과 성장모형 전환노력	▶ 급격한 자유화 정책과 자본시장 개방 - 자본시장 개방, 금리자유화 ▶ 거시경제 안정화 - 외채위기 이후 안정정책 추진 ▶ 시장친화적 개혁 추진(1990년대 초 메넴정권) - 공기업 민영화, 규제완화 ▶ 통화위원회제도 도입(1991년) - 초인플레이션 억제
	성과와 문제점	▶ 외채위기와 초인플레이션 - 자본의 해외유출, 채무불이행(1982년) ▶ 개방·구조개혁 정책의 성과(1990년대 초반) - 물가안정과 성장회복 ▶ 경제위기 재발(1999~2002년) - 재정적자 확대, 경직적 환율제도, 민영화 실패

3. 독 일

가. 개황

2차 세계대전 후 독일은 붕괴된 자본스톡의 신속한 복구와 풍부한 노동공급, 선진기술 도입 등을 바탕으로 수출제조업 중심의 고도성장을 지속하였다. 마샬플랜 등 국제적인 지원과 함께 자유시장경제에 바탕을 둔 경제개혁과 무역자유화를 적극적으로 추진하였고, 전후 교육수준이 높은 귀환 국민 등 대규모 유휴노동력이 존재하였으며 1961년 베를린장벽 설치 전까지 동독 인구도 꾸준히 유입되었다. 한편 고도성장으로 만성적인 노동력 부족에 직면하자 유럽지역의 노동자를 정책적으로 대거 유치하였다. 정책면에서는 자유시장경제의 경쟁·효율과 사회적 형평성을 함께 추구하는 이른바 '사회적 시장경제' 구축을 추진하였다. 경쟁제한금지법(1957)에 의해 경쟁을 촉진하였으며, 노조의 경영참여를 허용하는 공동의사결정제도 도입(1952)과 임금 및 고용안정을 위한 사회협약인 '협조행동'(1967)이 체결되었다. 이에 따라 1950~1973년에 연평균 6.0%의 높은 성장을 이룩하였다.

그러니 1973년 석유파동 이후 인플레이션과 경기침체, 실업증가 등으로 안정성장기조로 전환이 불가피하였다. 실업 증가로 말미암은 사회보장지출 부담 증대, 기업 이윤율 저하, 재정수지 악화 등으로 분배의 위기가 발생하였으며 노사간의 협력 분위기가 비우호적으로 변하였다. 아울러 실업 증가로 유럽연합(EU) 이외 국가의 외국인 노동자 취업을 금지함으로써 노동공급 확대도 제한되었다. 정책면에서는 안정성장을 위한 총수요관리를 강화하고 분배·복지 중시의 복지국가를 지향하는 등 정부개입을 확대하였다. 1974~1982년의 GDP 성장률은 연평균 1.6%에 그쳤다.

1982년 기민당과 자민당 연립정부 출범을 계기로 시장원리를 더욱 강조하는 방향으로 경제정책이 전환(이른바 '연방정책의 전환')되었다. 먼저 기업규제가 완화되고 전력, 통신, 항공 등 기간산업 부문 공기업이 민영화되었으며, 기술집약형 성장산업 육성을 위해 연구개발 투자에 대한 지원이 강화되었다. 재정적자 감축을 위한 사회보장제도 축소는 노조의 반대로 실패하는 등 노동시장 개혁은 여전히 큰 진전을 보이지 못하였으나, 1983~1990년에는 연평균 2.9%의 견실한 성장을 지속하였다.

1990년 통일 뒤 독일 경제는 예상치 못한 막대한 통일비용과 경직적 노동시장, 과도한 사회보장지출 등으로 장기침체를 지속하고 있다. 통일 뒤 동독지역 경제가 급속히 붕괴되면서 동독 주민의 생활안정을 위해 막대한 공공자금이 지출되었으며, 고용보호를 위한 엄격한 법적 규제로 기존 취업자는 고용이 보장되는 반면, 신규고용 창출이 제약되었다. 또한 과도한 사회보장제도로 기업과 가계의 조세부담이 높아 투자와 소비위축을 초래할 뿐 아니라 장기실업의 원인으로 작용하였다. 그 결과 1992~2002년에는 연평균 1.4%의 저성장을 지속하였다.

최근 독일 경제는 세계경제 회복과 기업경쟁력 강화 등에 힘입어 침체국면에서 벗어날 조짐을 보이고 있으나, 경제구조개혁의 지연 등으로 본격적인 성장세 회복에는 좀더 시일이 걸릴 전망이다.

나. 경제성장모형 전환과정

(1) 수출주도형 고도성장모형 : 1950~1970년대 초반

2차 세계대전 후 독일은 전쟁으로 붕괴된 자본스톡의 신속한 복구와 풍부한 노동공급,[36] 선진기술 도입 등을 바탕으로 수출제조업 중심의 고도성장을 지속하였다.

<표 7> 독일의 경제성장 모형 전환

	수출주도형 고도성장 모형 (1950~1970년대 초반)	안정성장 모형 (1970년대 중반 ~)

특징	- 풍부한 노동력과 선진기술 도입
	- 제조업 중심의 수출주도 경제
	- 효율과 형평을 함께 추구하는
	  사회적 시장경제
		- 석유파동 후 총수요관리와 복지
		  제도 확충을 위한 정부 개입 강화
		- 1982년 시장원리를 좀더 강조하
		  는 방향으로 정책전환('연방정책
		  의 전환')

성과	- 1950~1973년 평균 6.0% 성장	- 1974~1982년 평균 1.6%의 저성장 후 1983~1990년 평균 2.9% 성장
한계	- 노동력 공급 확대 한계 - 석유파동 이후 성장둔화로 분 배위기 발생	- 과도한 사회보장제도 - 경직적 노동시장 - 1990년 통일 후유증

<그림 5> 독일의 경제성장률[1] 추이

(%)

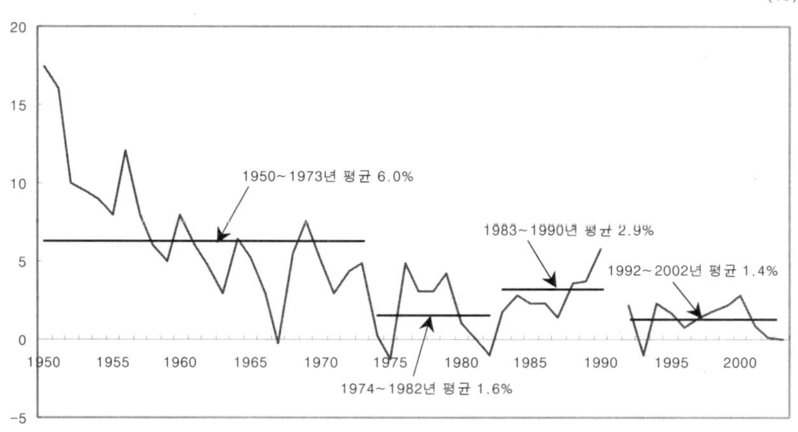

주 : 1) 1991년부터는 통독 기준.
자료 : IMF, International Financial Statistics, 각호.

36) 전쟁 직후 귀환국민 등 약 1천만 명에 달한 유휴노동력이 존재한 것으로 추정된다
(Giersch et al., 1992).

마샬플랜 등 국제적인 지원과 함께 국제기구에 조기 가입[37]함으로써 대외여건에 우호적으로 적응할 수 있었으며, 자유시장경제에 바탕을 둔 경제개혁과 무역자유화를 적극적으로 추진하였다. 아울러 정책면에서는 자유시장경제의 경쟁·효율과 사회적 형평성을 함께 추구하는 이른바 '사회적 시장경제(Soziale Marktwirtschaft)'[38] 구축을 추진하였다. 1949년 5월에 제정된 독일 헌법에 자유시장경제 질서 이념이 명문화되었고, 연방은행이 법적으로 독립하였으며, 경쟁적인 자유시장경제체제의 구축을 위해 1957년에는 〈경쟁제한 금지법〉이 제정되었다.[39] 또한 정부는 화폐개혁(1948년 6월)과 함께 상품생산에 대한 기업의 책임을 강조하고 소비재산업의 생산 활동을 지원하여 물가안정을 추구(Jedermann-Program)'하였다.

한편 높은 경제성장으로 실업률이 낮은 수준을 유지[40]하고 만성적 노동력 부족에 직면하자 유럽지역의 노동자를 정책적으로 대거 유치하였다.[41] 이와 함께 정부는 노사간의 합의와 자율적인 협상 등을 유도하여 노동시장의 안정을 도모하였다.[42] 그 결과

---

37) GATT(1951), IMF(1952), EEC(1957) 등에 가입하였다.

38) Müller-Armack(1946)가 창안한 개념으로 경쟁을 바탕으로 한 개인의 자유로운 창의력(효율성)과 시장경제의 성과로 나타난 사회적 진보(형평성)를 결합한 경제질서이념이다. Adenauer 총리 집권기 Erhardt 경제장관에 의해 이념이 정책에 적극 구현되었다.

39) 다만 노동시장과 교통, 통신, 농림업, 금융보험회사 등은 이 법의 적용대상에서 제외되었다.

40) 1950년대 초 10%까지 치솟았던 실업률은 그 이후 계속하여 낮아져 1960년대에는 1% 수준에 이르렀으며, 이러한 낮은 실업률은 1970년대 초 1차 오일쇼크 전까지 유지되었다.

41) 이탈리아(1955), 스페인(1960), 그리스(1960), 터키(1961) 등과 노동자 모집협약을 체결하여 외국인 노동자를 유치함으로써 외국인 노동자가 1955년 7만 명에서 1973년에는 250만 명(전체 근로자의 11.2%)에 이르렀다. Giersch et al.,(1992)은 당시 외국인노동력 유입정책이 장기적으로 서비스업으로의 구조조정 필요성과 중기적인 제조업부문 확대 사이의 정책 딜레마를 해소하는 최선의 방안이었다고 강조하였다.

42) 노동자대표를 감사위원회에 참여시켜 경영에도 참여할 수 있도록 하는 공동의사결정(co-determination)제도가 1952년에 도입되었다.

1950~1973년에 연평균 6.0%의 높은 성장을 이룩하였다.[43]

1960년대 중반부터 노동생산성이 하락하고 해외여건이 악화되면서 수출 증가가 둔화되었고, 사회적 평등·분배·복지 등을 강조하는 사회민주당(사민당) 정부의 등장과 국제적인 불황, 급격한 임금·물가 상승에 따른 경쟁력 약화 등으로 1950년대에 견주어 성장세가 둔화(fading miracle)되었다. 1966년 에르하르트의 기민당이 선거에서 패배하고 출범한 기민당과 사민당의 대연합정부는 정부개입을 강화하는 방향으로 경제정책을 운용하여 시장경제질서가 허용하는 범위 안에서 총수요관리를 강화하였다. 이와 함께 1960년대 중반 이후 나타나기 시작한 인플레이션, 성장둔화, 재정적자 등에 따른 경제위기를 해소하고자 정부는 국민경제적 공동결정메커니즘인 '협조행동'(Konzertierte Aktion)을 체결(1967)하였다.

(2) 안정성장모형 : 1970년대 중반~

1973년 석유파동 이후 독일 경제는 인플레이션과 경기침체, 실업증가 등으로 안정성장 기조로의 전환이 불가피해졌다. 실업증가로 말미암은 사회보장지출 부담 증대, 기업이윤율 저하, 재정수지 악화 등으로 분배의 위기가 발생하였으며 노사간의 협력 분위기가 비우호적으로 변화하였다.[44] 정책면에서도 안정성장을 위한 총수요관리를 강화하고 분배·복지를 중시하는 등 정부개입이 확대되었다. 1974~1982년 경제성장률은 연평균 1.6%에 그쳤다.

1982년 기민당과 자민당의 연립정권이 들어서면서 1970년대의 총수요관리에 의한 경기대책보다는 시장의 자유경쟁질서 창출에 더 역점을 두는 방향으로 정책을 선회하였다.[45] 이에 따라 기업규

---

43) 1950년대에는 연평균 경제성장률 8.2%를 기록하면서 경제부흥과 발전의 기반을 마련하였다.
44) 노사정 협의기구인 '협조행동'이 1976년 노조의 탈퇴로 해체되었다.

<표 8> 독일 집권당과 경제정책의 변천

1949~1966	1966~1969	1969~1982	1982~1998	1998~
기독교 민주당	기독교민주당 + 사회민주당	사회민주당 + 자유민주당	기독교민주당 + 자유민주당	사회민주당 + 녹색당
- 사회적 시장 경제 도입	- 총수요 관리 와 경제질서 공존 도모	- 정부의 개입 강화, 복지국 가 지향	- 환경친화적 인 사회적 시 장경제 - 조세감면과 규제완화	- 사회적 시장 경제 쇄신 - 새로운 중도 지향

제를 완화하고 통신, 전력, 항공 등 기간산업 부문 공기업을 민영화하였고, 기술향상을 통한 기업의 경쟁력 제고가 지속적인 경제성장의 근간이 된다는 인식 아래 R&D 투자를 적극 지원하였다. 연방정책의 전환 이후 1983~1990년에는 연평균 2.9%의 견실한 성장을 지속하였다.

한편 오일쇼크 발생 이후 실업률이 크게 상승하였는데, 실업률 상승은 경기침체 외에 노동집약적 산업의 경쟁력 약화로 말미암은 일자리 감소, 전후 베이비붐세대의 경제활동 진입에서 비롯한 노동공급 확대 등 구조적 요인도 크게 작용하였다. 그러나 1970년대 말부터는 재정적자가 누적되면서 실업대책을 위한 사회보장지출을 늘리기가 쉽지 않았고,[46] 정부는 경직된 사회보장지원제도를 완화하여 수익자부담원칙을 강화하려 했으나, 노동조합과 사민당의 거센 반발로 실패하는 등 노동시장 개혁은 큰 진전을 보지 못하였다.

---

[45] 이른바 '연방정책의 전환'(Bonner Wende)이라고 부른다.
[46] 당시 콜 정부는 인플레이션을 진정시키는 등 경제안정을 추구하고자 하는 분데스 방크의 의견을 적극 수용함으로써 재정건전화를 도모하였다.

<표 7> 독일의 사회협약 내용

	협조행동 I	협조행동 II	협조행동 III
시기	1967~1977	1995~1996	1998~2000
발의 주체	기민당과 사민당 대연정(K. Shiller)	금속노조위원장 (Zwickel)	사민당 (슈뢰더 총리)
목적	물가안정, 고용유지, 적정 경제성장을 위한 노사정의 연합 및 제휴	임금인상 자제, 고용창출과 직업교육기회 확충	실업문제 해결을 위한 전략적 연합전선 구축
성과	의사결정력 부족, 소득정책 치중과 1976년 공동의사결정권 제도에 대한 노동계의 반발로 실패	정부가 실업축소를 위한 구체적인 대안을 제시하지 않음에 따라 금속 노조가 협조행동을 탈퇴	노조측과 사용자조직 간에 노동시장 유연화에 의한 일자리창출 계획에 대한 이견이 좁혀지지 않아 사실상 중단

　　독일 경제는 1980년대까지만 해도 경쟁력이 강한 제조업을 바탕으로 가장 성공적인 선진국 경제성장 모델로 각광을 받았으나, 1990년 통독 후 예상치 못한 막대한 통일비용 부담과 경직적 노동시장, 과도한 사회보장지출 등으로 1992~2002년에는 연평균 1.4%의 저성장에 그치는 등 장기침체를 지속하고 있다.

　　독일은 통일 후 동독지역 경제가 급속히 붕괴되면서 서독지역으로 대규모 인구 유입 조짐이 보이자 동독 주민의 생활안정을 위해 막대한 공공자금을 지출하였다.[47] 또한 과도한 사회보장제도는 기업과 가계의 조세부담을 높여 투자와 소비 위축을 초래할 뿐 아니라 장기실업의 원인으로 작용하고 있다.

---

47) 1991~1999년에 서독지역에서 동독지역으로 이전된 공공자금은 총 1조 6천344억 DM(기간 중 평균 동독 GDP의 37.8%)에 달하였으며 이 가운데 사회보장 부문이 전체의 51%를 차지하고 있다.

<표 8> 독일의 경제성장 모형 전환과정

시기구분	항목	내용
수출주도형 고도성장모형 (1950~1970년대 초반)	성장기여 요인	▶ 풍부한 노동력 　- 구독일지역 등 유휴노동력 풍부 　- 1960년대 이후 외국인 노동력 유입 ▶ 선진기술 도입 　- 자본스톡의 신속한 복구 ▶ 제조업 중심의 수출주도 　- 국제적 지원, 무역자유화 ▶ 사회적 시장경제 　- 자유시장경제를 바탕으로 한 경쟁과 효율 추구
	한계	▶ 노동력 부족, 동독인력 유입중단 　- 고도성장에 따른 노동력 부족 ▶ 오일쇼크로 교역조건 악화 　- 독일 공산품의 교역조건 악화 ▶ 정부개입 확대 　- 기민당과 사민당 대연정의 정부개입 강화와 　　분배·복지 중시의 안정성장 전략 추구 ▶ 사회협약 시도 　- 위기 극복을 위한 협조행동 제정
안정성장모형 (1974~)	위기극복과 성장모형 전환노력	▶ 사회정책 개입 강화 시도 　- 사민당과 자민당 연정의 소득재분배정책 확대 　- 총수요관리정책 확대 ▶ '연방정책의 전환' 　- 기민당과 자민당 연정, 자유경쟁질서 창출에 　　역점을 두는 정책으로 선회 ▶ 규제완화와 R&D 지원 　- 기술지원정책 실시와 R&D 투자 적극 지원
	성과와 문제점	▶ 1980년대 안정성장으로 이행 　- 1983~1990년에 약 3%의 실질경제성장률 유지 　- 실업률은 높은 수준 지속 　- 물가안정 달성 ▶ 1990년대 통일 후유증으로 장기침체 　- 막대한 공공자금 지출 등 통일비용 부담 　　으로 장기침체 지속

1998년 집권한 사민당 슈뢰더 정부는 실업문제 해결을 최우선 정책목표로 삼고 일자리 창출과 교육훈련, 기업의 경쟁력 향상 등에 초점을 맞춘 노사정간 제3차 사회협약을 제안하여 체결시켰으나 노사 양측의 합의를 이끌어 내는 데 실패하였으며, 연금제도 개혁, 사회보장 축소 등의 개혁을 추진하였으나 국민들의 반발로 큰 성과를 거두지 못하였다.

이에 따라 슈뢰더 정부는 2003년 3월 경제구조의 취약성을 개선하여 장기침체에서 벗어나기 위한 경제회생 방안으로 'Agenda 2010'[48]을 발표하고 노동시장의 유연성 제고, 사회보장제도 개혁, 세제 개혁, 관료주의적 규제 철폐 등을 중점 추진하고 있다.

최근 독일 경제는 세계경제 회복과 기업경쟁력 강화 등에 힘입어 침체국면에서 벗어날 조짐을 보이고 있으나, 경제구조개혁의 지연 등으로 본격적인 성장세 회복에는 좀더 시일이 소요될 전망이다.

Ⅲ. 우리 경제에 대한 시사점

일본, 아르헨티나, 독일의 성장모형 전환경험에서 다음과 같은 시사점을 정리해 볼 수 있다.

(1) 성장모형 전환을 위한 경제구조개혁

각국별로 그 시기나 내용에는 차이가 있으나 성장 초기에는 풍부한 노동력과 후발국의 모방이익을 바탕으로 고도성장을 지속하다가

---

48) 'Agenda 2010'은 분데스방크가 '위기의 탈출구'(Ways out of the Crisis, 2003)라는 보고서를 통해 현재 독일 경제가 안고 있는 구조적 문제점과 경제개혁의 필요성, 이를 위한 정책 및 전략을 제시한 내용을 토대로 작성되었으며 노동시장, 사회보장제도, 경제 활성화, 재정, 교육 및 훈련 등 5개 분야에 대한 구조개혁을 골자로 하고 있다.

어느 단계에 이르면 한계에 봉착하는 것이 공통된 경험이었다.

초기 성장모형이 더 이상 유효하지 않게 된 단계에서 지속적 성장을 이룩하기 위하여는 효율과 혁신, 개방과 경쟁 중심의 새로운 선진국형 성장모형으로의 이행이 필수적이다. 이러한 성장모형 전환은 노동시장, 교육, 공공부문 등 경제 전반의 구조개혁을 이룩할 때에만 가능하며 실패할 경우 성장후퇴의 위기에 직면하게 된다.

(2) 구조개혁을 위한 사회적 합의

성장모형 전환을 위해 가장 중요한 것은 경제구조개혁의 불가피성에 대한 사회 전체의 자각과 합의이며, 특히 노사관계의 안정과 집단이기주의 극복이 긴요하다.

독일의 경우 '사회적 시장경제' 전통 아래 꾸준한 구조개혁과 노사관계 안정을 이루어 나감으로써 1990년대 초까지 견실한 성장을 지속하였다. 그러나 1990년대 이후에는 두 차례에 걸친 사회협약 시도가 실패하는 등 사회적 합의를 이룩하지 못함으로써 구조개혁 지연과 장기침체를 야기하였다. 일본의 경우 명시적인 사회협약은 없었으나 정부-기업간 전통적인 협력체제와 노사관계 안정을 바탕으로 1970년대 저성장기 이행에 따른 구조개혁을 원활히 추진하였다.

(3) 일관성 있고 지속적인 개혁정책 추진

구조개혁은 각 구성원의 고통부담을 수반하며 그 성과도 장기간에 걸쳐 꾸준한 개혁이 추진된 뒤에야 가능하므로, 장기적인 관점에서 개혁정책을 일관성 있게 지속적으로 추진해 나가야 한다.

일본의 경우 1970~1980년대에 산업구조조정과 자유화·개방화를 지속적으로 추진함으로써 안정성장을 이룩하였다. 반면 1990년대 거품 붕괴 후에는 부실채권 정리와 근본적인 구조개혁을 지속적으로 추진하지 못하고 단기적인 경기부양책을 반복함으로써 장기침체를 야기하였다. 아르헨티나의 경우 1970년대 중반 이후 여러 차례에 걸쳐 경제구조개혁을 시도하였으나, 인기영합적이고 일관성 없는 정책 추진으로 경제를 피폐화하고 정부정책에 대한 국내외의 신뢰 상실을 가져왔다.

(4) 재정·금융규율에 의한 거시경제 건전성 유지

지속적인 구조개혁 추진을 위하여는 거시경제 기반의 건전성 유지가 뒷받침되어야 하며 이를 위해서는 절도 있는 재정·금융정책 운영이 긴요하다.

아르헨티나의 경우 1970년대 이후 계속적인 경제구조개혁 추진에도 임금인상과 사회복지 확대를 위한 방만한 정책운용으로 인플레이션과 재정수지 악화에 따른 경제위기가 반복되었다. 일본의 경우도 1980년대 후반 엔화강세에 따른 수출부진에 대처하여 내수주도형 경제로의 전환을 모색하는 과정에서 지나친 재정금융 확대정책을 추진함으로써 자산가격 버블을 초래하였다.

(5) 시장원리에 바탕을 둔 개혁 추진

아르헨티나의 예에서 보는 바와 같이 국내외 경제상황이나 시장원리에 위배되는 정책수단은 장기적으로 비용증가만 초래할 뿐 경제구조 개혁에 도움이 되지 못한다.

페론 정부의 임금인상과 완전고용 동시 추진정책은 인플레이션과 경제성장 정체를 초래하였으며, 1990년대 말 러시아 채무불이행 선언과 브라질의 평가절하로 대외여건이 크게 악화되었음에도 통화위원회제도에 따른 고정환율을 고수함으로써 경제위기를 초래하였다.

참고문헌

강두룡(1998), 《고도성장의 종료 : 일본의 경험에 비추어 본 한국경제의 감속성장 전환》, 산업연구원.

윤순봉 외(2004), 《국민소득 2만불로 가는 길》, 삼성경제연구소

한국은행 금융경제연구원(2003), 〈우리경제의 장기성장기반 확충을 위한 과제 : 구조적 저성장 진입 가능성과 대응방향〉, 《금융경제연구》 제167호.

橋本壽朗(2001), 〈1990年代における日本經濟の構造轉換〉, 《經濟發展研究》 제7권 제2호, 한국경제발전학회.

吉川洋(1992), 《日本經濟とマクロ經濟學》, 東洋經濟新聞社.

翁邦雄・白川方明・白塚重典(2000), "資産價格バブルと金融政策 : 1980年代後半の經驗とその敎訓", *IMES Discussion Paper Series*, 日本銀行金融研究所, 2000-J-11.

鶴田俊正・伊藤元重(2001), 《日本産業構造論 : 進化の軌跡とそのロジック》, NTT出版.

Canavese, A. J., V. J. Elias and L. Montuschi(1983), *Sistema Financieroy Politica Industrial Para la Argentina en la Decade de 1980*, El Cronista Commercial.

Cline, W. R.(2003), "Restoring Economic Growth in Argentina," *World Bank Policy Research Working Paper* 3158.

Deutsch Bundesbank(2003), "Ways Out of the Crisis," http://www.bundesbank.de

Dornbusch, R.(1993), "The End of the German Miracle," *Journal of Economic Literature*, Vol. 31, No. 2.

European Commission(2002), "Germany's Growth Performance in the 1990's," *Economic Papers* No. 170.

Furtado, C.(1969), *Laeconomia Latinoamericana Desde la Conquista Iberica Basta la Revolucion Cubana,* Editorial Universitaria.

______(1976), *Economic Development of Latin America : Historical background and contemporary problems,* Cambridge University Press.

Gerschenkron, A.(1962), *Economic Backwardness in Historical Perspective,* Harvard University Press.

Giersch, H., P. Kahl-Heinz and H. Schmieding(1992), *The Fading Miracle : Four decades of market economy in Germany,* Cambridge University Press.

Guillen, M.(2000), *The Limit of Convergence : Globalization and Organizational Change in Argentina, South Korea, and Spain,* Princeton University Press.

Heckman, J.(2002), "Flexibility and Job Creation : Lessons for Germany," *NBER Working Paper* 9194.

Lewis, A.(1954), "Economic Development with Unlimited Supply of Labor," *The Manchester School.*

Maddison, A., R. Prasada and S. William(2002), *The Asian Economies in the Twentieth Century,* Edward Elgar.

Maddison, A.(1995), *Monitoring the World Economy, 1820 ~1992,* OECD.

Müller-Armack, A.(1946), *Wirtschaftslenkung und Marktwirtschaft,* Hamburg.

OECD(1999), *Employment Outlook,* OECD.

Pilat, D.(1994), *The Economics of Rapid Growth, The Experience of Japan and Korea,* Edward Elgar.

Skidmore, T. E.(1997), *Modern Latin America,* Oxford University Press.

Veganzones, M, and W. Carlos(1997), *Argentina in the 20th Century : An account of long-awaited growth,* Development Centre of OECD.

제3장
성장전략의 전환 필요성과 정책과제

하준경

>>>>>
본 장의 내용은 한국은행 금융경제연구원에서 발간된 《금융경제연구》 제169호 〈성장전략의 전환 필요성과 정책과제 : 동태적 거시경제모형을 이용한 분석〉 (2003. 12)을 일부 수정·보완한 것임.

Ⅰ. 머리말

우리나라는 1960년대 이후 고도성장기를 거치면서 선진국과의 소득격차를 급속히 줄여왔으나, 1990년대 중반 이후에는 소득격차의 축소속도가 감소하는 일종의 정체상태를 경험하고 있는 것으로 보인다. 우리나라의 1인당 국민소득은 1990년대에 구매력 평가기준으로 미국의 40~45% 정도에 머물고 있어[1] 선진국으로의 진입가능성이 불투명하다고 할 수 있다.

이러한 정체현상의 원인을 진단하기 위해서는 요소투입, 기술수준 등 생산의 여러 측면을 살펴보아야 한다. 먼저 요소투입을 보면, 우리나라의 투자율은 외환위기 이전에 40%에 육박하던 수준에서 2002년 26.1%로 많이 하락한 것이 사실이다. 그러나 투자율 그 자체는 여전히 세계에서 가장 높은 수준으로서 다른 나라들에 견주어 자본스톡의 증가속도는 여전히 빠르다고 할 수 있다. 즉, 2002년 미국(18.5%), 일본(25.6%)[2] 등 선진국보다 높음은 물론 대만(16.9%), 싱가포르(21.0%) 등 경쟁국들보다도 현저히 높은 투자율을 보이고 있다. 따라서 우리나라와 선진국의 격차축소가 지지부진함을 투자의 저조만으로 설명하는 데에는 한계가 있다고 보인다.

결국 우리나라 경제성장의 문제점을 정확히 진단하고 적절한 대책을 모색하기 위해서는 기술수준의 차이에 주목할 수밖에 없다고 생각된다. 최근의 실증연구들도 국가 간 경제적 성과의 차이는 대부분 요소축적보다는 기술수준이나 생산성의 차이에서 비롯한다는 것을 보여주고 있다. 예컨대 Klenow and Rodriguez-Clare(1997), Easterly and Levine(2001) 등은 국가 간 성장률 차이의 약 90%가 총

---

1) Penn World Tables version 6.1 (http://pwt.econ.upenn.edu) 참조.
2) 일본의 경우는 2001년 기준이며, 그 당시 우리나라의 투자율은 27.0%였다.

요소생산성 증가율의 차이로 설명된다고 한다.

한편 총요소생산성, 또는 기술수준은 생산에 영향을 미치는 요인들 가운데 자본, 노동 등 요소투입을 제외한 모든 것들을 포괄하는 개념으로서 제도적 요인이나 성장전략 등 정책요인들에 의해 영향을 받는다. 제도나 성장전략은 계량화하기가 쉽지 않아 그 중요성에도 불구하고 쉽게 설명되지 않는 것이 사실이다.

이 글에서는 성장전략과 기술수준 간의 관계를 분석하기 위한 동태적 거시경제모형을 구축하여 개발도상국의 경제성장과 관련된 정책적 시사점을 모색하고, 우리나라의 성장전략과 수렴패턴에 대해서도 살펴보고자 한다.

이 글의 구성은 다음과 같다. 제Ⅱ절에서는 기존의 관련 연구들을 개관하고 이 연구의 특징을 설명한다. 제Ⅲ절에서는 동태적 거시경제모형을 구축하여 기업들이 직면하는 성장전략의 선택문제와 경제발전의 정체, 최적 성장전략 등의 문제를 다룬다. 제Ⅳ절에서는 모의실험을 통해 정책의 유효성을 논의한다. 제Ⅴ절에서는 우리나라의 성장전략이 어떠한 것이었는지를 주요국들과 비교해본 뒤, 우리나라의 수렴패턴에서 나타나는 특징을 알아볼 것이다. 그리고 제Ⅵ절에서는 결론과 함께 정책과제를 간략히 제시해 보고자 한다.

Ⅱ. 기존 연구의 개관 및 이 연구의 특징

1. 기존 연구의 개관

개발도상국이 선진국 수준의 경제로 수렴할 수 있느냐의 문제는 경제발전이론과 경제성장이론 두 분야 모두에서 커다란 관심사가 되어 왔다. 특히 1990년대 이후 거시경제학에서 성장이론과 발전이론을 통합하고자 하는 시도가 이루어지면서 이 주제에 대한 다양한 이론들이 개발되고 있다.[3]

이러한 연구흐름은 한편으로는 수렴문제에 관한 다양한 견해, 곧 절대적 수렴, 조건부 수렴, 클럽 수렴이론 등으로 나타났으며,[4] 다른 한편으로는 좀더 직접적으로 경제의 장기적 발전과정을 거시 성장모형으로 설명하고자 하는 시도로 나타났다.

먼저 수렴이론에서는 클럽 수렴이론의 대두가 주목할 만하다. 클럽 수렴이론에서는 산업혁명 이후 경제발전과정에서 나타난 선진국들과 후진국들 사이의 소득격차 심화, 그리고 반수렴(反收斂) 또는 발산(divergence) 현상을 설명하고자 하는데, 최근 Howitt (2000), Howitt and Mayer-Foulkes(2003) 등의 연구들에서는 선진국들과 후진국들이 다른 성장경로를 따르는 주된 원인으로서 기술혁신 역량, 제도 및 정책 등의 차이에 주목하고 있다.

한편 경제의 장기발전을 설명하는 연구들에서는 국가 간의 차이보다는 한 국가 또는 세계경제 전체의 발전패턴에 초점을 맞추어, 오랜 동안의 규모효과(scale effects ; Kremer 1993, Galor and Weil 2000 등), 또는 진화(Galor and Moav 2002)의 점진적 과정이 축적되어 경제의 도약(take-off)이 일어나게 되는 과정을 밝히고 있다. 이러한 연구에서는 맬더스적인 정체상태가 지속적 성장레짐으

---

3) 절대적 수렴이란 모든 나라가 동일한 소득수준으로 수렴하는 것을, 조건부 수렴이란 각 나라가 저축률 등의 조건에 따라 각기 다른 소득수준으로 수렴하는 것을, 그리고 클럽 수렴이란 여러 나라들이 초기조건에 따라 일종의 클럽으로 나뉘어 선진국들은 선진국의 성장경로로 수렴하고 후진국은 후진국의 성장경로로 수렴하는 것을 말한다. 자세한 내용은 Galor(1996)를 참조.

4) 절대적 수렴이란 모든 나라가 동일한 소득수준으로 수렴하는 것을, 조건부 수렴이란 각 나라가 저축률 등의 조건에 따라 각기 다른 소득수준으로 수렴하는 것을, 그리고 클럽 수렴이란 여러 나라들이 초기조건에 따라 일종의 클럽으로 나뉘어 선진국들은 선진국의 성장경로로 수렴하고 후진국은 후진국의 성장경로로 수렴하는 것을 말한다. 자세한 내용은 Galor(1996)를 참조.

로 전환되는 동태적 현상을 설명함으로써 경제의 장기적 발전방향을 가늠하고자 한다.

다른 한편으로 최근에는 중기적 관점에서 경제발전과 성장전략 사이의 관계에 대한 정책적 연구가 이루어지기 시작했는데, 그 가운데에서 주목할 만한 연구성과로는 Acemoglu, Aghion, and Zilibotti (2002a, b ; 앞으로 AAZ로 호칭), Aghion and Howitt (2003) 등을 들 수 있다. 이들은 클럽 수렴이론에 바탕을 두고 Gerschenkron (1962)의 경제발전관을 슘페터적 성장이론에 접목시킴으로써, 경제발전단계에 적합한 최적의 성장전략을 동태적인 관점에서 모색하고자 하였다.5) 이들의 연구에서 핵심명제는 경제발전의 초기단계에서 유효했던 성장전략, 곧 투자주도(investment- based) 전략이 경제가 성숙해감에 따라 오히려 발전의 장애요소로 변질될 수 있으며, 적절한 시점에 이를 혁신주도(innovation-based) 전략으로 전환하지 않으면 경제가 비수렴함정(non-convergence trap)6)에 빠질 수 있다는 것이다. 이에 따라 함정에 빠진 경제는 선진국이 될 수 있는 잠재력이 있더라도 선진국 클럽에 수렴하지 못하는 정체상태에 머물게 된다는 것이다.

비수렴함정이 존재하는 근본적 이유는 전략전환에 대한 의사결정이 상당 부분 정치경제학적인 고려에 따라 좌우되기 때문이다. 즉, 기존전략을 실행해 오던 사람들이 새로운 전략의 도입으로 도태되어야만 하는 잠재적 갈등상태가 존재하게 되면 다양한 형태의 사적 비용이 발생하게 된다. 이때 기존전략을 고수하려는 관성이

---

5) Gerschenkron은 후진국 경제는 제도적 요인에 따라 선진국에 견주어 성장속도뿐 아니라 산업의 생산 및 조직구조에서도 차이점이 발생함을 지적하였으며, 슘페터적 성장이론에서는 기술혁신이 창조적 파괴를 통한 경제발전의 원동력이 됨을 보이고 있다.
6) 비수렴함정이란 후발경제가 선진국과의 기술격차를 어느 수준 이상으로 좁히지 못하는 정체된 상황을 말한다.

지속되어 대부분의 경우 경제가 함정에 빠져버리고 만다. 이는 전략전환에 따른 양의 외부성을 개별 경제주체가 내부화시키지 못하는 데 따른 시장실패로도 해석할 수 있다.

이러한 아이디어는 다양한 방향으로 발전하고 있다. AAZ(2002a)는 기업소유주가 어떠한 경영자를 선택할 것인가라는 문제에 초점을 맞추어, 경제가 후진상태일 때에는 창의성은 다소 떨어지더라도 경험이 풍부해서 투자를 늘리는 데 도움이 되는 경영자가 필요한 반면, 경제가 어느 정도 발전했을 때에는 확장주도형 경영자들을 과감히 퇴출시키고 혁신주도형 경영자를 선별 기용해야만 비수렴함정에 빠지지 않고 선진경제를 추격할 수 있음을 강조하고 있다. 즉 경험과 혁신역량 가운데 어디에 중점을 둘 것인가가 전략전환의 핵심문제가 된다.

또 AAZ(2002b)는 기업조직과 관련해서, 후진경제에서는 비교적 손쉽게 선진기술을 모방할 수 있으므로 기술혁신보다는 생산규모의 확대에 경영역량을 집중할 수 있도록 기업들의 수직계열화(vertical integration)를 활용하는 것이 효과적이지만, 경제가 발전한 뒤에는 연구개발을 통한 기술혁신에 주력할 수 있도록 생산활동의 상당 부분을 아웃소싱해야 한다는 점을 지적하고 있다.

Aghion and Howitt(2003)은 적정제도(appropriate institutions)라는 관점에서 발전의 초기에는 초·중등교육이 중요하지만 궁극적으로는 기술혁신 역량과 직접적으로 연결되는 고등교육이 더 중요하다고 강조하고 있다. 또 Rodrik(2003)은 개발 초기에는 투자를 증진할 수 있는 단기적 관점의 정책들이 유효할 수 있으나, 지속가능한 성장을 이루기 위해서는 양질의 제도, 곧 법에 의한 지배(rule of law), 소유권의 확립, 시장의 원활한 작동, 안정적 거시경제정책, 사회적 안전망과 민주적 기업경영 등의 제도적 장치들을 구축해 나가야 한다고 주장하고 있다.

우리나라에서도 내연적(intensive) 성장과 외연적(extensive) 성장 사이의 선택이라는 개념을 통해 유사한 주장들이 이미 정운찬(1990), Cho(1994) 등에서 제기된 바 있다. 즉 경제가 단순할 때에는 요소투입량을 늘리는 외연적 성장이 유효하나, 경제가 복잡해지는 단계에서는 요소이용의 효율성을 높이는 내연적 성장이 필요하다는 것이다.

이상의 연구들에서 공통점은 경제발전의 초기단계에서는 설비투자, 경영자의 경험, 장기적·비공식적 관계, 수직계열화, 선진기술의 모방 등을 중심으로 하는 투자주도 전략이 주효한 반면, 성숙단계에서는 연구개발, 유능한 경영자의 선택, 단기적·공식적 관계, 아웃소싱, 자체적인 기술혁신 등을 통한 혁신주도 전략이 성장의 전제조건이 된다는 점이다.

2. 이 연구의 특징

이 글에서는 성장전략이 경제발전에 영향을 미칠 수 있다는 관점의 연장선상에서 거시경제의 성장모형을 새로이 구축하고, 이를 이용하여 우리나라의 발전단계와 성장패턴을 평가한다. 이 글의 모형이 기존 모형들과 견주어 가장 차별화되는 점은 AAZ 등의 이원화된 의사결정구조(즉 주인-대리인, 소유자-공급자 등)와는 달리, 대표적 기업의 일원화된 의사결정구조 틀 안에서 성장전략의 선택문제를 다루고 있다는 점이다. 이에 따라 미시적 기초와 일관되면서도 손쉽게 다룰 수 있는 거시성장모형을 도출함으로써, 모의실험 등을 통해 거시경제의 성장경로와 수렴(또는 비수렴) 패턴이 성장전략에 따라 어떻게 변화하는지를 뚜렷하게 밝히고 있다. 뿐만 아니라 성장전략의 선택가능성을 기존의 두 가지 극단적 대안으로부터 연속적인 수많은 대안들로 확장시킴으로써 좀더 현실적인 정책분석을 가능하게 할 수 있다. 그리고, 비수렴함정의 한 종류라고 할 수 있는 비혁신함정이라는 새로운 개념을 도입함으로써 연구개발 투자가 거의 전무한 후진적 상황도 분석할 수 있게 한다. 기업규모와 혁신역량 또는 양과 질 사이의 선택문제(quantity-quality trade-off)를 명시적으로 다룬다는 점도 특기할 만하다.[7]

모의실험에서는 정부의 정책이 장기성장경로의 커다란 변화를 초래할 수 있음을 보이며, 어떠한 정책이 유효하고 무효한지도 알아본다. 또 외국과의 투자율 구성 비교를 통해 우리나라의 성장전략이 투자주도형의 틀을 벗어나지 못하고 있음을 지적하며, 개발회계 기법을 이용하여 우리나라를 비롯한 주요국들과 미국과의 기술격차 정도와 그 추이를 측정함으로써, 우리나라가 비수렴함정에 빠져 있을 가능성이 매우 높음을 살펴본다. 그리고 우리 경제가 선진국 수준으로 진입하도록 하기 위한 정책과제도 제도의 확립(institution-building)에 중점을 두어 간략히 정리해 본다.

Ⅲ. 경제발전단계와 성장전략의 분석모형

경제발전단계와 성장전략 간의 관계를 모형화하기 위해서는 먼저 '경제발전단계'라는 변수를 적절히 정의해야 한다. 여기서는 Howitt(2000), AAZ(2002a, b) 등에서와 같이 발전단계를 가늠하는 척도로서 선진국과의 기술격차에 주목하고자 한다.[8] 즉, 선진

---

7) '양과 질 사이의 선택문제'는 경제의 장기적 진화를 다루는 이론들에서도 동태적 변화를 설명하는 핵심관건으로 다루어지고 있다. 인류의 진화와 경제성장 간의 관계에 대해서는 Galor and Moav(2002)를 참조하라.

8) 좀더 장기의 경제발전을 논하는 경우, 예컨대 Galor and Weil(2000) 등에서는 절대적인 소득수준이 생존수준(subsistence level)과 관련하여 중요한 역할을 하지만, 이

국과의 상대적 기술격차 비율이 모형의 주된 상태변수(state variable)가 되는 것이다. 먼저 경제의 총생산함수와 기업들의 이윤함수를 살펴보자.

1. 총생산함수와 이윤함수

이 글에서는 경영자들이 매기에 1만큼의 경영자원(예컨대 시간)을 갖고 있다고 가정하고, 그 자원 가운데 u만큼을 기술혁신을 위해 사용하고 $(1-u)$만큼을 규모확대를 위하여 사용한다고 본다. 먼저 경제의 (1인당) 총생산함수는 다음과 같은 콥-더글러스형태를 갖게 된다.[9]

$$y = (1+(1-u)z)Ak^{\alpha}h^{1-\alpha} \tag{1}$$

여기서 y는 산출량, k는 유효노동 1인당 물적자본량, h는 1인당 인적자본량, A는 경제의 총요소생산성 또는 기술수준을 나타낸다. 기술수준 A는 단순한 공학적 기술뿐만 아니라 생산요소 이용의 효율성, 관행과 제도적 요인 등을 모두 포괄하는 개념으로 해석된다.[10] 또 z는 경영자원의 사용이 규모확대를 가져다주는 정도, 즉 규모확대의 용이성을 나타내는 파라미터이다. 예컨대, 경영자들이 규모확대를 위해 1만큼의 경영시간을 투입하면 z만큼 생산규모가 확대되는데, 이는 k와 h에 각각 z를 곱한 만큼을 추가한 것과 똑같은 효과를 주므로 직접적으로 생산요소의 투입을 늘린 것으로도 해석될 수 있다.[11] 규모확대를 위한 기업활동의 예로는 유보이윤이

글에서는 절대적 생존수준보다는 상대적 소득격차가 더 중요한 문제가 되는 상황을 다루고 있다.

9) 이 글에서는 노동자 1인당 변수에 관심을 두므로 노동력의 크기를 1로 정규화한다. 총생산함수와 이윤함수 등의 자세한 도출과정은 〈부록〉을 참조하라.

10) 이 글에서는 '기술'과 '총요소생산성'이라는 용어를 구분 없이 사용하기로 한다.

나 금융지원을 이용하여 설비를 확장하는 것, 진입장벽을 쌓아 독점력을 늘리는 것 등을 들 수 있다.

한편 품질향상을 통한 경제성장(quality-ladder) 모형들에서와 같이 최종재 y는 중간재, 즉 자본서비스와 노동의 자동적 결합에 따라 완전경쟁적으로 생산되는 반면, 중간재는 수많은 독점기업들에 의해 생산된다고 가정한다. 〈부록〉에서 설명되듯이 기업의 이윤 π는 국민소득의 일정비율, 즉 국민소득에 $\alpha(1-\alpha)$를 곱한 값으로서 다음의 식과 같이 표현된다.

$$\pi = \alpha(1-\alpha)(1+(1-u)z)Ak^{\alpha}h^{1-\alpha} \equiv \delta(1+(1-u)z)A$$
$$\text{단, } \delta \equiv \alpha(1-\alpha)k^{\alpha}h^{1-\alpha} \tag{2}$$

π는 기업들이 각각 자기가 속한 중간재 부문에서 독점력을 행사하기 때문에 발생하는 독점이윤이라고 볼 수 있다. 또 여기서 δ는 혁신노력 u에 의해 영향을 받지 않는 것으로 본다. 식 (2)에서 우리는 기업의 이윤이 기업의 규모 $(1-u)z$ 및 생산성 A와 각각 정의 관계를 가짐을 알 수 있다.

이제 기술수준 A가 어떻게 움직이는지 분석해 보기로 한다.

2. 기술격차의 동학

대표적 기업의 기술수준 A는 다음과 같은 동태적 과정에 따라 변화하게 된다.

---

11) 이는 물론 A를 늘린 것과도 유사한 효과가 있으나, 앞으로 살펴볼 A의 동태적 움직임과 이윤함수를 살펴보면 $(1-u)z$가 가져다주는 효과와 A의 증가는 명백히 구별됨을 알 수 있다. 즉 A는 동태적 과정을 거쳐서만 늘어날 수 있는 반면, 요소투입의 증가는 즉각적으로 일어날 수 있다고 보는 것이다.

$$\dot{A} = \eta A^{\max} + u\gamma A \qquad\qquad (3)$$

여기서 $\dot{A}\,(=dA/dt)$는 주어진 기간에 새로 축적된 기술 또는는 지식의 양, $A^{\max}$는 선진국 또는 프론티어의 기술수준을 나타내며, η는 선진국의 기술을 받아들이는 능력, γ는 자체적인 기술혁신 능력을 나타내는 파라미터들이다. 또 앞서 보았듯이 u는 기술혁신에 사용되는 경영자원의 양을 나타낸다.

여기서 특징적인 것은 선진국의 기술수준이 신고전파 성장이론에서처럼 곧바로 후진국으로 전파되지는 않는다는 점이다($A \leq A^{\max}$). 즉 Basu and Weil(1998)의 적정기술(appropriate technology) 이론에서 지적된 것처럼 선진국의 기술은 선진국의 요소부존비율에 상응하도록 개발되기 때문에 후진국에서는 무용지물이 될 수도 있으며, Pack and Westphal(1992)의 기술역량 이론에서처럼 기술의 완전한 이전에는 단순히 기술 그 자체(설계도 등)뿐 아니라 세부적인 암묵적 지식(tacit knowledge)이 필요하기 때문에 자연스럽게 기술이전의 장벽이 형성될 수도 있다. 결국 기술이전 또는 모방 그 자체도 비용이 드는 과정이며 흡수역량(absorptive capacity)에 따라 그 속도가 좌우된다고 볼 수 있다.[12]

한편 기술발전은 모방뿐 아니라 그 나라의 자체적 기술혁신을 통해서노 이루어진다. 식 (3)의 둘째 항목은 그 나라의 기술수준에 바탕을 두고 스스로 연구개발을 통해 축적되는 부분을 나타낸다. 여기서 는 R&D 기반 성장모형들에서[13] 혁신의 원동력이 되는 R&D 집약도라고 해석할 수 있다. 결국 식 (3)은 모방과 혁신이라는 두 요소들이 개발도상국의 기술발전을 이끄는 과정을 간략하게 보여주고 있다.

---

12) 기술이전과 흡수역량에 관한 자세한 논의는 Keller(1996) 등을 참조하라.

13) Romer(1990), Grossman and Helpman(1991), Aghion and Howitt(1992) 등을 참조.

그러면 경제발전단계, 곧 선진국과의 기술격차가 기술발전에 어떤 방식으로 영향을 주는지 알아보기 위해 식 (3)의 양변을 $A^{\max}$로 나누어 보자.

$$\frac{\dot{A}}{A^{\max}} = \eta + u\gamma \frac{A}{A^{\max}} \tag{4}$$

다음으로 기술격차의 역수 a를 다음과 같이 정의하자.

$$a \equiv \frac{A}{A^{\max}} \tag{5}$$

또 프론티어의 기술발전속도는 다음과 같이 g로 일정하다고 가정한다.

$$g = \frac{\dot{A}^{\max}}{A^{\max}} \tag{6}$$

이제 기술격차의 동학을 알아보자. 먼저 a를 시간에 대해 미분하면 다음과 같다.

$$\begin{aligned}
\dot{a} &= \frac{\dot{A}}{A^{\max}} - \frac{A}{(A^{\max})^2}\dot{A}^{\max} \\
&= \frac{\dot{A}}{A^{\max}} - ga
\end{aligned} \tag{7}$$

여기에 식 (4)를 대입하면 다음의 미분방정식이 도출된다.

$$\dot{a} = \eta - (g - u\gamma)a \tag{8}$$

식 (8)은 모형의 기본방정식으로서 선진국과의 기술격차를 나타내는 상태변수 a가 어떻게 움직이는지를 보여준다.

3. 기업의 이윤극대화와 성장전략

앞에서 본 바와 같이 대표적 기업의 이윤함수는 다음과 같다.

$$\pi = (1 + (1-u)z)\delta A \qquad\qquad (9)$$

대표적 기업의 경영자는 매 순간마다 성장전략, 즉 u의 크기를 선택함으로써 이윤극대화를 추구한다. $\dot{A} = A_{t+\varepsilon} - A_t$의 관계와 식 (3)을 이용하여 $t+\varepsilon$기의 이윤함수를 쓰면 다음과 같다.

$$
\begin{aligned}
\pi_{t+\varepsilon} &= [1 + (1-u_t)z]\delta(A_t + \eta A_t^{\max} + u_t\gamma A_t) \\
&= [1 + (1-u_t)z]\delta[\eta_t + (1 + u_t\gamma)a_t]A_t^{\max}
\end{aligned}
\qquad (10)
$$

이제 기업들은 t기에 $t+\varepsilon$기의 예상이윤을 극대화하도록 u를 결정함으로써 경영전략을 선택한다.14) 여기서 u가 0에 가까우면 z의 역할이 커져서 마치 자본재의 투입이 늘어나 기업의 규모가 커지는 것과 같으므로 이를 투자주도 전략이라고 할 수 있으며, 1에 가까우면 γ의 역할이 커져 기술혁신을 중심으로 성장하는 혁신주도 전략이라고 할 수 있다. 투자주도 전략은 즉각적으로 큰 효과를 가져다 줄 수 있지만 투자율의 값이 지속적으로 커질 수 없는 데에서 알 수 있듯이 항구적 성장을 보장해 줄 수 없는 반면, 혁신주도 전략은 현재의 국내 기술축적 수준 A에 의존하여 작용하므로 당장 그 크기는 작을지라도 그 A가 무한히 증가할 수 있는 잠재력을 가지고 있다는 차이점이 있다. 즉 z는 수준효과(level effects), γ는 성장효과(growth effects)를 대표한다고 볼 수 있으며, 전략의 선택은 한정된 경영자원을 그 둘 가운데 어디에 더 많이 배분하느냐의

---

14) 이 문제는 본질적으로 기술격차의 시간경로가 주어졌을 때 이윤흐름의 현재가치를 극대화하는 문제와 일맥상통함을 알 수 있다.

문제로 요약된다.

한편 위의 이윤함수는 AAZ에서와는 달리 하나의 대표적 경제주체가 u의 값을 연속적으로 선택할 수 있도록 함으로써 거시경제 분석을 더 용이하게 하고, 모의실험 등을 통하여 더욱 현실적인 성장전략 분석을 가능하게 한다는 이점을 가진다.[15]

이제 이윤극대화문제는 $\pi_{t+\epsilon}$을 u로 미분함으로써 손쉽게 풀 수 있다. u의 값은 0보다 작지 않고 1보다 크지 않다는 점을 감안하여 이윤을 극대화하는 u의 값을 구하면 다음과 같다.

$$u^* = \min\left\{1,\ \max\left\{0, \frac{\gamma-(1-\gamma)z}{2\gamma z} - \frac{\eta}{2\gamma a}\right\}\right\} \tag{11}$$

여기서 u의 최적해가 a의 값에 관계없이 항상 0이 되는 흥미롭지 않은 경우는 배제하기로 한다. 즉, 경제환경이 변화해도 혁신활동에 전혀 노력을 기울이지 않는 극단적인 경우가 없도록 다음의 조건을 가정한다.

$$z < \frac{\gamma}{1-\gamma} \qquad \text{(가정 1)}$$

이제 a의 변화에 따라 성장전략이 어떻게 변화하는지를 알아보기 위해 최적해 u^*를 a에 대해 미분하면 다음과 같다.

$$\frac{du^*}{da} = \begin{cases} \dfrac{\eta}{2\gamma a^2} > 0, & \text{if } u^* > 0 \\[2mm] = 0, & \text{if } u^* = 0 \end{cases} \tag{12}$$

---

15) 이 글의 틀로서 재해석한 AAZ(2002b)의 이윤함수, $\pi_{t+\epsilon} = (1-u_t)\delta[\eta_t + (1+\gamma+u_t)a_t]A_t^{\max}$에서는 u의 값이 1이 될 수 없으므로 두 종류의 경제주체를 상정하여 하나의 경제주체는 기업의 규모를 선택하고 다른 경제주체는 혁신역량을 선택하는 이원적 구조를 갖게 된다. 이 경우 한 경제주체는 u의 값을 0으로 선택하고 다른 경제주체는 1로 선택하는 극단적 경우만을 분석할 수 있게 된다.

한편 식 (11)과 (12)에서 u^*의 값이 0이 되는 경계선에서의 a의 값, $\tilde{a}$는 다음과 같음을 알 수 있다.

$$\tilde{a} \equiv \frac{\eta z}{\gamma - (1-\gamma)z} \tag{13}$$

여기서 $\tilde{a}$는 (가정 1)로부터 항상 0보다 크다. 이상에서 우리는 다음의 명제를 얻을 수 있다.

> 명제 1 : 선진국과의 기술격차가 너무 커서 a가 $\tilde{a}$보다 작으면 기술격차의 변화와 무관하게 기업들은 모든 경영자원을 투자주도 전략에만 투입하며($u=0$), a가 $\tilde{a}$보다 클 경우에는 a가 커짐에 따라 기업들은 혁신활동의 비중, u를 늘리고자 한다.

기술격차가 클 때에는 국내 기술수준이 상대적으로 너무 낮아 자체 기술혁신이 아무리 빨리 이루어진다 해도 혁신의 크기, 곧 이윤에 대한 기여도가 미미하다. 이때에는 선진국으로부터의 기술이전에 만족하고, 대신 요소투입을 늘려 기업규모를 확대함으로써 직접적인 이윤증가를 꾀하는 투자주도 전략이 유리하게 된다. 반대로 기술격차가 충분히 좁혀졌을 때에는 자체적 기술혁신의 이윤기여도가 충분히 커지게 되는 반면, 기업규모의 실질적 확대는 한계를 맞이하게 된다.16) 이는 Solow 모형에서 한계생산체감의 법칙 때문에 자본축적이 궁극적 성장엔진으로 기능할 수 없으며, 대신 생산함수 자체를 이동시키는 기술진보만이 장기적 균형성장을 보장해 주는 것과 동일한 원리에 따르는 것이다. 결국 기업들은 경제발전이 충분히 이루어진 단계에서는 스스로의 생존을 위해서 혁신주도 전략으로 이행하여야만 한다.

---

16) 이는 투자율이 100%를 넘길 수 없는 것과 같은 이치로 설명할 수 있다.

그러나 문제는 기업들이 스스로 전략을 전환할 정도의 경제발전 수준에 경제가 도달하지 않아서 혁신활동이 전혀 일어나지 않거나 일어나더라도 그 양이 충분치 않을 수 있다는 데 있다. 최초에 선진국과의 기술격차가 너무 커서 기업들이 혁신활동을 소홀히 하게 되고, 이는 또다시 기술격차의 축소를 불가능하게 하는 일종의 악순환의 함정이 존재하여 사회적으로 파레토열등한 균형이 이루어질 수 있는 것이다. 이러한 문제는 다음에서 비혁신함정과 비수렴함정이라는 개념을 통해 분석할 것이다.

4. 비혁신함정, 비수렴함정 및 경제발전의 정체가능성

이제 모든 기업들이 경영자원을 혁신활동에 집중시키면 경세가 선진국 수준으로 수렴할 수 있음에도, 개별 기업들의 이윤극대화를 통해 도출된 분권화된(decentralized) 의사결정으로는 선진국 진입이 불가능한 파레토열등한 균형상황을 분석해 보자. 이러한 경우는 AAZ(2002a, b)의 비수렴함정 또는 Aghion and Howitt (2003)의 제도적 함정(institutional trap)과 일맥상통한다.

분석에 앞서 모든 기업이 혁신주도형으로 전환했을 때 선진국 수준으로 수렴하기 위한 조건을 알아보자. 이는 식 (8)에서 $u=1$로 놓았을 때 a의 정상상태(steady state)값이 1이 된다고 보는 것과 같다.[17] 다시 말해 다음의 조건이 성립한다고 가정하는 것이다.

$$\eta + \gamma = g \qquad\qquad (가정\ 2)$$

이제 먼저 생각해 볼 수 있는 것은 $u=1$을 선택할 수 있음에도 기업들이 전혀 혁신활동을 하지 않는 상태 즉 $u=0$에서 균형이 이

---

17) 여기서는 후발국이 선진국을 추월하는 경우는 분석하지 않기로 한다.

루어진 경우이다. 이것은 a의 장기균형값이 $\tilde{a}$보다 작아서 기업들은 혁신을 위한 노력을 전혀 기울이지 않으며, 이에 따라 기술격차도 전혀 좁혀지지 않는 악순환적 상황이라고 할 수 있다. 이러한 균형은 식 (11)과 식 (8)에 u의 값이 0이라는 점을 적용한 다음의 연립방정식을 풀어서 구할 수 있다.

$$\begin{aligned} u &= 0 \\ \dot{a} &= \eta - ga = 0 \end{aligned} \qquad (14)$$

여기서 a의 장기균형값은 η/g이며 u의 장기균형값은 0이다. 명제 1에 따라 장기균형값 η/g가 $\tilde{a}$보다 작으면 $u=0$이 계속 유지될 것이며, 이 경우 경제는 $a=\eta/g$인 상황에서 스스로 빠져나올 수 없게 된다.[18] 이제 이러한 정체상황을 비혁신함정이라고 부르기로 한다.[19] 경제가 비혁신함정에 빠질 조건은 다음과 같다.

$$\frac{\eta}{g} \leq \tilde{a} \iff \frac{\gamma}{1-\gamma+g} < z \qquad (15)$$

다음으로는 기업들이 혁신활동을 어느 정도 수행하지만 선진국의 기술수준으로 수렴하기에는 부족한 수준에 머물고 있는 상태를 생각해 볼 수 있다. 이는 균형에서 u와 a의 값이 모두 0보다는 크지만 1보다는 작은 수준에서 정체되어 있는 상황이다. 그 조건은 식 (11)과 식 (8)에서 도출되는 다음의 연립방정식을 통해 구할 수 있다.

$$\begin{aligned} u &= \frac{\gamma-(1-\gamma)z}{2\gamma z} - \frac{\eta}{2\gamma a} \\ \dot{a} &= \eta-(g-u\gamma)a = 0 \end{aligned} \qquad (16)$$

---

18) η/g는 $\eta+\gamma=g$의 가정에 따라 항상 1보다 작다.
19) 비혁신함정은 비수렴함정의 일종으로서 혁신활동이 전혀 일어나지 않는 경우이다.

먼저 위의 연립방정식에서 나오는 최적해는 다음과 같다.

$$u^* = 1 - \frac{(1+g)z - \gamma}{\gamma z}$$

$$a^* = \frac{\eta z}{2zg + (1-\gamma)z - \gamma}$$

(17)

비수렴함정의 조건은 바로 위의 최적해들이 모두 1보다 작다는 것으로 (가정 2)를 이용하여 다음과 같이 정리할 수 있다.

$$\frac{\gamma}{1+g} < z$$

(18)

이상의 논의에서 우리는 다음의 명제를 얻을 수 있다.

명제 2 : 식 (18)의 조건이 만족되면 경제는 비수렴함정에 빠지며, 특히
다음 가운데 하나 또는 그 이상이 성립하여 식 (15)의 조건까지
만족되면 경제는 비혁신함정에 빠지게 된다 : (1) z가 충분히 커
서 투자주도 전략에 따라 기업규모를 확대했을 때 얻을 수 있는
이윤이 많은 경우, (2) γ가 너무 작아서 혁신활동에 자원을 투
입해도 기술혁신이 충분히 일어나지 않는 경우, (3) 선진국의
기술혁신 속도(g)가 너무 빨라 선진기술의 모방이 자체기술의
개발에 견주어 상대적으로 유리한 경우.

〈그림 1〉은 다양한 u의 값에 대한 a의 동학을 나타내는 국면
(phase) 다이어그램으로서 u의 값이 클수록 기술격차의 축소속도
가 빠름을 보여준다. 또 기업들이 투자주도 전략을 완전히 혁신주
도 전략으로 전환해야만 궁극적으로 선진국 기술수준으로 수렴할
수 있게 됨을 알 수 있다. 그러나 앞에서 본 바와 같이 분권화된
의사결정을 따를 경우에는 투자주도 전략에 과도하게 집착하게 되
어 기술격차가 어느 수준 이상으로는 좁혀지지 않을 수 있다. 즉

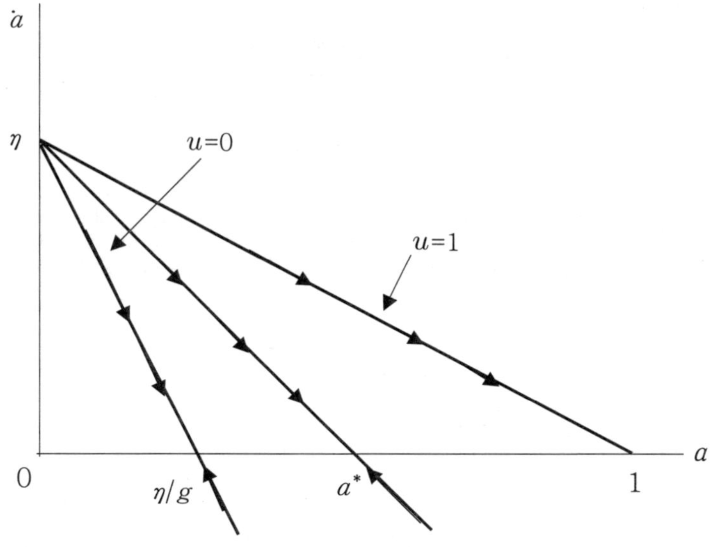

모든 기업이 $u=1$을 선택하면 선진국 수준으로 무난히 수렴할 수 있음에도 개별기업들이 자율적으로 성장전략을 결정하게 되면 1보다 작은 u의 값을 선택하게 되고, 이에 따라 장기균형에서 a의 값도 1보다 작게 될 수 있다. 또 이 값은 안정적 균형의 성질을 지니므로 외부적 충격에 의해 균형에서 벗어났다 할지라도 경제는 다시 장기균형 수준으로 돌아가고 만다. 비수렴함정의 메커니즘을 간단히 그림으로 나타내면 〈그림 2〉와 같다.

이와 같이 분권화된 경제가 비수렴함정 또는 비혁신함정에 빠져 더 이상 선진국을 추격할 수 없게 되는 근본적 이유는 일종의 외부성으로 설명될 수 있다. 즉 개별기업들이 이윤을 극대화할 때 거시적 상태변수 a를 기업의 의사결정과정 밖에서 주어진 것으로 받아들이기 때문에, 각 기업의 연구개발이 a를 증가시켜 기술혁신의 크기를 늘려주는 추가적 효과를 고려하지 않게 된다. 결국

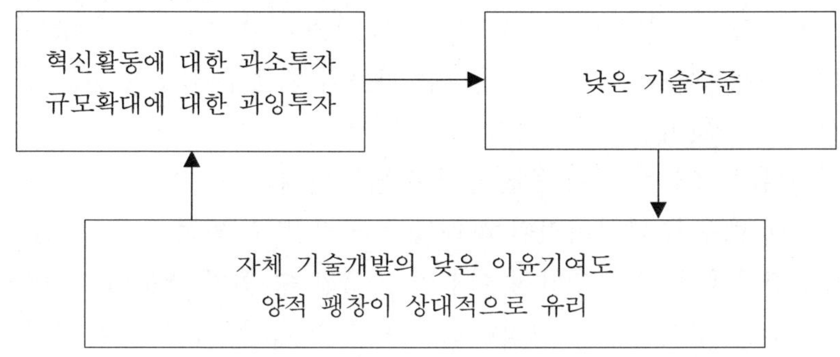

'구성의 오류' 또는 '조정의 실패'(coordination failure)에서 보는 것처럼 모든 기업들이 동시에 전략을 전환했을 때 나타날 수 있는 정(正)의 외부성을 개별기업들이 충분히 내부화시키지 못함으로써, 사회적 최적상황과 사적 이윤극대화 사이에 괴리가 나타나 파레토 열등한 균형에 도달하는 것이다.

5. 기술모방능력의 차이를 도입한 모형과 최적 성장전략

그러면 동태적으로 볼 때 사회적으로 가장 바람직한 성장전략의 스케줄은 어떠한가. 사실 이 문제는 전략의 변화가 가져다주는 먼 미래의 이득까지 고려하여야 풀 수 있기 때문에, 사회의 효용함수와 주관적 할인율에 따라 다른 답이 나올 수 있다. 전략전환에 따른 비용, 곧 투자규모의 축소는 즉각적으로 발생하는 반면, 혁신역량 증가에 따른 이익은 오랜 기간에 걸쳐 나타나기 때문에 일반적으로 할인율이 높으면 전략전환이 느리게 일어나는 스케줄이 최적일 것이며, 할인율이 낮으면 전략전환이 빠르게 일어나는 스케줄이 적절하다고 할 수 있다.

여기서는 문제를 단순화하기 위해 a의 평균적 증분을 극대화하여 최단시일 안에 선진국의 기술을 따라잡는 것이 사회적 목표라고 가정하자. 이때 〈그림 1〉에서 혁신활동의 비중 u가 클수록 생산성 증가분이 커지는 데서 알 수 있듯이 최초부터 u의 값을 1로 선택하는 것이 최적이 된다.

그러나 실제로는 투자주도 전략이 발전단계의 초기에 성장률을 높이는 데 매우 효과적이었던 사례들을 발견할 수 있는데, 이는 투자주도 전략에서 어떤 추가적 이점이 파생될 수 있기 때문이다. 여기서는 이를 명시적으로 고려하도록 모형을 확장시킴으로써 선진국 추격속도의 극대화를 추구할 때의 최적 성장전략 스케줄에 대하여 알아보기로 한다.

확장된 모형에서는 투자주도 전략이 혁신주도 전략보다 선진기술의 모방에 더 효과적이라는 가정을 추가한다. 이는 투자주도 전략의 한 측면인 경영자의 경험이 기존 기술의 습득과 모방이라는 비교적 덜 창의적이되 노력집약적인 작업에서 빛을 발할 가능성이 있기 때문이다. 이에 따라 다음의 식에서처럼 u가 작을수록 기술모방이 더 빨리 이루어진다고 가정하자.

$$\dot{A} \; = \; \{\eta + (1-u)\mu\}A^{\max} \; + \; u\gamma A \tag{19}$$

여기서 μ는 투자주도 전략이 혁신주도 전략에 견주어 기술모방 측면에서 갖는 비교우위를 나타내는 파라미터이다.[20] 식 (19)에서 다음과 같은 기술격차의 동학을 도출해낼 수 있다.

$$\begin{aligned}
\dot{a} \; &= \; \eta + (1-u)\mu - (g - u\gamma)a \\
&= \; \eta + \mu - ga + (\gamma a - \mu)u
\end{aligned} \tag{20}$$

---

20) 단, μ의 크기가 너무 커서 경제환경의 변화와 무관하게 투자주도 전략이 혁신주도 전략보다 항상 우월하게 되는 경우를 배제하기 위하여 μ는 γ보다 작다고 가정한다.

이제 $\dot{a}$을 u에 대해 미분하면 다음과 같다.

$$\frac{d\dot{a}}{du} = \gamma a - \mu \qquad (21)$$

식 (21)은 a가 μ/γ보다 작을 때에는 $d\dot{a}/du$가 항상 0보다 작으므로 u를 가능한 한 줄여서 코너해(corner solution)인 0이 되도록 하는 것이 성장률극대화에 도움이 되는 반면, a가 그보다 클 때에는 $d\dot{a}/du$가 항상 0보다 크므로 u를 가능한 한 늘려 또 다른 코너해인 1이 되도록 하는 것이 좋다는 것을 말해준다. 따라서 최적의 전략전환 시점은 a가 μ/γ에 이르는 시점임을 알 수 있다. 여기서 우리는 다음의 명제를 얻을 수 있다.

명제 3 : 선진국 추격속도의 극대화를 위해서는 a가 μ/γ보다 작을 때에는 $u=0$을 선택하고 a가 그보다 클 때에는 $u=1$을 선택하는 것이 최적 성장전략이며, 투자주도 전략이 기술모방에서 갖는 비교우위 μ가 크거나 기술혁신의 효과 γ가 작을수록 전략전환의 최적 시점이 늦어진다.

즉 a가 μ/γ보다 작을 때에는 순수한 투자주도 전략을 선택하되 그보다 클 때에는 순수한 혁신주도 전략을 선택하는 것이 최적이 되며, 최적 전략을 택했을 때 기술격차의 움직임은 다음의 미분방정식으로 요약된다.

$$\dot{a} = \begin{cases} \eta + \mu - ga, \ (u=0) & \text{if } a \le \dfrac{\mu}{\gamma} \\ \eta - (g-\gamma)a, \ (u=1) & \text{if } a > \dfrac{\mu}{\gamma} \end{cases} \qquad (22)$$

$u=0$일 때와 $u=1$일 때 각각의 미분방정식을 국면 다이어그램으로 나타내면 〈그림 3〉과 같다. 여기서 어느 시점까지는 투자주

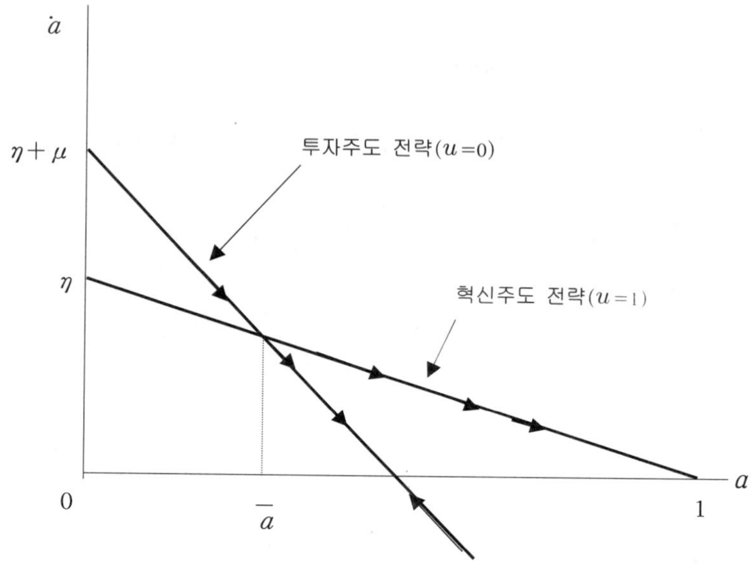

도 전략이 더 빠른 기술격차 축소를 가져오지만 그 이후에는 혁신
주도 전략이 더 우월함을 알 수 있다. 즉 분기점 $\bar{a}$가 바로 선진국
추격속도의 극대화를 위한 최적 전략전환 시점에 대응하는 기술격
차 수준이 된다.

다음으로 분권화된 의사결정에 따라 성장전략이 결정될 경우
균형값을 알아보자. 먼저 기업들의 이윤함수는 식 (10)에 기술모
방 능력의 차이 μ를 추가함으로써 다음과 같이 쓸 수 있다.

$$\pi_{t+\varepsilon}=[1+(1-u_t)z]\delta[\eta_t+(1-u_t)\mu+(1+u_t\gamma)a_t]A_t^{max} \qquad (23)$$

여기서 일계조건을 통하여 이윤을 극대화하는 u의 값을 구하
고 식 (20)에서 상태변수 a가 정상상태에 있을 조건 즉 $\dot{a}=0$의
조건을 구한 뒤, 이 둘을 연립하여 장기균형값을 구하면 다음과 같
다.[21]

$$u^{*\prime} = 1 - \frac{\eta z(1+g) - \eta\gamma + \mu(g-\gamma)}{\eta\gamma z - \mu z(2g+1-\gamma)}$$

$$a^{*\prime} = \frac{\eta z - \mu}{2zg + (1-\gamma)z - \gamma}$$

$$(24)$$

이 균형값들을 보면 앞에서 모방능력의 차이가 없는 경우, 즉 식 (17)의 값들과 견주어 u와 a 모두 더 작음을 알 수 있다.[22] 즉 투자주도 전략이 기술모방에 비교우위를 가질 때에는 혁신활동에 더 소홀하게 되어 결국은 모방능력의 차이가 없는 경우보다도 더 낮은 기술수준에 머물게 된다는 것을 알 수 있다.

이 역시 기업들이 자체 기술개발의 외부성을 내부화하지 못함으로써 발생하는 사회적 최적점과 사적 최적점의 괴리에서 비롯한다. 이는 일종의 시장실패이므로 적절한 정부정책을 필요로 한다.

IV. 전략전환을 위한 정책의 유효성과 모의실험

1. 전략전환을 위한 정책

그렇다면 사회적 최적상황에 이르기 위해서는 어떠한 정책을 사용하여야 하는가? 규모확대에는 정(正)의 외부성이 없는 반면, 기술혁신에는 정(正)의 외부성이 있으므로 기업들로 하여금 규모확대를 통한 성장이 이득이 되지 않는다고 인식하도록 유인체계를 조정하는 정책을 쓰면 될 것이다. 다음의 명제를 보자.

---

21) 여기서는 기술수준이 0보다 작거나 같은 상황을 배제하기 위하여 $\eta z - \mu > 0$이 성립한다고 가정한다.

22) 모방능력에 차이가 없는 경우는 μ의 값이 0인 특수한 경우라고도 해석할 수 있다.

명제 4 : 기업들이 z를 0으로 인식하게 되면 비수렴함정에 빠질 가능성이
　　　　제거되며, 더 나아가 분권화된 의사결정에서의 최적 성장전략
　　　　스케줄과 사회적 최적 스케줄이 일치하게 된다.

　　이 명제는 확장된 모형을 이용하여 다음과 같이 증명할 수 있
다.[23] 먼저 $z=0$을 식 (23)에 대입한 뒤 일계조건을 구하기 위해 u
로 미분하면 $d\pi/du=-\mu+\gamma a$를 얻을 수 있다. 여기서는 내부해
(interior solution)가 존재하지 않으므로 코너해를 도출하면 다음과
같다.

$$
\begin{aligned}
u=0, \quad &\text{if } a\leq \frac{\mu}{\gamma} \\
u=1, \quad &\text{if } a> \frac{\mu}{\gamma}
\end{aligned}
\tag{25}
$$

　　이는 명제 3에서 알 수 있었던 확장모형에서의 최적전략 스케
줄과 정확히 일치한다. 즉, 기업들이 규모확대가 더 이상 이윤증가
에 도움이 되지 않는다는 점을 깨닫게 되면 스스로 자체적 기술혁
신에 중점을 두는 전략을 선택하게 되며, 이것이 사회적으로도 최
적을 가져다준다는 것이다. 물론 z가 0인 것처럼 인식하게 하는 것
은 쉽지 않겠지만, 다양한 정책을 구사하여 투자주도 전략에서 추
구해 왔던 (내부 및 외부 보조금을 사용한) 규모확대나 계열화 등
의 정도를 혁신주도 전략의 그것에 맞게 줄임으로써 기업들로 하
여금 스스로 최적전략을 선택하게 할 수 있을 것이다. 아울러 뒤의
모의실험에서 볼 수 있듯이 혁신역량 γ를 높이는 정책도 유사한
효과를 가져다 줄 수 있다. 이렇게 비수렴함정을 피하고 선진국 추
격속도를 극대화하기 위한 정책은 근본적으로 시장실패를 해결하
기 위한 것이므로 정부주도로 이루어질 수밖에 없다.

---

[23] 최초의 기본모형은 확장된 모형의 특수한 경우($\mu=0$)이므로 확장모형을 통한 증
　　명은 자연히 기본모형에 대해서도 유효하다.

2. 모의실험을 통한 정책효과 분석

여기서는 앞에서 제시한 기본모형을 이용하여 z와 γ를 변화시키는 정책이 기술격차의 시간경로에 어떠한 영향을 주게 되는지 모의실험을 통하여 분석해 보기로 한다. 즉 파라미터 값들이 주어졌을 때 식 (16)의 조건을 만족시키는 a의 시간경로를 구하기로 한다.

먼저 z의 값을 줄이는 정책을 생각해보자. z는 투자주도 전략의 유효성을 나타내는 파라미터이므로 기업규모 확대에 주어져온 혜택을 줄이는 정책들이 이에 해당한다. 즉 진입장벽의 철폐, 부당내부거래의 차단, 부실기업의 원활한 퇴출 등 공정경쟁을 유도하는 정책들이 좋은 예가 될 것이다. 모의실험에서는 η는 0.005, γ는 0.01, g는 0.015로 주어졌을 때 z의 값을 다양하게 변화시킬 것이다. 먼저 앞의 논의로부터 경제가 비혁신함정에 빠져 있을 조건을 만족하는 z의 값(0.01), 비수렴함정에 빠져 있을 조건을 만족하는 z의 값(0.099), 그리고 함정에 빠지지 않도록 하는 z의 값($0\sim0.098$)을 넣었을 때, 모형이 제시하는 혁신노력 u와 기술격차 a의 시간경로를 보면 각각 〈그림 4〉, 〈그림 5〉와 같다.

그림에서 보듯 z가 0.01이어서 경제가 비혁신함정에 빠진 경우에는 $u=0$, 곧 모든 경영자원이 투자확대에만 사용되게 되며, 기술격차는 오로지 모방을 통해서만 감소하게 된다. 그 결과 장기적으로 생산성 수준은 선진국의 33% 정도에 머물게 된다. 또 z가 1% 줄어 0.0099로 바뀌면 경제가 비혁신함정에서는 벗어나지만 비수렴함정에 빠지게 된다. 이때에는 u가 0보다 커지게 되어 혁신활동이 일어나기는 하나 $u=1$이 될 정도로 충분하지는 않으므로 장기적으로 생산성 수준이 선진국의 50% 정도에서 정체되게 된다. 그러나 z가 처음보다 2% 이상 줄어 0.0098 이하가 되는 경

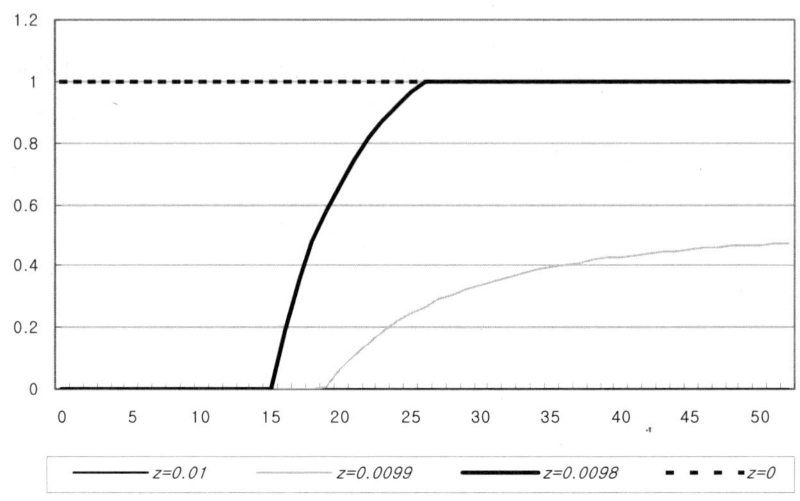

<그림 4> z 값을 변화시켰을 때 u의 시간경로

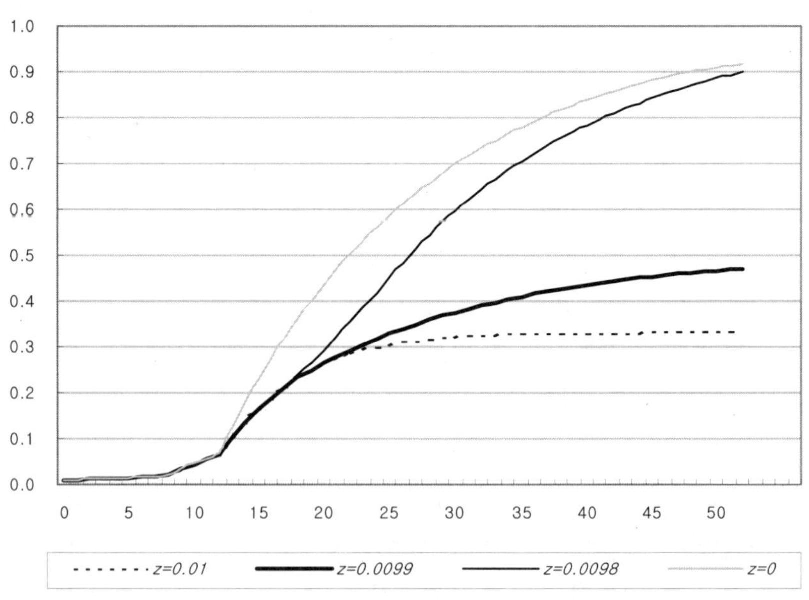

<그림 5> z 값을 변화시켰을 때 a의 시간경로

우에는 u의 값이 1이 되는 혁신주도 전략을 채택하게 되므로 생산성 수준이 몇 십 년 이내에 선진국 수준으로 수렴하게 됨을 알 수 있다.

여기서 우리는 경제가 함정에 빠져 있을 때에는 약간의 정책 차이가 장기적으로 성장경로의 커다란 차이를 유발할 수 있음을 알 수 있다. 즉, 정부가 투자주도 전략의 특혜를 약간 줄이는 정책을 사용하면 기업들의 유인체계를 바꾸어 혁신활동에 더 많은 자원을 투입하게 할 수 있으며, 이것이 상당 기간 지속되면 커다란 시너지효과를 가져와 경제 전체가 함정에서 벗어나 선진국 수준으로 도약할 수 있게 되는 것이다.

다음으로는 γ를 늘리는 정책을 생각해 보자. 이는 혁신활동의 유효성을 높이는 정책들로서 연구개발환경의 개선, 고등교육의 질 향상, 각종 정치ㆍ경제ㆍ사회 제도의 개선 등이 이에 해당할 것이다. 여기서는 g는 0.015, z는 0.01로 일정하다고 가정하되 (가정 2)에 따라 γ와 η 값의 합이 g와 같다는 조건을 부과한다.[24] γ와 η 값을 변화시키는 모의실험의 결과를 보면 다음의 〈그림 6〉 및 〈그림 7〉과 같다.

여기서도 앞의 결과와 유사하게 정책의 변화가 성장경로에 커다란 차이를 가져옴을 알 수 있다. γ가 0.01이고 η가 0.005인 비혁신 함정의 경우에는 $u=0$으로 혁신활동이 일어나지 않아 기술수준이 선진국의 33% 수준에 머물고, γ가 1% 늘어나 0.0101이고 η가 0.0049인 비수렴함정의 경우에는 어느 시점 이후부터 혁신활동은 일어나지만 u가 1보다 작은 수준으로 수렴하게 되어 기술수준이 선진국의 50% 이하에서 정체된다. 또 γ가 처음보다 2% 이상 늘어나게 되면 u가 1로 수렴하고 생산성 수준도 선진국의 90% 수준

---

24) 여기서 η의 값을 0.005로 고정시킨 후 γ의 값들만을 변화시켜도 모의실험의 결과는 대동소이하다.

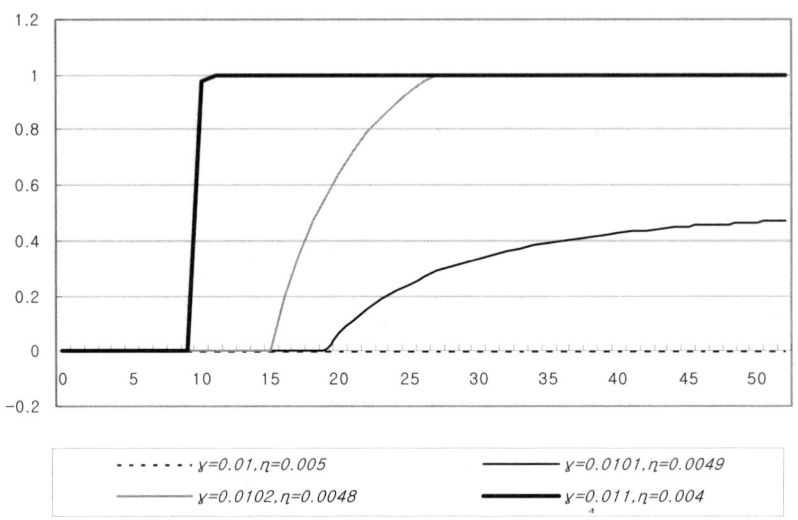

<그림 6> γ와 η값을 변화시켰을 때 u의 시간경로

<그림 7> γ와 η 값을 변화시켰을 때 a의 시간경로

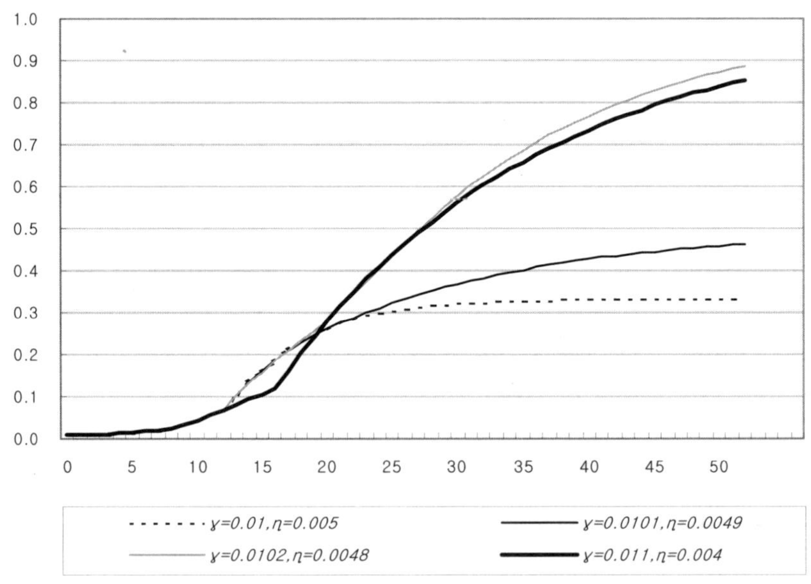

<그림 7> γ와 η 값을 변화시켰을 때 a의 시간경로

이상으로 수렴함을 알 수 있다. 즉 혁신활동의 유효성을 높이는 정책 역시 기업들로 하여금 더 많은 경영자원을 혁신활동에 사용하도록 유도하는 데 효과적이다.

그렇다면 z와 γ를 모두 늘리는 정책을 사용하면 어떻게 될 것인가. 즉 비수렴함정에 빠진 국가의 정부가 규모확대에 특혜를 주면서 동시에 혁신역량을 강화하는 정책을 채택할 경우, 혁신노력과 기술격차의 시간경로는 어떻게 변화할 것인가.

식 (18)에 나타난 비수렴함정의 조건을 보면 γ와 z가 동일한 비율로 증가할 경우에는 경제가 비수렴함정에서 벗어날 수 없음을 알 수 있다. 이를 모의실험을 통해 확인해 보자. 먼저 z가 0.0099, γ는 0.01, η는 0.005로 비수렴함정에 빠진 경제를 상정하자. 그리고 여기서 z와 γ를 각각 10% 늘려 z는 0.01089, γ는 0.011이 되었다고 하자. 이때 정책실행 전후의 u와 a의 시간경로는 각각 〈그림 8〉, 〈그림 9〉와 같다.

여기서 놀라운 것은, 비수렴함정에 빠진 경제에서 z와 γ를 모두 늘렸을 때에는 오히려 혁신노력이 줄어들고, 이에 따라 경제가 더 낮은 기술수준으로 수렴한다는 사실이다. 이는 z의 증가가 기업가들로 하여금 손쉬운 규모확대 전략을 사용하도록 유도하는 힘이 γ의 증가가 혁신노력을 늘리는 힘을 압도할 수 있기 때문이다.

이상의 논의를 정리하면, 경제가 비혁신함정 또는 비수렴함정에 빠져 있을 때에는 정부의 정책을 통해 규모확대에 주어지는 혜택을 약간 줄이거나 혁신활동의 유효성을 약간 높임으로써 기업들의 유인체계를 바꾸고 시너지효과를 일으켜 경제를 함정에서 탈출시키고 궁극적으로 선진국 대열에 진입하도록 할 수 있다. 그러나, 규모확대와 기술혁신을 동시에 유도하려는 정책은 오히려 경제를 더 낮은 기술수준의 함정에 빠뜨리는 부작용을 초래할 수도 있다.

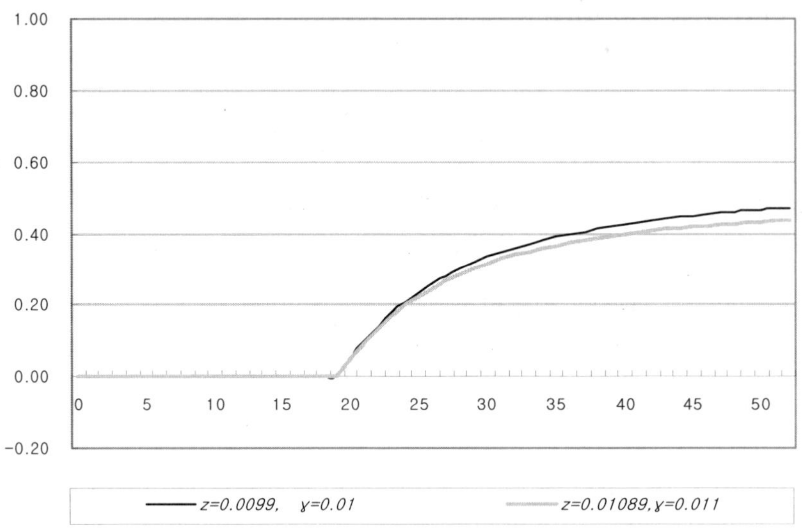

<그림 8> γ와 z 값을 동시에 변화시켰을 때 u의 시간경로

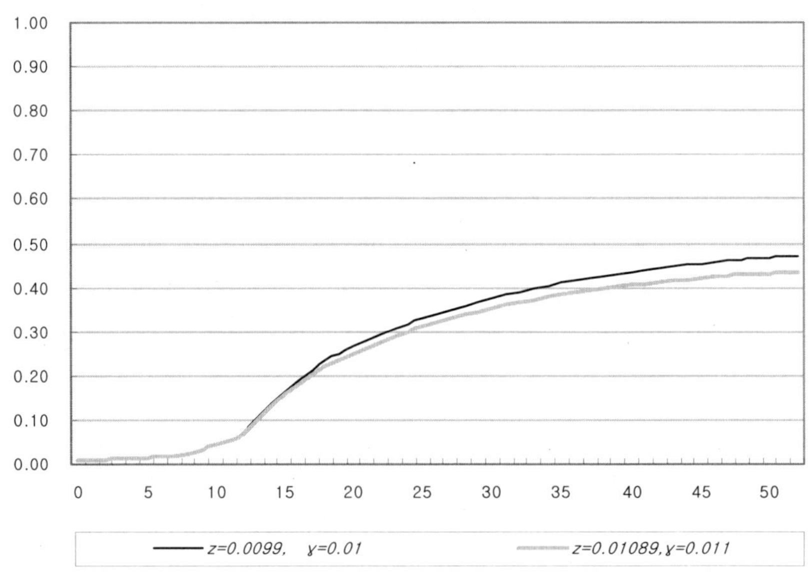

<그림 9> γ와 z 값을 변화시켰을 때 a의 시간경로

V. 우리나라의 성장전략과 수렴패턴
— 주요국과 비교

앞에서 살펴본 이론과 모의실험 등에 비추어 볼 때 국가 간 성장전략의 차이는 수렴패턴의 차이를 가져올 것이다. 사실 성장전략의 차이는 정치·경제·사회 제도 등 질적인 요인에 의해 커다란 영향을 받으므로 계량화하기 쉽지 않다. 그러나 어느 경제가 미래를 위해 얼마만큼의 자원을 어떻게 이용하고 있는지를 살펴봄으로써 그 내용을 어느 정도 짐작할 수는 있을 것이다.

미래를 위한 자원의 이용은 크게 세 가지로 나누어 볼 수 있다. 첫째는 물적자본에 대한 투자, 곧 협의의 투자이고, 둘째는 인적자본에 대한 투자, 곧 교육투자 등이며, 셋째는 연구개발에 대한 투자이다. 물적자본에 대한 투자와 인적자본에 대한 투자 가운데 초중등교육에 대한 투자는 투입요소의 양적 팽창과 선진기술의 모방에 더 밀접하게 연관된 것이므로 기술모방·규모확대형 투자라고 부를 수 있고, 인적자본에 대한 투자 가운데 고등교육에 대한 투자와 연구개발 투자는 자체적 기술혁신을 위해 긴요한 것들이므로 혁신유도형 투자라고 부를 수 있다. 이들을 합하여 총투자라고 부른다면, 경제의 성장패턴은 총투자의 크기뿐만 아니라 그 구성과 내용에 따라서도 크게 좌우된다고 할 수 있다.

이런 관점에서 볼 때 앞에서 도출한 핵심명제는 개발도상국이 선진국 대열에 진입하기 위해서는 경제가 발전함에 따라 총투자에서 규모확대형 투자의 비중을 줄이는 대신 혁신유도형 투자를 늘려야 한다는 것으로 요약할 수 있을 것이다. 총투자의 구성요소는 〈그림 10〉에 요약되어 있다.

<그림 10> 총투자의 구성요소

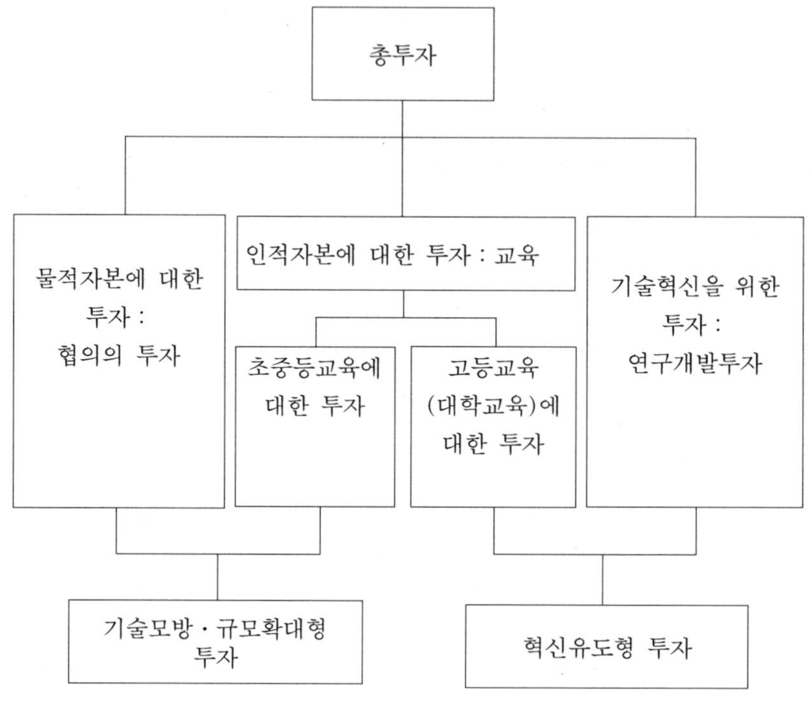

1. 우리나라의 성장전략

1975년에서 1996년까지 우리나라와 주요국들의 평균 총투자율과 그 내용을 살펴보면 〈표 1〉과 같다. 여기서 우리나라의 총투자율은 세계 최고 수준에 가까웠다는 사실을 알 수 있다. 그러나 대학교육과 연구개발에 대한 투자율, 곧 혁신유도형 투자율은 2.17%로서 선진국들에 견주어 매우 작았으며, 대신 물적투자의 비중이 매우 컸음을 알 수 있다.

그러나 〈표 2〉를 보면, 2000년에는 우리나라의 투자구성이 1975 ~1996년과 비교해볼 때 많이 바뀌었음을 알 수 있다. 특히 공교

<표 1> 주요국의 소득수준 및 투자율 비교(1975~1996 평균)

(단위 : %)

	1인당 소득 (미국 대비)	투자/GDP (A)	공교육비 지출[1)] /GDP (B)	대학 (E)	연구 개발비 /GDP (C)	총투자율 (D=A+B+C)	혁신유도형 투자 (F=C+E)	비중 (F/D)
미국	100.00	18.70	5.90	1.90	2.67	27.28	4.57	16.8
캐나다	86.57	21.29	6.97	2.15	1.49	29.75	3.64	12.2
일본	79.82	30.29	4.90	0.75	2.73	37.92	3.48	9.2
프랑스	75.13	21.07	5.63	0.76	2.30	29.00	3.06	10.6
영국	69.45	17.60	5.25	1.18	2.17	25.01	3.35	13.4
홍콩	66.71	28.49	2.66	0.54	—	—	—	—
싱가포르	59.60	39.76	3.47	0.88	0.75	43.99	1.63	3.7
우리나라	35.22	32.65	3.79	0.46	1.71	38.16	2.17	5.7

주 : 1) 공교육비지출은 공공지출 부문만을 포함.
자료 : World Bank(2002), *World Development Indicators*.

<표 2> 주요국의 투자율 비교(2000년)

(단위 : %)

	투자 /GDP (A)	공교육비지출[1)] /GDP (B)	대학 (E)	연구 개발비 /GDP (C)	총투자율 (D=A+B+C)	혁신유도형 투자 (F=C+E)	비중 (F/D)
미국	24.3	5.0(7.0)	1.1(2.7)	2.72	32.0(34.0)	3.8(5.4)	11.9(15.9)
캐나다	25.9	5.5(6.4)	2.0(2.6)	1.82	33.2(34.1)	3.8(4.4)	11.4(12.9)
일본	29.7	3.6(4.6)	0.5(1.1)	2.98	36.3(37.3)	3.5(4.1)	9.6(11.0)
프랑스	23.8	5.8(6.1)	1.0(1.1)	2.18	31.8(32.1)	3.2(3.3)	10.1(10.3)
영국	19.4	4.8(5.3)	1.0(1.0)	1.85	26.1(26.6)	2.9(2.9)	11.1(10.9)
우리나라	30.8	4.3(7.1)	0.7(2.6)	2.65	37.8(40.6)	3.4(5.3)	9.0(13.1)

주 : 1) 공교육비지출은 공공지출 부분을 나타내며 괄호 안의 숫자들은 민간지출
　　　공교육비까지 포함한 투자율임.
자료 : Penn World Tables, version 6.1.
　　　OECD(2003), *Education at a Glance*.
　　　OECD(2002), *Main Science and Technology Indicators*.

육에 대한 민간지출을 감안할 경우 우리나라의 혁신유도형 투자율은 미국 다음으로 높은 수준이다. 이로 미루어 외환위기 이후 우리나라의 성장전략은 상당히 변화했으며 그 방향도 대체로 바람직한 것으로 보인다.

하지만 고등교육의 질이나 연구개발 투자의 효율성 등 투자의 내용을 들여다보면, 아직 우리나라의 성장전략이 선진국형으로 바뀌었다고 단정하기는 시기상조이다.

먼저 〈표 3〉을 보면 우리나라의 대학진학률은 1997년 현재 68%로서 미국과 캐나다보다는 낮지만 다른 나라들에 견주어서는 월등히 높으며, 15세에서 29세 사이의 청년인구 가운데 학생의 비중은 2001년 현재 43.1%로서 비교대상 국가들 중 최고 수준이다. 그러나 교수 1인당 대학생 수는 세계에서 가장 많은 수준이며, 대학생 1인당 공적 교육투자비도 1인당 국민소득의 6% 수준에 불과하여 다른 나라들에 비해 고등교육의 질은 현저히 낮다고 할 수 있다.

또 〈표 4〉에서 연구개발 투자를 보면, GDP 대비 연구개발 투자비의 비중이 많이 증가하여 2000년에는 선진국 수준인 2.65%에 달하고 있으나, 취업자 천 명당 연구자 수는 5.2명으로서 비교대상 국가 가운데 최하위에 머물고 있다. 또 연구개발 투자의 성과를 보여주는 특허권 등록통계를 보면 1998년 현재 우리나라가 세계시장에서 차지하는 비중은 1% 미만으로 극히 미미함을 알 수 있다.

이상을 종합하면, 우리나라는 총투자율, 곧 국민소득 가운데 미래를 위해 투자된 자원의 비중에서는 다른 나라들에 견주어 뒤지지 않으며, 그 구성도 과거에는 지나치게 기술모방·규모확대형으로 치우쳤으나 외환위기 이후에는 혁신유도형으로 많이 바뀌었음을 알 수 있다. 그러나 투자의 질적인 측면에서는 기존의 틀을 벗어나지 못하고 있어 새로운 성장전략이 아직 자리 잡지는 못하고 있는 것으로 보인다.

<표 3> 고등교육의 양과 질 비교

	대학진학률	15~29세 인구 중 학생 비중[1] (2001)	교수 1인당 대학생 수(명) (2001)	1인당소득 대비 대학생 1인당 교육투자비 비중
미국	80.6%(1996)	40.9%	13.7	24.6%(1994)
캐나다	90.1%(1996)	39.1%	16.2	39.8%(1994)
일본	42.7%(1996)	—	11.3	13.9%(1994)
프랑스	51.0%(1996)	41.9%	18.1	45.6%(1996)
영국	52.0%(1996)	40.4%	17.6	40.7%(1995)
홍콩	28.0%(1996)	—	—	51.3%(1991)
싱가포르	38.5%(1996)	—	—	28.0%(1995)
우리나라	68.0%(1997)	43.1%	53.9	6.0%(1995)

주 : 1) 15~19세 인구 중 학생비중과 20~29세 인구 중 학생비중을 단순 가중평균
한 수치임.

자료 : World Bank(2002), *World Development Indicators.*
OECD(2003), *Education at a Glance.*

<표 4> 연구개발 투자 및 성과 비교

	연구개발비/GDP	취업자 천명당 연구자수(명)	세계 주요시장[1] 특허권 등록 비중 (1998)
미국	2.82%(2000)	8.6(1999)	36.03%
캐나다	1.94%(2001)	6.1(1999)	1.28%
일본	2.98%(2000)	9.7(2000)	25.36%
프랑스	2.20%(2001)	7.1(2000)	5.34%
영국	1.85%(2000)	5.5(1998)	4.33%
싱가포르	1.88%(2000)	9.5(2001)	—
우리나라	2.65%(2000)	5.2(2000)	0.87%

주 : 1) 미국, 일본 및 유럽에 등록된 특허권을 대상으로 함.
자료 : OECD(2002), *Main Science and Technology Indicators.*

2. 우리나라의 수렴패턴

가. 우리나라와 미국의 기술격차 추이

이제 우리나라와 미국의 데이터 및 개발회계(development accounting)
방법을 이용하여 우리나라와 기술혁신의 프론티어라고 할 수 있는
미국의 기술격차가 어떻게 변화해 왔는지 알아보자. 먼저 총생산함수
$y = Ak^{\alpha}h^{1-\alpha}$를 이용하여 두 나라의 소득격차 비율을 나타내면 다음
과 같다.[25]

$$
\begin{aligned}
\frac{y}{y_{US}} &= \frac{A}{A_{US}}\left(\frac{k}{k_{US}}\right)^{\alpha}\left(\frac{h}{h_{US}}\right)^{1-\alpha} \\
&= \frac{A}{A_{US}}\left(\frac{K}{K_{US}}\right)^{\alpha}\left(\frac{A}{A_{US}}\right)^{-\alpha}\left(\frac{L}{L_{US}}\right)^{-\alpha}\left(\frac{h}{h_{US}}\right)^{1-\alpha}
\end{aligned}
\tag{26}
$$

다음으로 α는 0.3으로 놓고, 구매력을 감안한 국제비교를 위하
여 Summers와 Heston의 Penn World Tables[26]을 이용하여 GDP와 자
본스톡, 노동력 데이터를 추출하였다.[27] 인적자본 h는 최근 널리
쓰이고 있는 Mincerian 방식에 따라 다음의 식을 이용하여 측정하
였다.[28]

---

[25] A에 견주어 z의 절대적 크기는 매우 작을 것이므로 여기서는 편의상 u와 z의 차
이로 생긴 부분을 따로 추정하지 않고 모두 A에 포함시켰다.

[26] Penn World Tables은 다음의 웹사이트에서 구할 수 있다 : http://pwt.econ.upenn.edu

[27] 1999년과 2000년에 대해서는 미국의 경우에는 BEA의 GDP와 자본스톡 데이터, 우
리나라의 경우에는 한국은행의 GDP 데이터와 표학길(2002)의 자본스톡 데이터를
이용했다.

[28] Mincerian 방식을 이용하는 이유는 다음과 같다. 인적자본은 보통 일반 인적자본
(general human capital)과 특정 인적자본(specific human capital)으로 구분되는데,
거시경제학 문헌에서는 흔히 정규 학교교육을 통한 일반 인적자본만을 인적자본의
범주에 포함시키는 경우가 많다. 이는 측정의 편리함과 아울러 학교교육이야말로
임금을 희생하면서까지 의도적이고 체계적으로 사람에 투자하는 현상이라는 인식
에서 비롯한다.

$$h = e^{\theta s} \tag{27}$$

여기서 θ는 취학년수를 1년 늘릴 때 얻는 수익률로서 대다수 거시경제문헌에서와 마찬가지로 7%로 가정하며, s는 평균취학년수로서 다른 나라들과의 비교를 위해서 Barro-Lee의 데이터를 이용하여 측정하였다.[29]

이제 1960년부터 2000년까지의 데이터를 이용하여 우리나라와 미국의 1인당 GDP 비율(y/y_{US})을 보면 〈그림 11〉과 같다. 그림에서 우리나라의 1인당 소득은 2000년 현재 미국의 45% 수준을 넘지 못하고 주춤하고 있음을 알 수 있다.

다음으로 〈그림 12〉를 보면, 우리나라의 1인당 물적자본은 1997년 외환위기 이전까지 빠르게 증가하여 미국과의 격차가 많이 축소되었으나, 외환위기 이후 2000년에는 미국의 93% 수준에 머물고 있다. 급속한 격차축소는 우리나라의 투자율이 미국보다 지속적으로 높았기 때문이며, 투자율 자체도 많이 상승했기 때문이다. 물론 이 숫자는 투자가 모두 자본축적에 사용되었다는 가정에 근거한 것이므로 우리나라에서 비효율적 투자가 더 많았다면 우리나라의 물적자본 수준이 과대평가되었을 가능성이 있다. 그러나 이 경우에도 투자의 효율성 측면에서의 차이를 생산성의 차이로 본다면 해석에 큰 무리는 없을 것이다.

또 우리나라 1인당 인적자본의 미국에 대한 비율은 〈그림 13〉에서 보는 바와 같이 미국의 70% 수준에서 시작하여 1980년대 이후 꾸준히 그 격차를 좁힌 결과 85%대에 이르렀다.[30] 이는 높은

---

29) Barro-Lee의 데이터는 http://www.worldbank.org/research/growth/ddbarle2.htm에서 구할 수 있다.

30) 여기서는 두 나라의 좀더 정확한 비교를 위하여 미국의 경우에는 Ha and Howitt (2003)에 의해 계산된 취업자의 평균취학년수 데이터를, 우리나라의 경우에는 통계청의 자료를 이용하여 계산한 평균취학년수 데이터를 이용하였다.

<그림 11> 우리나라 1인당 GDP의 미국에 대한 비율

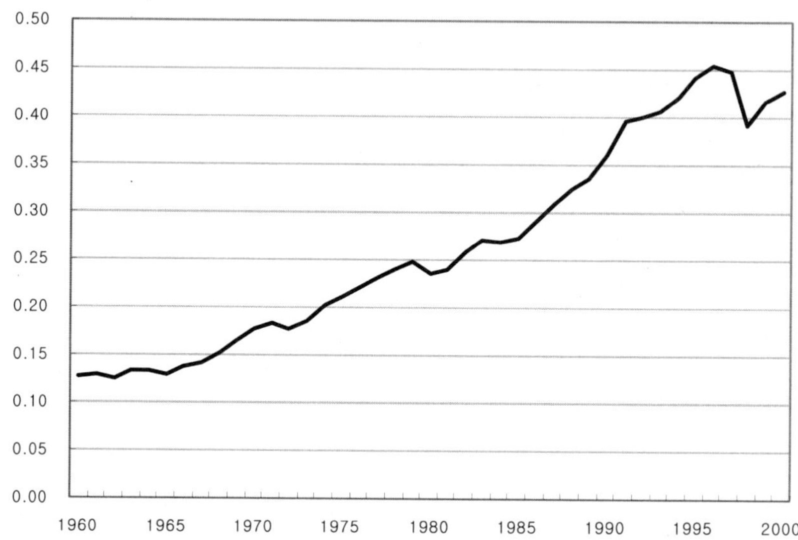

<그림 12> 우리나라 1인당 물적자본(K/L)의 미국에 대한 비율

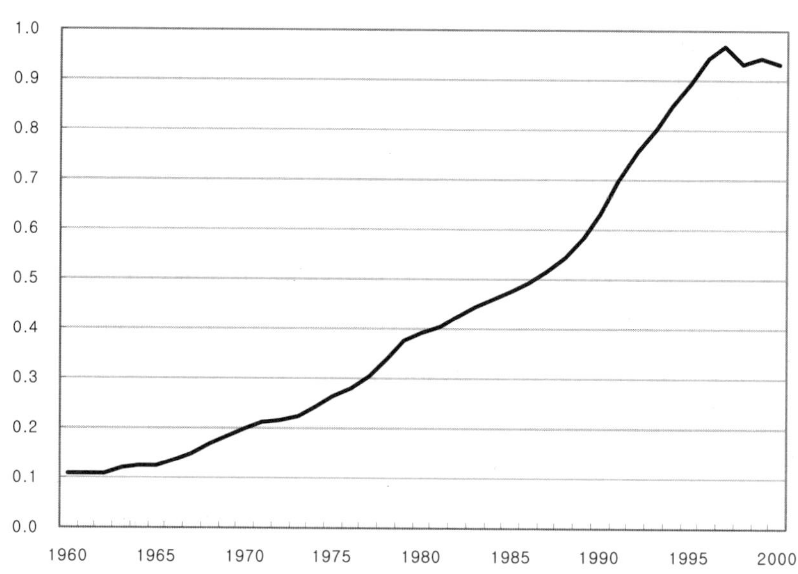

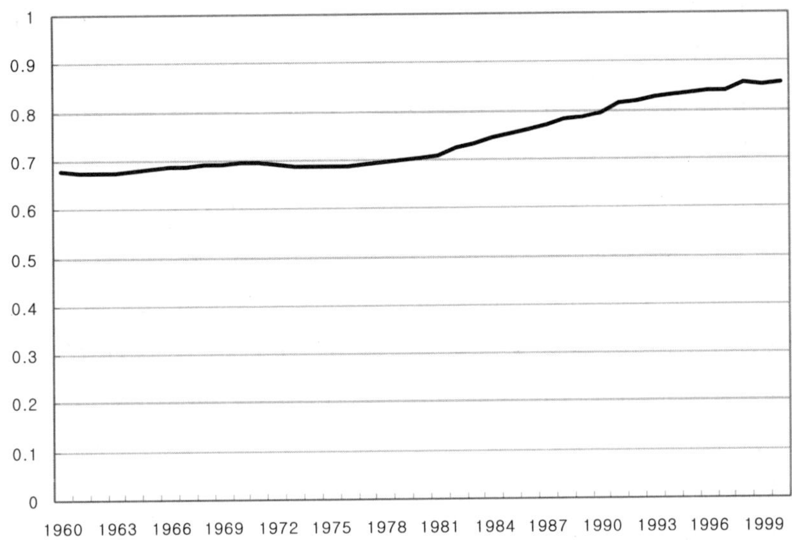

<그림 14> 우리나라와 미국의 기술수준 비율

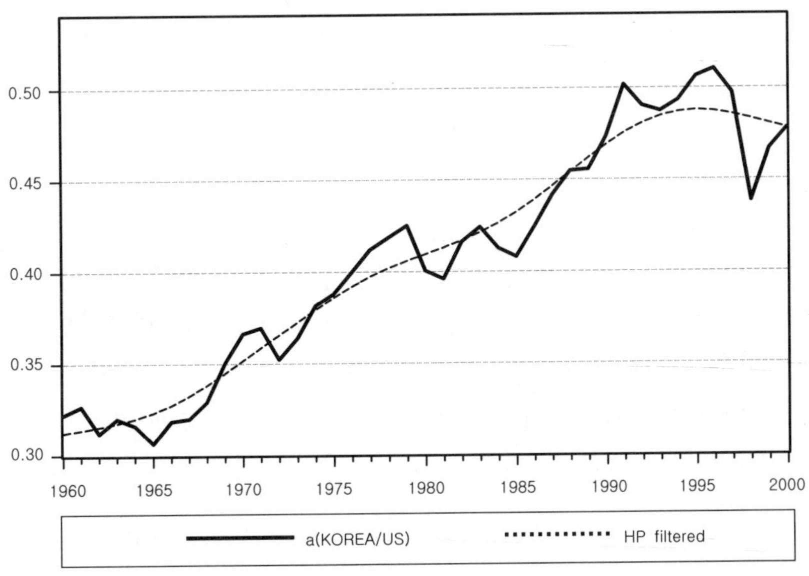

교육열 때문에 우리나라의 평균취학년수가 미국에 견주어 크게 뒤떨어지지는 않았으며, 미국의 평균취학년수가 상한에 도달하기 시작한 1980년대 이후부터는 그 격차가 자연히 좁혀지게 되었음을 반영한다. 물론 교육의 질적 차이를 감안하면 이 숫자는 과대평가되어 있을 가능성이 있으나 그 질적 차이를 생산성의 차이로 바꾸어 해석한다면 국제비교에 큰 무리는 없을 것이다.

이제 우리나라와 미국의 생산성 수준비율, 즉 A/A_{US}의 추이는 〈그림 14〉와 같다.31) 그림에서 우리나라는 1990년대 초까지 미국의 30% 정도에서 50% 정도의 수준으로 기술격차를 좁혀왔으나, 1990년대에 들어서는 그 격차를 거의 좁히지 못하고 있는 것으로 나타났다.

이상의 사실들에서 우리나라와 미국의 소득격차는 대부분 기술격차로 설명된다는 사실을 알 수 있다. 여기서 말하는 '기술'은 제도(institutions)와 미시적·거시적 효율성을 모두 포함하는 것으로 요소투입에 대비되는 포괄적 개념임을 상기하면, 우리나라가 선진국에 견주어 소득수준이 뒤지는 것은 단순한 설비투자 등의 문제보다 훨씬 복잡한 것임을 알 수 있다.

나. 주요국과 수렴패턴 비교

외국과의 비교를 위해 영국, 프랑스, 캐나다, 일본, 싱가포르, 홍콩 등에 대하여 앞에서와 동일한 방식을 적용하여 미국과의 기술격차를 계산하여 보았다. Penn World Tables과 Barro-Lee의 취학연수 데이터를 이용하여 계산한 결과 각국 기술수준의 미국에 대한 비율은 〈그림 15〉와 같다.

---

31) 단, 여기서는 모형에서 계산된 a에 $(1-a)(=0.7)$ 승을 해줌으로써 Harrod 중립적인 의미에서의 생산성을 Hicks 중립적인 생산성으로 변환시켜 주었다.

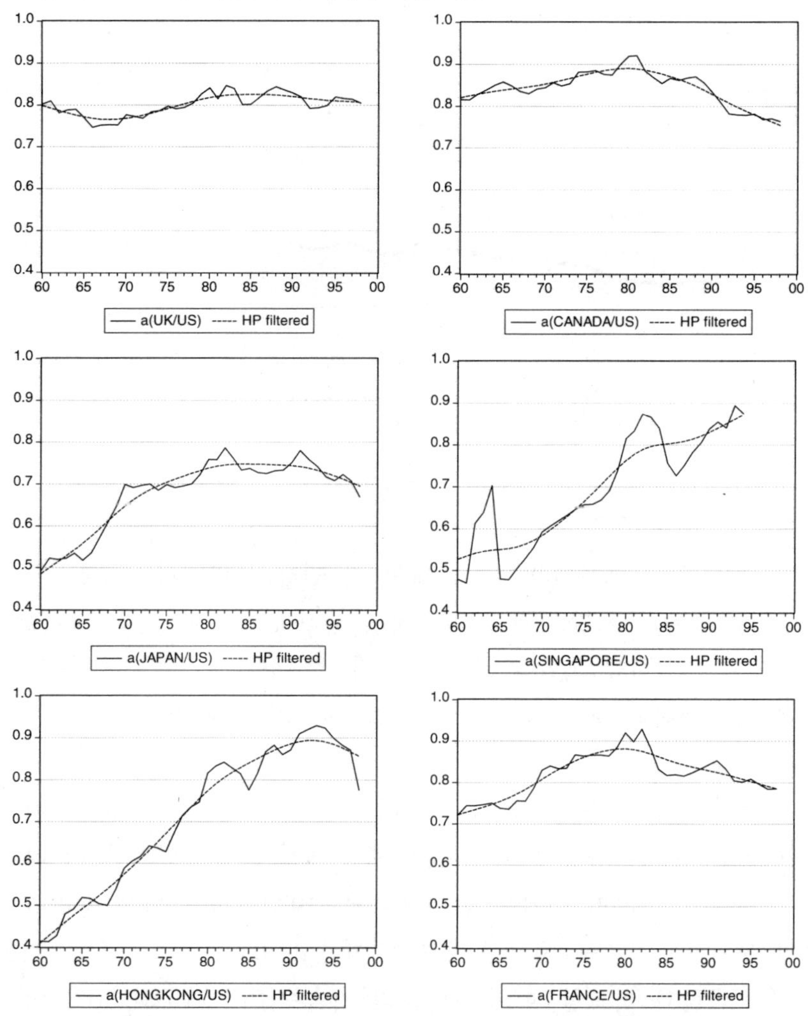

〈그림 15〉에서 흥미로운 것은 영국, 프랑스, 캐나다의 기술수준 모두 미국의 80% 수준, 그리고 일본은 이보다 낮은 70% 수준으로 수렴해 왔다는 사실이다. 일본은 1960년대에 기술격차를 대폭 좁힌 뒤 미국의 70% 남짓 수준에서 머물고 있으며, 영국은 전

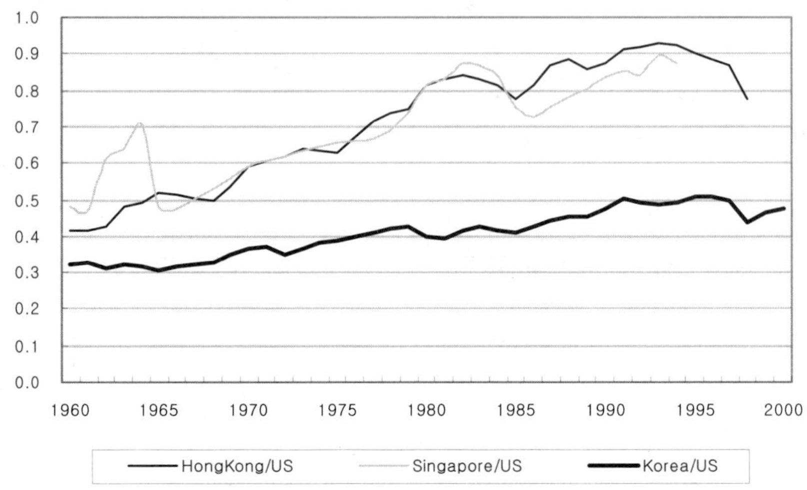

체 기간 동안 미국의 80% 수준에서 큰 변동이 없었다. 프랑스와 캐나다는 1980년대 초반까지 미국에 상당히 근접했다가 다시 80% 수준으로 수렴하는 모습을 보이고 있다. 또 싱가포르와 홍콩은 각각 미국의 50%, 40% 수준에서 출발하여 거의 90%에 육박하는 성과를 보였다.

싱가포르와 홍콩을 우리나라와 비교하면 〈그림 16〉과 같다. 이두 나라는 우리나라보다 약간 높은 수준에서 출발하였지만 더 빠른 속도로 미국과의 격차를 좁힘으로써, 1990년대 말에는 우리나라의 두 배에 가까운 생산성 수준에 이르고 있다.

주요국들과 비교할 때 우리나라의 기술수준이 미국의 50% 이하에서 머물고 있는 것은 매우 심각한 일이다. 극단적으로 말하면 기술격차라는 관점에서 우리나라는 일본이나 싱가포르의 1960년 수준에 불과하기 때문이다.

또 주목할 점은 우리나라와 미국의 기술격차가 1990년대 이후 줄어들지 않고 있다는 사실인데, 이는 비수렴함정의 징후를 강하게 보여준다. 즉 우리나라는 1960년대에 비혁신함정에서 탈출하는 데에는 성공했으나 선진국 수준으로 수렴하지 못하고 있는 것으로 보인다. 이렇게 우리나라와 주요국들 사이에 수렴패턴의 차이가 발생하는 이유는 앞에서 살펴보았듯이 상당 부분 성장전략의 차이에서 비롯된 것이라고 할 수 있다.

Ⅵ. 맺음말과 정책과제

앞에서 거시성장모형 분석과 모의실험을 통해서 우리는 정부의 적절한 정책이 국가의 성장경로를 근본적으로 바꾸어 놓을 수 있음을 보았으며, 국가 간 비교를 통해서 우리나라의 성장전략이 적어도 질적인 측면에서는 선진국형이라기보다는 과거 개발시대의 그것에 가까움을 알 수 있었다. 또한 우리나라와 선진국 사이의 기술격차가 1990년대 들어 전혀 좁혀지지 않고 있으며, 1990년대 말에는 경제위기까지 발생한 것을 볼 때 우리나라는 비수렴함정에 빠져 있을 가능성이 높으며, 따라서 과거의 성장전략은 한계를 맞이한 것으로 보인다.

그런데, 비수렴함정에 빠진 경우에는 기업들 스스로 전략을 전환하기 어렵다. 즉 무능한 경영자를 퇴출시키고 기업의 지배구조와 경영방식을 바꾸며 연구개발에 투자하는 것보다는 예전에 해오던 대로 경험에 의지하여 기업규모의 확대를 추구하는 것이 훨씬 손쉬운 일이며 단기적 이윤극대화에 더 부합하는 경향이 있다. 즉 자유방임 상태에서는 규모확대에 과잉투자가 일어나고 혁신활동에 과소투자가 일어날 수 있다는 것이다.

<표 5> 두 성장전략의 차이점과 정책과제

	투자주도 전략
	- 기술모방
	- 투자율의 상승
	- 요소투입량 증가
	  및 기업 규모 확대
		혁신주도 전략
		- 기술혁신
		- 효율적 요소 이용
		- 연구개발 집약
		  도의 증가
			전략의 전환을 위한 정
			책과제

성장 전략			
기술 발전 방식	선진기술 모방	자체기술 개발	자체기술 개발 유인 제공, 기초과학 연구 활성화
기업 조직	수직계열화	핵심부문 집중과 아웃소싱	원활한 구조조정 유도
경영진의 특징	오랜 경험을 통한 경륜	새로운 지식·기 술의 창출	혁신을 장려하는 제도 적 환경 조성
기업 지배 구조	내부자의 지배	주주(외부자) 지배 주주 권리 보호	회계와 경영 투명성 제고
산업 구조	독점적	경쟁도 증가	공정경쟁제도 확립
경제주체들 간의 관계	장기적, 비공식적	단기적, 공식적	지연·학연의 배제 및 부패근절
교육 제도	초중등교육 중심	고등교육 중심	대학교육의 질적 향상 유도 및 공교육 지출비 중 확대
거시 경제 정책	고도성장 - 성장부문 재정 지원 - 정부주도 정책 금융	안정성장 - 건전재정 - 독립적 통화정책	선진국형 경제정책을 위한 제도적 환경 조성 과 관행개선

이 경우 경제성장을 지속하기 위해서는 혁신주도 전략으로 기업들이 전환할 수 있는 환경을 만들어 주는 정책이 절실히 요구된다. 즉 한정된 자원을 현상유지적인 설비투자보다는 기술혁신과 구조조정, 관행개선, 효율성 증가 등에 사용하도록 유인을 주어야 하며, 기업의 경영환경도 그에 맞게 변화하도록 제도적 환경을 구축해야 한다. 이를 위해서는 미시적으로는 기업지배구조와 경영방식의 선진화, 고등교육과 연구개발에 대한 투자 등에 초점을 맞추고 거시적으로는 건전한 재정정책과 독립적인 통화정책을 정착시켜야 할 것이다. 여기서 잊지 말아야 할 것은 규모확대와 기술혁신 두 가지 목표를 모두 달성하려는 정책은 성공하기 힘들다는 점이다. 두 성장전략의 차이와 전략의 전환을 위한 정책과제들을 정리해보면 〈표 5〉와 같다.

새로운 성장패러다임으로 이행하기 위한 정책과제들은 사실 많은 경제주체들로 하여금 과거 투자주도 전략의 이점을 더 이상 누리지 못하도록 해야 하는 고통스러운 작업이기도 하다. 하지만 바로 여기에 우리나라의 지속적 성장과 선진국으로의 도약 여부가 달려 있다고 하겠다.

참고문헌

정운찬(1990), 〈한국경제의 민주화를 위하여〉, 정운찬 외, 《도전받는 한국경제》, 한국신용평가(주).

표학길(2002), 〈한국의 산업별·자산별 자본스톡추계(1953-2000)〉, 《한국 경제의 분석》 9.

Acemoglu, D., Aghion, P. and Zilibotti, P.(2002a) "Distance to Frontier, Selection, and Economic Growth," *NBER Working Paper* 9066.

______(2002b) "Vertical Integration and Distance to Frontier," *NBER Working Paper* 9191.

Aghion, P. and Howitt, P.(1992), "A Model of Growth through Creative Destruction," *Econometrica* 60, pp. 323~351.

______(2003), "Growth with Quality-Improving Innovations : An Integrated Framework," forthcoming in *The Handbook of Economic Growth*.

Basu, K.(1997), *Analytical Development Economics*, The MIT Press.

Basu, S. and Weil, D.(1998), "Appropriate Technology and Growth," *Quaterly Journal of Economics* 113, pp. 1025~1054.

Clark, C.(1957), *The Conditions of Economic Progress*, 3rd ed., London, Macmillan ; New York, St. Martin's Press.

Cho, S.(1994), *The Dynamics of Korean Economic Development*, Institute for International Economics.

Easterly, W. and Levine, R.(2001), "It's Not Factor Accumulation : Stylized Facts and Growth Models," *World Bank Economic Review* 15, pp. 177~219.

Galor, O.(1996), "Convergence? Inferences from Theoretical Models," *Economic Journal* 106, pp. 1056~1069.

Galor, O. and Moav, O.(2002), "Natural Selection and the Origin of Economic Growth," *Quarterly Journal of Economics* 117, pp. 1133~1192.

Galor, O. and Weil, D. N.(2000), "Population, Technology and Growth : From the Malthusian Regime to the Demographic Transition and Beyond," *American Economic Review* 90, pp. 806~828.

Gerschenkron, A.(1962), *Economic Backwardness in Historical Perspective*, Cambridge, MA : Harvard Univ. Press.

Grossman, G. and Helpman, E.(1991), "Quality Ladders in the Theory of Growth," *Review of Economic Studies*.

Ha, J. and Howitt, P.(2003), "Accounting for Trends in Productivity and R&D : A Schumpeterian Critique of Semi-Endogenous Growth Theory," *mimeo*, Brown University.

Hirshman, A. O.(1958), *The Strategy of Economic Development*, New Haven : Yale University Press.

Howitt, P.(2000), "Endogenous Growth and Cross-Country Income Differences," *American Economic Review* 90, pp. 829~846.

Howitt, P. and Mayer-Foulkes, D.(2003) "R&D, Implementation and Stagnation : A Schumpeterian Theory of Convergence Clubs," *mimeo*.

Keller, W.(1996), "Absorptive Capacity : On the Creation and Acquisition of Technology in Development," *Journal of Development Economics* 49, pp. 199~227.

Klenow, P. and Rodriguez-Clare, A.(1997), "The Neoclassical Revival in Growth Economics : Has It Gone Too Far?" *NBER Macroeconomics Annual* 1997, Vol. 12, pp. 73~103.

Kremer, M.(1993), "Population Growth and Technological Change : OneMillion B.C. to 1990," *Quarterly Journal of Economics* 108, pp. 681~716.

Pack, H. and Westphal, L. E.(1992) "Industrial Strategy and Technological Change" *Development Economics* 3, pp. 246~287.

Rodrik, D.(2003), "Growth Strategies," forthcoming in *The Handbook of*

Economic Growth.

Romer, P.(1990), "Endogenous Technical Change," *Journal of Political Economy.*

〈부록〉 총생산함수와 이윤함수의 미시적 기초

이 글의 모형에서는 상품의 품질향상(quality-ladder)을 통한 경제성장과정을 다루는 이론들에서와 같이 최종산출물을 생산하는 완전경쟁적 기업들과 중간재를 생산하는 수많은 독점기업들이 존재한다고 가정한다.

이 논문에서는 1인당으로 환산한 변수들에 관심을 둘 것이므로 노동력의 크기는 1로 정규화한다. 또 중간재를 생산하는 독점기업들은 0과 1 사이의 연속적 실수들(continuum)로 표시하기로 한다. 먼저 경제의 총생산함수는 다음과 같다.

$$y = h^{1-\alpha} \int_0^1 (1+(1-u_i)z)A_i x_i^\alpha di \qquad (A1)$$

y는 (1인당) 총산출량, h는 노동자 1인당 인적자본수준, x_i는 부문 i가 생산한 중간재의 양이며, A_i는 그 부문의 기술수준 또는 생산성을 나타내는 파라미터이다. z_i는 기업규모 확대의 유효성, $(1-u_i)$는 규모확대에 쓰인 경영자원의 비중을 나타낸다. 따라서 $(1+(1-u_i)z)A_i$는 일종의 조(gross)생산성이라고 해석할 수 있다. 또 α는 중간재 사용에 따른 한계생산체감의 정도를 나타내는 파라미터이다.[32]

다음으로, 중간재는 편의상 자본재만으로 생산이 되며[33] 다음과 같은 생산함수를 따른다고 가정한다.

$$x_i = \frac{K_i}{(1+(1-u_i)z)A_i} \qquad (A2)$$

---

[32] 인적자본의 최종산출에 대한 탄력도는 $1-\alpha$로 가정하였는데, 이는 인적자본에 대한 소득분배율과 물적자본(중간재)에 대한 소득분배율의 합이 1이 된다는 점을 반영한다.

[33] 중간재 생산에 다른 종류의 생산요소가 필요하다고 가정하여도 결론에는 변함이 없다.

여기서 K_i는 부문 i에서 사용되는 자본재의 양이며, 이를 $(1+(1-u_i)z)A_i$로 나누는 것은 x의 크기를 정규화하여 생산성을 감안한 유효노동 1인당의 단위로 환산해 주기 위함이다. 예컨대 20년 전에 첨단이었던 컴퓨터를 현재의 물량단위로 환산하려면 엄청난 할인을 해야 하는 것과 같은 이치이다.

이제 중간재 생산기업의 이윤 π는 수입에서 비용을 뺀 것으로 다음과 같다.

$$\pi_i = (1+(1-u_i)z)A_i \alpha x_i^{\alpha} h^{1-\alpha} - \gamma(1+(1-u_i)z)A_i x_i \tag{A3}$$

여기서 수입은, 최종재 시장이 완전경쟁적이므로 x의 한계생산가치 dy/dx_i에 수량 x_i를 곱한 것이 된다. 그리고, 비용은 소요된 자본재의 양 $K_i(=(1+(1-u_i)z)A_i x)$에 실질이자율 γ을 곱한 것이 된다. 식 (A3)에서 이윤극대화의 일계조건을 구하면 다음과 같다.

$$\frac{d\pi_i}{dx_i} = 0 \Leftrightarrow x_i = \left(\frac{r}{\alpha^2}\right)^{\frac{1}{\alpha-1}} h \tag{A4}$$

식 (A4)에 따르면 모든 기업이 동일한 이자율과 인적자본 수준에 직면하게 되므로 똑같은 양의 x를 선택하게 된다.

한편 $(1+(1-u_i)z)A_i$의 평균은 다음과 같다.

$$(1+(1-u)z)A \equiv \int_0^1 (1+(1-u_i)z)A_i di$$

또 자본시장의 균형조건은 자본재의 총공급 K와 자본재에 대한 수요가 일치한다는 것으로 다음과 같이 쓸 수 있다.

$$K = \int_0^1 (1+(1-u_i)z)A_i x_i di = (1+(1-u)z)Ax$$

여기서 $x = K/[(1+(1-u)z)A]$의 관계를 알 수 있다. 또 식 (A4)에서 도출된 이자율 $r = \alpha^2(xh)^{\alpha-1}$을 식 (A3)에 대입하고 유효노동 1인당 자본스톡을 $k \equiv K/[(1+(1-u)z)A]$로 정의하면 대표적 기업의 이윤함수는 다음과 같이 표현된다.

$$\pi = \alpha(1-\alpha)(1+(1-u)z)Ak^\alpha h^{1-\alpha} \equiv \delta(1+(1-u)z)A \quad \text{(A5)}$$

$$\text{단, } \delta \equiv \alpha(1-\alpha)k^\alpha h^{1-\alpha}$$

여기서 δ는 기업의 주된 통제변수 u의 영향을 받지 않는 변수이다. 식 (A5)에서 우리는 기업의 이윤이 기업의 규모 $(1-u)z$ 및 생산성 A와 각각 정의 관계를 가짐을 알 수 있다.

제2부

성장 잠재력에 대한 도전과 과제

제4장
우리 경제의 장기성장기반 확충을 위한 과제

양동욱·홍승제·이주경·임철재·문소상

>>>>>
본 장의 내용은 한국은행 금융경제연구원에서 발간된《금융경제연구》제167호
〈우리경제의 장기성장기반 확충을 위한 과제 : 구조적 저성장 진입가능성과 대응
방향〉(2003. 12)을 일부 수정·보완한 것임.

Ⅰ. 머리말

최근 세계경제가 회복되고 있음에도 국내경제는 뚜렷한 회복세를 보이지 못함에 따라 우리 경제가 경기순환 국면에서 부진한 것이 아닌 구조적 장기불황에 빠지는 것이 아닌가 하는 걱정이 일부 제기되고 있다. 이는 최근의 경제 부진이 불확실성 지속에 따른 투자 및 소비 회복 지연 등 수요측면뿐 아니라 중국경제의 부상에 따른 국내산업의 경쟁력 상실, 선진국과의 기술격차, 출산율 저하와 인구고령화, 고비용 저효율의 교육구조 등 공급측면에서 성장잠재력 약화에서 말미암은 것으로 보기 때문이다. 아울러 부동산 가격 붕괴 위험, 노사관계의 불안정, 금융기관 부실채권과 신용불량자 문제 등 우리 경제의 구조적 문제점이 여전히 해소되지 못하고 있는 것도 경제의 장기성장기반을 위협하는 요인이 되고 있다는 지적이다.

기존 연구결과들을 보면, 우리 경제의 기초경제여건을 감안할 때 향후 10년 동안 잠재성장률은 연 5% 내외의 수준을 유지할 수 있을 것으로 전망하고 있다(한국은행 조사국 2003, 한진희 외 2002 등). 그러나 위와 같은 장기 성장기반 저해요인들을 극복하지 못할 경우 잠재성장률이 현저히 낮아지는 가운데 수요부진으로 실제 성장률이 잠재성장률 수준을 계속 하회하는 일본형 구조적 장기불황에 빠질 가능성도 배제할 수 없을 것이다.

이 논문의 구성은 다음과 같다. Ⅱ절에서는 최근 논의되고 있는 장기성장기반 저해요인들에 대해 검토하였고, Ⅲ절에서는 주요국의 장기불황 경험을 살펴보았다. 마지막으로 Ⅳ절에서는 우리 경제의 구조적 저성장 진입 가능성을 점검하고 향후 정책과제를 제시하였다.

Ⅱ. 잠재적 장기 성장기반 저해요인

1. 새로운 성장동력 상실

가. 중국과 선진국 사이의 넛크래커 상황

우리 경제의 장기 성장기반 저해요인으로 가장 자주 지적되는 것은 기존 범용기술제품의 경우 중국 등 후발국에 경쟁력을 상실해 가는 반면 선진국과의 기술 격차로 고도기술제품 생산으로의 전환은 쉽지 않다는 점이다.

국내 기업이 높은 임금과 부동산가격 등 고비용 경제로 가격경쟁력을 상실하여 생산시설을 중국 등 해외로 이전함으로써 산업공동화 현상이 초래되고 있다. 또한 최근 반도체, 휴대폰 등 IT산업 성장이 전체 경제성장을 주도하여 왔으나 대만·중국 등 후발국의 추격으로 경쟁이 격화되고 있으며, 생명공학 초정밀기술 등 핵심기술 분야는 선진국과의 격차가 커 시장진입에 어려움을 겪고 있다.[1]

따라서 새로운 성장동력이나 발전전략을 모색하지 못하면 중국 등 후발국과 선진국 사이에서 넛크래커(nut cracker)에 낀 호두와 같은 상황에 치할 우려가 있다.

나. 요소투입 확대에 따른 성장 한계

이러한 상황은 Krugman(1994)의 지적대로 자본과 노동 투입량

---

1) Kaplinsky(1999)는 한국 DRAM 산업에 대한 사례연구를 통해 독점적인 핵심기술이 없어 진입장벽이 낮은 산업은 끊임없는 경쟁격화로 가격이 계속 하락할 수밖에 없으며 이러한 산업에 의존도가 높은 것은 경제위기의 한 원인이 될 수 있다고 지적하였다.

증가에 따른 기존 성장방식이 한계에 이른 시점에서 기술과 생산성 향상이 뒷받침되지 않는 한 더 이상 높은 성장을 지속하기 어렵다는 것을 의미하는 것이다.

선진국을 따라잡는 고속성장(catch-up growth)의 대표적인 두 사례로서 2차 세계대전 뒤 황금기 유럽 및 일본의 경우와 우리나라를 비롯한 동아시아의 고도성장을 비교해 보면 이 같은 점이 명확히 나타난다.

전자의 경우 이미 정치·법률·노동·금융제도 등의 하부구조가 확립되고 인구 구성면에서 대규모 노동공급 확대가 어려운 상황 아래서 연 3%가 넘는 생산성 향상에 따라 성장을 이룩하였다. 반면 후자의 경우는 지속적인 노동공급 확대2)가 뒷받침되는 여건 아래에서 생산싱 항상보다는 요소두입 확대가 성상을 주노하였다.

<표 1> 경제성장의 원천 : 전후 황금기 유럽·일본과 최근 동아시아

(연평균 증가율, %)

	자본	노동	총요소생산성	GDP
1950~1973				
서독	2.2	0.5	3.3	6.0
프랑스	1.6	0.3	3.1	5.0
이탈리아	1.6	0.2	3.2	5.0
일본	3.1	2.5	3.6	9.2
1960~1994				
한국	4.3(2.4)	2.5(1.2)	1.5(1.1)	8.3(4.7)
대만	4.1	2.4	2.0	8.5
싱가포르	4.4	2.2	1.5	8.1
홍콩	2.8	2.1	2.4	7.3

주 : ( ) 안은 1996~2000.
자료 : Crafts(1998) ; 한진희 외(2002).

---

2) Bloom and Williamson(1997)은 동아시아 국가들의 경우 고도성장기 동안 노동력 인구 증가로 연 1.5~1.9%의 성장 보너스를 얻은 것으로 분석하였다.

그러나 우리나라의 경우 인구 구성의 변화로, 과거와 같이 큰
폭의 노동공급 증가를 더 이상 기대할 수 없는 상황이며, 자본장비
율도 이미 상당한 수준으로 높아졌으나 생산성 향상은 부진하여
선진국 수준과 큰 차이가 있는 것으로 분석되고 있다.[3]

선진국과 생산성 격차가 크다는 것은 반대로 생산성 향상을 통
해 추가적인 성장을 이룩할 여지가 많다는 의미이기도 하나, 생산
성 격차의 축소가 자동적으로 이루어질 수 있는 것은 아니며, 이를
위한 사회적 역량(social capability)이 갖추어져야 한다. 이러한 사
회적 역량으로는 우수한 교육제도와 기득권층의 지대추구 행위를
억제할 수 있는 유인구조(Abramovitz 1986), 강력하나 절제되고 예
측 가능한 정부(Weingast 1995), 투자환경의 조성과 효과적인 금
융공급(Levine 1996) 등이 중요하다. 특히 기업가들이 무리한 요구
에 따라 투자를 포기하는 문제('hold-up' problem)가 발생하지 않도
록 투자환경을 조성하는 것이 중요하며, 이러한 면에서 투자 확대
와 임금 억제에 합의한 노사협약이 전후 유럽경제 성장에 중요한
역할을 한 것으로 지적되고 있다(Eichengreen 1996).

우리나라가 비교적 높은 연구개발(R&D) 투자에도 생산성 향상
이 미흡한 것은 이와 같은 생산성 향상을 위한 사회적 역량이 낮기
때문이라고 할 수 있다.[4] 따라서 인구 구성의 이점이 사라진 현 단
계에서 사회적 역량 향상을 위한 제도개혁에 실패할 경우, 생산성

---

3) 우리나라의 자본장비율(K/L)은 1970년 미국의 20~40% 수준에서 1990년대 중반
   60% 이상으로 높아진 반면 총요소생산성은 같은 기간에 미국의 20~25% 수준에
   서 30% 내외로 높아지는 데 그친 것으로 분석되고 있다(Timmer and Szirmai 1997,
   김용진·이종화 1999 등).
4) 우리나라의 GDP대비 R&D투자 비율은 1990년 1.9%에서 2001년 3.0%로 높아져
   미국(2.7%), 일본(3.0%)과 비슷하고 독일(2.5%), 영국(1.9%)보다 높은 수준
   (OECD 국가 가운데 5위)이다. 반면 기술수지(technology balance of payments)는
   1990년 GDP의 -0.42%에서 2001년 -0.61%로 악화(OECD 24개국 가운데 23위)되
   었다.

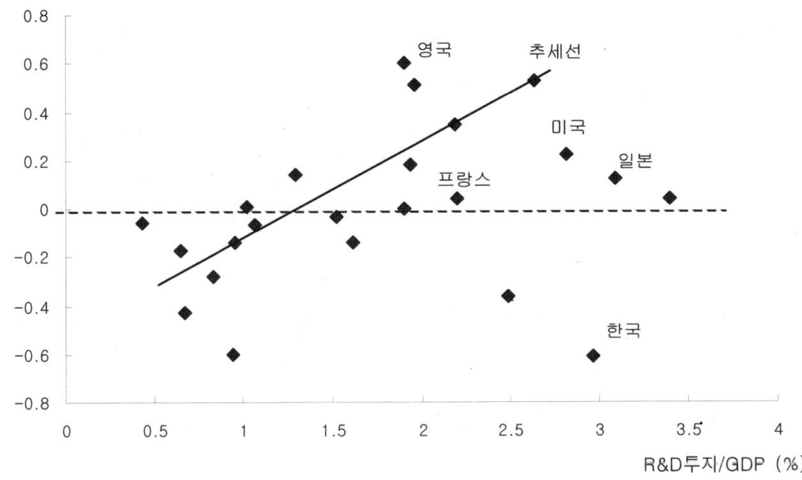

자료 : OECD(2003b).

증가의 정체와 구조적 저성장 진입 가능성을 배제할 수 없을 것
이다.5)

2. 우수한 인적자원 고갈

그동안 우리 경제의 주된 성장동인의 하나는 높은 교육 수준의
우수한 인적자원이었으나 인구고령화와 출산율 저하, 고비용 저효
율 구조의 교육투자 등으로 양적이나 질적 측면에서 인적자원의
부족문제가 초래될 것이라는 걱정이 나오고 있다.

---

5) 유럽의 경우도 1970년대 이후 규제완화 지연 등으로 생산성 증가가 크게 둔화되자
자본의 수확체감현상이 뚜렷해지고 노사관계도 다시 불안해지면서 황금기의 고도
성장이 종료되었다.

가. 인구고령화와 출산율 저하

총인구 가운데 65세 이상 인구비중은 1980년 3.8%에서 2002년 7.9%로 높아져 유엔(UN)의 고령화사회 기준(7%)을 넘어섰으며 2010년에는 10.7%, 2020년에는 15.1%로 높아질 전망이다(통계청 2001). 또한 2020년 이후에는 베이비붐 세대(1955~1963년생)의 고령층 진입으로 고령화 속도가 더욱 빨라져 2030년에는 23%로 선진국 평균을 넘어설 전망이다.

이러한 인구고령화는 소득수준 향상에 따른 평균수명 연장과 함께 급속한 출산율 저하에서 비롯된 것이다. 우리나라의 기대수명은 1980년 66세에서 2002년 76세로 높아졌으며 2020년에는 80세를 넘어설 전망이다. 합계출산율[6]은 1980년 2.8명에서 2002년 1.2명으로 급격히 낮아져 출산율이 더 이상 하락하지 않더라도 2025년 무렵부터는 총인구 자체가 감소할 전망이다.

출산율이 한번 낮아지면 이를 다시 높이기는 매우 어려우며 주요국 가운데 예외적으로 출산율 회복에 성공한 미국의 경우에도 대체출산율(2.1명) 회복에 20년 이상이 걸렸다. 우리나라의 경우 2020년까지 출산율을 2.1명 수준으로 높이더라도, 65세 이상 인구비중은 약 1.5%포인트 낮아지는 데 그칠 것으로 추정되어, 인구고령화 추세를 완화하는 데에는 한계가 있다.

이러한 인구구성 변화는 생산가능인구(15~64세) 증가세 둔화를 초래함으로써 경제성장률을 낮추는 요인으로 작용한다. 지난 20년 동안(1983~2002) 42% 늘어났던 생산가능인구는 향후 20년 동안 7% 증가에 그칠 전망이며, 특히 2015년 무렵부터는 감소세

---

6) 여성 1인당 가임기간의 평균 출생아 수. 유아사망률을 감안할 때, 합계출산율이 2.1명이 되어야 전체 인구수를 유지할 수 있으며, 이를 대체출산율(replacement fertility rate)이라고 한다.

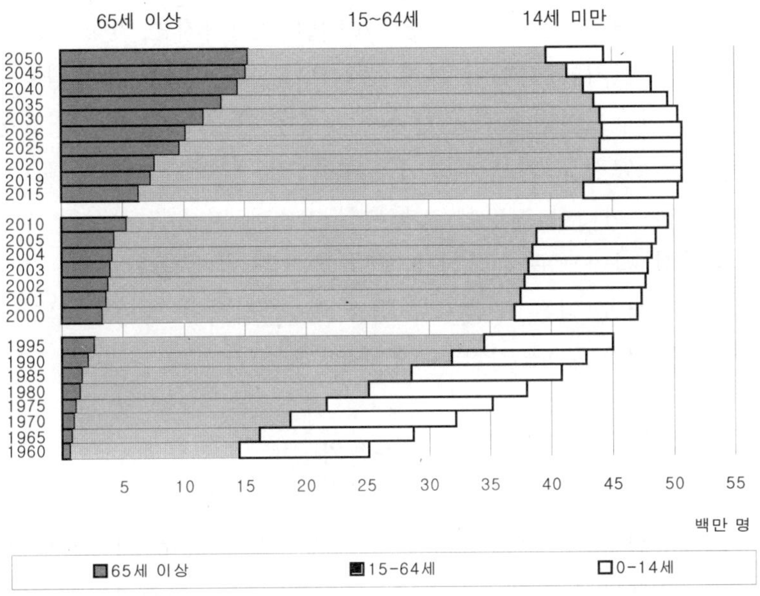

자료 : 통계청(2001).

<그림 3> OECD 국가의 합계출산율 추이

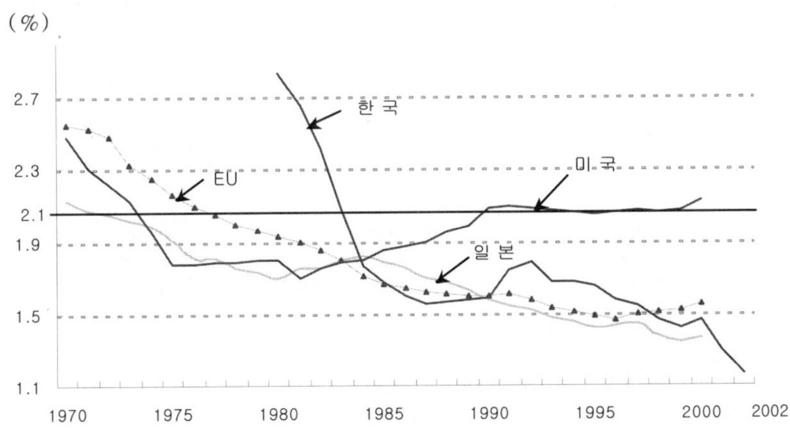

자료 : Sleebos(2003).

로 돌아설 것으로 예상된다.[7]

간단한 모형분석을 통해 보면, 2010년 무렵까지는 인구구성 변화가 성장에 미치는 영향이 크지 않겠으나, 이후 성장둔화 영향이 뚜렷해져, 인구요인만으로도 현재 5% 수준인 잠재GDP 성장률이 2020년에는 4%선, 2030년에는 3% 수준으로 낮아질 전망이다(〈참고 1〉 참조). 이러한 전망은 노동투입 감소에 따른 직접적인 영향만을 감안한 것이므로 공적연금 부담 증가와 국내저축 감소, 세계적인 성장둔화에 따른 수출수요 감소 등 간접적인 영향을 감안할 경우 성장둔화폭은 더 커질 수 있다.

나. 고비용 저효율 구조의 교육투자

우리나라의 경우 세계적으로 높은 수준의 교육비 지출에도 불구하고 교육투자의 효율은 낮은 것으로 평가되어 인적자원의 양적 둔화와 함께 질적인 고도화에도 한계에 달한 것으로 보인다.

2001년 현재 정부와 민간의 공교육비 지출은 GDP의 7.1%로 OECD 국가들 가운데 가장 높은 수준이며 교육인적자원부(2001)가 추정한 사교육비(GDP의 3.2%)를 포함할 경우 전체 교육비는 GDP의 10%가 넘는 수준이다 특히 공교육비 가운데 민간부담의 비중도 OECD 국가들 가운데 가장 높아 가계의 교육비 부담을 가중시키고 있다.

이러한 막대한 교육비 지출과 높은 교육열로 25~34세 인구 가운데 대학졸업자의 비중은 1995년 29%에서 2001년 40%로 높아

---

7) 이러한 현상은 우리나라만의 현상은 아니며, OECD의 경우 지난 50년 동안 76% 늘어났던 생산가능인구가 향후 50년 동안 4% 증가에 그침으로써, 잠재GDP 성장률이 유럽은 현재의 2.3%에서 2050년 0.5%로, 미국은 같은 기간에 2.5%에서 1.4%로 감소할 전망이다(Sleebos 2003).

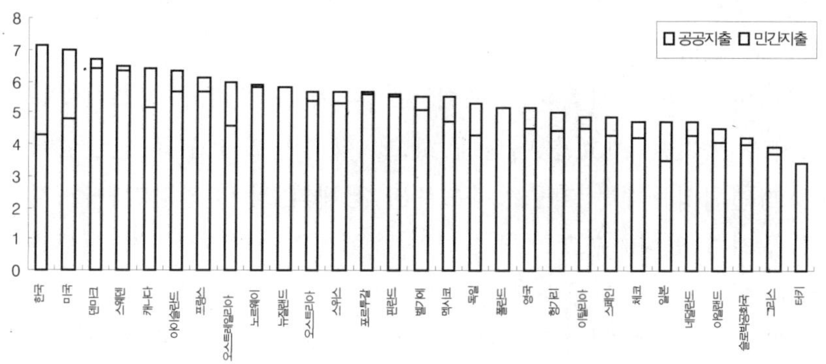

자료 : OECD(2003a).

<표 2> 25~34세 인구중 대학졸업자 비중(2001)

(%)

	미국	영국	독일	프랑스	일본	한국	OECD평균
대학졸업자 비중	39	29	22	34	48	40	28
(남자)	36	30	23	32	46	42	26
(여자)	42	29	20	37	49	37	29

자료 : OECD(2003a).

져 OECD 평균(28%)을 크게 상회하고 있으며 독일(22%), 영국(29%), 프랑스(34%)보다 높고 미국(39%)과 비슷한 수준이다.

그러나 양적인 성과는 있음에도 교육에 힘입은 인적자원의 질적 향상은 의문시되고 있다. 예를 들어 이공계열보다 의대, 한의대에 우수학생이 집중됨으로써 기업이 원하는 기술인력은 충분히 공급되지 못하고 있으며 취학 전부터의 영어학습 열풍은 거세도 토플점수는 세계 119위(2002년)로 최하위권에 불과한 실정이다.[8]

---

8) 꾸준히 향상되던 토플점수가 2001년 시험방식 변경 후 다시 세계 최하위권으로

홍콩 소재 컨설팅 기업인 PERC의 조사결과(2003. 8) 기술, 언어 능력을 포함한 한국인의 인력수준은 아시아 12개 나라들 가운데 최하위로 나타났다.

이러한 고비용 저효율 구조의 교육투자는 가계의 저축여력을 감소시켜 투자율 제고를 어렵게 하고, 학력별 노동수급 불균형에 따른 청년실업문제를 가중시킴으로써 경제의 장기 성장기반을 저해할 우려가 있다. 수요를 초과하는 대학졸업자 공급은 청년실업[9] 증가로 이어질 뿐 아니라 눈높이를 낮추어 전공과 관계없는 단순 직종에 취업할 경우 교육투자가 사장(sunken cost)되는 결과를 초래한다.

3. 기업가정신과 노동윤리의 쇠퇴

가. 기업가정신 위축과 투자율 저하

우수한 인적자원과 함께 그동안 우리 경제의 성장동인이 되어온 또 하나의 요인은 과감한 장기투자를 가능케 한 적극적인 기업가정신이라고 할 수 있다. 그러나 외환위기 이후 불확실성에 대한 인식이 높아지면서 기업경영이 지나치게 보수화하여 미래를 위한 적극적인 투자가 위축될 우려가 있다. 높은 불확실성 아래서 새로

떨어져 영어학습이 언어구사력보다 득점기술 훈련 위주로 이루어져 왔음을 시사하고 있다.

9) 전체 청년실업자들 가운데 전문대 졸업 이상의 비중은 1991년 27%에서 2002년 36%로 상승하였다.

(%)

	1991	1995	2000	2001	2002
청년실업자 가운데 전문대졸 이상(%)	27	30	30	33	36

자료 : 통계청, 《경제활동인구연감》 각호.

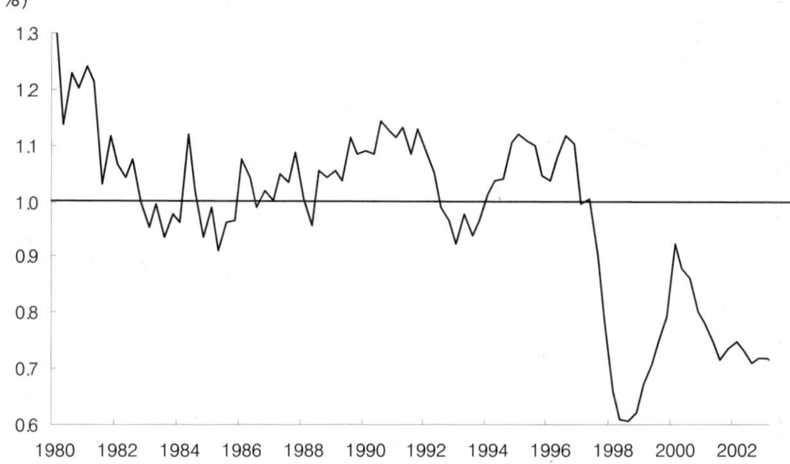

주 : 1) I/I^*. 난, I는 설비투자(실실, 계설조정), I^*는 적정설비투자로 공적분 분석에 의해 추정.

$$Log(I_t) = -7.49 + 1.48\,Log(Y_t)$$
$$(-21.8)$$

단, Y_t=GDP(실질, 계절조정), 추정기간 : 1980. I~2003. II.

운 분야에 대한 투자 확대로 위험을 감수하기보다 대기업의 요식업 진출과 같이 안전성과 단기성과가 보장되는 투자만을 선호하는 경향이 나타나고 있다.

최근의 설비투자는 경기부진에 따른 영향을 감안하더라도 장기 균형 수준에서 현저히 벗어나 있으며 이러한 투자부진이 지속될 경우 설비 노후화 등으로 잠재성장률 하락을 가져올 우려가 있다. 이는 과거 선단형 기업집단에 의한 위험 분산과 외형확대 위주의 경영전략이 무너진 반면 시장원리에 입각한 새로운 패러다임은 아직 확고히 정립되지 못한 데서 말미암은 것이다.

나. 고임금과 기업이윤율 저하

높은 임금 상승에 따른 노동소득분배율 상승과 이에 따른 기업 이윤율 저하가 투자 부진과 기업 부실화의 근본원인이라는 분석결과도 있다(박종규·조윤제 2002). 또한 1980년대 이후 지난 20여 년 동안 일관되게 국민소득을 기업의 영업잉여보다 피용자보수로 압도적으로 배분하여 온 나라는 16개 주요국들 가운데 우리나라가 유일하다.

이러한 노동소득분배율의 지속적 상승은 기업 이윤을 압박(profit squeeze)하여 투자를 확대할수록 실제 영업 손실이 커지는 구조를 초래하고 있다. 과거에는 만성적인 부동산 가격 상승으로 이러한 손실을 쉽게 보전할 수 있었으나 1990년대 초반 이후 부동산 버블이 더 이상 커지지 않게 되자 기업과 금융의 부실이 증가하였다.

우리나라의 노동소득분배율은 주요 선진국에 견주어 아직 낮으나, 이는 우리나라의 고용구조가 자영업자와 농업인구 비중이 높고 피고용자 비중이 낮은 데서 비롯된 것으로, 이러한 고용구조 차이를 감안10)할 경우는 주요국과 비슷한 수준이다. 노동소득분배율이 지속적으로 상승한 경우 이윤율 압박에 따라 일본과 같은 장기침체11) 요인으로 작용하게 될 가능성도 배제할 수 없다.

---

10) Gollin(2002) 모형을 원용하여 분석한 결과 피용자 고용비중 차이에 따른 영향($b(x_i - \bar{x})$)을 조정한 우리나라의 노동소득분배율은 약 72%로 추정된다.

$$y_i = \bar{y} + 0.546\,(x_i - \bar{x}) + \mu_i$$
$$(4.31)$$

단, y는 노동소득분배율, x는 피용자/총취업자, μ는 그 밖의 요인에 의한 노동소득분배율의 변이이며 OECD 12개 나라와 대만에 대한 횡단면 분석(2002년).

11) 일본의 경우 기업 이윤율 저하가 장기침체의 근본원인 가운데 하나로 분석되고 있다. 즉 武田晴人(2001), 宮川 努 외(2003) 등은 노동소득분배율 상승과 설비과

<표 3> 기업 수익률과 노동소득분배율 국제비교(2002)

(%)

	한국	일본	미국	독일	대만
노동소득분배율[1]	60.9	73.6	71.6	72.1	58.9
	(71.8)	(73.4)	(65.0)	(68.9)	(65.6)
영업잉여율	39.1	26.4	27.7	27.7	41.1
피고용자/총취업자	64.0	84.2	95.8	89.7	71.6
매출액 영업이익률[2]	6.7	2.7	5.5	—	—
매출액 경상이익률[2]	4.7	2.8	4.9	—	—

주 : 1) ( ) 안은 피고용자/총취업자 비중 차이에 따른 영향을 조정한 경우.
   2) 제조업.
자료 : 한국은행(2003), 《기업경영분석》; 한국은행(2003), 《국민계정》; 통계청
   (2003), 《한국통계월보》; OECD(2003), *Quarterly Labour Statistics*; OECD
   (2003), *Quarterly National Accounts*.

다. 산업평화와 노동시장 유연화 지연

　강경한 투쟁방식의 노조활동과 노동시장 경직성은 기업의 투자의욕 약화를 초래하는 중요한 요인으로 산업평화와 노동시장 유연화가 계속 지연될 경우 장기적인 성장기반을 저해할 우려가 있다.
　외환위기 이후 해고요건의 완화, 계약고용제 및 연봉제 확산 등 노동시장 유연화를 위한 법적·제도적 진전에도 불구하고 노사문제가 여전히 기업투자를 어렵게 하는 요인으로 작용하고 있다. 법제면에서 노동시장 유연성은 OECD 27개 나라 가운데 17위로 유럽대륙 국가들과 비슷한 수준이며 특히 경영난에 따른 정리해고는 OECD 가운데 3위인 반면 개별 정규직 노동자에 대한 해고 유연

잉에 따른 기업 이윤율 저하가 설비투자와 고용 감소를 초래하고 고용 감소는 다시 소비 감소로 이어져 수요부족에 의한 장기불황을 초래한 것으로 보고 있다.

〈표 4〉 주요국의 노동시장 경직성 비교

	손실노동일수 (1996~2000년 평균)[2]	노동조합 가입률(%) (2000년)	노동시장 유연성[1](1999년)			
			정규직	비정규직	정리해고	종합평점
미국	57.7	13.5	0.2	0.3	2.9	0.7(1)
영국	21.2	29.0	0.8	0.3	2.9	0.9(2)
뉴질랜드	15.4	17.7[3]	1.7	0.4	0.4	0.9(3)
캐나다	440.1	30.6[3]	0.9	0.3	3.4	1.1(4)
아일랜드	89.4	44.5	1.6	0.3	2.1	1.1(5)
일본	1.4	21.5	2.7	2.1	1.5	2.3(14)
한국	94.9	12.0	3.2(26)	2.1(16)	1.9(3)	2.5(17)
스웨덴	18.7	79.0	2.8	1.6	4.5	2.8(18)
독일	1.6	29.7[3]	2.8	2.3	3.1	2.6(20)
프랑스	24.9	9.1[3]	2.3	3.6	2.1	2.8(21)
스페인	183.7	15.0	2.6	3.5	3.1	3.1(22)
이탈리아	74.2	35.4	2.8	3.8	4.1	3.4(23)

주 : 1) 해고요건 등 고용보호의 엄격성에 대한 법제화 정도를 0~6으로 평점화(평점
　　　이 높을수록 경직적). (　) 안은 OECD 27개 나라 가운데 순위.
　　2) 연간 총손실 노동일수/피고용 근로자수(천 명).
　　3) 1998년.
자료 : ILO, *Yearbook of Labour Statistics*, 각호 ; OECD(1999).

성은 OECD 최하위 수준이다. 아울러 노사관계 개선을 위한 사회
적 합의 도출을 위해 구성된 노사정위원회도 가시적인 성과를 거
두지 못하고 있다.

라. 탈산업화와 제조업 공동화 가속

강경한 노조 활동과 노동시장 경직성은 기업의 투자의욕 약화는
물론 국내공장의 해외이전[12]을 초래함으로써 제조업 공동화 현상을
가속화할 위험이 있다. 소득 수준의 상승에 따라 제조업 비중이 낮아

지고 서비스업 비중이 높아지는 탈산업화(deindustrialization) 추세는 경제구조의 선진화 과정이라고 할 수 있으나 지나치게 빠른 탈산업화는 제조업 공동화와 장기적 성장기반 약화를 초래할 수 있다.

현재와 같은 탈산업화 추세가 지속될 경우 잠재GDP 성장률은 연 0.5~0.7%포인트 정도 하락할 것으로 추정(〈참고 2〉 참조)된다. 이는 서비스산업 정체론이 의미하는 바대로 상대적으로 노동생산성이 높은 제조업에서 노동생산성이 낮은 서비스업으로 노동이 이동할 경우 전체 성장률이 낮아지기 때문이다(Baumol et al. 1989).

4. 가계부채 급증과 자산 디플레이션 위험

가. 주택가격 상승과 가계부채 증가의 병행

최근 주택가격 상승과 함께 가계부채가 크게 늘어나 주택가격이 대폭 하락할 경우 담보가치 하락에 따른 전형적인 부채 디플레이션(debt deflation)[13]을 야기할 우려가 있다. Borio and Lowe(2002)의 지적대로 신용과 자산가격이 동시에 급등할 경우 금융불안을 초래할 가능성이 높다.

2001년까지만 해도 주요 선진국에 견주어 10%포인트 정도 낮은 수준이던 GDP대비 가계부채 비율이 선진국과 비슷한 수준으로 상승함으로써 부동산가격이 하락할 경우 상대적으로 기업보다 가계부문에서 자산 디플레이션이 발생할 위험이 높다.

---

12) 대한상공회의소의 조사결과(2003. 9) 250개 조사대상 기업 가운데 73%가 이미 중국에 진출하였거나 진출할 계획을 갖고 있으며 진출동기 가운데 '대립적 노사관계'가 '임금격차'에 이어 2위를 차지하고 있다.

13) 가계부문의 대차대조표에서 주택가격 폭락으로 자산은 감소하는 반면 부채는 그대로 남게 되어 재무상황이 악화된 가계의 소비위축을 초래하는 한편 금융기관의 부실채권 증가로 대출축소 → 신용경색 → 소비·투자 축소 → 경기침체 가속화의 과정을 겪게 된다.

<표 5> 주요국의 가계부채 추이

(경상GDP 대비, %)

	1985	1990	1995	2000	2001	2002	2003. 6.
한국	33.2	50.0	56.9	63.1	72.3	84.1	84.9
미국	56.2	64.1	68.7	76.0	79.8	84.1	—
일본	60.2	82.0	86.4	81.8	82.4	81.6	—
독일	—	54.8[1]	63.8	73.8	73.3	72.8	—
영국	64.3[2]	75.0	73.9	78.0	82.4	88.0	—

주 : 1) 1991년, 2) 1987년.
자료 : 각국 자금순환표.

<표 6> 부동산가격 추이

(2000. 12=100)

	1997	1998	2000	2001	2002	2003. 10
전국 토지가격	111.7	96.5	100.0	101.3	110.4	112.6[1]
주택가격	109.9	96.3	100.0	109.9	127.9	135.5
(아파트)	(105.1)	(90.9)	(100.0)	(114.5)	(140.6)	(154.1)
서울 아파트가격	99.9	85.3	100.0	119.3	156.1	172.6
(강남)	(95.5)	(82.6)	(100.0)	(122.0)	(165.0)	(189.4)
소비자물가	92.3	96.0	100.0	103.2	107.0	110.4
회사채수익률(3년)	76.6	86.9	100.0	107.1	114.2	120.3

주 : 1) 2003년 3/4분기.
자료 : 건설교통부, 《지가동향》 각호 ; 국민은행, 《아파트가격동향》 각호.

나. 부동산가격 붕괴와 자산 디플레이션 위험

　부동산 가격이 붕괴될 수밖에 없는 거품 수준인가의 여부를 판단하기는 매우 어려우나, 전국 아파트 가격은 최근 높은 상승세를 보여 2001~2003년 10월 동안에 54.1% 상승하였다. 이는 1980년대 말 가격급등기(1987.5~1991.4)의 상승폭 128%보다는 낮으나 임대료, 아파트 보유비용, 가계소득 등에 대한 상대소득 기준으로 분석해 보면 1980년대 말에 견주어 장기균형수준에서 더 크게 벗어나 있는 것으로 나타난다(〈참고 3〉 참조).

이러한 아파트 가격이 급격히 하락할 경우 자산 디플레이션에 따른 장기침체 가능성을 배제할 수 없다고 하겠다.

5. 기 타

이밖에 금융구조조정과 신용불량자 문제 해결 지연, 정부의 조정능력 저하, 통일비용 문제 등도 우리 경제의 장기 성장잠재력 저하요인으로 들 수 있다.

가. 금융구조조정과 신용불량자 문제 해결 지연

투자신탁, 신용카드 등 비은행금융기관 구조조정과 신용불량자 문제의 해결이 장기간 지연될 경우 금융중개기능 저하와 소비 침체, 대외신인도 하락 등으로 경제의 장기 성장기반을 저해할 가능성이 있다. 특히 신용불량자는 정상적인 금융거래를 할 수 없다는 점에서 소비에 악영향을 미치는 것은 물론 경제 전체의 성장잠재력을 떨어뜨리는 요인으로 작용하고 있다.

나. 정부의 조정능력 저하

세계화, 지방자치제의 진전, 교육, 환경, 문화 등 경제에 영향이 큰 각 부문의 권한 강화 등으로 대규모 국책사업 추진을 위한 정부의 조정능력이 약화될 것으로 우려된다.

과거와 같은 정부주도형 개발전략(developmental state model)이 더 이상 유효하지 않은 상황에서 시장원리에 입각한 조정자로서의 정부역할 정립이 지연될 경우 장기적인 성장기반을 저해하는 요인으로 작용할 것이다.

다. 통일비용 문제

북핵문제 등 한반도 긴장이 악화될 경우 우리 경제의 성장에 큰 부담으로 작용할 것이며 또한 예측하지 못한 시점에 통일이 갑자기 이루어지더라도 독일의 경우에서 보는 바와 같이 장기간 성장 둔화가 불가피할 전망이다.

Ⅲ. 주요국의 장기불황 경험과 시사점

주요국 가운데 10년 이상의 장기불황을 경험한 국가는 '대처 개혁' 이전의 영국과 자산가격 버블 붕괴 뒤의 일본, 그리고 통일 뒤의 독일을 들 수 있다. 이들 국가의 장기불황 원인과 우리 경제에 대한 시사점을 정리해 보면 다음과 같다.

1. 영국

1959~1973년 가운데 연평균 3.3%에 이르던 영국의 경제성장률은 제1차 오일쇼크 이후 과도한 사회복지와 노사분규 등으로 이른바 '영국병' 현상이 만연하면서 1974~1984년에 연평균 1.2%로 하락하였다. 또한 1970년대 중반까지 대체로 1~3% 안팎을 유지하던 실업률도 1981년에는 10%를 상회하게 되었다.

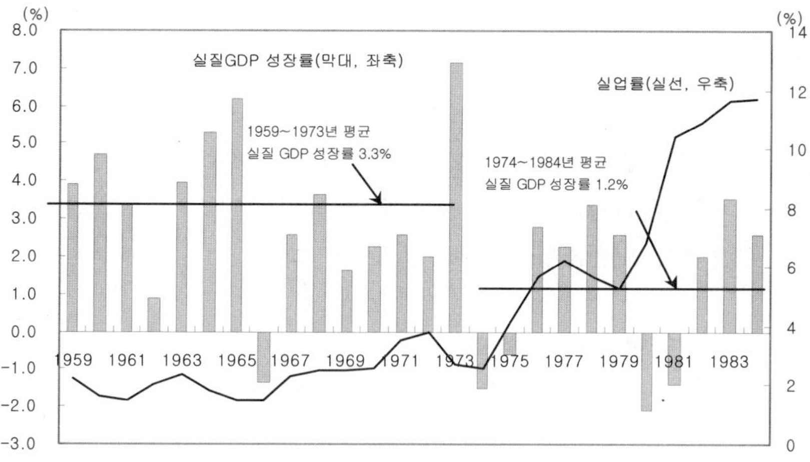

자료 : IMF, *International Financial Statistics*, 각호.
　　　 ILO, *Yearbook of Labour Statistics*, 각호.

가. 장기불황의 원인

(1) 기업의 경쟁력 저하

미국, 독일, 일본 등이 대량 생산양식과 기업 자본주의로 20세기의 성공적 경제발전을 이룩한 데 반해 영국에서는 근대적 기술도입과 조직혁신이 지연되었다(Elbaum and Lazonick 1984).

강력한 노동조합의 존재로 근대적인 대량생산방식 도입에 필수적인 노동통제가 제약되었고 기업가도 기업활동 자체보다 귀족신분으로 전환14)하는 것을 궁극적인 목표로 지향함으로써 기업가정신이 쇠퇴하였다.

---

14) 기업가는 기업활동 외에 사회적 공익사업에 대한 헌신으로 귀족 작위를 얻게 되면 기업 경영을 그만두고 사교계나 정가에 진출하는 것을 입신출세의 공식처럼 간주하였다(이동호 1998).

(2) 노동부문의 과도한 우위

전통적으로 강력한 노동조합이 두 차례 세계대전의 비상상황을 거치면서 통제력이 더욱 강화되었다. 노동운동은 조직화, 기금설립, 파업 등에 유리한 법률적 제도 변경에 성공하였고 노동당의 등장으로 정치적 영향력도 강화되었다(Gardner 1987). 노동조합의 통제로 기업의 인력배치나 신기술 도입 등이 제약되고 임금은 작업장 수준에서 노동조합의 힘에 따라 결정되었다.

(3) 교육과 연구개발 부문의 낙후

교육시스템도 대량생산방식에 필요한 훈련된 경영과 기술인력을 공급하는 데 실패하였다. 귀족교육 위주의 고등교육 시스템은 경영과 응용과학 교육을 소홀히 하였고 수요 측면에서도 기업이 전문기술인력 고용에 소극적이었다(Elbaum and Lazonick 1984).

또한 1차 세계대전 때 군사적 측면에서 연구개발(R&D) 분야에 대한 정부의 정책적 노력이 있었으나 별다른 성과를 거두지 못하였다. 정부는 연구개발을 위한 정부기업을 설립하고 산업별 연구협회 설립을 유도하여 정부보조금을 지원하였으나 민간의 호응 부족 등으로 활성화되지 못하였다.

(4) 산업정책의 실패

2차 세계대전 이전의 기간산업 합리화정책은 정부의 소극적 개입으로 오히려 상황을 악화시켰고 2차 세계대전 이후의 국유화정책도 문제를 근본적으로 해결하지 못하였다.

과잉설비 축소와 근대화 촉진을 위한 기간산업 합리화정책은 관세장벽 등 보호조치의 잔존, 사회간접자본 부족, 정치적 압력에 따른 산업입지 결정 등으로 실패하였으며(Beath 2002), 도산위기에 직면한 석탄, 철강, 자동차 등 전략산업의 국유화정책은 소유분

산문제는 극복하였지만 비효율적 생산구조와 경영조직, 노동조합
의 생산통제 등 구조적 문제는 해결하지 못하였다.

나. 대처정부의 구조개혁

1979년 집권한 대처정부는 노동부문 개혁, 공공부문 개혁, 금
융 및 산업구조조정을 통해 시장규율에 따른 경제활력의 회복을
추구하였다.

(1) 노동부문 개혁

노동개혁의 초점은 노동시장의 유연화를 통하여 기업부문에 견
주어 과도한 노동조합의 힘을 약화시킴으로써 기업의 경쟁력을 제
고하는 데 있었다.

1979년 이른바 '불만의 겨울(Winter of Discontent)[15]'을 겪으면
서 노사관계가 근본적으로 개혁되지 않으면 영국병의 치유가 불가
능하다는 사회적 인식이 확대되었다. 이를 바탕으로 대처정부는
집권 초기부터 노동조합과 강경하게 대립하여 탄광노조 파업[16]을
강경 대응으로 진압하였고 노동관계법률을 수차례 개정하여 클로
즈드 숍(closed shop) 금지, 노조간부의 면책특권 제한, 파업결의
때 비밀투표 의무화 등을 도입함으로써 노동조합의 법적 지위와
조직력을 약화시켰다.

---

15) 1979년 1월 공공부문연맹의 주도로 시작된 대규모 연대파업으로 학교가 문을 닫고
　　의료시스템이 마비되는 등 최악의 사태가 발생하였고, 그 결과 총선에서 노동당
　　정부가 실각하고 보수당 정부가 등장하게 되었다.
16) 1984년 약 1년 동안 지속된 탄광노조파업 철회는 영국 노동조합운동의 분수령이
　　된 사건으로 이후 노사관계의 주도권이 사용자에게 넘어가게 된다.

(2) 공공부문 개혁

공공부문 개혁은 시장원리의 도입과 국영기업의 민영화에 중점을 두고 추진하였다.

효율성이 낮은 정부조직은 과감하게 정리하거나 민간으로 이양함으로써 1980년 75만 명이던 공무원 수를 1987년 64만 명으로 축소하였다. 민영화의 경우 대처정부 집권 1기(1979~83)에는 주로 규모가 적고 경쟁여건이 조성된 국영기업을 민영화하고, 집권 2기(1984~86)와 3기(1987~90)에는 British Telecom, British Airways 등 대형 국영기업을 민영화하였다. 그 결과 전체 GDP와 고용에서 점하는 국영기업 비중은 1981년 각각 11.2%와 7.7%에서 1987년 6.0%, 3.8%로 감소하였다(Crafts and Woodward 1991).

(3) 금융과 산업 구조조정

금융산업에 대한 개혁과 산업구조조정을 통하여 경제의 대외경쟁력 강화를 추진하였다.

1979년 10월 전면적인 외환거래자유화를 실시하고 1986년에는 금융부문 개혁(Big Bang)을 단행하여 금융업에 경쟁체제를 도입하였다. 아울러 철강, 조선 등 사양산업을 정리하고 고용유지를 위한 보조금 지급을 폐지함으로써 경쟁력이 없는 기업을 도태시키는 한편 외국인투자 규제를 완화하여 해외자본 유치를 적극 추진하였다.

다. 개혁의 성과

대처정부의 구조개혁은 1980년대 중반까지 사회복지 후퇴, 실업 증가, 경제성장률 하락 등 진통을 겪었으나 이후 개혁의 성과가 점차 나타나기 시작하여 1990년대 중반 이후에는 유럽에서 가장 빠른 성장세를 나타내었다. 1996~2002년에 연평균 2.9%의 성장률을 기록하였으며 실업률은 3%대까지 하락하였다.

그러나 노동시장 개혁과 산업구조조정에 따른 임금격차 확대와 소득분배 악화, 민영화에 따른 공공서비스 수준 저하 등의 문제점도 지적되고 있다. 전통적 기간산업인 석탄, 철강, 조선산업이 사양산업으로 정리되는 등 제조업 비중이 축소되어 제조업 중심의 북부지역과 금융서비스업 중심의 남부지역 사이의 격차가 크게 확대되었다. 또한 공기업 민영화 이후 철도, 발전 등의 부문에서 기업의 경영악화로 재투자가 이루어지지 않아 각종 사고가 빈번히 발생하는 등 공공서비스의 질적 수준도 하락하였다.

2. 일본

일본의 실질GDP 성장률은 1980~1991년에 연평균 4.0%에서 자산가격 거품 붕괴 이후(1992~2002년) 연평균 1.2%로 하락하였다. 또한 실업률도 1980~1991년에 2%대에 머물렀으나 이후 계속 상승하여 2001년에는 5%를 상회하게 되었다.

가. 장기불황의 원인

(1) 자산 디플레이션과 가계·기업의 대차대조표 악화

거품 형성기에 차입을 통해 취득한 자산의 가치가 거품 붕괴로 급락[17]한 반면 명목부채는 그대로 남아 가계와 기업의 대차대조표에 심각한 불균형을 초래하였다.

또한 일반물가 하락으로 실질부채 부담이 더욱 늘어나 가계와

---

17) 1990~1994년 버블 붕괴에 따른 자본손실액(capital loss)은 주식 490조엔, 부동산 528조 엔 등 약 1천조 엔으로, 당시 GDP 2년분에 달하는 것으로 추정된다(橋本壽朗 2001).

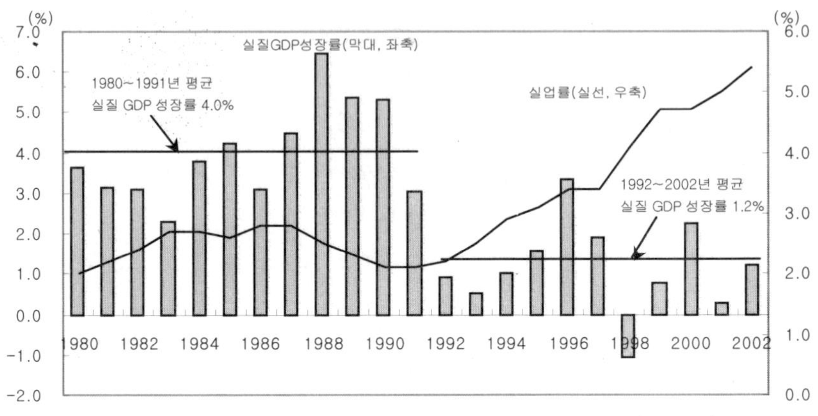

자료 : IMF, *International Financial Statistics*, 각호.
　　　OECD, *Main Economic Indicator*, 각호.

기업은 부채감축을 위해 소비와 투자를 축소하고 금융기관은 담보
능력이 약화된 차입자의 신용을 축소함으로써 경기위축이 심화되
었다(debt deflation).

(2) 부실채권 처리 지연

거품 붕괴 이후 금융기관 부실채권을 조기에 과감히 정리하기
보다 자산가격 회복을 통한 해결을 기대하여 미봉책으로 일관함으
로써 부실이 더욱 확대되었다.

금융기관 부실채권 규모는 경기침체 장기화, 부실채권 분류기
준 강화 등으로 1990년대 중반 이후 계속 증가하여 1999년도 말
42조 6천억 엔, 2001년도 말 52조 4천억 엔에 이르렀다.

(3) 기업 이윤율의 저하

노동분배율의 지속적 상승과 과잉설비의 투자효율 하락으로 말

미암은 기업 이윤율 저하가 장기침체 요인으로 작용하였다.

종신고용 관행, 매년 자동 승급되는 호봉제도 등으로 노동분배율이 1989년 67.1%에서 2000년 73.6%까지 지속적으로 상승함으로써 기업이윤을 압박하였다. 이러한 이윤율 저하는 기업의 설비투자와 고용을 줄이게 되어 투자 소비 등 수요부족에 따른 장기불황을 초래하였다.

(4) 부적절한 정책대응

거품 붕괴의 영향과 경제의 구조적 문제에 대해 정책당국이 그 심각성을 과소평가함으로써 정책대응이 일관성 있게 이루어지지 못한 것도 장기침체를 지속시킨 요인으로 작용하였다. 정책당국은 부실채권 처리, 재정건전화, 경제구조개혁 등에서 잘못된 정책판단과 미봉책으로 문제의 근본적인 해결에 실패하였다.

정책당국은 거품 붕괴의 후유증을 일시적인 것으로 판단하여 금융·재정정책을 통해 이를 단기적으로 해소할 수 있을 것으로 기대하고 1992~2000년 사이 9차례에 걸쳐 123조 엔이 넘는 경기부양책을 실시하였으나, 경기침체 국면을 벗어나지 못하였다. 더욱이 1997년에는 경기가 일시 상승하자 성급하게 본격적인 회복국면으로 들어선 것으로 판단하여 강도 높은 재정 건전화를 추진함으로써 다시 경기 급랭을 초래하였다.

나. 최근 개혁추진과 성과

일본 정부는 2002년 10월 부실채권 정리를 통한 금융시스템 안정, 규제완화, 세제개혁 등 구조개혁 추진계획을 발표하여 2005년도 말까지 부실채권 정리를 완료하고, 2007년 4월까지 우체국, 우편저축예금, 간이보험 등의 체신 3사업을 민영화하는 한편 2005년 말까지 지방정부 보조금을 4조 엔 삭감하기로 하였다.

최근에는 그동안의 구조개혁 노력으로 장기불황의 원인이었던 문제들이 점차 해소되고 있어 장기불황 탈출 가능성이 높아지고 있다. 기업의 부채축소와 고용조정 등으로 기업 수익성이 개선되고 있고 거품 형성기에 누적된 과잉설비 문제도 최근 크게 완화되고 있다.

3. 독일

1983~1990년 연평균 2.9%에 달하던 독일의 실질GDP 성장률은 1992~2002년 연평균 1.4%로 하락하였다. 1990년까지 하락하던 실업률도 통일 이후 동독지역의 높은 실업률 등으로 상승세로 반전되어 1994년 이후 8%를 상회하게 되었다.

가. 장기침체의 원인

(1) 독일 통일의 후유증

예상치 못한 막대한 통일비용과 이에 따른 경제적 악영향이 장기침체의 주요 요인으로 작용하였다.

통일 뒤 동독지역 경제가 급속히 붕괴[18]되면서 서독지역으로 대규모 인구 유입 조짐이 보이자 동독 주민의 생활안정을 위해 막대한 공공자금을 지출하였다. 1991~1999년 서독지역에서 동독지역으로 이전된 공공자금은 총 1조 6천344억 마르크(DM)에 이르

---

18) 통일 당시 정치적 배려 등으로 화폐교환이 1 : 1로 이루어졌으나 경제력 격차를 반영하지 못한 통화통합은 오히려 동독 기업의 경쟁력 상실을 초래하였고, 서독의 노동법과 노사관계 기본원칙이 동독에도 적용되면서 동독기업의 대량 도산과 실업자 양산을 초래하였다.

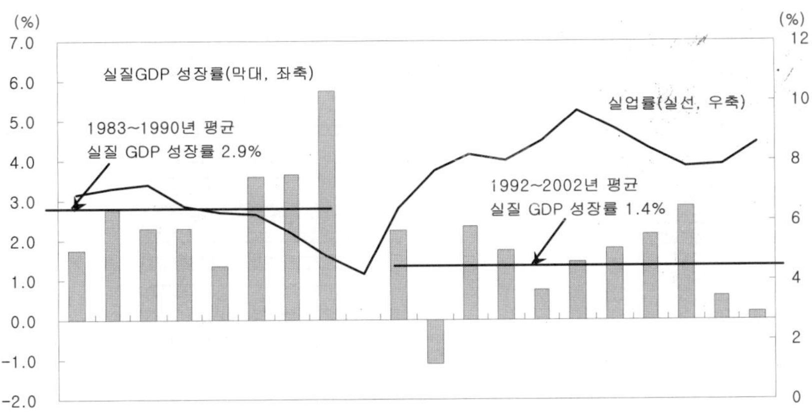

주 : 1) 실질GDP 성장률은 1990년까지 서독, 1992년부터 통일독일.
　　 2) 실입률은 1992년까지 서독, 1993년부터 통일독일.
자료 : IMF, *International Financial Statistics*, 각호.
　　　 OECD, *Main Economic Indicato*, 각호.

렀으며 이 가운데 사회보장부문이 전체의 51%를 차지하였다.

　그러나 동독지역에 대한 대규모 사회보장 지출은 생산보다 소비증대를 초래하여 경쟁력이 떨어지는 동독산업의 붕괴를 더욱 가속화하였고 실업보험연금 지출확대는 동독주민의 노동의욕 저하를 초래하였다. 또한 늘어나는 통일비용 조달을 위한 증세조치[19]도 경기둔화 요인으로 작용하였다.

(2) 경직된 노동시장

　독일의 노동시장은 고용보호, 노동계약, 임금결정 등에 대한 엄격한 규제로 유럽국가들 가운데서도 경직성이 매우 높은 편에 속한다. 해고를 엄격히 제한하는 법률로 말미암아 기존 취업자는 고용안정이

---

19) 통일세 신설(개인소득세와 법인세의 7.5%), 유류세와 실업보험료 인상, 담배세 인상, 부가가치세 인상 등이 이루어졌다.

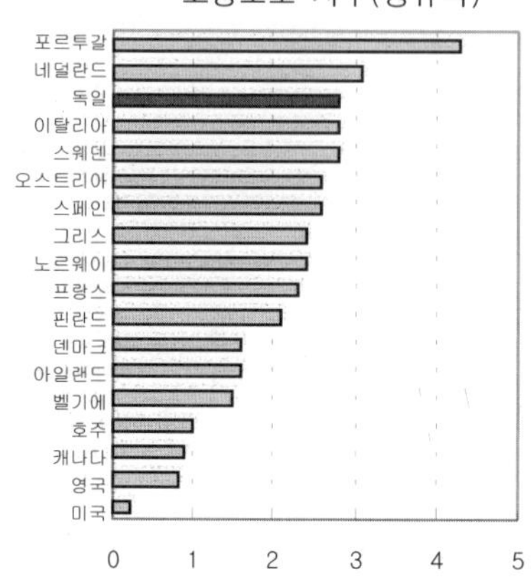

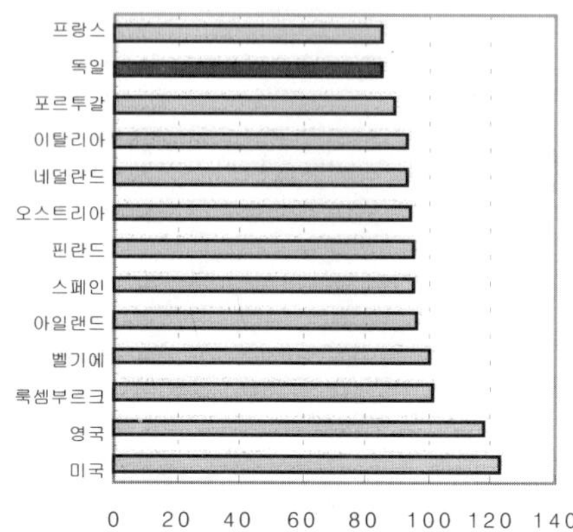

자료 : OECD(1999) ; WEF(2002), *Global Competitiveness Report.*

보장되는 반면 신규고용 창출을 제약하고 있다. 또한 임금인상률이 전국적인 단체교섭에 따라 결정되기 때문에 기업간 생산성 격차가 반영되기 어려운 구조적 한계를 가지고 있다. 노조가입 노동자의 92%가 업종별 단체교섭에 따라 임금이 결정되고 있다(Heckman 2002).

세계경제포럼의 노동시장 유연성 평가에서 미국과 영국에 뒤지는 것은 물론 유럽 국가들 가운데에서도 11위를 기록하고 있다.

(3) 과도한 사회보장체제

과도한 사회보장제도로 기업과 가계의 조세부담이 높아 투자와 소비 위축을 초래할 뿐 아니라 장기실업의 원인으로 작용하고 있다.

조세와 사회보장세 부담이 GDP대비 40.7%로 미국(28.9%), 영국(37.7%)에 견주어 높은 수준이며, 실업급여가 실직 전 세후 순소득의 67% 수준으로 매우 높고, 지급기간도 최장 32개월에 달하고 있다. 이에 따라 전체 실업자들 가운데 1년 이상 장기실업자의 비중이 47.9%로 미국(8.5%), 영국(23.1%)에 견주어 크게 높은 실정이다.

(4) 기업규제와 거시정책 제약

정부의 시장규제와 기업활동에 대한 규제로 신규산업 진입이 어렵고 기업의 창업 및 경영활동에 제약이 되고 있다(Bundesbank 2003). 예를 들어 창업 인가 소요기간이 90일로 미국(7일), 영국(11일)과 비교해 볼 때 긴 편이다(Heckman 2002).

또한 EU 출범 이후는 통화통합과 〈안정성장협약〉 준수를 위한 재정정책 제약으로 경기침체에 대한 정책대응이 어렵게 되었다. 통일비용과 사회보장지출 증대 등으로 1995년 재정적자가 GDP의 3.3%로 높아져 안정성장협약 한도(3%)를 초과한 바도 있다.

나. 최근의 개혁 추진과 성과

1995년 콜 정부는 재정적자가 안정성장협약 한도를 지키지 못하게 되자 실업 완화와 성장 촉진 및 재정적자 축소를 위한 개혁방안을 추진하였다. 그러나 1997년 기업 경쟁력 향상과 고용증대를 위한 세제 개혁안이 야당인 사민당의 반대로 좌절됨으로써 실패하고 말았다.

1998년 집권한 사민당 슈뢰더 정부는 실업문제 해결을 최우선 정책목표로 삼고 연금제도 개혁, 사회보장 축소 등을 추진하였으나 국민들의 반발로 큰 성과를 거두지 못하고 있다. 2003년 3월 슈뢰더 총리는 경제구조의 취약성으로 말미암은 장기 침체에서 벗어나기 위한 경제회생 방안으로 〈Agenda 2010〉을 발표하고 노동시장의 유연성 제고, 사회보장제도 개혁, 세제 개혁, 관료주의적 규제 철폐 등을 중점 추진하고 있다.

〈Agenda 2010〉은 정부의 추진의지가 강한 데다 경제회복을 위해서는 구조개혁이 불가피하다는 사회적 인식이 확산되면서 일부 개혁법안이 의회를 통과하는 등 진전을 보이고 있다.

4. 시사점

영국·일본·독일 경제의 장기침체는 자산가격 버블 붕괴, 통일 등 외부충격도 있었으나 노동시장의 경직성, 규제와 관료주의, 과도한 사회보장제도와 근로의욕 저하 등 경제 내부의 구조적 문제가 공통적 요인으로 작용하였다.

우리나라의 경우 사회보장제도의 수준은 선진국에 견주어 낮으나 노동시장, 기업규제, 낮은 생산성 등 이들 국가와 유사한 측면도 적지 않은 실정이다(〈표 7〉 참조). 따라서 우리 경제가 장기침체에 빠지지 않기 위해서는 단기적인 경기대응과 함께 경제의 장기적 성장능력을 제고하기 위한 구조개혁이 긴요한 과제라 할 수 있다.

주요국의 장기침체 경험이 우리 경제에 주는 시사점을 정리해 보면 다음과 같다.

첫째, 일본의 예에서 보는 바와 같이 자산가격 거품 붕괴는 경제 전반에 걸쳐 매우 큰 부작용을 초래하게 되므로 거품 발생을 사전에 예방하는 정책대응이 긴요하다. 우리나라의 경우 버블 붕괴에 따른 극단적인 자산 디플레이션 발생 가능성은 높지 않으나 최근의 가계부채와 주택가격 상승은 자산 디플레이션 위험을 증대시킬 수 있으므로 이를 완화해 나갈 필요가 있다.

둘째, 영국 등의 경험에서 보는 바와 같이 구조개혁은 그 필요성에 대한 사회적 합의가 뒷받침되지 않으면 이룩하기 어려우며, 그 성과도 장기간에 걸쳐 꾸준한 개혁이 추진된 뒤에야 나타난다. 따라서 장기적 성장기반을 확충하기 위해서는 경제의 구조개혁 필

<표 7> 주요국의 장기침체 원인과 우리나라 여건 비교

	장기침체 원인	내 용	우리나라 여건
영국	기업의 경쟁력 저하	- 근대적 기술과 조직 혁신 미흡 - 기업가정신 쇠퇴	- 범용기술 경쟁력 상실 및 선진국과 기술 격차 - 정경 유착
	교육과 연구개발 낙후	- 교육시스템이 적절한 인력 공급 실패 - R&D 성과 미흡	- 창의적 인력 양성 미흡 - R&D 투자 효율 저위
	노동부문의 과도한 우위	- 노동조합의 작업장 통제 - 정치적 영향력 막대	- 노사정 합의 실패 - 정치적 영향력 미미
	정부개입 실패	- 합리화정책 개입 실패 - 국영화의 한계	- 정부주도 경제운용 한계 - 민영화 추진
일본	버블 붕괴와 자산 디플레이션	- 자산부채 불일치 심화 - 장래에 대한 불안	- 부동산 거품 가능성 상존 - 부채누적, 가계부실 심화
	부실채권 정리지연	- 금융중개기능 저하 - 금융시스템에 대한 불안감 증대	- 부실채권 조기 정리 - 금융시스템에 대한 불안감 상존
	자원배분 효율성 저하	- 규제와 보호 - 내수산업의 저생산성	- 재벌규제, 중소기업 보호 - 서비스산업의 저생산성
	부적절한 정책대응	- 거품붕괴와 구조적 문제에 대한 과소평가 - 정책대응 일관성 상실 - 정부주도 경제운용	- 구조조정 신속 추진 - 일관성·지속성은 문제 - 정책 리더십 부족
독일	독일 통일의 후유증	- 막대한 통일비용 지출 - 동독지역 산업몰락 - 조세부담 증가와 재정적자 확대	- 남북한의 경제력 격차 - 남북교류협력 초기단계 - 급격한 방식의 통일 가능성 상존
	경직된 노동시장	- 신규고용 창출 제약 - 산업별 일률적 임금	- 비정규직 고용 증가 - 정리해고 도입
	과도한 사회보장체제	- 높은 조세부담 - 근로의욕 상실과 장기실업	- 사회안전망 미비 - 사회보장 수요 증가
	규제와 관료주의	- 신규산업 진입 애로 - 서비스산업 낙후	- 출자제한 - 관료주의

요성에 대한 사회적 합의를 바탕으로 장기적인 관점에서 개혁정책을 지속적으로 추진해 나가야 할 것이다. 특히 경기침체 원인에 대한 잘못된 판단과 이에 따른 정책대응 오류가 경제의 장기침체를 초래할 수 있다는 점에서 경제현실에 대한 정확한 분석과 대응정책 연구가 이루어져야 하겠다.

셋째, 통일 이후 독일 경제의 장기침체를 초래한 중요한 원인의 하나는 동서독 간 경제력의 현저한 격차와 이를 단기간 안에 극복하기 위한 무리한 정책대응에서 찾을 수 있다. 따라서 남북한 경제력 격차를 축소하기 위한 남북경협을 강화하는 한편 통일 뒤 경제통합에 대비한 합리적 정책수단을 꾸준히 연구해 나갈 필요가 있다.

Ⅳ. 구조적 저성장 진입 가능성과 정책과제

1. 구조적 저성장 진입 가능성

가. 소득수준 상승과 경제성장률

잠재성장률 전망을 통해 우리 경제의 구조적 저성장 진입 가능성을 검토하기에 앞서 먼저 1인당 국민소득 1만 달러 수준에서 2만 달러 국가로 올라가면서 성장률이 선진국 수준인 3%대로 낮아질 수밖에 없는가를 간략히 살펴보도록 하겠다.

주요국의 1인당 GDP와 잠재성장률 사이의 관계를 보면 대체로 역의 관계가 존재하며 국민소득(PPP기준) 2만 달러 안팎의 경우 잠재성장률이 3~3.5%, 2만 5천 달러의 경우 2.5~3% 수준이 일반적이다.

다만 미국의 경우 높은 생산성 향상으로 다른 나라보다 높으며

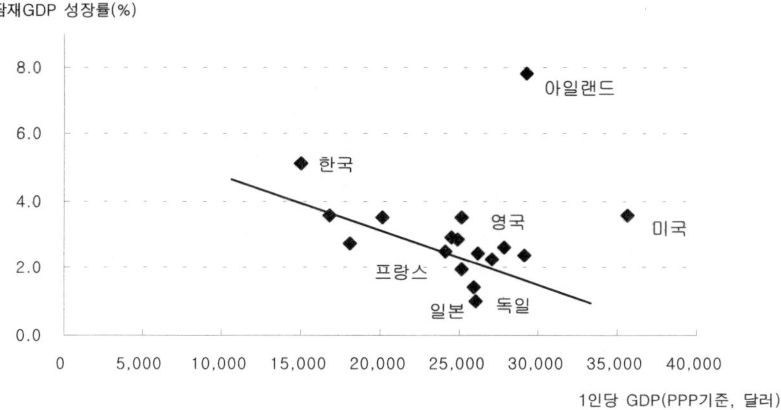

자료 : Denis et al.(2002) ; OECD, *Economic Surveys*, 각국 각호.

아일랜드의 경우는 유럽 비즈니스 중심국가 전략20)의 성공으로 선진국이면서도 1995년 이후 연 8% 이상의 성장을 지속하고 있다. 반면 최근 장기침체를 보이고 있는 일본과 독일의 경우 잠재성장률이 1%대에 그치고 있다.

주요국의 GDP성장률 변화추이를 보더라도 대체로 소득수준 상승과 함께 성장률이 낮아지는 추세를 보이고 있으나 국별로 다소 차이가 있다. 따라서 소득수준 상승에 따른 성장률 하락은 어느 정도 불가피하나, 생산성 향상이나 외국인투자 유치 등의 방법으로 그 하락속도를 완화하거나 높은 수준의 성장률을 유지할 수 있다고 하겠다.

---

20) 1987년 사회협약(Social Partnership)에 따른 획기적인 노사관계안정과 임금안정, 세금감면, 사회간접자본 확충 등을 바탕으로 세계 유수기업들을 유치함으로써 IT ·제약 등 첨단산업 중심지로 성장하였다(전체 제조업생산의 약 80%, 제조업고용의 약 45%를 외국기업이 점유).

<표 8>주요국의 실질GDP 성장률 추이[1]

(%)

	1960년대	1970년대	1980년대	1990년대	2000~2002
미국	4.4	3.3	3.0	3.0	2.2
영국	3.2	2.4	2.4	2.1	2.4
아일랜드	4.5	4.6	3.5	7.0	7.7
캐나다	5.2	4.7	3.1	3.4	3.6
독일[2]	5.1	3.1	1.8	1.9	1.3
프랑스	5.7	3.9	2.3	1.7	2.4
이탈리아	6.6	3.8	2.4	1.5	1.8
스웨덴	4.3	2.5	2.1	2.0	2.5
일본	9.4	5.2	4.0	1.7	1.0
한국	7.7	8.6	7.6	6.2	6.3

주 : 1) ░░░은 1인당 GDP가 1만 달러에 달했던 시기.
　　 2) 1990년까지는 서독, 1991년 제외하고 1992년 이후는 통일독일.
자료 : IMF, *International Financial Statistics*, 각호.

나. 잠재성장률 전망과 구조적 저성장 진입 가능성

장기적인 경제성장률 평균은 결국 잠재성장률 수준과 같아지게 되므로 잠재성장률 전망을 통해 우리 경제의 구조적 저성장 진입 가능성을 평가해 볼 수 있다.

미래의 잠재성장률을 전망하는 것은 쉽지 않으나 거시기초경제 여건만을 감안할 때 향후 10년 동안 잠재성장률은 연 4.5~5% 수준을 유지할 수 있을 것으로 전망된다(추정방법은 부록 〈잠재GDP 성장률 전망〉 참조). 2015년 이후에는 인구고령화 영향의 본격화[21] 등으로 잠재성장률이 낮아져 2020년 무렵부터는 선진국과 같은 3%대 성장에 진입할 것으로 전망된다.

---

21) 2015년부터 베이비붐 세대(1955~1963년생)가 정년연령(60세)에 달하며 2020년 에는 생산가능인구에서 제외되는 연령(65세)에 달하게 된다.

<표 9> 잠재GDP 성장률 기준(Baseline) 전망

(연평균, %)

	1981~1990	1991~2000	2001~2003	2004~2008	2009~2013	2004~2013
잠재GDP	7.5	6.6	4.8	5.0 (4.7)	4.8 (4.5)	4.9 (4.6)
노동	1.5	0.9	1.0	0.8	0.6	0.7
자본	4.2	3.3	2.1	2.2	2.2	2.2
생산성	1.9	2.3	1.7	2.0 (1.7)	2.0 (1.7)	2.0 (1.7)

주 : 1) ( ) 안은 생산성 기여율이 2000~2003년 수준에 머무는 경우.

<표 10> 잠재GDP 성장률 전망 : 비관적 경우와 낙관적 경우

(연평균, %)

	2004~2008	2009~2013	2004~2013
비관적 전망[1]			
잠재GDP	4.1(4.3)	3.8(4.0)	3.9(4.1)
노동	0.6	0.4	0.5
자본	2.0	1.8	1.9
생산성	1.5(1.7)	1.5(1.7)	1.5(1.7)
낙관적 전망[2]			
잠재GDP	5.3(5.6)	5.5(5.8)	5.4(5.7)
노동	0.8	0.7	0.8
자본	2.4	2.8	2.6
생산성	2.0(2.3)	2.0(2.3)	2.0(2.3)

주 : 1) 투자율과 경제활동참가율 모두 2000~2003년 수준에서 정체, 생산성 기여율
은 2000~2003년 수준에 머물거나 더욱 하락.
2) 투자율은 외환위기 이전 수준으로 회복. 경제활동참가율은 65% 수준으로 상
승. 생산성 기여율은 최고 1990년대 수준(2.3%)까지 상승.

그러나 앞에서 본 잠재적 성장기반 저해요인들이 해소되지 않을 경우 잠재성장률 하락을 앞당기거나 실제 성장률이 장기간 잠재성장률을 하회하는 구조적 저성장에 빠질 위험도 배제할 수 없다. 즉 고비용 저효율의 교육투자, 과격한 노동운동, 기업가정신 위축 등 위험요인들을 계량화하기는 쉽지 않으나 이들 요인은 결국 투자감소와 생산성 저하를 통해 성장둔화를 초래하게 된다.

따라서 이들 위험요인이 제대로 관리되지 못한 비관적 경우와 위험요인들을 효과적으로 제거한 낙관적인 경우의 잠재성장률을 추정해 보면(추정방법은 부록 참조), 비관적인 경우 향후 10년 동안 잠재성장률이 연 3.9~4.1%로 하락하게 되며, 낙관적인 경우 연 5.4~5.7%로 상승하게 된다.

2. 정책과제

앞에서 본 바와 같이 거시 기초경제여건을 감안할 때 경기순환 국면에 따라 차이가 있겠지만 향후 10년 동안 평균적으로 현재의 잠재성장률 수준인 연 5% 안팎 성장을 유지할 수 있을 것으로 보인다.

다만 잠재적인 성장기반 저해요인이 해소되지 않을 경우 구조적인 저성장에 빠질 위험을 배제할 수 없으며, 또한 2010년대 중반 이후에는 인구고령화에 따른 성장둔화가 더욱 뚜렷해져 생산성 향상 없이는 일정 수준의 성장능력 유지가 어려워질 것으로 전망된다.

따라서 우리 경제의 지속적 성장능력을 유지해 나가기 위한 정책과제를 정리해 보면 다음과 같다.

가. 생산성 향상을 위한 제도개혁

생산성 향상으로 성장잠재력을 확충하기 위해서는 연구개발투자의 확대와 함께 교육, 규제, 조세, 금융 등 각 부문의 제도개혁을 통한 사회적 역량(social capability) 증대가 이루어져야 한다.

먼저 교육시장 개방, 대학교육의 자율성 확대, 산학협력 강화 등 교육의 효율성을 높이고 산업이 수요하는 우수인력을 공급하기 위한 교육제도 개선이 시급하다. 또한 기득권에 의한 지대추구행위(rent-seeking)를 억제하고 기술혁신에 의한 기업활동을 장려할 수 있도록 조세 등 유인체계를 정비할 필요가 있다. 아울러 강력하나 절제되고 예측 가능한 정부정책과 재산권 보호와 계약이행을 보장하는 법률제도 확립 등 기업의 장기투자를 위한 환경 개선에 중점을 두어야 할 것이다.

나. 인구고령화에 대한 대응

적극적인 출산장려정책으로 출산율을 대체출산율 수준(2.1명)까지 제고함으로써 고령화에 따른 생산가능인구 감소를 최대한 완화해야 한다.

출산장려금 도입, 자녀에 대한 소득공제 확대 등 재정 면의 유인보다는 탁아·보육서비스, 출산 및 육아를 위한 휴가·휴직제도 강화 등 근로여성의 출산환경을 개선하는 데 중점을 두고 추진해야 할 것이다.[22]

한편 출산율 제고만으로는 고령화 추세를 완화하는 데 한계가 있으므로 고령인구의 경제활동참가율을 높이는 것이 긴요한 과제

---

22) Sleebos(2003)의 분석에 따르면 출산장려금, 조세감면 등 직접적인 유인책의 효과는 크지 않으며, 탁아·보육서비스 등 간접적인 환경개선이 더 효과적이다.

이다. 따라서 기업의 고령자 고용을 촉진하기 위해 정부의 고령자 고용장려금제도[23]를 확대하고 임금피크제, 직무급제 등의 도입을 권장하는 한편 장기적으로는 정년연장을 검토할 필요가 있다.[24]

다. 노사관계 안정과 노동시장의 유연화

노사관계의 안정과 노동시장 유연화는 국내기업의 투자확대와 외국인투자 유치 활성화를 위해 필수적인 과제이다.

합리적인 노조의 요구는 최대한 수용하되 과격한 불법 투쟁은 법과 원칙에 따라 철저히 배격해야 하며, 특히 OECD 최하위 수준인 정규직 근로자의 해고 유연성을 제고하여 기업의 신규채용 기피유인을 해소할 필요가 있다. 노사관계의 근본적 개선을 위해서는 채용과 임금결정제도의 개혁이 이루어져야 할 것이다. 실질적인 계약고용제, 연봉제 확산을 유도하고 궁극적으로 임금협상제도를 단체협상 방식에서 개인별 임금교섭 방식으로 전환할 필요가 있다.

이러한 노동시장 유연화는 불가피하게 임금격차 확대로 소득분배와 빈곤문제 심화를 초래하게 되므로 누진세 강화, 부의 소득세[25] 등과 같은 조세와 복지정책 면에서 보완책을 강구할 필요가 있다.

---

23) 55~60세 근로자를 신규채용한 경우 6개월(중소기업은 12개월) 동안 월 28만 원을 지원하고 있다.
24) 정년연장은 인구고령화에 따른 연금지급부담을 완화하는 데에도 긴요하며, 그 필요성은 베이비붐 세대가 연금수령연령이 되는 2015년 무렵부터 더욱 커질 전망이다.
25) 미국, 영국 등이 실시하는 negative income tax는 부양가족공제 등 소득공제 후 과세소득이 면세점을 하회하여 공제혜택을 못 받는 저소득 근로자에 대하여 못 받게 된 소득공제액의 일정비율 해당액을 정부가 지급하는 제도이다.

라. 가계부채의 완화와 부동산가격 안정

가계부채와 부동산가격이 동시에 급등할 경우 자산 디플레이션과 금융불안을 초래할 위험이 높으므로 이를 완화하는 것이 긴요한 과제가 된다. 또한 가계부채의 누증은 소비지출 증가를 제약하는 요인이 되며, 특히 신용불량자 문제는 경제의 성장잠재력 저해요인으로 작용할 우려가 크므로 이의 조기 해소방안을 강구할 필요가 있다.

이를 위해 소득이 없는 대학생 등에 대한 신용카드 발급 금지, 일률적인 신용불량자 등록·관리제도를 신용등급별로 차등 규제하는 방식으로 개선하는 것 등을 고려해 볼 수 있다. 아울러 장기적인 관점에서 합리적 부재관리를 위한 국민경제교육 강화도 중요한 과제이다.

부동산가격의 급등락은 자산 디플레이션 위험을 내포할 뿐만 아니라 투기심리 만연과 근로의욕 저하 등으로 경제의 성장잠재력 약화를 초래할 우려가 있으므로 부동산가격이 장기균형수준을 크게 벗어나지 않도록 안정을 유지하는 것이 긴요하다. 경기상황에 따라 부동산 관련 규제의 강화와 완화를 반복하는 것은 오히려 부동산가격 변동을 증폭시킬 가능성이 있으므로 장기적인 관점에서 수요공급의 안정을 도모할 필요가 있다. 이를 위해 지속적인 주택공급 확대로 주택보급률을 높이는 한편 부동산 관련 조세·금융제도의 장기적인 개편계획을 사전에 제시하고 이를 일관성 있게 추진함으로써 매입수요를 안정화해야 한다. 보유기간에 따른 양도소득세 차등화, 주택보유세의 합리적 조정, 실수요자에 대한 장기주택금융 확대 등을 검토해 볼 필요가 있다.

〈참고 1〉 인구고령화가 성장에 미치는 영향

1. 분석모형

경제활동인구 E와 경제활동참가율 e는 연령별 인구구성에 따라 다음과 같은 등식으로 표현할 수 있다.

$$E = e_1 \cdot N_1 + e_2 \cdot N_2 \tag{1}$$

$$e = \frac{E}{N} = e_1\left(\frac{N_1}{N}\right) + e_2\left(\frac{N_2}{N}\right) \tag{2}$$

단, N_1, N_2, N은 각각 15~64세, 65세 이상, 전체 인구수,

e_1, e_2는 각각 15~64세, 65세 이상 경제활동참가율

따라서 1인당 취업자수(W/N), 1인당 노동투입시간(L/N), 1인당 GDP(Y/N)에 대하여 다음과 같은 등식이 성립한다.

$$\frac{W}{N} = (1 - u_1)e_1\frac{N_1}{N} + (1 - u_2)e_2\frac{N_2}{N} \tag{3}$$

$$\frac{L}{N} = (1 - u_1)e_1 h_1\frac{N_1}{N} + (1 - u_2)e_2 h_2\frac{N_2}{N} \tag{4}$$

$$\frac{Y}{N} = (1 - u_1)e_1 h_1 y_1\frac{N_1}{N} + (1 - u_2)e_2 h_2 y_2\frac{N_2}{N} \tag{5}$$

단, u_1, u_2는 각각 15~64세, 65세 이상 실업률

h_1, h_2는 각각 15~64세, 65세 이상 취업자 1인당 평균노동시간

y_1, y_2는 각각 15~64세, 65세 이상 시간당 생산성

2. 분석결과

연령별 경제활동참가율(e)과 취업률($1-u$), 평균노동시간(h)이 현 수준에서 고정된다고 가정하고 연령별 인구구성의 변화가 잠재 GDP 성장률에 미치는 영향을 추정하였다.

연령별 인구는 통계청 전망치를 이용하였고 연령별 생산성(y) 통계는 없으므로 65세 이상의 생산성이 15~64세 생산성의 0.5~1.0배(y_2/y_1=0.5~1.0)인 경우에 대해 잠재 GDP성장률 범위를 계산하였다.

시뮬레이션 분석에 사용된 계수값

경제활동참가율(%)[1]		실업률(%)[2]		평균노동시간(시간/주)[1]	
e_1	e_2	u_1	u_2	h_1	h_2
65	30	3.8	0.5	50.5	41.0

주 : 1) 2002년.
    2) 2000~2002년 평균.

인구구성 변화에 따른 잠재 GDP성장률 변화

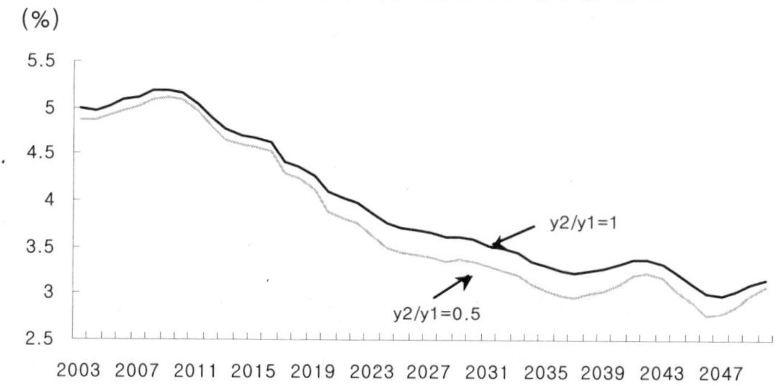

〈참고 2〉 탈산업화가 성장에 미치는 영향

1. 분석모형

한 경제를 제조업(부문1)과 비제조업(부문2)의 두 부문으로 나누어 볼 때 국내총생산(Y)은 $Y_1 + Y_2$, 취업자(L)는 $L_1 + L_2$로 표시할 수 있다.

여기서 취업자 1인당 국내총생산 ($y = Y/L$)의 증가율 $\dot{y}$은 식 (1)과 같이 생산성 증가에 말미암은 부분과 부문 간 노동이동에 말미암은 부분으로 나누어 볼 수 있다(Syrquin 1986, 강두용 2003).

$$\dot{y} = [\theta \dot{y}_1 + (1-\theta) \dot{y}_2] + [\theta \dot{w} + (1-\theta)(1-\dot{w})] \tag{1}$$

단, $\theta = Y_1/Y$, $w = L_1/L$, DOT는 변수의 증가율을 각각 의미

따라서 $\dot{y}$에서 생산성 증가의 기여도를 뺀 부분을 경제성장에 대한 노동력 배분 변화의 기여(GAE)라고 할 수 있으며 GAE는 탈산업화가 성장에 미치는 영향을 의미한다. GAE는 식 (2)로 간단히 정리할 수 있다.

$$GAE = \theta(\dot{L}_1 - \dot{L}) + (1-\theta)(\dot{L}_2 - \dot{L}) \tag{2}$$

2. 분석결과

2030년까지 L, w와 θ를 추정하여 탈산업화의 영향 GAE를 추정하였다. L은 통계청 장래인구추계에 의거, 연령계층별 경제활동참가율과 실업률은 2002년 수치가 고정되는 것으로 가정하고

전망하였다.

w는 1990~2002년의 추세를 연장하였다[식 (3)].

$$w_t = 0.285 - 0.036\log(t) \tag{3}$$
$$(57.66) \quad (-13.39)$$

단, t는 1991년을 1로 표준화(즉, t = 연도－1990)

θ는 제조업과 비제조업의 생산성 격차가 현 수준대로 유지된다는 가정 아래 추계하였다.

$$\theta = Y_1/(Y_1 + Y_2) \tag{4}$$
$$Y_1(t) = \overline{y_1}\,e^{mt} \times L_1 \tag{5}$$
$$Y_2(t) = \overline{y_2}\,e^{ot} \times L_2 \tag{6}$$

시뮬레이션을 위한 파라미터의 설정

변수	내역 (단위)	수치	비고
$\overline{y_1}$	2002년의 실질GDP/취업자수 ; 제조업 (백만 원)	41.9	
$\overline{y_2}$	2002년의 실질GDP/취업자수 ; 비제조업 (백만 원)	19.3	
m	생산성증가율 ; 제조업	0.066	최근 10년 평균[1]×조정계수[2] (5.0/6.5)
o	생산성증가율 ; 비제조업	0.019	〃

주 : 1) 1992~2002(외환위기 제외).
   2) 잠재GDP의 하락 반영.

시뮬레이션 결과에 따르면 탈산업화는 2010년까지 매년 0.7%포인트, 그 이후에는 0.5~0.6%포인트 정도 잠재성장률을 저하시킨다.

최근의 아파트가격(전국기준) 상승 추세를 1980년대 말의 가격 급등기와 비교하여 보면 상승 속도는 비슷하나 가격 상승폭이나 상승기간은 아직 작다.

2001. 1~2003. 10(34개월) 동안에 전국 아파트가격은 54.1% 상승한 반면 1987. 5~1991. 4월(48개월)에는 127.9% 상승하였으며, 실질가격 기준으로는 최근 상승폭이 23.1%로 1980년대 후반 46.7%를 하회하고 있다.

그러나 임대료, 보유비용, 가계소득 등에 대한 상대적 가격수준은 1980년대 말에 견주어 장기 균형가격에서 훨씬 더 크게 벗어나 있는 것으로 분석된다.

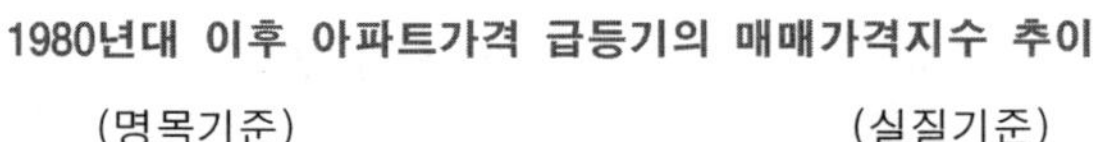

1980년대 이후 아파트가격 급등기의 매매가격지수 추이

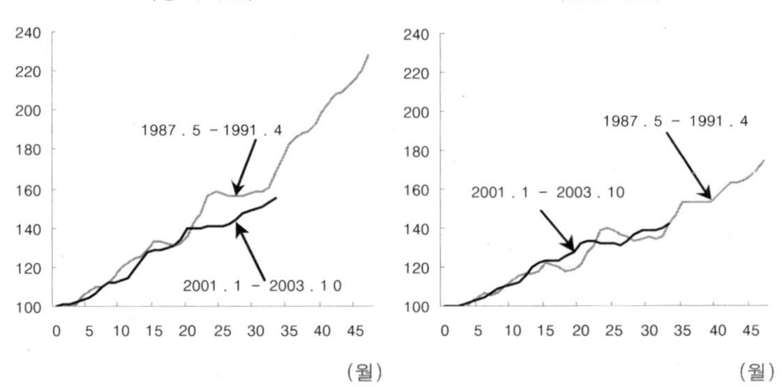

아파트가격-임대료 비율 : Price-Earning Ratio

최근 아파트가격-임대료 비율은 18.1로 장기평균치(10.0)를 크게 상회하고 있는데, 이는 임대수입대비 상대가격이 장기 균형수준에서 크게 벗어나 있음을 의미하며, 아파트 가격 상승이 투기요인 등 실수요 이외의 요인에 의한 것임을 시사한다.

반면 1980년대 말에는 임대료 대비 아파트 상대가격이 장기평균수준을 크게 벗어나지 않았다.

아파트가격-임대료 비율(PER)[1] 추이

주 : 1) 아파트 매매가격지수/(아파트 전세가격지수×3년 만기 회사채수익률의 12개월 이동평균).

아파트 사용자비용 : User Cost of Housing Capital

최근의 아파트 사용자비용은 -10~-20% 수준으로 장기 평균수준(5.5%)을 크게 하회하고 있으나 이는 1980년대 말과 비슷한 수준이다.

아파트 사용자 비용은 금융비용(대출금리)-아파트가격 기대상승률로 이는 아파트 보유에 따른 기회비용 개념으로 장기평균치를 하회할수록 가격상승기대가 과다함을 의미한다.

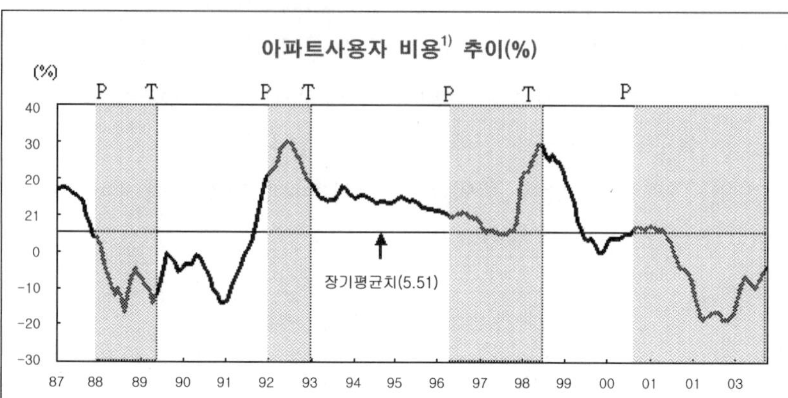

주 : 1) 금융비용은 3년 만기 회사채수익률의 12개월 이동평균을, 아파트가격
　　　기대상승률은 t+1기의 아파트가격 상승률을 사용

아파트가격-가계소득비율 : Price-Income Ratio

　아파트가격-가계소득 비율은 경기둔화로 소득 증가가 낮아
지는 가운데 아파트가격이 상승하면서 장기 추세선을 크게 상
회하고 있다. 이는 고성장으로 소득증가율이 높았던 1980년대
말보다 괴리폭이 더 큰 것이다.

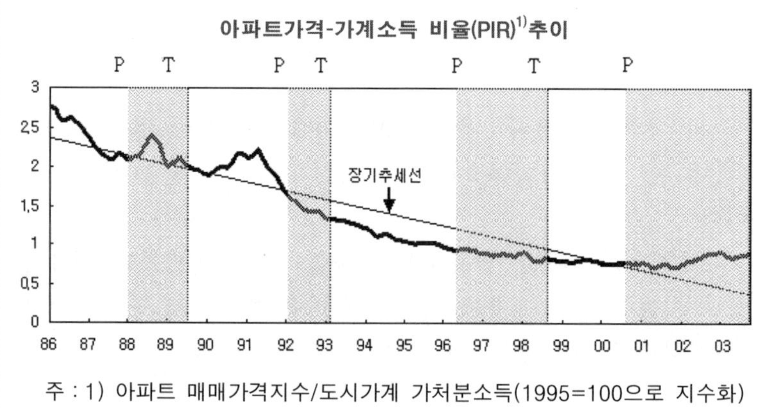

주 : 1) 아파트 매매가격지수/도시가계 가처분소득(1995=100으로 지수화)

주성분 분석에 의한 종합지수

앞에서 본 3개 지표를 주성분 분석(principal component analysis)*을 통해 종합지수화하여 보면 최근의 아파트가격은 1980년대 말 가격급등기에 견주어 균형가격을 훨씬 큰 폭으로 상회한다.

* 세 변수로 이루어진 선형조합 가운데 분산이 가장 큰 조합을 추출하는 기법.

절대가격 상승률은 1980년대 급등기보다 낮으나 임대료, 보유비용, 소득에 대한 상대가격의 장기평균수준과의 괴리폭은 약 2배에 달한다.

아파트가격 종합지수[1] 추이

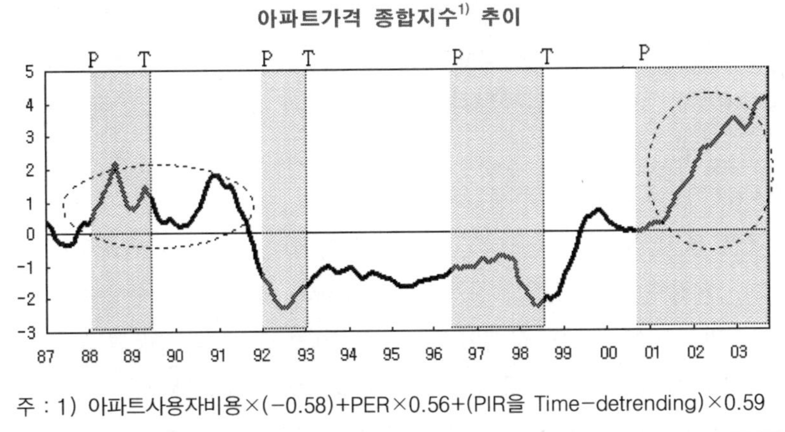

주 : 1) 아파트사용자비용×(−0.58)+PER×0.56+(PIR을 Time−detrending)×0.59

참고문헌

강두용(2003), 《탈공업화가 성장과 경기변동에 미치는 영향》, 산업연구원.

교육인적자원부(2001), 《과외비 실태조사》.

김병화·임현준(2002), 〈설비투자 결정요인 분석〉, 《경제분석》 제8권 제4호, 한국은행 금융경제연구원.

김용진·이종화(1999), 〈한국경제의 생산성 변화와 산업정책의 역할〉, 《한국경제의 분석》, 한국금융연구원.

김치호·문소상(2000), 〈잠재 GDP 및 인플레이션 압력 측정결과〉, 《경제분석》 제6권 제1호, 한국은행 금융경제연구원.

대한상공회의소(2003), 〈국내기업의 중국진출현황과 애로조사〉.

박종규·조윤제(2002), 〈한국경제의 구조적 문제점 : 위기 이전과 이후〉, 한국금융학회 2002 정책심포지엄 발표논문.

이동호(1998), 《영국 산업사양화의 요인분석과 그 교훈》, 한국경제연구원.

통계청(2001), 〈장래인구추계결과〉, 보도자료.

한국은행 조사국(2003), 《우리경제의 중장기 발전과제》, 한은조사연구.

한진희·최경수·김동석·임경묵(2002), 《한국 경제의 잠재성장률 전망 : 2003-2012》 정책연구시리즈 2002-07, 한국개발연구원.

橋本壽朗(2001), 〈1990年代における日本經濟の構造轉換〉, 《경제발전연구》 제7권 제2호, 한국경제 발전학회.

宮川努·笛田郁子·吉田倫子(2003), 〈低利潤率, 資本過剩, 日本の長期沈滯〉, JCER Review Vol.54, 日本經濟研究センタ-.

武田晴人(2001), 〈1990年代日本の長期不況 ; その原因と對應〉, 《경제발전연구》 제7권 제2호, 한국경제 발전학회.

Abramovitz, M.(1986), "Catching-up, Forging Ahead, and Falling Behind,"

Journal of Economic History, No.36.

Baumol, W. J., Sue A. Blackman and E. N. Wolff(1989), *Productivity and American Leadership : The Long-View*, MIT Press.

Beath, J.(2002), "UK Industrial Policy : Old Tunes on New Instruments?," *Oxford Review of Economic Policy*, Vol. 18, No. 2.

Bordo, M. D. and O. Jeanne(2002), "Boom-Busts in Asset Prices, Economic Instability and Monetary Policy," *NBER Working Paper* No. 8966.

Borio, C. and P. Lowe(2002), "Asset Prices, Financial and Monetary Stability : Exploring the Nexus," *BIS Working Paper* No. 114.

Bundesbank(2003), *Ways out of the Crisis : Some Points to Consider for Economic Policy in Germany.*

Crafts, N.(1998), "East Asian Growth Before and After the Crisis," *IMF Working Paper* No. 98/137.

Crafts, N. and N. Woodward(1991), *The British Economy Since 1945.*

Denis, C., K. McMorrow and, W. Röger(2002), "Production Function Approach to Calculating Potential Growth and Output Gaps-Estimates for the EU Member States and the US," *European Commission Economic Papers* 176.

Eichengreen, B.(1996), "Institutions and Economic Growth : Europe after World War II," in N. Crafts and G. Toniolo (eds.), *Economic Growth in Europe since 1945.* Cambridge University Press.

Elbaum, B. and W. Lazonick(1984), *The Decline of the British Economy*, Clarendon Press.

Gardner, N.(1987), *Decade of Discontent*, Basil Blackwell.

Gollin, D.(2002), "Getting Income Shares Right," *Journal of Political Economy*, 110 (2).

Heckman, J.(2002), "Flexibility and Job Creation : Lessons for Germany,"

NBER Working Paper 9194.

Kaplinsky, R.(1999), "If You Want To Get Somewhere Else, You Must Run at Least Twice as Fast as That! ; The Roots of the East Asian Crisis," *Competition and Changes* Vol. 4, No.1.

Krainer, J.(2003), "House Price Bubbles," *FRB San Francisco, Economic letter*.

Krugman, P.(1994), "The Myth of Asia's Miracle," *Foreign Affairs* 73(6).

Levine, R.(1996), "Financial Development and Economic Growth : Views and Agendas," *World Bank Policy Research Working Paper* No.1678.

OECD(2003a.), *Education At a Glance*.

______(2003b), *Science, Technology and Industry Scoreboard*.

______(1999), *Employment Outlook*.

Sleebos, J.(2003), "Low Fertility Rates in OECD Countries : Facts and Policy Responses," *OECD Working Papers* No. 15.

Syrquin, M.(1986), "Productivity Growth and Factor Reallocation," in H. Chenery et al. (eds.) *Industrialization and Growth*, World Bank.

Timmer, M. and A. Szirmai(1997), "Growth and Divergence in Manufacturing Performance in South and East Asia," Research Memorandum GD-37, *University Groningen Growth and Development Centre*.

Weingast, B.(1995), "The Economic Role of Political Institutions : Market-Preserving Fiscal Federalism and Economic Development," *Journal of Law, Economics and Organization*, II.

〈부록〉 잠재GDP 성장률 전망(2004~2013)

1. 추정모형[26]

잠재GDP 성장률 추정 모형은 Cobb-Douglas 함수를 기초로 한 생산함수 접근법을 이용하였다. 생산요소는 노동, 자본 및 기술수준이며 추정기간은 1976년 1/4분기에서 2002년 4/4분기까지이다. 추정결과는 아래 식(1)과 같다.

$$\ln(Y/L)_t = 0.0407 + 0.3429\ln(K/L)_t + 0.1370\ln(RD/L)_t \tag{1}$$
$$\quad\ \ (0.74)\quad\ \ (18.06)\qquad\qquad (10.74)$$

단, Y는 GDP, L은 취업자수, K는 자본스톡, RD는 기술스톡임.

위 (1)식을 이용하여 1980년대 이후 잠재성장률을 추정해보면 잠재GDP 성장률이 1980년대 7.5%, 1990년대 6.6%, 2000.1/4분기~2003.4/4분기에는 4.8%로 지속적으로 하락한 것으로 나타난다.

한편 HP필터법과 구조 VAR모형을 이용한 경우에도 최근의 잠재GDP 성장률은 약 5% 정도로 추정된다.

<표 1> 잠재성장률 추이

(%)

	1981~1990	1991~2000	2001~2003
생산함수접근법	7.5	6.6	4.8
HP 필터법	8.0	5.8	5.0
구조 VAR 모형	8.0	6.6	4.7
실제 GDP성장률	8.5	6.3	4.1

---

26) 이 추정부분은 기본적으로 김치호·문소상(2000)을 연장한 것이다.

2. 생산요소 전망

가. 노동

2004~2013년 취업자는 통계청(2001)의 장기 인구전망에 따른 생산가능인구(15~64세) 전망치를 바탕으로 15세 이상 인구와 경제활동참가율을 전망하여 추정하였다.

생산가능인구 증가율은 1980년대 연 2.3%, 1990년대 1.4%, 2000~2003년 0.8%에서 2004~2013년에는 0.6%로 더욱 낮아질 것으로 전망된다. 또한 15세 이상 인구 증가율도 생산가능인구 둔화와 함께 낮아지겠으나 인구고령화로 생산가능인구 증가율을 다소 상회할 것으로 전망된다. 경제활동참가율은 전반적인 교육수준 향상을 반영하여 소폭 상승할 것으로 전망된다(구체적인 추정방법은 〈참고 1〉 참조).

〈그림 1〉 15세 이상 인구[1)]와 생산가능 인구[2)] 증감률 추이

주 : 1) 군인, 전투경찰, 방위병, 형이 확정된 교도소 수감자 등 제외.
　　 2) 15세~64세 인구.

(%)

	1971~1980	1981~1990	1991~1997	1998~2003	2004~2013
생산가능 인구증가율	3.1	2.3	1.4	0.8	0.6
15세 이상 인구증가율	3.4	2.4	1.7	1.2	1.0
경제활동참가율	58.9	58.0	61.5	61.4	63.2

〈참고 1〉 취업자수 전망(2004~2013)

〈그림 1〉에서 보는 바와 같이 15세 이상 인구 증가율은 생산가능 인구증가율과 높은 상관관계를 보이고 있으므로 아래와 같은 단순회귀모형을 이용, 향후 10년 동안의 15세 이상 인구증가율을 추정하였다.

$$15세\ 이상\ 인구증가율 = 0.342 + 0.9545\ 생산가능\ 인구증가율$$
$$(6.48)\quad(40.64)\qquad\qquad \overline{R^2} = 0.92$$

· 추정기간 1970년 1/4분기 ~ 2003년 2/4분기.

경제활동참가율은 일반 국민의 교육수준에 영향을 받는다고 가정하고 아래의 추정모형을 이용하여 향후 10년 동안의 경제활동참가율을 전망하였다.

$$\ln(경제활동참가율) = 3.268 + 0.35\ln(교육수준^*)\quad \overline{R^2} = 0.75$$
$$(60.66)\quad(15.21)$$

· 추정기간 1985년 1/4분기~2003년 2/4분기.
* 교육수준은 25세 이상 인구의 학력구성비 자료를 기초로 평균교육연수를 산출하고, 이의 시계열추세를 향후 10년까지 연장하여 이용하였다.

실업률은 2003년 상반기 평균 실업률 수준(3.4%)이 유지된다고 단순하게 가정하였다.

나. 자본스톡

향후 10년 동안의 투자 규모를 투자함수 추정에 따라 전망하는데에는 외환위기 이후 기업의 투자행태 변화[27]와 불확실성 증대 등으로 어려움이 있다.

이에 따라 2004~2013년의 투자는 1990년대 전반까지의 투자 증가율 추이를 기준으로 최근 수준보다는 회복되나 1990년대 전반 투자증가율보다는 다소 낮은 연 7% 정도로 전제하였다. 향후 자본스톡은 이러한 투자전망치를 김치호·문소상(2000)의 자본스톡 추계치에 누적하여 연장 추정하였다.

다. 기술스톡

우리 경제의 기술수준을 나타내는 대용변수로 특허등록과 특허출원 건수를 합산하여 지수화한 기술력지수를 추정하였다. 기간별 불규칙성을 제거하기 위해 5년 이동 평균하여 사용하였다.

기술력지수 증가율은 외환위기 이전까지 지속적으로 높아졌으나 이후 특허출원의 급감 등으로 1970년대와 비슷한 연 10.6%로 둔화되었다. 향후 10년 동안 기술력지수는 최근의 R&D 투자 확대 등을 감안할 때 그 증가율이 다소 높아질 것으로 전망된다. 외환위기 이전인 1990~1997년의 기술력지수 증가율인 20%대를 회복할 것으로 예상된다. 기술스톡은 김치호·문소상(2000)의 기술스톡 추계치에 기술력지수 전망치를 누적하여 연장 추정하였다.

---

27) 투자는 통상 성장률이 높아지고 주가가 상승하면 늘어나고 자본재가격, 금리, 환율 등이 상승할 경우에는 감소하게 되나(김병화·임현준 2002) 외환위기 이후 기업의 투자재원 조달방식이 차입의존에서 사내유보로 전환하는 등 구조적 변화로 말미암아 이러한 전통적 관계가 변화하였다.

<표 3> 투자증가율 추이

(%)

	1970~ 1980	1981~ 1985	1986~ 1990	1991~ 1995	1996~ 1999	2000~ 2003(2/4)
총고정자본 형성	14.7	7.8	16.6	8.4	-2.9	4.7
건설투자	12.7	8.8	16.2	6.6	-2.8	2.3
설비투자	23.2	6.5	17.8	11.6	-0.1	9.8

자료 : 한국은행, 《국민계정》 각호.

<표 4> 특허등록, 출원건수 및 기술력지수 추이

(연평균 증가율, %)

	1971~1980	1981~1990	1991~1997	1998~2002
특허출원	14.0	18.1	21.7	3.8
특허등록	34.0	21.9	18.8	23.9
기술력지수	10.9	16.5	20.8	10.6

자료 : 특허청(2003), 《지식재산통계연보》.

3. 잠재GDP 전망

가. 기준(baseline) 전망

각각의 생산요소에 대한 전망을 토대로 향후 10년(2004~2013) 동안의 연평균 잠재GDP 성장률을 전망해 보면 현 수준과 비슷한 약 5% 정도의 성장률을 유지할 수 있을 것으로 전망된다. 기간별로는 2004~2008년은 연 5.0%, 2009~2013년은 연 4.8% 정도로 예상된다.

다만 R&D투자 증가에도 기술수준이 현재보다 향상되지 못할 경우 향후 10년 동안의 연평균 잠재GDP 성장률은 4.6%로 다소 낮아질 가능성도 있다.

<표 5> 잠재성장률 전망과 생산요소별 기여도 추이

(연평균, %)

	1981~1990	1991~2000	2001~2003	2004~2008	2009~2013	2004~2013
노동	1.45	0.93	0.99	0.76	0.61	0.69
자본	4.18	3.32	2.12	2.23	2.23	2.23
기술	1.86	2.30	1.65	2.0 (1.7)	2.0 (1.7)	2.0 (1.7)
잠재GDP 성장률	7.50	6.56	4.77	4.99 (4.69)	4.84 (4.54)	4.92 (4.62)

주 : 1) (   )안은 기술수준이 향상되지 못할 경우

<그림 2> 잠재성장률 추이

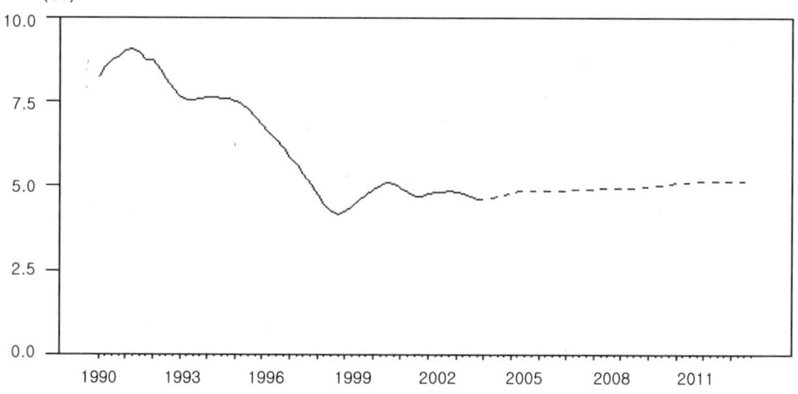

나. 비관적·낙관적 전망

기준전망을 기초로 향후 경제여건이 더 악화되는 경우(비관적 시나리오)와 개선되는 경우(낙관적 시나리오)의 잠재GDP 성장률을 추정해 보았다.

비관적 시나리오는 경제활동참가율이 현재 수준과 비슷한 61.5%에 정체되고, 투자는 2000~2003년에 이룬 5%의 저조한 투자증가율이 지속되는 한편 기술의 성장기여도(생산성)가 지금보다 낮은 1.5% 정도에 머무르는 경우이다.

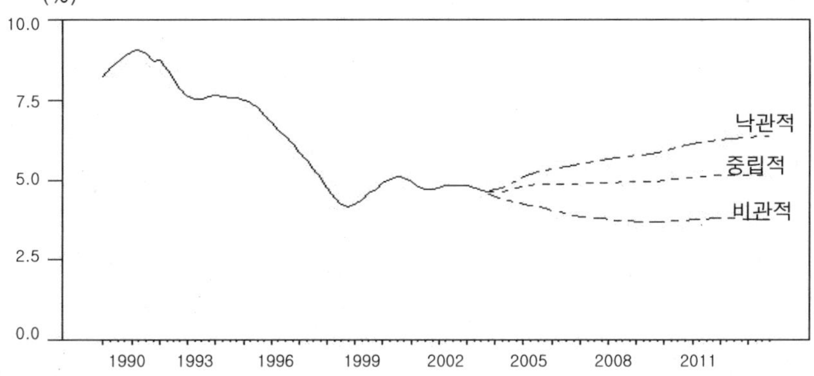

<그림 3> 시나리오별 향후 10년간 잠재GDP 성장률 추이

<표 6> 시나리오별 잠재성장률과 요인별 성장기여도

	2004~2008	2009~2013	2004~2013
(기준 전망)	4.68~4.99	4.54~4.84	4.61~4.92
노동(경제활동참가율 : 63.2%)	0.76	0.61	0.69
자본(투자율 : 7%)	2.22	2.23	2.22
생산성(1.7~2%)	1.7~2.0	1.7~2.0	1.7~2.0
(비관적 전망)	4.12	3.76	3.92
노동(경제활동참가율 : 61.5%)	0.59	0.42	0.50
자본(투자율 : 5%)	2.03	1.84	1.94
생산성(1.5%)	1.5	1.5	1.5
(낙관적 전망)	5.56	5.83	5.69
노동(경제활동참가율 : 65%)	0.84	0.72	0.78
자본(투자율 : 10%)	2.42	2.81	2.61
생산성(2.3%)	2.3	2.3	2.3

낙관적 시나리오는 경제활동참가율이 65%까지 상승하고 투자도 1980년대 중반 이후부터 1990년대 초반까지 달성되었던 10%의 투자증가율을 유지하는 한편 기술과 제도개선 등으로 생산성이 2.3%까지 상승하는 경우이다.

비관적인 경우 향후 10년 동안의 잠재GDP 성장률이 연 4% 이하로 하락할 수 있으며 낙관적인 경우는 연 5.7%로 비교적 높은 성장이 가능할 것으로 추정된다.

제5장
성장잠재력 변동요인의 동태적 분석과 시사점

문소상·이종건

>>>>>
본 장의 내용은 한국은행 금융경제연구원에서 발간된 《금융경제연구》 제175호
〈성장잠재력 변동요인의 동태적 분석〉(2004. 3)을 일부 수정·보완한 것임.

I. 머리말

1990년대 들어 세계화, 기술발전, 규제완화의 진전으로 기업경쟁이 심화되는 가운데 외환위기의 충격으로 경제 전반의 구조적 변화가 수반됨에 따라 한국경제의 활력이 약화됨은 물론 장기적인 성장잠재력 저하에 대한 우려가 높아지고 있다. 더욱이, 최근 중국경제의 부상은 요소투입 중심의 양적 경제성장에 의존하던 한국경제에 큰 위협으로 작용하고 있다.

이와 같은 대내외 경제여건의 변화 속에서 한국경제가 안정성장을 지속하기 위해서는 고부가가치 창출을 가능케 하는 혁신주도형 경제성장체제로의 전환이 필요하다. 국가경제발전 단계론(Porter 1990)[1]의 관섬에서 한국경세의 발전단계를 평가해 볼 때, 우리나라는 이미 '요소주도'(1960~1970년대)와 '투자주도'(1980~1990년대)의 경제발전단계를 지나 '혁신주도'의 경제성장단계에 진입중인 것으로 보인다. 따라서 지식·혁신기반 경제성장체제를 확고히 정착시키는 것이야말로 새로운 성장 패러다임을 모색하여 경제활로를 찾아야 하는 우리 경제의 주요 당면과제라 하겠다.

아울러 최근 들어 소득수준 향상, 민주화 진전 등으로 국민의 욕구가 다원화되면서 '물적 풍요로움'을 추구하는 양적 경제성장

---

1) Porter(1990)는 국가의 경제발전단계를 크게 요소주도, 투자주도, 혁신주도, 부(wealth) 주도 단계로 구분하고 있다. 먼저, '요소주도 경제'의 특징은 천연자원, 자연조건 또는 풍부하고 값싼 노동력이 성장의 원천이며, 기술모방, 외국자본 도입에 주로 의존하는 OEM 생산체계가 주를 이룬다. '투자주도 경제'는 1980년대 한국과 같이 왕성한 투자드라이브에 의한 성장에 힘입어 산업고도화를 달성한 경제를 가리키며, 외국기술의 학습·개선을 통해 자체모델을 개발하는 능력을 일부 갖추고 있다는 특징이 있다. '혁신주도 경제'는 긴밀한 산업연관관계, 생산 및 수요부문 간 상호작용 등으로 혁신이 활발한 경제체제를 형성하여 다품종 소량생산에 의한 제품차별화나 제품혁신에 의한 성장을 이루는 특징을 보이며, '부(wealth) 주도 경제'는 영국과 같이 과거에 이룩한 부에 의존하여 성장을 지속시키며, 주로 금융, 오락, 문화산업 등이 주도하는 경제를 일컫는다.

뿐만 아니라 '삶의 질' 향상에 대한 기대도 높아지고 있다. 이에 따라 앞으로는 선진적인 복지사회 기반을 구축하기 위한 사회저축 확충과 함께 연대의식 함양 등 사회적 책임의식에 기초한 성장기반의 구축도 절실히 요구된다.

이와 같이 양적 성장모형의 한계에 대한 인식이 확산되면서 성장잠재력 결정요인에 대한 연구도 기존의 요소투입 확대에서 점차 총요소생산성 향상에 초점을 두고 이를 결정하는 기술·제도요인 등의 중요성을 강조하는 경향을 보이고 있다. 즉, 경제성장의 원천에 관한 논의에서 종래에는 제도적 변화(institutional change)가 없다고 가정하고 기술진보와 같은 기술적 변화(technological change)만을 혁신적인 생산요소로 고려해 왔으나, 글로벌경제 아래에서는 시장경제를 운영하는 법·제도·규범·규약 등의 역할이 중시되고 있다. 이와 함께, 혁신환경 조성과 관련하여 지리적 입지(location)와 시장(market)의 중요성도 차츰 부각됨에 따라 이와 상응하는 산업연관관계와 수요조건 등과 같은 경제여건도 경제성장의 중요한 요소의 하나로 여겨지고 있다(Porter 1990).

따라서 기존의 전통적인 생산함수에 기술혁신과 제도적 변화, 그리고 기타 경제여건의 역할을 강조한 새로운 성장모형을 설정한 다음 이를 바탕으로 소규모 개방경제 아래에서 지속가능성장 전략을 모색하고 우리 경제가 나아갈 장기비전을 제시할 필요가 있다. 이러한 관점에서 이 연구는 경제성장의 결정요인에 대한 최근의 이론적 논의를 살펴보고, 자본·노동, 기술·제도 뿐만 아니라 산업연관관계, 수요조건 측면까지 감안한 새로운 성장모형을 바탕으로 우리나라의 성장잠재력 변동요인을 동태적으로 분석하고 정책적 시사점을 도출하고자 한다.

이 논문의 구성은 다음과 같다. II절에서는 성장잠재력의 의의와 이와 관련된 주요 논의를 개관한 다음 III절에서는 생산요소, 기술·제도, 산업연관관계, 수요조건 등 네 가지 성장동인을 중심으로 성장잠재력 결정요인의 변동추이를 살펴보고자 한다. Ⅳ절에서는 한국의 1983~2002년 성장잠재력 결정모형을 추정하고 이를 바탕으로 우리나라의 성장잠재력이 어떻게 변동해 왔는지 각 요인별로 분석하고자 한다. 마지막으로 Ⅴ절에서는 실증분석 결과를 종합·정리하고 이를 바탕으로 성장잠재력 확충방안을 위한 정책적 시사점을 도출하고자 한다.

Ⅱ. 성장잠재력의 의의와 주요 논의

1. 성장잠재력의 의의

일반적으로 성장잠재력(growth potential)이란 한 나라의 경제가 보유하고 있는 노동, 자본, 기술과 같은 생산요소를 투입해 적정수준의 산출물을 최대한 생산해낼 수 있는 잠재적인 성장(potential growth) 능력을 뜻한다.

전통적으로 성장잠재력은 노동과 자본축적 등 양적 투입요소에 따라 주로 결정되는 것으로 간주되어 왔으나, 최근에는 생산요소의 양적 요인 외에도 노동과 자본에 각각 체화된 인적자본, 연구개발 투자와 같은 생산요소의 기술적 요인, 제도 또는 불확실성 등 외생적 여건도 장기적으로 성장잠재력을 결정하는 요인으로 간주되고 있다.

잠재성장에 대한 개념과 추정방법은 매우 다양하나 Scacciavillani and Swagel(1999)은 잠재성장 추정에 대한 기존연구를 케인지안적 관점과 신고전학파적 관점 두 가지로 분류하고 있다.

케인즈학파는 경기변동이 총수요의 변동에 따라 주로 일어난다는 전제 아래 잠재성장률의 개념을 정의하고 생산요소의 가동률과 인플레이션 사이의 관계 등을 고려한 생산함수접근법을 적용하여 잠재성장률을 추정하고 있다.

반면, 신고전학파는 주로 경기변동이 공급충격 또는 이에 대한 경제주체들의 반응과정에서 주로 발생한다고 보고, 잠재성장이 공급측면에서의 충격에 따라 결정되는 것으로 파악한다. 즉, 잠재생산량을 생산물의 영구적인 요소로 간주하고 주로 단일 또는 다변량 시계열분석방법을 이용하여 잠재성장률을 추정한다.

한편, 성장잠재력과 성장경로의 관계를 살펴보면(〈그림 1〉 참조), 기술진보와 자본축적이 미약한 경제성장의 초기 단계에서는 상대적으로 풍부한 노동력에 힘입어 경제가 성장하다가(산업화기) 이후 생산요소의 축적과정에서 수확체증현상, 규모의 경제가 작용하면서 성장잠재력이 비약적으로 상승(고도성장기)하게 된다. 그러나 경제가 성숙함에 따라 생산요소의 추가적 투입이 한계에 이르면서 성장이 점차 둔화되는 안정성장기에서는 기술진보 등 생산성 향상에 따라 성장이 견인되는 패턴을 보이는 것이 일반적이다.

〈그림 1〉 경제의 일반적 성장경로

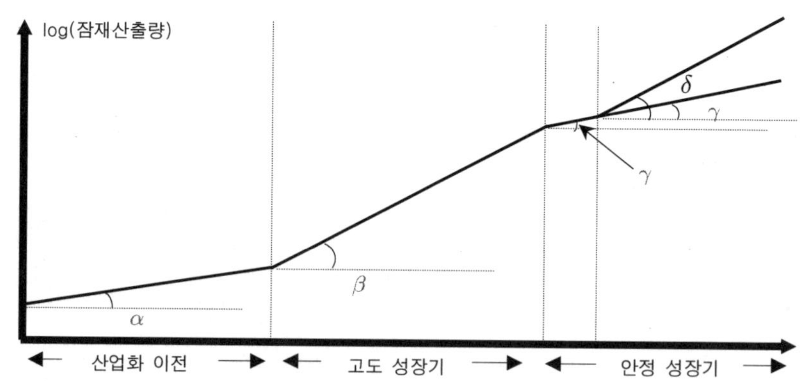

2. 성장잠재력의 결정요인

경제의 총체적 생산함수를 가정할 경우, 성장잠재력(Y_t)을 결정하는 요인은 크게 노동(L_t)과 자본(K_t) 등 생산요소의 투입과 투입-산출의 효율성을 나타내는 총요소생산성(A_t)으로 나눌 수 있으며, 총요소생산성은 다시 기술(T_t), 제도(I_t), 기타(Z_t) 요인(문화적 요인, 자원재배분 등) 등으로 구분할 수 있다.

$$Y_t = f(L_t,\ K_t,\ A_t),\ A_t = g(T_t,\ I_t,\ Z_t)$$

그러나 점차 세계화, 정보화 등으로 경쟁이 격화되는 가운데 노동, 자본 등 물적 생산요소의 양적 투입에 따른 성장기여가 한계에 이르면서 기술, 제도 및 경제환경 등 총요소생산성의 향상을 통한 성장견인에 많은 관심이 모아지고 있다.

Solow(1957) 등 전통적인 신고전파 성장모형에서는 제도적 변화가 없다고 가정하고 A_t를 기술진보에 따른 외생적 요인으로만 간주한 데 반해, 내생적 성장이론(endogenous growth theory)은 경제의 성장잠재력이 유형자본의 축적이나 노동인구 증가보다는 인적자본, 연구개발기술력 등에 의해서도 영향을 받는다고 주장하고 있다. 신제도학파 경제학자들도 신고전파 성장이론이 외생적으로 간주한 제도의 중요성을 부각시키면서 경제성장과 제도적, 문화적 요인 사이에 서로 밀접한 관련이 있음을 강조하고 있다.

특히 체제의 안정성, 경제제도와 정책의 투명성, 민간부문의 활성화, 금융·IT 등 기반산업의 육성 등이 국가간 경제수준의 격차와 일국의 성장속도 변화에 중대한 영향을 미칠 수 있다고 주장한다(North 1990). 제도는 경제활동을 위축시키는 불확실성을 제거하고(North 1990), 각 경제주체들의 경제활동을 조정하는 기능을 수행함으로써(Lachamnn 1970) 사회구성원의 경제(經濟)하려는 의

지를 극대화시키고, 이는 곧 경제성장의 원동력으로 작용하기 때문이다.

한편, Porter(1990)는 지리적 입지(location)에 따른 산업집적(cluster)이 경쟁과 혁신환경 조성 등의 효과를 통해 경제성장에 중요한 영향을 미치고 있다고 주장하면서 산업연관관계, 수요기반을 추가적으로 감안한 혁신주도형 성장모형을 제시하고 있다(〈그림 2〉 참조). 산업집적은 지리적으로 인접하고 있는 연계기업, 특정 영역의 연관기관 등이 유사성, 보완성 등으로 연결된 집단을 가리키는데, 산업집적을 형성하는 지리적 영역은 협의의 시, 주정부에서 광의로는 국가, 또는 이웃 국가들의 네트워크에 이르기까지 광범위하게 해석될 수 있다.

산업집적을 통한 기능별 연계에 대한 총체적 분석방법은 경쟁, 생산성에 대한 이해를 높일 뿐만 아니라 신규산업의 탄생과 혁신의 방향 등에 대한 이해의 폭을 넓혀준다는 장점이 있다(Porter 1990). 즉, 이 모형은 신고전파, 내생적 성장이론 및 제도학파에서 고려하는 요소조건, 기업경쟁을 촉진하는 기술 및 제도조건뿐만 아니라 산업연관관계, 수요조건을 추가적으로 고려함으로써 혁신과정의 동태적 메커니즘을 파악하는 데 도움이 된다.

혁신주도형 성정모형을 구성하는 기본 요건은 요소조건, 수요조건, 산업연관관계, 기업전략 등 제도조건으로 크게 네 가지로 분류하여 살펴볼 수 있다. 먼저, (ⅰ) 요소조건은 숙련된 노동 또는 하부구조 등과 같이 기존 산업경쟁에 필요한 생산요소의 특성을 뜻한다. 다음으로, (ⅱ) 수요조건은 해당산업이 창출하는 재화와 서비스에 대한 내수의 특성을 나타낸다. 그리고 (ⅲ) 연관산업 등 산업연관관계는 국제적으로 경쟁력 있는 공급자 산업이나 여타 연관산업의 국내 존재 여부를 뜻하는데, 혁신환경 조성여건에는 관련산업의 존재여부가 특히 중요한 구실을 한다.

박승(2001)은 후진국의 경우 기술흡수력이 빈약하여 국내산업과 수출산업간에 이중구조가 고착됨으로써 산업간 연관효과(linkage effect)가 미약한 특징이 있다고 지적하고 있다. 마지막으로 (iv) 기업전략 등 여러 제도조건은 기업의 창업, 조직, 관리 등과 국내 기업간의 경쟁구조를 지배하는 국가 기구의 특성을 반영한다.

<그림 2> Porter의 혁신주도형 성장모형

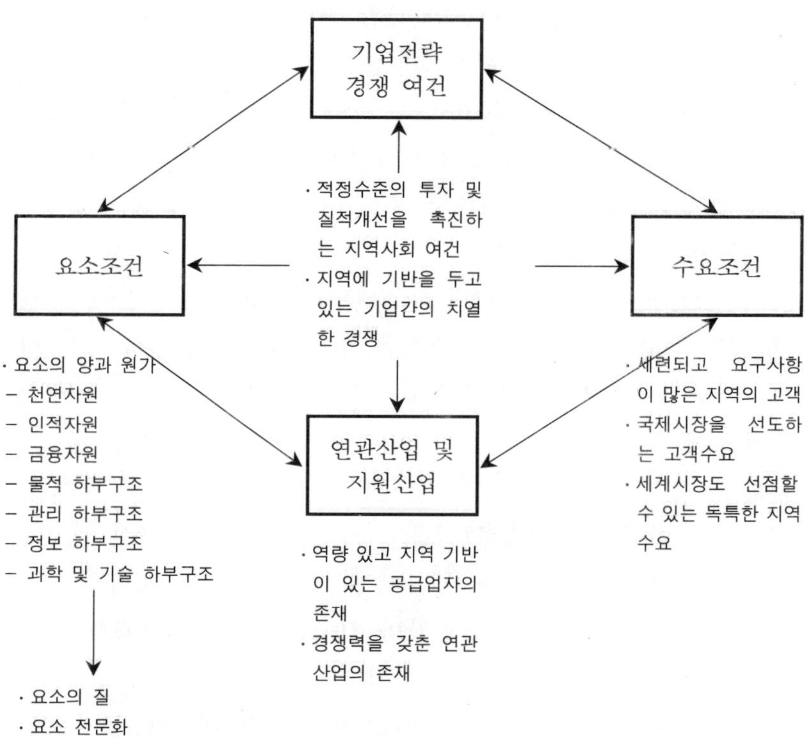

자료 : 마이클 포터(2001).

3. 한국의 성장잠재력에 관한 주요 논의

세계은행(1993)은 〈동아시아의 기적〉이란 보고서에서 (i) 기초경제여건(fundamental)의 건전성, (ii) 높은 저축률과 투자율, (iii) 교육열과 양질의 노동력, 그리고 (iv) 재정건전성 유지 아래서 사회간접자본을 확충한 정부주도의 경제정책을 동아시아의 지속적인 경제성장 원천으로 평가하고 있다. 반면, Krugman (1994), Young(1993), 그리고 Bloom & Williamson(1997) 등은 한국 등 동아시아의 초고속 경제성장은 단순한 자원동원, 즉 자본과 노동과 같은 생산요소의 양적 투입에 힘입은 고속성장의 결과이며 효율성 증진에 따른 성과가 아니라고 지적하고 있다. 아울러, Mody(1999)는 정부주도 아래의 양적 성장정책이 국제적 경쟁심화를 체화할 수 없어 외환위기를 맞게 되었다고 주장하면서 경제체제의 효율성 결여를 위기의 주 요인으로 보고 있다.

한편, 한국은행에서는 지난 1973년부터 2000년까지 3~4년 정도 주기를 두고 한국의 잠재성장률을 추정해 왔는데, 최근에는 장기성장기반 확충방안, 성장전략의 전환 필요성 등 중장기적인 관점에서 성장잠재력 제고방안에 대한 연구를 수행하였다. 여기서 양동욱 등(2003)은 기술·교육 등 공급측면에시의 경쟁력 저하 등이 성장잠재력에 부정적으로 작용할 가능성을 지적하면서 연구개발투자와 여러 제도개혁 등을 강조하였으며, 하준경(2003)은 양적 팽창 중심의 성장전략이 경제성장의 걸림돌로 작용하므로 혁신주도 성장전략으로 전환할 필요성이 있다고 주장하였다.

이 밖에 국내에서는, 이종화(2000), 이수희(2000), 장근호(2000) 등이 IMF 경제위기의 근본원인이 경제활동의 효율성을 보장하는 법적, 제도적 여건의 부족이라고 지적하고 향후 경제성장을 위해서는 경제제도의 근본개혁이 필요하다고 강조하고 있다.

Ⅲ. 성장잠재력 결정요인의 변동 추이

이 장에서는 혁신주도 경제성장모형에서 설정하는 네 가지 조건 즉, 요소조건, 기술·제도, 산업 연관관계, 수요조건 등과 관련지어 한국의 성장잠재력 결정요인의 변동추이를 살펴보고자 한다.

1. 노동, 자본 등 요소조건

1990년대 중반까지 2.5% 정도의 높은 증가율을 유지하던 한국의 노동력(경제활동인구 증가율)은 점차 고령화 등 인구구조 변화, 노동시장의 구조적 변화 등으로 말미암아 최근에는 1% 정도로 크게 둔화되었다. 특히, 한국은 2000년 65세이상 인구비중이 7%를 웃돌아 고령화사회에 이미 진입하였으며, 2019년에는 고령사회, 2026년에는 초고령사회에 진입할 것으로 예측되고 있는데, 이러한 고령화 진전속도는 세계에서 유례를 찾아보기 힘들다.

반면, 한국의 인적자본(근로자의 평균교육연수)[2]은 높은 교육열에 힘입어 꾸준히 상승하고 있는데, 1980년대 초반 중졸수준(9년)에서 2002년에는 고졸수준(11.5년)으로 평균 학력이 높아졌음을 알 수 있다. 그러나, 하준경(2003)은 이러한 학력수준을 기술모방의 단계로 규정하고 기술창조단계로의 진입을 위해서는 고등교육의 질적 향상에 초점을 맞춘 꾸준한 교육투자가 필요하다고 주장하고 있다.

---

2) 인적자본은 교육정도별 취업자 자료를 바탕으로 가중평균 교육연수를 산출하여 이용하였다.

$$\text{인적자본}_t = \sum_{i=1}^{n} \frac{y_{i,t}^e \times w_{i,t}}{w_t^T}$$

단, i : 초졸 이하, 중졸, 고졸, 전문대졸, 대졸 이상으로 분류,

y_i^e : i그룹의 평균교육연수, w_i : i그룹의 취업자수, w^T : 총취업자수.

<표 1> 노동, 투자 증가율 추이

(단위 : %)

	1971~1979	1980~1989	1990~1996	1997~2002
인구증가율	1.70	1.24	1.00	0.76
생산가능인구[1]	3.10	2.31	1.49	0.88
경활인구	3.86	2.47	2.38	1.01
취업자	3.94	2.60	2.46	0.88
경제활동참가율	58.80	57.97	61.17	61.03
총고정자본형성	17.45	8.57	9.20	-0.53
건설투자	14.45	8.98	9.21	-3.09
설비투자	27.84	8.52	9.59	6.57

주 : 1) 15~64세 인구.

자료 : 통계청, KOSIS ; 한국은행,《국민계정》각호.

<표 2> 고령화 진전속도 국제비교

	도달연도			증가소요연수	
	7%	14%	20%	7→14%	14→20%
한국	2000	2019	2026	19	7
일본	1970	1994	2006	24	12
프랑스	1964	1979	2020	115	41
독일	1932	1972	2012	40	40
영국	1929	1976	2021	47	45
이탈리아	1927	1988	2007	61	19
미국	1942	2013	2028	71	15

자료 : 일본 국립사회보장인구문제연구소(2000),《인구통계자료집》.

<그림 3> 인적자본[1] 추이

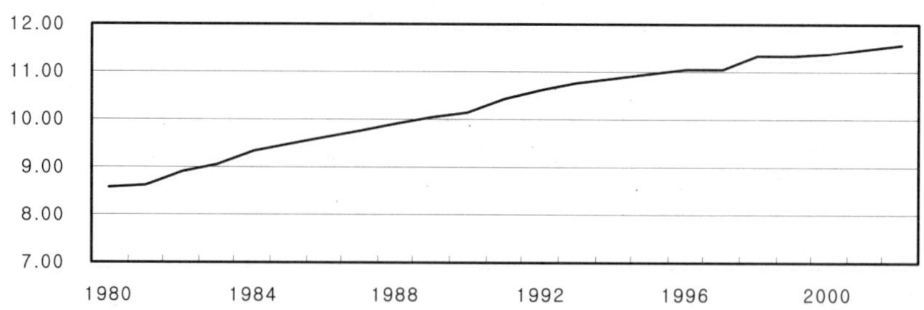

주 : 1) 근로자의 평균교육연수 기준.

<표 3> 기업규모별 해외이전 요인[1]

중소기업		대기업	
1. 인건비 등 비용절감	51.2%	1. 현지시장 개척	50.7%
2. 현지시장 개척	24.2%	2. 인건비 등 비용절감	37.0%
3. 협력업체 해외이전	12.0%	3. 제3국시장 진출	2.7%
4. 인력난	5.3%	4. 현지자원 확보	2.7%
5. 제3국시장 진출	2.4%	5. 현지기업과 전략적 제휴	1.4%

주 : 1) 1~5위 해외이전 사유 이외의 기타 요인으로는 원자재 등 현지자원 확보
(2.4%), 통상마찰 예방(0.5%), 국내규제 과다(0.3%), 국내 노사문제(0.2%)
등이 지적되고 있음.
자료 : 산업자원부(2003), 《해외 제조업 투자실상 및 실태조사 결과 분석》 11.

한편, 자본축적을 통해 성장잠재력 제고에 이바지하는 투자활
동은 외환위기 이전까지는 10% 안팎의 높은 증가율을 보였으나,
외환위기 이후 크게 낮아져 1997~2002년 기간에 -0.53%를 기록
하고 있다(<표 1> 참조). 외환위기 이후의 투자둔화 원인으로는
정치·경제적 불확실성 증대, 기업의 투자행태 변화, 값싼 노동력
이 풍부한 중국경제의 부상 등을 들 수 있다. 김병화·임현준
(2002)은 한국기업의 투자행태가 외환위기 이후 성장위주에서 수
익성 위주로 전환한 데다, 투자자금 조달방식도 금융기관 대출심
사 강화 등으로 말미암아 차입위주에서 내부자금 활용위주로 바뀌
면서 투자결정에 더 신중한 행태를 보이고 있다고 지적하였다. 이
와 함께 중소기업을 중심으로 인건비 등 비용절감 유인과, 대기업
의 현지시장 개척 유인이 크게 작용하여(<표 3> 참조) 중국 등 주
변 개발도상국에 대한 해외투자가 활발히 진전됨에 따라 산업공동
화에 대한 우려도 높아졌다.

2. 기술, 제도 등 기업경쟁 조성 측면

한국의 기술발전 추이를 국제특허 등록건수(미국 특허청 기준)
와 연구개발투자 활동을 중심으로 살펴보면, 1990년대 중반 이후
부터 기술발전이 어느 정도 진전되고 있는 것으로 평가된다.

1985년 한국의 국제특허등록비중은 0.06%로 극히 미미한 수준
이었으나 점차 그 비중이 높아져 1995년 1.14%, 최근에 2%를 웃
돌고 있다. 한국의 기술발전은 대기업 중심, 반도체 등 전기·전자
에 집중된 기술이라는 특징을 갖는다. 대만도 한국과 마찬가지로
전기·전자품목의 기술개발에 집중되어 있는 공통점이 있지만, 한
국과는 달리 기술개발의 주체가 개인으로, 이들의 개발비중이 70
~80%를 차지하고 있어 한국과는 다른 기술발전양태를 보이고 있
다. Jaffe(2001) 등은 국제특허등록건수, 정보통신 등 새로운 기술
분야에서의 두각 등을 고려해 볼 때 한국과 대만이 기술모방자
(imitator)에서 벗어나 기술혁신자(innovator)로 점차 발돋움하고 있
다고 평가하고 있다. 그러나, 2%대의 특허등록 비중으로 볼 때 미
국의 55%, 일본의 20%에 견주면 우리나라의 기술수준이 아직까
지는 크게 낮은 수준임을 알 수 있다.

기술변화 추이를 살펴볼 수 있는 또 다른 지표로는 연구개발비
지출규모가 있는데, 한국의 연구개발비는 절대 규모면에서는 미국
의 4%, 일본의 11% 정도에 불과하나, GDP대비 연구개발비 비중
은 꾸준히 상승하여 2001년 현재 2.96%로, 일본(2.98%, 2000년
기준), 미국(2.7%, 2000년 기준)과 비슷하다. 그러나, 활발한 연
구개발투자와 괄목할 만한 특허등록 확대에도 불구하고 기술발전
의 편중, 원천기술 약세 등으로 해외기술 의존도가 여전히 높아 기
술수지3) 적자규모는 2001년에 21.3억 달러로 아일랜드(84.5억 달
러) 다음으로 높은 수준을 보이고 있다.

<표 4> 연구개발과 기술발전 추이

	1985	1990	1995	1996	1997	1998	1999	2000	2001
국제특허 등록건수[1]	41	225	1,161	1,493	1,891	3,259	3,562	3,314	3,538
한국/전체(%)	0.06	0.25	1.14	1.36	1.69	2.21	2.32	2.10	2.13
대만/전체(%)	0.24	0.81	1.60	1.73	1.84	2.10	2.41	2.96	3.23
일본/전체(%)	17.79	21.61	21.46	21.03	20.70	20.91	20.27	19.87	20.01
미국/전체(%)	55.20	52.44	54.96	55.73	55.10	54.43	54.67	54.01	52.76
상위 5대 기업의 특허등록비율[2]	–	–	68.6 (94.8)	67.7 (94.3)	63.9 (94.8)	66.9 (96.2)	–	–	–
연구개발비/GDP(%)									
한국	1.73	1.87	2.50	2.60	2.69	2.55	2.47	2.65	2.96
일본	2.47	2.74	2.89	2.77	2.83	2.94	2.94	2.98	–
미국	2.80	2.73	2.51	2.55	2.58	2.61	2.66	2.70	–
연구개발비(백만 달러)									
한국	1,865	4,676	12,186	13,516	12,812	8,104	10,022	12,249	12,481
일본	49,935	83,497	153,180	130,132	122,273	115,879	131,977	142,013	–
미국	119,555	151,544	184,306	197,788	212,950	227,329	244,700	265,322	–

주 : 1) 미국 특허청에 등록된 한국의 특허등록건수.

  2) (   ) 안은 5개 이상 특허 보유기업의 특허등록비율임.

자료 : 미국 특허청 ; 과학기술부, 《2002 과학기술연구활동 조사보고서》.

<표 5> 각 국별 경제적 자유지수[1]

	1970	1975	1980	1985	1990	1995	2000	2001
일본	6.2	5.9	6.4	6.5	7.2	7.0	7.3	7.1
한국	5.1	5.1	5.4	5.5	6.0	6.5	7.0	7.1
대만	6.9	5.8	6.6	6.9	7.1	7.3	7.2	7.1
싱가포르	7.4	7.2	7.5	7.8	8.5	8.8	8.6	8.5
중국	–	–	4.0	5.2	4.6	5.2	5.4	5.5
프랑스	6.2	5.5	5.7	5.8	6.9	6.8	7.0	6.7
독일	7.3	6.8	7.1	7.2	7.5	7.5	7.6	7.3

주 : 1) 개인의 재산권 보호, 시장에서의 거래활동 자유도 등 17개의 세부지표를 종
합하여 지수화.

자료 : Fraser Institute(2003), *Economic Freedom Index*.

---

3) 경상수지 가운데 특허 · 면허 · 디자인 · 상표 · 기술 등과 관련된 수입액과 지급액
의 차이.

다음으로, 한국의 경제제도4)는 사유재산권 보호정도, 시장거래 자유도, 개방화 등 양적지표의 측면에서는 지속적으로 향상되어 온 것으로 평가할 수 있으나, 관료주의, 제도안정성 등 정부운영의 질적 측면은 국제 비교시 저조한 평가를 받고 있다.

개인의 재산권 보호정도, 시장거래 자유도 등 시장경제의 근간을 이루는 주요 요소를 통합하여 지수화한 경제적 자유지수를 통해 한국의 경제제도 개선추이를 살펴보면, 1975년 이후 지속적으로 호전되어 최근에는 일본, 대만 등과 같은 수준인 것으로 평가되고 있다.

한편, 기업경쟁의 촉진정도를 나타내는 제도변수로는 개방화와 정부의 개입 정도가 있는데(김영수 2002, 이종화 2002), 〈표 6〉에서 보듯이 우리나라는 개방화 진전과 정부 개입의 완화가 1970년대 이후 지속적으로 이루어져 왔음을 잘 알 수 있다.

그러나, 우리나라는 민주화 진전에 따른 욕구분출과 사회적 갈등심화, 남북한 긴장관계 지속 등의 대내적 문제 외에 대외적으로도 '개방혁명'5)이 가속화하면서 원활한 제도 확충과 신뢰성 있는 정부조정 기능이 절실히 요구되는 상황에 처해 있다. 〈표 7〉에서 보는 바와 같이 정부지출, 법인세, 국채 등 양적 지표로 본 정부경쟁력은 비교적 양호한 데 반해, 관료주의, 정부영향력 및 효율성, 제도적 안정성 등 정부운영의 질적 측면에서는 다소 저조한 평가를 받고 있다.

---

4) 경제제도는 그 경제에서 이루어지는 거래와 관련된 계약·협상·감시·집행 등 모든 거래비용의 크기를 결정하여 경제주체들의 경제행위와 경제적 성과에 직접적인 영향을 미친다. 각 국의 경제성장 경험을 종합하면 동기부여기제로서의 사적재산권과 자원배분 및 규율기제로서의 시장기구가 경제제도의 근간을 형성하고 있다.

5) 1995년 WTO 출범, 1997년 말 외환위기 이후의 개방확대, 2001년 중국의 WTO 가입 등.

<표 6> 기업경쟁촉진을 위한 제도변수 추이

(%)

	1971~1979	1980~1989	1990~1997	1998~2002
개방화[1]	12.83	16.30	23.65	27.19
정부개입[2]	6.03	5.15	4.58	4.15

주 : 1) 개방화=수입/GDP×100.
　　 2) 정부개입=정부소비(국방비, 교육비 제외)/GDP×100.
자료 : 한국은행,《국민계정》각호.

<표 7> 한국 정부의 경쟁력 결정요인과 순위(2002~2003)

WEF (2002)	종합순위	정부지출	법인세 수준	행정규제	관료주의	정부 영향력	제도적 안정성
	32(80개국 중)	23	24	22	27	30	32

IMD (2003)	종합순위	정부지출	국채	재정정책	관료주의	정부 개입도	정부 효율성
	35(59개국 중)	16	14	30	31	28	35

자료 : World Economic Forum, *The Global Competitiveness Report 2003*.
International Institute for Management Development,
The World Competitiveness Report 2003.

3. 산업연관관계

산업연관관계가 견실한 경우 부가가치 창출경로가 경제부문간 연계강화를 통해 다양해짐은 물론, 경쟁과 혁신 환경이 조성됨으로써 산업연관관계는 경제성장에 긍정적인 영향을 미치게 된다 (〈참고 1〉 참조).

〈표 8〉에서 제조업 생산유발계수로 본 한국의 산업연관관계는 1975년 1.95에서 꾸준히 높아져 1990년 2.07로 정점을 기록하였으나, 1990년대 중후반에 급속히 악화되고 있다. 이와 대조적으로 일본의 산업연관관계는 우리보다 높은 2.3 내외 수준에서 1975년 이후 매우 안정적인 추이를 보이고 있어 산업집적이 견실하게 구축되어 있음을 알 수 있다.

〈참고 1〉 산업연관정도와 경제성장의 관계

○ 산업연관관계의 정도를 파악할 수 있는 생산유발계수는 소비, 투자, 수출과 같은 최종수요가 한 단위 증가할 때 각 산업에서 직·간접적으로 유발되는 산출물의 단위를 나타내는 계수임.

— 예를 들어, 자동차 1대의 수출이 발생하면 직접적으로 자동차 1대의 생산이 발생하고, 이로 말미암아 간접적으로 자동차에 투입되는 엔진, 타이어 등 자동차 부품 생산이 일어나고, 뒤이어 자동차 부품들을 지원하는 철강, 전기, 고무 등의 생산과정이 지속적으로 발생되는데, 이러한 무한한 파급과정을 나타내는 것이 생산유발계수임.

○ 특히, 국내에서의 생산파급효과를 파악하기 위해서는 산업연관표를 국산, 수입 부문으로 구분하여 국내 생산유발계수를 구해야 하며, 이 생산유발계수표에 부가가치계수, 최종수요를 감안하면 부가가치유발계수와 부가가치유발액(즉, GDP)을 계산할 수 있어 산업연관관계와 경제성장의 연계를 파악할 수 있음.

$$\text{국내생산유발계수} : (I - A^d)^{-1} \qquad\qquad (1)$$

$$\text{부가가치유발계수} : A^v (I - A^d)^{-1} \qquad\qquad (2)$$

$$\text{부가가치유발액} : A^v (I - A^d)^{-1} Y^d \qquad\qquad (3)$$

$$\text{단,} \quad A^d + A^v + A^m = I$$

A^d는 국산 투입계수표, A^v는 부가가치계수표의 대각행렬, A^m은 수입 투입계수표(수입의존도), Y^d는 국내 최종수요(소비, 투자, 수출) 벡터임.

— 상기 (3)식을 통해 경제성장이 소비, 투자 및 수출 등 최종수요뿐만 아니라 부가가치계수, 산업연관관계에 따라 영향을 받고 있다는 것을 알 수 있음.

	1975	1980	1985	1990	1995	1998	2000
한 국	1.95	2.01	2.02	2.07	1.95	1.89	1.96
일 본	2.32	2.34	2.30	2.26	2.28	-	2.26

자료 : 한국은행, 《산업연관분석 개요》, 각 연도.

<표 9> 산업별 생산유발계수 추이

	한국					일본		
	1985	1990	1995	1998	2000	1990	1995	2000
제조업	2.021	2.056	1.946	1.887	1.959	2.258	2.278	2.258
기초소재업종	1.856	1.993	1.933	1.876	1.877	2.139	2.145	2.162
석유·석탄	1.229	1.312	1.182	1.140	1.136	1.226	1.223	1.375
화학	1.895	1.949	1.903	1.926	2.023	2.196	2.239	2.351
비금속광물	1.967	1.899	1.968	1.941	2.022	2.013	2.078	1.958
제1차금속	2.389	2.284	2.186	2.184	2.193	2.409	2.357	2.384
금속제품	2.139	2.218	2.208	2.135	2.151	2.164	2.225	2.114
조립가공업종	1.903	2.039	1.943	1.851	1.970	2.459	2.483	2.431
일반기계	2.061	2.063	2.021	2.043	2.140	2.193	2.279	2.207
전기·전자	1.846	1.929	1.767	1.668	1.712	2.303	2.279	2.297
정밀기기	1.828	1.950	1.961	1.874	2.013	2.062	2.237	2.064
수송장비	2.039	2.170	2.132	2.087	2.361	2.865	2.902	2.773
소비재업종	2.149	2.135	1.968	1.970	2.074	2.103	2.129	2.098
음식료품	2.112	2.152	2.044	2.051	2.104	2.114	2.128	2.059
섬유·가죽	2.210	2.205	1.949	1.895	2.068	2.126	2.139	2.049
종이·목재	1.847	1.839	1.808	1.892	1.945	2.058[1]	2.154	2.223
인쇄·출판	2.102	2.096	1.988	2.063	2.232	2.058[1]	2.021	2.028
가구 및 기타	2.176	2.060	1.895	1.897	1.990	2.224[2]	2.235	2.220

주 : 1) 목재·종이 및 인쇄·출판의 통합 생산유발계수.
　　2) 기타 제조업의 생산유발계수.
자료 : 한국은행, 《산업연관분석 개요》, 각 연도.
　　　한국은행 경제통계국 투입산출담당(2001), 《주요 국가의 산업연관표를 이용한 분석자료》.

<표 10> 한국, 일본의 수입의존도[1]와 국산화율

	전산업	제조업	소비재	기초 소재 (석유·석탄)		조립가공 (전기·전자기기)	
한국 (1990)	10.8 〈81.2〉[2]	18.0 〈75.3〉	13.7 〈81.6〉	23.1 〈68.9〉	64.3 〈23.0〉	18.0 〈74.0〉	23.8 〈67.1〉
(1995)	10.9 〈80.4〉	18.0 〈73.8〉	14.7 〈78.8〉	20.9 〈70.3〉	53.1 〈17.4〉	17.5 〈74.1〉	23.3 〈64.9〉
(2000)	13.7 〈77.0〉	21.8 〈70.0〉	12.8 〈82.1〉	26.4 〈63.8〉	58.6 〈12.8〉	23.1 〈68.4〉	32.4 〈55.4〉
일본 (1993)	2.8 〈94.3〉	5.1 〈92.0〉	5.5 〈91.0〉	8.1 〈86.9〉	35.1 〈28.2〉	2.3 〈96.6〉	3.4 〈94.8〉

주 : 1) 수입의존도=중간재수입액/총투입액×100.
    2) 〈　〉 안은 국산화율(=국산중간재/중간투입액×100)로 중간재화의 국산화 정도를 나타냄.
자료 : 한국은행, 《산업연관분석 개요》, 1995 · 2000년.

〈표 9〉에 따르면 1990년 이후 산업연관관계의 약화를 주도한 산업으로는 전기 · 전자산업과 섬유 · 가죽산업을 들 수 있는데, 전자는 대기업 · 가공조립 중심의 정보통신산업 규모확대에 따라서, 후자는 노동비용 절감 목적의 해외이전에 따라 가속화된 것으로 판단된다.[6]

그러나 한국의 산업구조가 견실하지 못한 더 근본적인 원인은 기초 · 소재부품의 기술력이 취약하여 기초소재와 가공조립 업종의 수입의존도가 25% 내외로 상당히 높기 때문이다(〈표 10〉 참조). 이에 따라 생산 1단위에 투입되는 국산중간재의 비율 즉, 국산화율이 점차 낮아져 제조업은 2000년 기준으로 볼 때 70%를 기록하고

---

[6] Porter(1990)는 1985년 산업구조 분석결과를 토대로 한국의 산업집적이 우수한 부문으로는 ①섬유산업, ②수송장비, ③가전제품, ④철강 등 금속제품, ⑤반도체, 음식료품 및 해외건설 등을 지적하였다. 또한 일본의 경우는 ①수송장비, ②사무용기계, ③가전 오락산업, ④철강 등 금속제품, ⑤전자 및 광학기기 등이 산업집적이 우수한 산업인 것으로 제시하였다.

<표 11> 한국, 일본의 부가가치유발계수, 수입유발계수[1]

		전산업	제조업	소비재	기초 소재	(석유·석탄)	가공조립	(전기·전자기기)
부가 가치	한국(1990)	0.755	0.670	0.727	0.605	(0.307)	0.679	(0.618)
	(1995)	0.746	0.686	0.736	0.644	(0.439)	0.692	(0.653)
	(2000)	0.714	0.627	0.734	0.578	(0.384)	0.613	(0.541)
	일본(2000)	0.902	0.869	0.898	0.834	(0.574)	0.876	(0.870)
수입	한국(1990)	0.245	0.330	0.273	0.395	(0.693)	0.321	(0.382)
	(1995)	0.254	0.314	0.264	0.356	(0.561)	0.308	(0.347)
	(2000)	0.286	0.373	0.266	0.422	(0.616)	0.387	(0.459)
	일본(2000)	0.098	0.131	0.102	0.166	(0.426)	0.124	(0.130)

주 : 1) 부가가치유발계수＋수입유발계수＝1.0
자료 : 한국은행, 《산업연관분석 개요》, 1995·2000년.

있는 실정이다. 이 가운데 기초소재업종과 조립가공업종이 각각 64%, 68%로 저조하며, 특히 생산비중이 크게 확대되고 있는 전기·전자산업의 국산화율은 급속히 낮아져 2000년에 55%에불과한데, 이는 일본의 90~95%대 국산화율과 큰 대조를 보이고 있다.

한편, 지나친 수입의존적 산업구조는 국내산업간 파급효과를 경감시키고, 이는 곧 부가가치 유발효과를 낮추어 성장잠재력을 약화시키게 된다. <표 11>에서 보듯이 최종수요 1단위로 말미암아 발생되는 부가가치유발계수는 1990년 0.755에서 꾸준히 낮아져 2000년에 0.714를 기록한 반면, 최종수요 1단위로 발생되는 수입유발계수는 1990년 0.245에서 2000년 0.286으로 상승하였다.

4. 수요조건

기업의 경쟁우위는 국내 수요자의 구매특성, 선진화된 세분시장의 존재여부에 의해서도 큰 영향을 받게 된다. 이는 제품에 대한

까다로운 평가, 주문 등이 기업에 압력으로 작용함으로로써 자연스
럽게 개혁, 혁신 환경이 조성되어 기업 경쟁력 확보에 도움을 주기
때문이다.

　한국의 경우도 교육과 소득 수준의 향상, 개방화 등에 힘입어
소비규모가 증대되고 여가생활을 위한 선택적 소비지출이 높아짐
에 따라, 제품선택이 점차 까다로워져 수요조건이 경제성장에 중
요한 요소로 자리잡고 있는 것으로 보인다. 한국의 민간소비율(개
인소비/개인가처분소득)은 1960년대 이후 급격한 하락세를 지속
하다가 1988년 74%를 저점으로 꾸준히 상승하고 있다. 특히 의식
주 등 기초생활을 누리기 위한 필수적 소비품목 이외의 지출
을 나타내는 선택적 소비지출[7]은 1980년대 말에 50%를 웃돈 뒤
1990년대 들어서는 55% 안팎을 유지하고 있는 것으로 나타나, 소
비품목의 다양화, 고급화 등을 통해 구매자의 제품선별 능력이 점
차 제고되는 것으로 판단된다.

　이와 같이 구매자의 평가·주문이 점차 까다로워짐에 따라 기
업전략도 '소비자만족'에 초점을 두고 있으며, 휴대폰과 가전제품
등의 국제경쟁력은 상당히 높은 수준인 것으로 평가되고 있다(〈표
12〉 참조). 〈그림 4〉에서 보듯이, 제조업 제품에 대한 고객만족도
도 점차 개선추세에 있다.[8]

　한편, 최근 들어 가치소비[9] 등 소비생활의 고급화 경향으로 고
급재화의 수입이 점차 확대되고 레저·교육 등 서비스의 해외소비

---

7) 국민계정상의 12개 부문의 목적별 소비지출을 통계청의 도시가계연보상의 분류기준
　－ 식료품비, 주거비, 광열수도비 및 보건의료비를 필수적 소비품목으로, 그 이외의
　품목은 선택적 소비품목으로 분류 －에 따라 선택적 지출을 추출하였다.

8) 참고로, 윤재욱(1999)은 5개 이동통신서비스 업체를 대상으로 한 연구에서 고객만
　족도가 높을수록 시장점유율이 상승함을 실증적으로 보였다.

9) 이는 일상적인 소비행위에서 자신의 존재가치를 찾으려는 행태를 가리키는 것으
　로, 그 특징으로는 소비행위의 합리성·실용성 추구와 함께 명품, 해외여행 등 고
　가상품 소비에도 과감성을 보인다는 것이다.

<표 12> 휴대폰과 가전제품의 국제경쟁력

	휴대폰(판매) (2002년 기준)	컴퓨터(수출) (2001년 기준)	냉장고(생산) (2000년 기준)	세탁기(생산) (2000년 기준)	에어컨(수출) (2001년 기준)
세계순위	3	11	4	5	1
세계비중(%)	9.80	4.64	7.39	5.69	36.2

자료 : 한국무역협회.

<그림 4> 소비만족도 추이

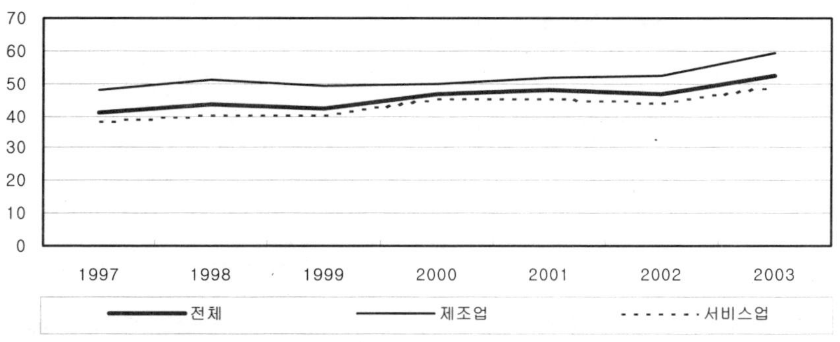

자료 : 한국능률협회.

가 급속히 증가하고 있어 앞으로는 고부가가치 산업의 국내거점 마련을 위한 기업 및 공공부문의 노력이 요구된다. 아울러 혁신을 주도할 수 있는 내수기반 확보를 위해서는 거시경제 안정, 합리적 소비행위 등이 전제되어야 하는데, 외환위기 이후 자산가격 급등, 교육시장 과열, 가계부채 증대, 실업 심화 등으로 수요기반이 다소 손상되는 경향을 보이고 있다.

또한 국내 제품이 경쟁력을 확보하기 위해서는 국내외 수요변화에 선도적으로 대응함과 아울러 상품 이미지 또는 기업 고유상표 인지도를 제고시키는 것이 중요하다. 그러나 <표 13>에 나타나는 바와 같이 수출에서 고유상표 비중이 40%에 불과하여, 우리나라 국내기업의 고유상표 경영노력은 낮은 수준에 머무르고 있다.

<표 13> 기업규모별 고유상표 수출건수 (2001년)

구분	총수출건수	OEM 등 無 상표		고유상표	
		수출건수	비중(%)	수출건수	비중(%)
중소기업	10,815	6,591	60.9	4,224	39.1
대기업	540	196	36.3	344	63.7
전체	11,355	6,787	59.8	4,568	40.2

자료 : 한국생산성본부(2003), 《국내 수출기업 고유브랜드 수출실태 조사결과》.

IV. 성장잠재력 변동요인 분석

1. 모형설정과 이용자료

가. 모형설정

이 장에서는 한국의 성장잠재력 변동요인을 실증분석하기 위해 노동·자본 등 요소투입, 기술·제도, 그리고 산업연관관계, 수요조건까지 감안할 수 있도록 분석모형을 설정하였다.

식 (1)로 표현되는 Romer(1990), Grossman & Helpman(1991), Aghion & Howitt(1992)의 'R&D기반 내생성장모형'은 노동, 자본 등 전통적인 생산요소에 기반을 둔 Cobb-Douglas 생산함수에 인적자본(h), 기술도입경로(z) 등과 같은 질적 변수를 고려할 수 있다는 장점이 있다.

$$Y_t = A(h_t \cdot L_t)^{1-\alpha}\left[\left(\int_0^{\overline{Z}_t}(x_t(z))^\rho dz\right]^{\frac{\alpha}{\rho}} = A(h_t \cdot L_t)^{1-\alpha}\overline{Z}_t^\alpha K_t^\alpha \tag{1}$$

$$단, K_t = \int_0^{\overline{Z}_t}(x_t(z))dz = \overline{Z}_t x_t$$

A : 총요소생산성, h : 평균 인적자본스톡, L : 노동량, K : 자본스톡
x : 중간재투입, $\overline{Z}$: 중간재의 종류(기술파급효과)

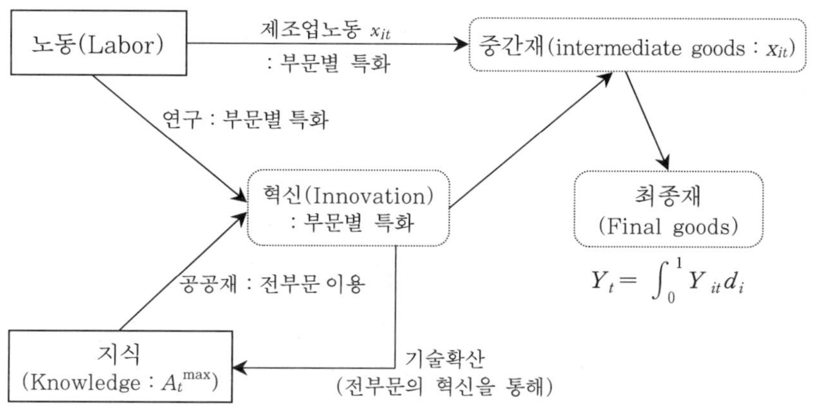

$$Y_t = \int_0^1 Y_{it} d_i$$

자료 : Aghion and Howitt(1998)

위의 생산함수는 노동의 질을 감안한 유효노동(quality-adjusted effective labor)과 중간재를 Cobb-Douglas 생산함수에 포함한 모형으로, 유효노동은 노동량에 생산성을 감안한 지표이다. 그리고, $\overline{Z}$ 는 중간재투입과 자본축적과정을 통해 발생되는 기술파급효과를 나타내는 변수로, 기술투자 뿐만 아니라 기술혁신환경 조성에 중요한 산업연관관계, 경제제도 등을 대용변수로 고려하였다. 따라서, 위의 모형은 자본축적을 촉진시키는 정책 또는 경제환경이 혁신활동을 자극시킴으로써 장기적으로 성장률을 제고시키는 경로에 초점을 맞추어 자본축적과 혁신활동의 상호보완관계를 반영한 모형으로 볼 수 있다(<그림 5> 참조). 실증분석을 위한 성장모형은 식 (1)과 같이 전통적인 Cobb-Douglas 생산함수 형태로 설정하였다.[10]

---

10) 전통적인 콥-더글라스 생산함수를 통해서도 기술 및 경제제도 등과 같은 요소투입 이외의 요인들이 경제성장에 미치는 영향을 감안할 수 있다. 물적자본(K), 인적자본(H), 노동량(L)을 결합하여 산출물을 생산하는 아래 (1-1)의 콥-더글라스 생산함수 기본모형을 기초로, 총요소생산성(A)을 결정하는 기술(T), 제도(I), 기타 경

$$\log\left(\frac{Y}{L}\right) = \alpha + \beta \log\left(\frac{K}{L}\right) + \rho H + \gamma T + \delta I + \theta Z + \varepsilon \qquad (2)$$

단 , Y : GDP, L : 취업자, K : 실물자본, H : 인적자본, T : 기술발전변수
I : 제도요인(정부개입, 개방도), Z : 기타 경제환경요인(산업연관관계, 수요조건)

나. 이용자료

추정모형에 이용된 변수와 자료출처는 〈표 14〉와 같다.

먼저, 요소조건 관련 변수로는 실물 및 인적자본을 고려하였다. 실물자본은 김치호·문소상(2000)의 자본스톡 계열(1970. 1/4분기~1999. 4/4분기)을 바탕으로 하여 이후기간의 자본스톡은 국민계정의 총고정자본 형성과 고정자본 소모액 등을 감안하여 연장추계하였다. 그리고 인적자본은 교육정도별 취업자 자료를 이용하여 산출한 가중평균 교육연수를 사용하였다.

기술 및 제도 조건을 감안하기 위해 기술발전의 대용변수로는 미국 특허청의 미국 대비 한국의 특허등록비중을 이용하였고, 경제성장에 영향을 미치는 제도변수로는 개방화, 정부개입 지표를 이용하였다. 여기서 기술발전 변수로 미국 대비 한국의 특허등록비중을 이용한 이유는 최첨단 기술보유국인 미국의 기술수준에 대한 상대적 기술수준이 적설한 내용지표가 될 것으로 판단되었기 때문이다. 그리고 개방화를 나타낼 수 있는 대용변수로는 GDP에서 수입액이 차지하는 비중을, 정부개입지표로는 국방비와 교육비를 제외한 실질 정부소비지출이 GDP에서 차지하는 비중을 각각 이용하였다.

제환경변수(Z)를 추가적으로 감안할 경우 (1-2)모형이 도출된다.
$$y_t = A_t \, k_t^\alpha \, h_t^\beta \qquad (1\text{-}1)$$
$$\log y_t = \log T_t + \log I_t + \log Z_t + \alpha \log k_t + \beta \log h_t \qquad (1\text{-}2)$$
y : 1인당 GDP, k : 1인당 자본스톡, h : 1인당 인적자본

<표 14> 변수와 이용자료 목록

변수	대용지표	변수설명	이용자료
Y	GDP		국민계정
L	취업자		KOSIS, 통계청
H	인적자본	근로자의 평균 학력	KOSIS, 통계청
K	실물자본	총고정자본형성, 감가상각액을 감안하여 추정	국민계정
T	기술발전	한국의 국제특허건수/미국의 특허건수	미국 특허청 자료
I1	정부개입	실질정부소비지출/GDP	국민계정
I2	개방도	수입액/GDP	국민계정
Z1	산업연관관계	제조업 생산유발계수	산업연관표
Z2	수요조건	선택적소비지출/최종소비지출	국민계정

한편, 산업연관관계의 정도를 나타내는 대용지표로는 5년 주기로 작성되는 산업연관표의 제조업 생산유발계수[11]를 이용하되, 보간법(interpolation)을 통하여 이 계수를 분기별 자료로 전환한 뒤, 시계열의 평활화를 위해 HP필터법을 적용하였다. 생산유발계수가 갖는 정보의 제약에도 불구하고 이를 이용한 것은 산업연관관계 추이가 산업구조의 변화를 반영하는 것이므로, 비록 5년 주기로 작성되는 자료를 이용하더라도 경제구조의 변화 추이를 반영하는 데는 별 문제가 없을 것으로 판단하였기 때문이다.

마지막으로, 수요조건의 대용변수로는 가계의 최종소비지출 가운데 선택적 소비의 비중을 이용하였다. 앞서 기술하였듯이 의식주 등 기초생활에 대한 소비 이외의 지출을 나타내는 선택적 소비지출은 소득수준이 높아질수록 그 비중이 상승하는데, 이는 곧 소비품목의 다양화, 고급화 등을 통해 구매자의 제품선별 능력 제고

---

11) 산업집적의 핵심은 대학-기업간 '산학(産學)협동'과 대기업-중소기업간 '산산(産産)협력'이 두 개의 중요한 축을 이루고 있으나, 이 논문에서는 자료제약으로 산산협력의 대용지표만을 이용하였다.

에 긍정적으로 작용할 것으로 보았기 때문이다. 선택적 소비지출 비중에 추가해서 민간소비의 구조변화, 안정성 등을 감안하여 1988. 1/4분기~1997. 4/4분기 기간과 나머지 기간을 구분한 더미변수를 수요조건의 다른 대용변수로 보조적으로 이용해 보았다.

2. 모형 추정결과

1983. I ~ 2002. IV 기간을 대상으로 한국의 생산함수를 추정한 결과는 다음과 같다. 〈표 15〉에 따르면 요소투입, 기술·제도조건만을 고려한 기본모형 (I) 뿐만 아니라, 산업연관관계, 수요조건 등을 감안한 모형 (II), (III) 및 (III′)도 추정계수의 부호가 이론과 부합할 뿐만 아니라 모형의 설명력·안정성 등도 양호한 것으로 나타나 추정결과의 신뢰성이 높은 것으로 판단된다.

설명변수의 부호를 살펴보면, 실물 및 인적자본, 기술발전, 개방도, 그리고 산업연관관계는 성장에 正(+)의 영향을 미치며 정부개입은 負(-)의 영향을 미치는 것으로 추정되어 이론의 예상과 부합하고 있다. 특히, 산업연관관계는 생산함수 모형식의 설명력을 개선시키는 것으로 나타나 성장잠재력 결정에 중요한 변수인 것으로 판단할 수 있다. 한편, 선택석 소비지출 비중을 대용지표로 이용한 수요조건 변수는 성장에 正(+)의 영향을 미치는 것으로 추정되고 있으나 그 유의수준은 여타 변수에 비해 다소 낮은 결과를 보였다.[12] 수요조건의 보조지표로 이용한 민간소비의 구조변화 변수는 성장에 유의한 正(+)의 부호로 추정되어 1988~1997년의 전반적인 경제여건이 성장을 높이는 방향으로 작용하였음을 반영하는 것으로 풀이된다.

---

12) p-값은 0.14임.

<표 15> 생산함수 추정결과[1]

	I	II	III	III'[2]
상수항	-1.76 (-10.99**)	-3.14 (-11.42**)	-3.34 (-11.02**)	-2.69 (-8.89**)
실물자본	0.24 (4.86**)	0.31 (7.13**)	0.31 (7.23**)	0.31 (7.48**)
인적자본	0.13 (4.88**)	0.09 (3.55**)	0.06 (1.99*)	0.06 (2.68**)
정부개입	-0.06 (-10.33**)	-0.04 (-6.00**)	-0.04 (-5.76**)	-0.04 (-6.88**)
개방도	0.001 (1.58)	0.004 (3.80**)	0.003 (3.04**)	0.002 (1.80*)
기술발전	0.01 (3.84**)	0.03 (7.34**)	0.03 (7.56**)	0.04 (7.00**)
산업연관관계	—	0.06 (5.73**)	0.06 (5.89**)	0.05 (4.71**)
수요조건		—	0.01 (1.50)	0.02 (2.97**)
D.W	1.11	1.50	1.54	1.49
$\overline{R^2}$	99.7	99.8	99.8	99.8

주 : 1) ( ) 안은 t값으로, *와 **는 각각 10%, 5% 유의수준에서 추정치가 유의함
을 나타냄.
2) 수요조건의 대용지표로 더미변수를 이용한 모형.

3. 성장잠재력 변동요인 분석

〈표 15〉의 추정모형 가운데 네 가지 요소조건의 요인분석이 가능한 모형 III의 추정결과를 이용하여 요소투입, 제도 등 각 요인별 경제성장 기여도를 분해해 보면 〈표 16〉과 같다.

가. 실물 및 인적자본

실물자본의 성장기여율은 1980년대 51%에서 1990년대 들어 65%까지 상승하였으나 외환위기 이후에는 35%로 크게 하락하였다.

<표 16> 요인별 성장 기여도 추이

(단위 : %)

	1984~1990	1991~2002	(1991~1997)	(1998~2002)
실물자본	2.68 (51.42)	2.19 (52.49)	2.83 (64.73)	1.29 (35.35)
인적자본	0.88 (16.97)	0.69 (16.69)	0.88 (20.17)	0.42 (11.83)
정부개입	0.52 (9.38)	0.20 (5.90)	-0.02 (-0.25)	0.52 (14.50)
개방도	0.21 (4.15)	0.27 (6.66)	0.32 (7.10)	0.21 (6.03)
기술발전	0.15 (3.11)	0.93 (23.33)	0.91 (21.76)	0.96 (25.52)
산업연관관계	0.38 (7.30)	-0.62 (-14.15)	-1.00 (-22.57)	-0.09 (-2.36)
수요조건	0.39 (7.67)	0.38 (9.09)	0.41 (9.06)	0.32 (9.13)
1인당 GDP 성장률(%)	5.32 (100.0)	4.07 (100.0)	4.52 (100.0)	3.44 (100.0)

주 : ( ) 안은 기여율(%)임.

1980년대부터 1990년대 중반까지 실물자본의 경제성장에 대한 기여도를 보면, 외환위기 이전까지 한국경제는 투자주도형(investment-driven) 성장단계였던 것으로 평가된다. 그러나 외환위기 이후 기업구조조정 추진, 기입투자행태 변화, 국내 정치·경세여건의 불확실성 증대 등으로 투자가 크게 둔화됨에 따라 자본기여도가 급격히 낮아져 성장잠재력이 저하되었음을 확인할 수 있다.

한편, 인적자본의 기여율은 외환위기 이전까지 17~20% 정도로 높은 수준을 유지하였으나, 외환위기 이후 12%로 크게 낮아졌다.

이와 같이 외환위기 이후 5년(1998~2002) 동안 실물 및 인적자본은 외환위기 직전(1991~1997)에 비해 성장기여율이 거의 절반을 조금 넘는 수준으로 낮아져 그동안 자본 확충이 크게 부진하였음을 잘 보여주고 있다.

나. 기술과 제도 변화

기술발전이 경제성장에 기여한 정도는 1980년대에는 미미하였으나 1990년대 들어서부터 기여율이 20%를 웃돌고 있어, 기술혁신을 통한 고부가가치화가 어느 정도 진전된 것으로 판단된다. 특히, 기술혁신이 활발한[13] 정보통신(IT)산업은 1990년대 중반 이후 경제성장에 상당히 기여하는 등 최근 한국의 경제성장을 주도하고 있다(조태식 2000).[14]

그러나, 우리나라의 경우 미국·일본 등 선진국과는 달리 기술혁신이 반도체, 통신 등 정보통신 분야에 편중되어 있고 기계, 생명공학 등 여타 부문의 기술혁신은 취약하여 원천기술에 대한 해외의존이 여전히 높은 수준이다.[15]

한편, 경제성장에 긍정적인 영향을 주는 정부개입 완화, 개방 진전 등 제도개선의 기여율은 1984~1990년에 13%에서, 1991~1997년에 7% 정도로 하락하였으나, 외환위기 이후 21%로 상승한 것으로 추정된다. 이와 같이 외환위기 이후 정부개입 완화효과[16]가 크게 나

---

13) Jaffe(2001)는 국제특허 등록추이 등을 통해 한국이 정보통신 분야에서 기술혁신자 (innovator)로 발돋움하고 있다고 평가하고 있다.

14) 정보통신산업[1)]의 성장률 추이

	1991	1994	1997	1998	1999	2000 上	1991~1999 평균
실질GDP성장률(%)	9.2	8.3	5.0	-6.7	10.7	11.1	5.9
정보통신산업성장률(%)	10.7	26.4	30.5	20.7	41.1	41.2	23.9

주 : 1) 정보통신기기유통업 제외.

15) 10대 주요 기술에 대한 국내 상위3사 점유율(외국기업 대비)

구분	10대 기술	비중(%)	구분	10대 기술	비중(%)
1	반도체	57.7	6	자동차	61.9
2	컴퓨터	26.0	7	섬유	17.7
3	석유화학	7.9	8	선박	12.4
4	생명공학	5.6	9	철강	28.7
5	무선통신	45.6	10	가전	78.4

자료 : 이근(2003), 《지식창출과 한국의 산업경쟁력》.

타난 것은 공무원 정원감축 등으로 정부소비가 감소한 데서 주로 말미암는다.

다. 산업연관관계

혁신환경 조성에서 중요한 요소로 여겨지는 산업연관관계가 경제성장에 기여한 비율은 〈표 16〉에서 1980년대에는 7% 정도였으나 1990년대 이후기간에는 -14% 정도로 크게 떨어진 것으로 추정되었는데, 이는 산업집적의 약화가 혁신주도 경제성장의 걸림돌로 작용했기 때문인 것으로 생각된다.

특히 전기·전자산업, 섬유·가죽산업 분야에서 산업연관관계의 약화가 두드러졌다. 이는 대기업·가공조립 중심의 정보통신산업 급성장과 노동집약산업의 경쟁력 약화로 말미암은 섬유산업 등의 해외이전 가속화[17] 등 때문에 산업집적이 크게 약화된 것으로 판단된다.

그러나 앞서 언급하였듯이 산업구조가 견실하지 못한 더 근본적인 원인은 기초·소재부품의 기술력이 취약하여 기초소재와 가공조립 업종의 수입의존도가 상당히 높기 때문이다. 따라서, 중장기적으로 이들 기초분야의 수입의손도를 낮추고 핵심기술력을 높이기 위해서는 기초연구활동과 관련된 대학의 연구개발능력 제고, 산학연 연계강화 등이 필요할 것으로 판단된다.[18]

---

16) 정부간섭과 관료주의, 정부운영 등 질적 측면의 제도적 취약성은 실증분석에 반영하지 못해 제도변수의 영향을 해석할 때 유의할 필요가 있다.

17) 한국의 해외직접투자 유출액 및 섬유의복산업의 해외투자 비중(%)

	1981~1985	1986~1990	1991~1995	1996~2000	2001
해외직접투자 유출액 (GDP 대비)	0.02	0.13	0.33	0.34	0.26
섬유의복산업의 해외투자비중	4.1('81)	3.8('85)	13.8('90)	16.1('95)	11.0

자료 : 임현준(2003), 〈우리나라 탈산업화 현황과 대응방안〉, 《경제분석》 제9권 4호.

라. 수요조건

선택적 소비지출비중으로 살펴본 수요조건 변화는 1984~1990
년 기간에는 7.7%의 성장기여율을 보였으나, 1990년대 이후에는
9%대를 계속 웃돌고 있어 점차 수요조건이 경제성장에 상당한 영
향을 미치고 있는 것으로 보인다. 실제로, GDP의 최종수요 항목
가운데 소비의 성장기여율이 1990년대 들어 크게 확대되고 있고,[19]
소비의 부가가치 유발계수가 다른 항목에 견주어 높은 점을 감안
할 때,[20] 안정적인 수요기반 확충, 합리적 소비행태 조성 등이 앞

---

[18] 기초연구활동은 산업체나 연구기관에 견주어 대학이 활발한 것이 일반적이나 한국
의 연구개발투자 가운데 대학의 비중은 10% 수준으로 선진국의 13~20%보다 낮
을 뿐만 아니라 대학도 기초연구보다는 응용·개발연구에 힘을 쏟고 있어 선진국
의 기초연구활동에 견주어 크게 저조한 실정이다(이원기·김봉기 2003).

[19] 소비의 성장기여율(국민계정 기준)이 1970년대, 1980년대 중반까지는 50% 정도
에 머물렀으나,1980년대 후반부터 크게 높아져 1988~1997년에 64%, 1998~2002
년에 66%를 기록하고 있다.

소비의 성장기여도, 소비기여율 및 기여율의 표준편차

(연평균, %)

	1971~1980	1981~1987	1988~1997	1998~2002
소비기여도	4.7	4.7	3.9	1.9
소비기여율	53.5	51.6	63.8	66.3
표준편차	30.9	33.8	18.0	21.2
변이계수[1]	(57.8)	(65.5)	(28.2)	(32.0)
GDP 증가율	7.6	7.7	6.8	4.6

주 : 1) 변이계수=표준편차/평균.

[20] 소비의 부가가치유발계수(산업연관표 기준)는 2000년 현재 0.79로 투자, 수출의
부가가치 유발계수보다 높으며 그 계수값이 안정적이어서 경기변동의 완화에도 중
요한 역할을 담당하고 있음을 알 수 있다.

최종수요 항목별 부가가치 유발계수[1]

	1990	1995	2000
소 비	0.81	0.80	0.79
투 자	0.72	0.69	0.65
수 출	0.69	0.70	0.63
최종수요 전체	0.76	0.75	0.71

주 : 1) 최종수요가 1단위 발생할 때 직·간접적인 파급과정을 통해 유발된 부가가치 효과.

으로 성장잠재력 확대에 중요한 요건들 가운데 하나로서 영향력이 점차 커질 것으로 판단된다. 최근과 같이 내수가 부진한 가운데 수출만 호조를 보일 경우 내외수요간 양극화를 심화시킴으로써 성장잠재력 확대의 제약요인으로 작용할 가능성도 있다.

V. 맺음말과 정책적 시사점

1. 맺음말

이 연구에서 혁신주도형 성장모형을 바탕으로 한국의 1983~2002년 기간 성장잠재력 변동요인을 실증분석한 결과, 한국경제가 1990년대 들어 기술발전, 수요기반 확충 등 혁신요건을 일부 갖추기는 했으나 산업간 또는 산학연간 연계를 통한 경쟁·혁신환경은 열악하여 혁신기반 경제성장으로의 전환에 어려움이 있었던 것으로 평가된다.

제조업 생산유발계수로 본 산업연관관계는 1975년 1.95에서 꾸준히 높아져 1990년 2.07로 정점을 기록하였으나, 1990년대 중후반에 급속히 악화되어 2000년 현재 1.96 정도를 기록하고 있다.

한편 산업연관관계를 반영하여 생산함수를 추정하고 이를 바탕으로 각 요인별 성장기여도를 분석한 결과, 산업연관 정도가 경제성장과 유의한 正(+)의 관계를 보이는 것으로 나타나 성장잠재력 결정에 중요한 요소 가운데 하나임을 확인할 수 있었다.

1984~1990년 기간과 1991~2002년 기간으로 구분하여 노동·자본 등 요소조건, 기술·제도조건, 산업연관관계 및 수요조건의 성장잠재력에 대한 두 기간의 기여 정도를 비교해 보면(〈그림 6〉 참조), 실물·인적자본 등 요소조건의 성장기여율은 70% 정도로

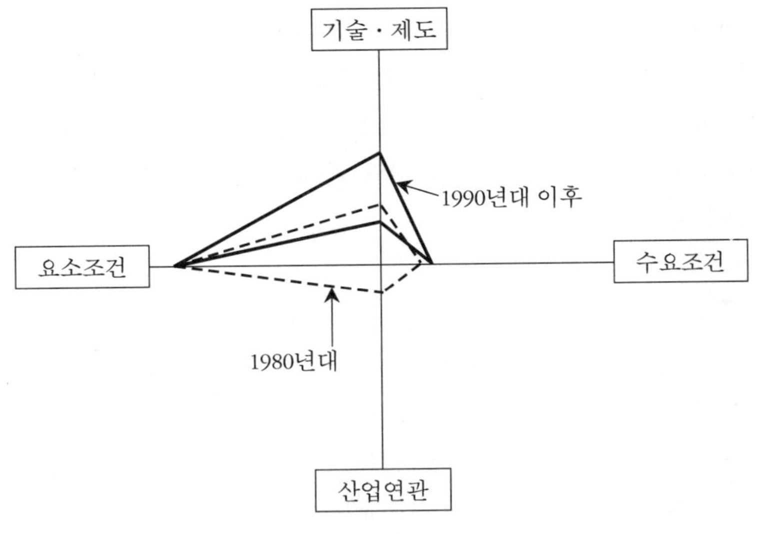

	1984~1990	1991~2002	성장기여율
요소조건	68.4%	69.2%	유사
기술·제도조건	16.6%	35.9%	상승
(기술조건)	(3.1%)	(23.3%)	(상승)
(제도조건)	(13.5%)	(12.6%)	(유사)
산업연관관계	7.3%	-14.2%	악화
수요조건	7.7%	9.1%	약간 상승
합 계	100%	100%	—
(1인당 GDP 성장률)	(5.3%)	(4.1%)	

주 : 각 요소의 기여율로 <표 16>의 결과를 인용. 단, 요소조건은 실물 및 인적자본
　　의 합을, 제도는 개방화, 정부개입의 합을 의미.

여전히 높은 수준을 유지하고 있는 가운데, 기술·제도조건은 최
근의 IT 등 기술발전에 힘입어 그 기여율이 1990년대 들어 뚜렷하
게 상승한 것으로 분석되었다. 그러나 산업연관관계는 1980년대에
비해 1990년대 이후 크게 악화되어 경제성장에 악영향을 미친 것

으로 나타났다. 아울러, 1990년대 이후 수요조건의 성장기여율은 9%로 1980년대에 견주어 다소 높아진 것으로 추정되었다. 그러나, 최근 가계부채 증가, 신용불량자 확대 등으로 수요조건이 악화되고 있어, 이와 같이 수요기반을 제약하는 불안요인들을 해소하지 못할 경우 내수기반의 성장잠재력 확대에 큰 어려움을 겪을 것으로 예상된다.

2. 정책적 시사점

21세기 지식정보사회에 발맞춰 한국이 지식·혁신기반 경제구조를 정착시키기 위해서는 노동, 자본 등 생산요소의 안정적 투입, 지속적인 기술발전·제도개선 뿐만 아니라 산업연관관계 강화, 수요조건 개선 등의 측면에서 정책적 노력이 필요할 것으로 생각된다.

먼저, 노동과 자본의 성장기여도가 큰 비중을 차지하고 있으므로 앞으로 노동인구의 양적·질적 확보뿐만 아니라 기업의 투자활동이 원활히 이루어질 수 있도록 여러 불확실성을 제거해야 하겠다. 특히 인구고령화, 출산율 저하로 생산가능인구의 증가세가 크게 둔화되고 있기 때문에[21] 단기적으로는 여성인력과 고령인력의 활용도를 제고시킴으로써 노동력을 확보해야 하는 한편 장기적으로는 출산율 장려정책을 통해 인구감소를 방지하는 것이 중요하다. 또한 지식기반 경제의 핵심인 인적자본 확충을 위한 교육구조의 개선이 시급한데, 글로벌 경쟁력과 산업계 수요 등을 감안한 전문인력 양성과 급속한 사회·경제변화에 적응력을 높이기 위한 실

---

[21] 통계청에 따르면, 15~64세 인구에 해당되는 생산가능인구의 증가율은 1980년대 2.3%, 1990년대 1.4%, 2000~2003년의 0.8%에서 2004~2013년에는 0.6%로 더욱 낮아질 것으로 전망되고 있다.

용적인 재교육에 초점을 둔 교육체계로 전환하는 것이 바람직해 보인다. 이와 함께 기업투자가 활발히 진전될 수 있도록 정치·경제적 불확실성을 제거하고, 장기적으로 우리나라 산업을 저부가가치 산업에서 고부가가치 산업으로 전환할 수 있도록 세제와 금융의 유인체계를 정비하는 노력도 병행해야 하겠다.

다음으로, 자유로운 시장질서 아래서 기업경쟁력이 제고될 수 있도록 정부, 기업, 금융시장의 제도개선 작업이 체계적이고 일관성 있게 이루어져야 할 것이다. 이를 위해 경제자유도와 개방도 등 양적 측면에서 제도개선 뿐만 아니라, 정치·행정부문에서 부정부패 개선, 관료의 질 제고 등 질적 측면에서 제도개선도 시급하다.

이에 더하여 지금 대기업 중심의 산업집적체제를 중장기적으로 개방형 산업집적체제로 개편함으로써 산업연관관계를 더욱 강화할 필요가 있겠다.[22] 산업간 연계뿐만 아니라 산학연 연계까지 고려한 산업집적을 형성함으로써, 학계와 연구소의 연구개발 결과를 기업에서 상용화하고, 또한 관련기업간 네트워크 형성을 통해 제품혁신이 이루어질 수 있도록 정책적으로 지원할 필요가 있다. 국내의 산업연관관계를 활성화하기 위해서는 기초·소재부품의 지나친 해외의존도를 낮추는 것이 시급하며, 이를 위해서는 대학의 기초연

---

22) 마이클 포터(2001)는 산업집적의 조성과 관련, 다음과 같은 정부의 역할을 강조하고 있다.
 - 거시경제와 정치적 안정의 확보.
 - 투입요소(교육받은 노동력, 적절한 기간시설, 시의 적절한 정보 등)와 요소공급기관의 효율성을 제고시키는 미시적 역량 확보.
 - 생산성 향상에 중요한 영향을 미치는 경쟁유인체계 확립.
 · 경쟁촉진정책, 투자를 촉진하는 지적재산권 및 조세제도, 공정하고 효율적인 법률체계, 소비자의 권익을 보호하는 법률, 기업지배구조 개선, 혁신을 촉진하는 효과적인 규제시스템 등.
 - 클러스터의 개발 및 선진화.
 · 정부는 전체 클러스터를 개발하고 수준을 높이는 데 노력.
 - 기업 일반 환경 및 지역 클러스터의 고도화를 위해 정부, 기업, 일반 시민 등을 조정하는 역할 수행.

구기능 확대, 산학연 연계강화 등을 감안한 교육혁신도 병행되어야 할 것이다. 특히 결속력이 강한 산업집적을 형성하기 위해서는 개인·조직·부문간 교류활성화, 네트워크 형성 등 무형의 가치창출이 전제되어야 하므로, 사회적 연대의식을 기반으로 서로 협력하는 사회분위기를 조성하는 것이 중요하다. 아울러, 산업구조를 고도화하는 가운데 산업연관관계를 높일 수 있도록 외국투자 유치, 물류산업 및 금융 허브 창출 등 새로운 동력산업 발굴에도 힘써야 하겠다.

마지막으로, 수요조건이 경제성장에 미치는 영향의 중요성을 인식하여 안정적인 내수기반의 확대방안을 모색해야 할 것이다. 수요자의 제품선택이 까다롭고 생산과정에 이들의 의견이 반영된다면, 기업의 입장에서는 제품의 품질향상과 혁신을 통해 기업경쟁력을 제고할 유인이 생긴다. 혁신을 주도할 수 있는 내수기반 확보를 위해서는 거시경제 안정, 합리적 소비행위 등이 전제되어야 하므로 최근의 자산가격 불안정, 가계부채 증대, 교육시장 과열, 고용사정 악화 등에 따른 소비위축 현상을 조기에 해소해야 할 것이다. 이와 함께 소비자의 합리적 경제행위를 유도하기 위해 품질평가기능, 소비자보호법률, 소비자교육 등 소비자 관련 서비스를 강화하는 것도 중요하다. 아울러, 최근 소비생활의 고급화 경향으로 고급재화의 수입이 점차 확대되고 레저·교육 등 서비스의 해외소비가 급속히 증가하고 있어 고부가가치 산업의 국내 수요기반 확대를 위한 기업 및 공공부문의 노력이 요구된다. 특히, 국산제품이 국제경쟁력을 확보하기 위해서는 국제적 수요변화도 고려해야 하므로 환경보호 등과 같은 국제규범, 가치관 등에 선도적으로 대응할 필요가 있다. 이와 함께 한국의 문화수준, 전통 등을 적극 홍보함으로써 국가 이미지를 제고하는 한편 기업의 고유상표 개발노력도 병행되어야 할 것이다. 또한 과학기술 발전, 세계화, 고령

화 과정에서 비롯되는 실업문제와 가족해체 등 여러 사회병리현상
은 중장기적으로 수요기반을 위축시키고 경제성장을 저해하므로,
이러한 사회현상을 완화할 수 있도록 국민들의 공동체의식 발현,
사회참여 독려 등을 위해 경제주체 모두의 적극적인 노력이 필요
하다.

지금까지 살펴본 바와 같이 21세기에는 지난 40여 년 동안 한
국경제가 지향한 '제조업 기반'의 물질풍요사회에서 한 걸음 더 나
아가 '지식서비스 기반'의 복지사회 달성이 중요한 정책과제로 떠오
를 것으로 생각된다. 따라서 성장패러다임도 과거 양적·물적 투
입중심의 '요소주도' 또는 '투자주도'의 단계에서 '혁신주도'의 경제
성장으로 전환되어야 하므로 기술혁신과 제도개혁 등과 같은 질적
요소의 지속적인 개선과 사회적 책임의식 함양을 동해 성상잠재력
을 확충해야 할 것이다.

참고문헌

김병화·임현준(2001), 〈소비의 장기 결정요인 분석과 전망〉, 《경제분석》 제7권 4호, 한국은행 특별연구실.

______(2002), 〈설비투자 결정요인 분석〉, 《경제분석》 제8권 4호, 한국은행 금융경제연구원.

김영수(2000), 〈경제성장에 대한 사회적 요인의 영향과 그 시대적 변화〉, 《제도와 경제발전》, 한국경제연구원, pp. 101~153.

김용선·김현의(2000), 〈재정지출이 경제성장에 미치는 영향 : 장기효과를 중심으로〉, 《경제분석》 제6권 2호, 한국은행 특별연구실.

김종일(2000), 〈성장모형으로 살펴본 동아시아 경제성장 전망〉, 《경제학연구》 제49집 제3호, pp. 211~238.

김치호·문소상(2000), 〈잠재 GDP 및 인플레이션 압력 측정결과〉, 《경제분석》 제6권 1호, 한국은행 특별연구실.

마이클 포터(2001), 《경쟁론》, 김경묵·김연성 공역, 세종연구원.

박 승(2001), 《경제발전론》, 박영사.

양동욱·홍승제·이주경·임철재·문소상(2003), 〈우리경제 장기 성장기반 확충을 위한 과제〉, 《금융경제연구》 제167호, 한국은행 금융경제연구원.

우천식(2003), 〈한국의 국가경쟁력, 이대로 괜찮은가〉, 국가경쟁력 국제비교와 한국 심포지엄.

유윤하·김진면(1994), 〈고투자율경제의 균형잠재성장과 기술개발투자〉, 《KDI 정책보고서》 94-07.

이원기·김봉기(2003), 〈연구개발투자의 생산성 파급효과 분석〉, 《조사통계월보》, 5월호, 한국은행 조사국.

이명훈(1995), 〈저축과 경제성장과의 관계분석〉, 《경제분석》 제1권 1호, 한국은행 금융경제연구소.

이수희(2000), 〈제도적 변수가 경제성장에 미치는 영향 : 국별 패널자료
     에 의한 추정〉, 《제도와 경제발전》 한국경제연구원, pp. 219~
     241.

이종건(2000), 〈경제충격과 신경제적 구조변화〉, 《경제분석》 제6권 3
     호, 한국은행 특별연구실, pp. 1~55.

이종화(2000), 〈경제제도와 경제성장〉, 《제도와 경제발전 한국경제연
     구원, pp. 181~204.

이 근(2003), 〈한국의 국가경쟁력, 이대로 괜찮은가〉, 미국특허를 이
     용한 한, 중, 일, 미, 대만 비교 심포지엄 2003.

임현준(2003), 〈우리나라 탈산업화 현황과 대응방안〉, 《경제분석》 제
     9권 제4호, 한국은행 금융경제연구원, pp. 28~69.

장근호(2002), 〈부정부패기 경제성징에 미치는 효과에 관한 실증분
     석〉, 《제도와 경제발전》 한국경제연구원. pp. 255~316.

조태식(2000), 〈정보통신산업이 생산성에 미친 영향〉, 《조사통계월
     보》 10월, 한국은행 조사국.

하준경(2003), 〈성장전략의 전환 필요성과 정책과제 : 동태적 거시경
     제모형을 이용한 분석〉, 《금융경제연구》 제 169호, 한국은행
     금융경제연구원.

한진희·김종일(1999), 〈국제비교를 통해 본 우리나라 및 동아시아의
     성장요인 분석〉, 《KDI 정책연구》 Ⅲ·Ⅳ호.

한진희·최경수·김동석·임경묵(2003), 《한국경제의 잠재성장률 전
     망 : 2003~2012》, 한국개발연구원.

Aghion, P. and Howitt, P.(1992), "A Model of Growth through Creative
     Destruction," *Econometrica* 60, pp. 323~351.

______(1998), *Endogenous Growth Theory*, The MIT Press.

Andersen, Palle and David Gruen(1995. 10), "Macroeconomic Policies and
     Growth," *Research Discussion Paper* No. 9507, Reserve Bank of

Austalia.

Auerbach, Alan J.(1993), "Investment Policies to Promote Growth," in *Policies for Long-run Economic Growth*, A Symposium Sponsored by the Federal Reserve Bank of Kansas City, pp. 157~184.

Bloom, D. E. and J. G. Williamson(1997), "Demographic Transitions and Economic Miracle in Emerging Asia," *NBER Working Paper* No. 6268.

Cecchetti, Stephen G.(2002. 5), "The New Economy and the Challenges for Macroeconomic Policy," *NBER Working Paper* No. 8935.

Coen, Robert M. and Bert G. Hickman(2002. 5), "The Productivity Surge of the Nineties and Future Growth," *SIEPR Discussion Paper* No. 01-26, Stanford Institute for Economic Policy Research.

DeSerres, Alain, Alain Guay and Pierre St-Amant(1995, 3), "Estimating and Projecting Potential Output Using Structural VAR Methodology : The Case of the Mexican Economy," *Bank of Canada Working Paper* 95-2.

Easterly, William, Michael Kremer, Lant Pritchett, and Larry Summers(1993), "Good Policy or Good Luck? Country Growth Performance and Temporary Shocks," *Journal of Monetary Economics* 32, pp. 459~483.

Fischer, Stanley(1993. 12), "The Role of Macroeconomic Factors in Growth," *NBER Working Paper* No. 4565. 1993.

Grossman, G. and Helpman, E.(1991), "Quality Ladders in the Theory of Growth," *Review of Economic Studies*.

Jaffe, Hu(2001, 10), "Patent Citations and International Knowledge Flow : The Cases of Korea and Taiwan, " *NBER Working Paper*, No. 8528.

Jorgenson, Dale W. and Kevin J. Stiroh(2000. 10), "Raising the Speed Limi t : U.S. Economic Growth in the Information Age," *OECD Economics*

Department Working Paper No. 261.

Keller, W.(1996), "Absorptive capacity : On the Creation and Acquisition of Technology in Development," *Journal of Development Economics* 49(1), pp. 199~227.

Kibritcioglu, Aykut and Selahattin Dibooglu(2001. 9), "Long-run Economic Growth : An Interdisciplinary Approach," *Economic Working Paper Archive at WUSTL*.

Krugman, P.(1994), "The Myth of Asia's Miracle," *Foreign Affairs* 73(6).

Kuszczak, John and Richard Dion(1997), "Potential Output Growth : Some Long-term Projections," *Bank of Canada Review Winter* 97-98, Bank of Canada.

Kwark, Noh-Sun and Yong-Sang Shyn(2003), "International R&D Spillovers Revisited : Human Capital as an Absorptive Capacity for Foreign Technology," *mimeo*.

Lachmann, L. M.(1970), *The Legacy of Max Weber*, London, Heinemann.

Lee, Jong-Wha(1994. 4), "Capital Goods Imports and Long-run Growth," *NBER Working Paper* No. 4725.

Mauro, P.(1995), "Corruption, Country Risk and Growth," *Quarterly Journal of Economics* 110(3).

Mody, Ashoka(1999. 5), "Industrial Policy After the East Asian Crisis : From "Outward-Orientation" to New Internal Capabilities?," *Working Paper* 2112, World Bank.

North, D. C.(1990), *Institutions, Institutional Change and Economic Performance*, Cambridge University Press.

Pakko, Michael R(2001. 10). "What Happens When the Technology Growth Trend Changes? : Transition Dynamics, Capital Growth and the New Economy," *Working Paper Series* 2001-020A, Federal Reserve

Bank of St. Louis.

Pardo-Beltrán, Edgar(2002. 11), "Effects of Income Distribution on Growth," *CEPA Working Paper* 2002-16, Center for Economic Policy Analysis.

Porter, Michael E.(1990), *The Competitive Advantage of Nations*, The Free Press.

Romer, P.(1990), "Endogenous Technical Change," *Journal of Political Economy*.

Scott Stern, Michael E. Porter, Jeffrey L. Furman(2000, 9), "The Determinants of National Innovative Capacity," *NBER Working Paper* No. 7876.

Scacciavillani, Fabio and Phillip Swagel(1999), "Measures of Potential Output : An Application to Israel," *International Monetary Working Paper*.

Solow, Robert M.(1957), "Technical Change and the Aggregate Production Function," *The Review of Economics and Statistics*, Vol. 39, No. 3., pp. 312~320.

World Bank(1993), *The East Asian Miracle : Economic Growth and Public Policy*, Oxford University Press.

Young, Alwyn(1993. 10), "Lessons from the East Asian NICs : A Contrarian View," *NBER Working Paper* No. 4482.

제6장
경제양극화의 원인과 영향 및 정책과제

이내황·하준경·강태수·임철재

>>>>>
본 장의 내용은 한국은행 금융경제연구원에서 발간된 《금융경제연구》 제184호
〈경제양극화의 원인과 정책과제〉(2004. 7)를 일부 수정·보완한 것임.

Ⅰ. 머리말

최근 우리 경제의 여러 부문에서 경제적 성과의 양극화가 동시에 진행되고 있다. 수출은 호조를 보이는 반면 민간소비와 설비투자는 매우 부진하며, 주요 수출품목을 생산하는 산업·기업과 그렇지 못한 산업·기업 사이의 성과도 차이가 나고 있다. 아울러 노동시장에서도 외환위기 이후 구조조정 과정에서 나타난 고용구조의 이원화가 심화되고, 임금격차도 확대되고 있으며, 이에 따라 소득분배 구조도 악화되고 있는 실정이다.

경제양극화는 뒤에서 자세히 설명하겠지만 우리 경제의 성숙단계 진입, 세계화, 기술진보 등의 요인에 따라 불가피하게 발생하는 면이 있다. 그러나 우리나라의 경우에는 구조적 측면에서 양극화를 조절할 수 있는 장치가 미흡한 데다 내수부진까지 겹쳐 양극화가 여러 부문에서 과도하게 나타나고 있다는 데 문제의 심각성이 있다. 양극화 현상이 장기간 지속되고 그 정도가 심화되면 경기변동성 확대, 장기적 성장기반 훼손 등 각종 부작용을 불러올 것이라는 우려가 크다.

따라서 본 연구에서는 경제양극화 현황을 주요 부문별로 살펴보고 그 원인과 영향을 분석한 뒤 이를 바탕으로 정책과제를 제시하고자 한다.

본 논문의 구성은 다음과 같다. Ⅱ절에서는 현재 관찰되고 있는 경제양극화 현황을 해외의 사례와 더불어 개관한 다음, Ⅲ절에서는 경제양극화의 원인을 근본적 원인, 경제구조적 원인, 경기적 원인으로 나누어 살펴보고자 한다. Ⅳ절에서는 경제양극화가 경제에 미치는 영향을 장·단기로 나누어 고찰한다. 마지막으로 Ⅴ절에서는 앞에서 살펴본 내용을 바탕으로 양극화에 대응하기 위한 정책과제를 이끌어냈다.

II. 경제양극화 현황

1. 수출·내수 양극화

2003년 이후 수출은 증가세가 지속적으로 확대되고 있으나 내수(민간소비+설비투자)는 위축세가 지속되면서 수출과 내수의 양극화가 심화되고 있다. 수출(국민계정)은 2003년에 15.7% 증가한 데 이어 2004년 1/4분기에도 전년동기대비 26.9% 증가하여 외환위기 이후 최고의 신장세를 보였으나, 민간소비와 설비투자는 2003년 2/4분기 이후 4분기 연속 감소세를 보여 2004년 1/4분기에도 각각 -1.4%, -0.3% 감소하였다.

<표 1> 국민계정 지출항목별 증감률

(전년동기대비, %)

	2001	2002	2003	2003				2004
				1/4	2/4	3/4	4/4	1/4
국내총생산(GDP)	3.8	7.0	3.1	3.7	2.2	2.4	3.9	5.3
민간소비	4.9	7.9	-1.4	0.3	-1.8	-1.9	-2.2	-1.4
설비투자	-9.0	7.5	-1.5	1.9	-0.6	-5.0	-2.4	-0.3
수 출	-2.7	13.3	15.7	15.9	8.4	14.9	23.1	26.9

주 : 2000년 가격 기준.
자료 : 한국은행, 《국민계정》 각호.

<그림 1> 국민계정 지출항목별 증감률

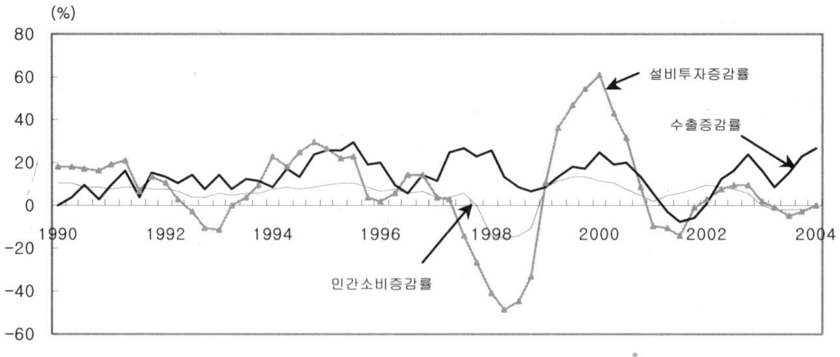

　　2004년 1/4분기 수출과 민간소비, 수출과 설비투자 증감률 격차를 보면, 각각 28.3%p와 27.2%p로서 외환위기 직후를 제외한 1990년대 이후 기간에 최대로 확대되었다. 이에 따라 최종수요(소비＋투자＋수출)에 대한 수출의 성장기여율은 2002년의 42.7%에서 2003년 98.2%, 2004년 1/4분기 104.9%로 급상승했으나, 내수의 성장기여율은 2002년의 57.3%에서 2003년에는 1.8%로 크게 낮아진데 이어 2004년 1/4분기에는 -4.9%를 기록하였다.

　　한편 GDP대비 수출비중은 2002년 40.5%에서 2004년 1/4분기에는 54.1%로 큰 폭 상승하였으나 내수(민간소비＋설비투자) 비중은 같은 기간에 66.3%에서 64.5%로 떨어졌다. 이 기간에 GDP대비 민간소비 비중은 55.0%에서 53.5%로, 설비투자 비중은 11.3%에서 11.0%로 각각 떨어졌다.

〈표 2〉 수출과 내수의 증감률 격차

(%p)

	2001	2002	2003	2003 1/4	2003 2/4	2003 3/4	2003 4/4	2004 1/4
수출-민간소비	-7.6	5.4	17.1	15.6	10.2	16.8	25.3	28.3
수출-설비투자	6.3	5.8	17.2	14.0	9.0	19.9	25.5	27.2

주 : 2000년 가격 기준.
자료 : 한국은행, 《국민계정》 각호.

〈그림 2〉 수출과 내수의 증감률 격차 추이

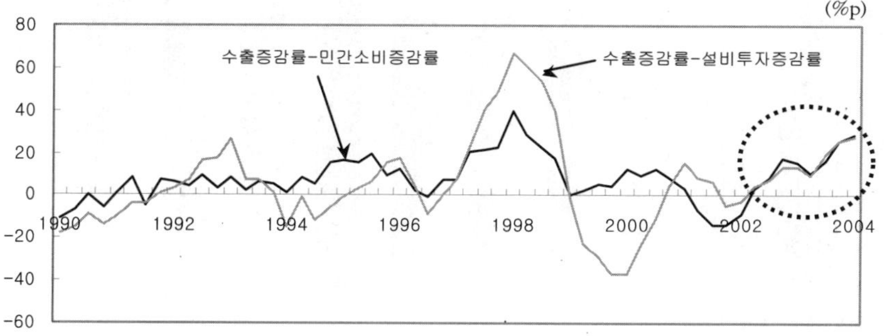

<표 3> 최종수요에 대한 지출항목별 성장 기여도 및 기여율

(기여도 : %p, 기여율 : %)

| | | 2002 | 2003 | 2003 | | | | 2004 |
				1/4	2/4	3/4	4/4	1/4
최종수요		8.8	4.7	6.7	2.0	3.7	6.5	8.2
기여도	내수	5.0	0.1	2.0	−0.5	−0.7	−0.3	−0.4
	(민간소비)	3.2	−0.6	0.1	−0.7	−0.8	−0.8	−0.5
	(설비투자)	0.6	−0.1	0.2	−0.1	−0.4	−0.2	0.0
	수출	3.8	4.6	4.7	2.5	4.4	6.8	8.6
기여율	내수	57.3	1.8	30.1	−24.9	−17.7	−4.7	−4.9
	(민간소비)	36.3	−12.0	1.9	−35.9	−20.1	−13.0	−6.7
	(설비투자)	7.1	−2.7	2.4	−2.6	−10.6	−3.0	−0.3
	수출	42.7	98.2	69.9	124.9	117.7	104.7	104.9

주 : 2000년 가격 기준.
자료 : 한국은행, 《국민계정》 각호.

<그림 3> 수출과 내수의 대GDP 비중

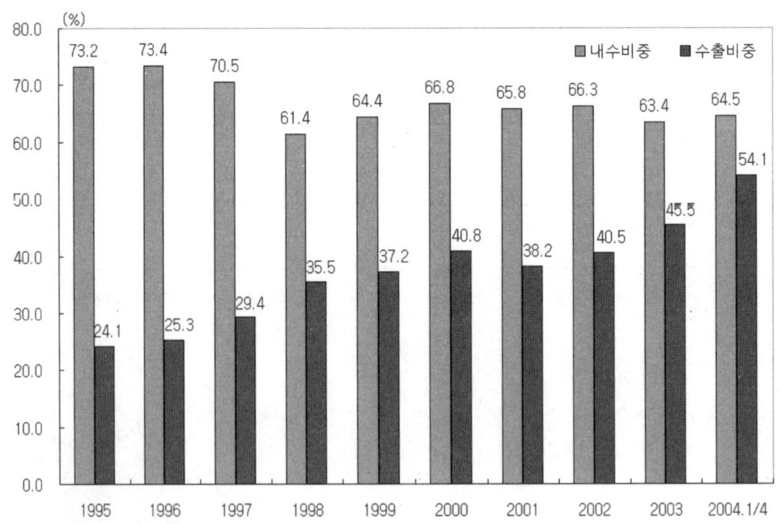

주 : 2000년 가격 기준.
자료 : 한국은행, 《국민계정》 각호.

〈참고 1〉 일본의 수출·내수 양극화 사례

 일본은 장기불황이 시작된 1990년대 초 이후 우리나라와 비슷한 수출과 내수(민간소비＋고정투자)의 양극화 현상을 경험하였다. 1991년~2003년에 수출은 연평균 4.6%의 고성장을 보인 반면, 내수는 같은 기간에 연평균 0.9%의 저성장을 기록하였다. 내수 부진의 영향으로 일본의 GDP도 같은 기간에 연평균 1.3%의 저성장에 머물렀다.

지출항목별 성장률 추이

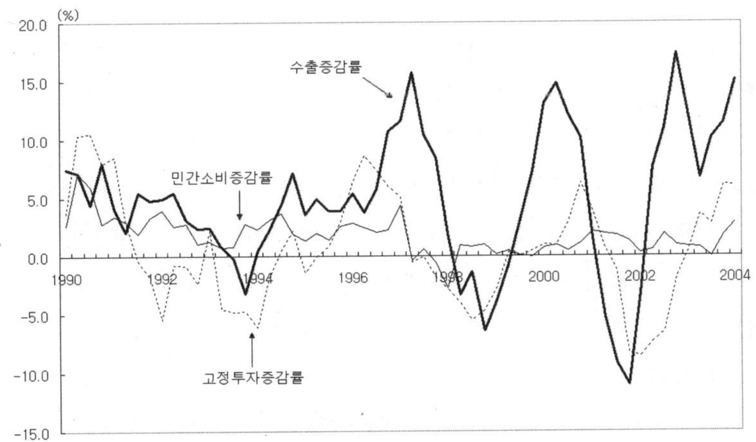

주 : 전년동기대비, 실질기준.
자료 : 일본 내각부(Cabinet Office), 국민계정.

 내수가 저성장을 기록한 것은 1990년대 초부터 시작된 자산가격 거품붕괴와 이에 따른 금융기관 부실로 가계의 소비와 기업의 설비투자가 크게 위축된 데서 주로 비롯한다. 기업은 거품형성기에 축적된 '3대 과잉문제'(과잉부채, 과잉설비, 과잉고용)가 자산가격 하락으로 부각된 데다, 금융기관 부실에 따른 금융기관의 금융중개기능 약화 등으로 투자를 축소하였다. 가계도 자산가격 하락에 따른 '역(逆)부의효과', 기업의 도산 및 구조조정으로 말미암은 실업률 상승과 임금소득 하락, 불황지속에 따른 미래에 대한 불안 등으로 소비를 억제하였다.

한편 수출호조가 내수를 진작시키는 효과는 제한적이었는데, 이는 수출이 GDP에서 차지하는 비중이 10% 안팎에 지나지 않은 데다 해외 직접투자 증가로 말미암은 국내 산업 공동화(hollowing-out), 수출기업의 부채 축소 등 구조조정 지속에 따른 설비투자 및 고용 억제 등 때문이었다.

일본정부는 내수부진에 대응하여 확장적 재정·금융정책을 실시하였다. 일본은행은 총 12회에 걸쳐 정책금리를 6.0%에서 0.10%까지 인하했으며 정부도 1992년~2002년에 10여 차례, 총 139조 엔 규모의 재정지출 확대정책을 실시하였다. 그러나 기업과 가계의 과도한 부채, 기업의 과잉설비, 금융기관의 부실채권 문제 등이 해소되지 않은 상태에서 확장적 재정·금융정책을 실시한 결과, 정책효과가 단기에 그치고 재정적자만 확대되는 부작용이 일어났다.

한편 내수부진으로 장기불황에 빠져 있던 일본 경제는 2003년 하반기 이후 수출이 높은 신장세를 지속하는 가운데 내수도 회복세를 보임에 따라 GDP(전년동기대비)가 2003년 4/4분기에 3.1% 성장한 데 이어 2004년 1/4분기와 2/4분기에도 각각 5.9%와 4.4%씩 성장하여 경기가 점차 회복되는 모습을 보이고 있다.

소비와 설비투자가 회복세를 보이는 것은 그동안의 구조조정으로 기업의 '3대 과잉문제'와 금융기관의 부실채권 문제가 차츰 해소되면서 대외여건 개선에 따른 기업실적 호전이 소비와 설비투자에까지 확산되고 있는 데서 말미암는다.

이와 같은 일본의 사례는 수출호조, 내수부진의 양극화 현상을 완화하기 위해서는 내수부양을 위한 단기적인 재정·금융정책보다는 가계부채 및 신용불량자 문제 해결, 기업의 투자환경 조성, 중소기업 신용제약 완화 등 경제 내 구조적 문제 해결에 초점을 두어야 함을 시사한다.

2. 산업간 양극화

가. 중화학공업과 경공업

산업간 양극화 현황을 보면, 먼저 중화학공업과 경공업 사이에 생산과 수출 면에서 격차가 확대되고 있다. 중화학공업 생산은 2003년에 전년대비 6.9% 증가한 데 이어 2004년 1/4분기에는 15.1% 증가하는 등 2002년 이래 높은 증가세를 유지하고 있으나, 경공업 생산은 2002년에 전년 수준에 머물렀다가 2003년 3.4% 감소한 데 이어 2004년 1/4분기에도 0.4% 감소하였다. 그 결과 제조업 생산 가운데 중화학공업 비중은 2000년 77.6%에서 2003년 81.3%로 상승한 반면 경공업 비중은 같은 기간에 22.4%에서 18.7%로 하락하였다.

중화학공업제품과 경공업제품의 수출실적을 견주어 보면 중화학공업제품 수출은 2003년에 22.4% 증가하였으나 경공업제품은 0.3% 감소하였으며, 2004년 1/4분기에도 중화학공업제품과 경공업제품의 수출증가율은 각각 40.1%와 6.9%로서 커다란 격차를 보이고 있다.

특히 중화학공업제품 가운데에서도 5대 수출주력품목인 반도체, 무선통신기기, 자동차, 컴퓨터, 선박 등은 2004년 1/4분기에 40

~60%의 신장세를 보인 반면 경공업제품은 플라스틱 등 일부 품목을 제외하면 감소 내지 정체를 나타냈다. 이에 따라 5대 수출주력 품목이 전체 수출에서 차지하는 비중이 2001년의 38.9%에서 2003년에는 43.2%로 상승하여 특정 소수품목에 대한 수출의존도가 심화되었다.

〈표 4〉 제조업 업종별 성장률

(전년동기대비, %)

| | 2001 | 2002 | 2003 | 2003 | | | | 2004 |
				1/4	2/4	3/4	4/4	1/4
제조업	2.2	7.6	4.8	5.1	2.6	3.3	8.0	12.1
경공업	−0.6	0.1	−3.4	−2.5	−5.0	−4.8	−1.5	−0.4
음식료품	5.2	−0.3	−0.6	−1.3	−2.0	0.3	0.4	2.3
섬유의복	−4.2	−1.4	−9.2	−6.5	−11.6	−12.1	−6.5	−4.4
인쇄 및 출판	−14.1	−18.9	−7.4	−6.1	−9.9	−9.1	−4.7	−7.3
가구 및 기타	−6.5	4.4	−6.5	−10.3	−8.6	−8.9	2.0	−1.1
중화학공업	2.9	9.7	6.9	7.0	4.5	5.5	10.2	15.1
석유화학	9.6	7.4	3.0	2.6	0.8	3.7	4.8	5.7
비금속광물	3.5	1.6	6.3	7.7	5.5	5.5	6.7	2.8
금속제품	−0.2	1.9	3.4	3.1	3.7	2.7	4.0	6.1
산업용기계	−1.8	7.2	6.2	11.6	5.8	3.8	4.3	9.5
전기전자	3.8	16.6	12.3	9.8	5.8	14.4	18.1	31.7
운수장비	−0.6	8.2	4.8	8.7	7.5	−8.3	10.5	7.9

주 : 2000년 가격 기준, 부가가치생산 기준.
자료 : 한국은행, 《국민계정》 각호.

〈표 5〉 경공업/중화학공업 생산의 대GDP 비중 추이

(%)

	1970	1980	1990	2000	2003
경 공 업	70.3	57.9	39.5	22.4	18.7
중화학공업	29.7	42.1	60.5	77.6	81.3
제 조 업	100.0	100.0	100.0	100.0	100.0

주 : 1990년 이전은 1995년 가격, 2000년 이후는 2000년 가격 기준.
자료 : 한국은행, 《국민계정》 각호.

<표 6> 중화학공업과 경공업의 제품별 수출[1]

(전년동기대비, %)

	2002	2003			2004					
		금 액	증감률	비중	1/4	1월	2월	3월	4월	5월
총 수 출 액	1,624.7	1,938.2	19.3	100.0	592.8	189.8	191.3	211.7	215.1	208.4
(증가율)	(8.0)				(37.8)	(32.5)	(43.4)	(37.7)	(36.8)	(42.0)
중화학공업	10.4	1,644.5	22.4	84.8	40.1	36.9	47.0	37.2	37.4	47.5
반도체	16.6	195.4	17.5	10.1	46.7	16.6	67.1	65.5	67.9	69.6
컴퓨터	15.1	149.8	15.7	7.7	49.9	45.8	58.0	46.7	44.2	35.5
무선통신기기	38.2	187.0	37.3	9.6	45.1	49.1	46.8	40.4	46.3	81.9
자동차	10.9	191.2	29.4	9.9	42.0	13.3	58.2	54.2	26.3	30.8
선 박	9.7	113.3	4.3	5.8	60.9	132.5	53.0	-16.0	10.3	-5.0
철 강	2.0	92.8	31.4	4.8	40.6	27.0	49.1	46.1	42.6	34.7
석유화학	10.4	119.2	28.6	6.1	28.7	29.6	24.7	32.0	35.2	38.2
경공업	-1.9	240.8	-0.3	12.4	6.9	-7.2	14.6	13.6	10.1	4.0
섬 유	-6.5	46.0	-6.8	2.4	-0.4	-13.0	11.4	3.6	-0.9	5.6
직 물	-2.0	83.1	-4.1	4.3	1.7	-15.2	10.8	8.8	7.8	-3.1
플라스틱	12.1	25.6	13.9	1.3	28.8	9.5	36.8	39.5	26.9	27.3
가죽모피	-10.0	10.4	-8.1	0.5	-3.0	-16.6	7.0	-0.9	0.1	2.4
잡 화	-16.9	9.5	-11.7	0.5	0.2	-11.8	6.7	6.7	3.9	-5.7

주 : 1) 통관기준, 금액은 억 달러.
자료 : 한국무역협회, 무역통계.

<그림 4> 5대품목[1]의 수출비중 추이

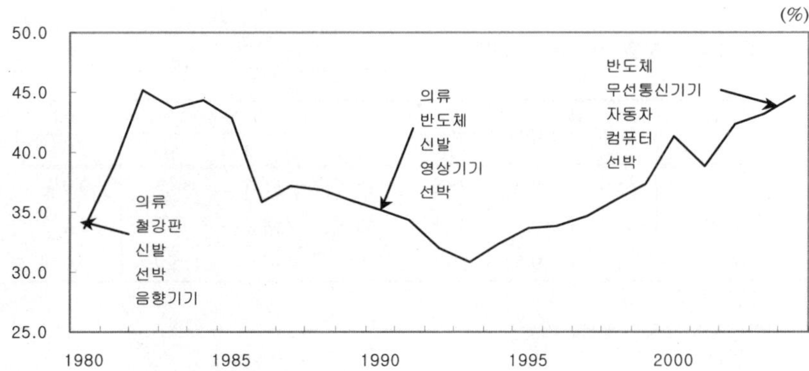

주 : 1) MTI 코드 3단위 기준.
자료 : 한국무역협회, 무역통계.

나. IT산업과 비IT산업

　　IT산업1)과 비IT산업 사이에도 부가가치 생산과 수출 면에서 격차가 커지고 있다. 부가가치 생산 증가율을 보면 2003년에 IT산업은 11.5%를 나타내었으나 비IT산업은 2.1%에 머물렀고, 2004년 1/4분기에도 IT산업은 25.1%를 기록한 반면 비IT산업은 3.0%에 불과하였다. 이러한 IT산업의 급성장세를 반영하여 IT산업이 GDP에서 차지하는 비중(부가가치 기준)도 2002년 9.9%에서 2004년 1/4분기에는 12.4%로 상승하였다.

<표 7> IT산업의 부가가치 생산 증가율 및 대GDP 비중

(%)

	2002	2003	2003				2004
			1/4	2/4	3/4	4/4	1/4
IT산업	17.6	11.5	9.6	7.2	13.1	15.4	25.1
(대GDP 비중)	9.9	10.7	10.5	10.0	11.0	11.2	12.4
비IT산업	5.9	2.1	3.0	1.7	1.3	2.6	3.0

주 : 2000년 가격 기준.
자료 : 한국은행, 《국민계정》 각호.

<표 8> IT상품의 수출 증가율 및 비중

(%)

	2002	2003	2003				2004
			1/4	2/4	3/4	4/4	1/4
IT상품	35.5	28.2	28.6	15.2	31.6	36.3	39.9
(IT상품 비중)	33.5	37.1	34.8	35.3	38.2	39.3	38.4
비IT상품	4.6	9.5	10.1	5.0	6.5	15.9	19.9

주 : 2000년 가격 기준.
자료 : 한국은행, 《국민계정》 각호.

---

　1) 정보통신기기제조업(사무, 계산 및 회계용 기계, 반도체 및 통신기기)과 정보통신서비스업(통신업, 방송, S/W와 컴퓨터 관련 서비스)을 포함한다.

또한 IT상품 수출은 2003년에 28.2%, 금년 1/4분기에도 39.9% 증가한 반면 비IT상품 수출은 같은 기간에 각각 9.5%, 19.9% 증가하는 데 그쳤다. 이에 따라 수출에서 IT상품이 차지하는 비중은 2002년의 33.5%에서 2004년 1/4분기에는 38.4%로 상승하였다.

다. 제조업과 서비스업

제조업과 서비스업 사이에도 부가가치 생산과 고용 면에서 양극화가 심화되고 있다. 제조업의 부가가치 생산은 2003년 4/4분기에 8.0%, 2004년 1/4분기에는 12.1%의 높은 신장세를 보였으나 서비스업의 부가가치 생산은 2003년에 1.8% 증가한데 이어 2004년 1/4분기에도 1.6% 증가하는 데 그쳤다. 이에 따라 제조업의 성장기여율은 2002년 28.0%에서 2004년 1/4분기에는 61.5%로 상승한 반면, 서비스업의 성장기여율은 같은 기간에 54.9%에서 14.7%로 하락하였다.

한편, 고용면에서는 제조업과 서비스업이 부가가치 생산과는 다른 양상을 보였는데, 2001~2003년 제조업부문 취업자는 연평균 0.7% 감소하였으나 서비스업부문 취업자는 2.8% 증가하였다. 이에 따라 제조업의 고용비중이 2000년 20.3%에서 2003년에는 19.0%로 하락한 반면 서비스업 고용비중은 같은 기간에 61.3%에서 63.6%로 상승하였다.

<표 9> 제조업과 서비스업의 부가가치 생산 증가율 추이

(전년동기대비, %)

	2001	2002	2003	2003				2004
				1/4	2/4	3/4	4/4	1/4
제 조 업	2.2	7.6	4.8	5.1	2.6	3.3	8.0	12.1
서비스업	4.8	7.8	1.8	1.9	1.1	1.6	2.4	1.6

주 : 2000년 가격 기준.
자료 : 한국은행, 《국민계정》 각호.

<표 10> 제조업과 서비스업의 GDP 기여도 및 기여율

(기여도 : %p, 기여율 : %)

		2002	2003	2003				2004
				1/4	2/4	3/4	4/4	1/4
국내총생산		7.0	3.1	3.7	2.2	2.4	3.9	5.3
기여도	제조업	2.0	1.2	1.3	0.7	0.9	2.0	3.3
	서비스업	3.8	0.9	1.0	0.5	0.8	1.1	0.8
기여율	제조업	28.0	40.3	36.6	30.8	35.1	51.1	61.5
	서비스업	54.9	28.5	26.3	25.0	33.8	28.9	14.7

주 : 2000년 가격 기준.
자료 : 한국은행,《국민계정》 각호.

<표 11> 산업별 취업자증가율 추이

(연평균, %)

	1971~1980	1981~1990	1991~2000	2001~2003	전 기간
제 조 업	9.1	5.3	−1.2	−0.7	4.0
서비스업	5.2	5.3	4.4	2.8	4.7
기 타[1]	0.8	−1.7	−1.9	−0.4	−0.9
전 산 업	3.6	2.8	1.6	1.5	2.6

주 : 1) 농림어업, 광업, 건설업 및 전기가스수도업.
자료 : 통계청.

<표 12> 산업별 고용비중 추이

(%)

	1980	1990	1995	2000	2003
제 조 업	21.6	27.2	23.6	20.3	19.0
서비스업	37.0	46.7	54.8	61.3	63.6
기 타[1]	41.4	26.2	21.6	18.5	17.4

주 : 1) 농림어업, 광업, 건설업 및 전기가스수도업.
자료 : 통계청.

〈참고 2〉영국의 제조업과 서비스업간 양극화 사례

영국은 1990년대 이후 제조업과 서비스업 사이의 성장률 격차가 심화되는 'two-speed economy'를 경험하고 있다. 1990년~2003년 사이에 서비스업은 연평균 2.8% 성장한 반면 제조업은 1990년대 0.6%, 2000년대 −0.6%의 매우 저조한 성장률을 기록하고 있다.

제조업과 서비스업의 성장률 추이

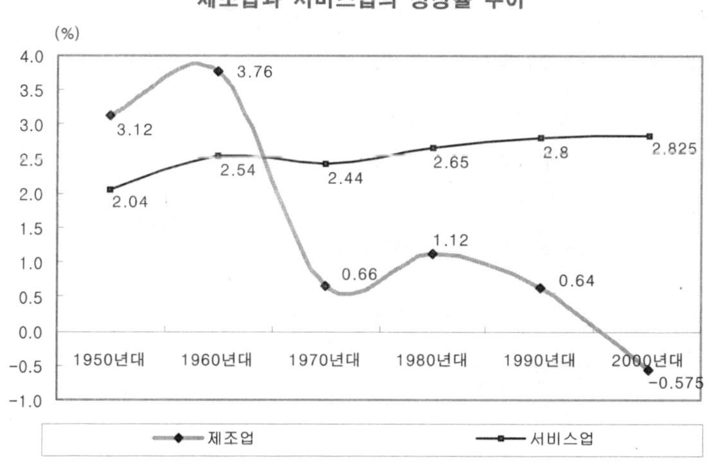

자료 : Office for National Statistics.

이에 따라 서비스업이 GDP에서 차지하는 비중은 1992년 66.3%에서 2001년에는 71.5%로 상승한 반면, 제조업의 비중은 같은 기간에 21.2%에서 17.2%로 하락하였다. 또한 서비스업이 고용에서 차지하는 비중은 1992년 70.9%에서 2001년에는 78.8%로 상승한 반면 제조업의 비중은 같은 기간에 17.6%에서 12.2%로 하락하였다.

제조업과 서비스업의 생산 및 고용 비중 추이

(%)

	제조업		서비스업	
	1992	2001	1992	2001
국내총생산 비중	21.2	17.2	66.3	71.5
고용비중	17.6	12.2	70.9	78.8

자료 : Office for National Statistics.

제조업과 서비스업간 성장률 격차와 이에 따른 서비스업 비중의 증가는 소득증가, 업종전문화, 기술발전, 세계화 등에 따른 탈산업화 현상으로 대부분의 선진국에서 나타나는 현상이다. 다만 일본·독일 등 주요 선진국은 탈산업화에도 불구하고 세계적으로 경쟁력 있는 제조업을 다수 보유하고 있는 반면, 영국은 낮은 노동생산성, 설비투자 및 R&D 부진 등으로 말미암아 제조업 부문이 크게 낙후되었다는 점에서 차이가 있다.

주요국의 서비스업 비중[1]

(%, %p)

	1980(A)	1990	1995	2000	2001(B)	B-A
미 국	64.2	70.6	72.7	76.2	77.3	+13.1
프랑스	60.8	68.0	70.5	72.5	72.5	+11.7
독 일	56.5	60.8	66.6	69.0	69.4	+13.0
일 본	56.3	58.7	64.6	66.6	67.9	+11.6
영 국	56.2	64.2	67.3	71.7	72.6	+16.5
한 국	44.4	48.2	51.0	52.9	53.9	+9.5

주 : 1) 부가가치 기준.
자료 : OECD.

영국정부는 제조업과 서비스업의 밀접한 연관성을 고려할 때 서비스업의 성장만으로는 영국경제의 지속가능한 성장(sustainable growth)이 불가능하다고 판단하여 제조업 발전을 위한 7가지 핵심과제[2]를 선정하고, 각 과제에 대한 정부의 지원실적과 향후 지원방향을 제시하는 등의 제조업 육성정책을 시행하고 있다. 다만, 환율조작, 제조업 보호를 위한 수입제한, 직접적인 보조금 지급 등의 단기적 성과를 위한 정책수단은 배제하고 있다.

우리나라는 영국과 반대로 제조업은 고성장을 지속하는 반면 서비스업은 저성장을 지속하고 있다. 서비스업은 2003년에 GDP의 50%, 고용의 64%를 차지하고 있어 서비스업의 성장 없이 제조업의 성장만으로는 지속적인 성장이 어렵다. 따라서 서비스업 육성정책을 통해 서비스업을 성장산업으로 적극 육성할 필요가 있다.

3. 기업간 양극화

가. 대기업과 중소기업

대기업과 중소기업 사이에는 수익성, 재무구조, 성장성, 자금조달 여건, 투자 등 여러 면에서 격차가 확대되고 있다. 2003년에 제조업의 수익성은 대기업의 경우 모든 지표에서 크게 개선되었으나 중소기업의 수익성은 전년에 견주어 오히려 악화되었다. 재무구조도 2003년에 대기업의 경우 부채비율과 차입금의존도가 하락하고 자기자본비율은 상승하여 2002년보다 개선된 반면, 중소기업은 차입금 의존도가 다소 높아진 가운데 재무구조 개선이 상대적으로 미흡하다. 또 2003년에 대기업의 매출은 증가세가 이어졌으나 중소기업의 매출 증가세는 크게 둔화되었다. 한편, 기업대출금리가 전반적으로 하락하는 추세 속에서 2002년 이후 대기업에 대한 대

---

2) 거시경제의 안정, 투자확대, 기술혁신, 세계최고 수준 지향, 기술 및 교육수준 향상, 사회간접자본 확충, 경쟁적 시장환경 조성.

<표 13> 대기업과 중소기업의 수익성 관련지표

(%)

	영업이익률		경상이익률		이자보상비율	
	2002	2003	2002	2003	2002	2003
대 기 업	7.5	8.2	5.4	6.0	255.4	428.8
중소기업	5.3	4.6	3.4	2.5	273.7	255.9
제 조 업	6.7	6.9	4.7	4.7	260.3	367.1

자료 : 한국은행,《기업경영분석》각호.

<표 14> 대기업과 중소기업의 재무구조 관련지표

(%)

	부채비율		차입금의존도		자기자본비율	
	2002	2003	2002	2003	2002	2003
대 기 업	128.9	113.5	31.2	25.9	43.7	46.8
중소기업	152.1	147.6	32.9	33.5	39.7	40.4
제 조 업	135.4	123.4	31.7	28.3	42.5	44.8

자료 : 한국은행,《기업경영분석》각호.

<표 15> 대기업과 중소기업의 매출액 증가율

(%)

	2001	2002	2003
대 기 업	0.8	7.2	6.6
중소기업	3.4	10.2	5.4
제 조 업	1.7	8.3	6.1

자료 : 한국은행,《기업경영분석》각호.

<표 16> 대기업과 중소기업의 대출금리[1]

(연 %)

	2000	2001	2002	2003
기 업 대 출[2]	8.18	7.49	6.50	6.17
대 기 업	8.75	7.69	6.17	5.98
중소기업	7.95	7.38	6.56	6.21

주 : 1) 예금은행 신규취급 기업대출 가중평균금리 기준.
　　 2) 당좌대출과 마이너스통장대출 제외.
자료 : 한국은행,《조사통계월보》각호.

<표 17> 설비투자 추이와 전망

(조원, %)

	금 액			전년대비 증감률		
	2002	2003	2004	2002	2003	2004
전산업	38.7	43.4	54.1	-4.5	12.1	24.6
제조업	21.2	26.4	34.2	-0.7	24.8	29.3
대 기 업	19.5	24.7	32.6	-3.4	27.4	31.7
중소기업	1.7	1.7	1.6	44.0	-3.4	-6.1
비제조업	17.5	17.0	19.9	-8.6	-3.4	17.2

주 : 2002~2003년은 실적치, 2004년은 전망치.
자료 : 한국산업은행, <2004년도 설비투자계획 조사>.

출금리가 중소기업에 대한 대출금리를 하회하게 되었다. 또 투자상황을 보면, 2003년에 대기업의 설비투자는 27.4% 증가한 반면 중소기업에서는 3.4% 감소하였으며, 한국산업은행의 <2004년도 설비투자계획 조사>에 따르면 2004년에 대기업의 설비투자는 증가세가 확대되나 중소기업은 감소폭이 커질 것으로 보인다.

<참고 3> 일본의 대기업과 중소기업간 양극화 사례

일본은 2002년 이후 경기회복 과정에서 매출과 경상이익률 등 기업실적 면에서 대기업과 중소기업간 격차가 확대되는 양극화 현상을 경험하였다. 대기업의 경상이익률은 2001년 2.90%에서 2003년에는 4.06%로 1.16%p 증가한 반면 중소기업의 경상이익률은 2001년 2.15%에서 2003년에는 2.55%로 0.40%p 증가에 그쳤다. 매출액 비중 측면에서도 대기업은 2001년 39.4%에서 2003년에는 40.8%로 확대된 반면, 중소기업은 2001년 60.6%에서 2003년에는 59.2%로 축소되었다.

<table>
<tr><td colspan="3" align="center">경상이익률</td><td colspan="3" align="center">매출액비중</td></tr>
<tr><td></td><td></td><td align="right">(%)</td><td></td><td></td><td align="right">(%)</td></tr>
<tr><td></td><td>2001</td><td>2003</td><td></td><td>2001</td><td>2003</td></tr>
<tr><td>대 기 업</td><td>2.90</td><td>4.06</td><td>대 기 업</td><td>39.4</td><td>40.8</td></tr>
<tr><td>중소기업</td><td>2.15</td><td>2.55</td><td>중소기업</td><td>60.6</td><td>59.2</td></tr>
</table>

자료 : 일본 재무성, 법인기업통계   자료 : 일본 재무성, 법인기업통계

　　업황을 나타내는 업황 단관지수도 제조업과 비제조업 모두 대기업의 업황지수가 중소기업을 지속적으로 웃도는 가운데 2002년 이후 대규모 제조업의 업황개선이 가장 뚜렷하다.

업황 단관(短觀)지수[1] 추이

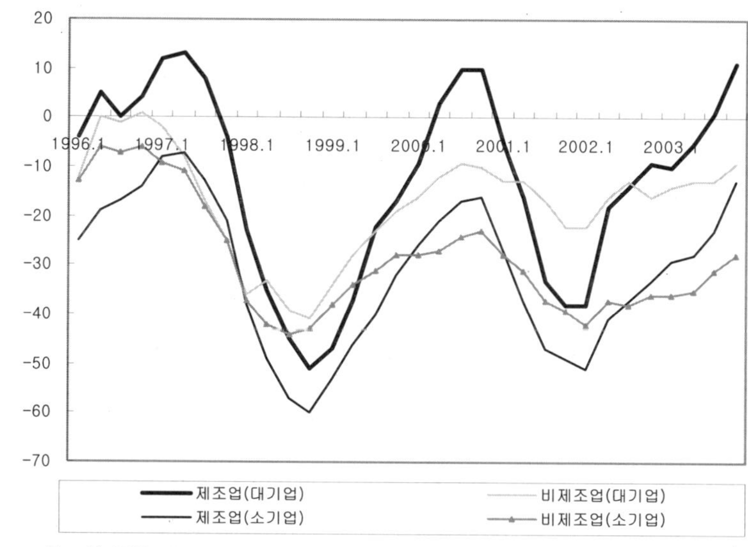

주 : 1) Diffusion Index.
자료 : 일본은행(BOJ).

　　이처럼 경기회복 과정에서 대기업과 중소기업간 실적격차가

확대된 것은 수출확대의 이익이 수출비중이 높은 대규모 제조
업에 집중된 데서 주로 말미암는다.

　대규모 제조업이 수출확대에 따른 이익증가에도 '3대 과잉문
제' 등으로 설비투자와 고용확대를 기피함에 따라 내수의존도가
높은 중소제조업과 비제조업에까지 수출확대의 이익이 파급되지
못했기 때문이다.

　이 뿐만 아니라 대기업의 해외직접투자 확대에 따른 산업공동
화(hollowing-out) 현상으로 설비투자와 고용기회가 축소된 데다
부품과 원자재의 해외조달이 확대됨에 따라 중소제조업과 비제
조업의 어려움이 가중되었던 것도 대기업과 중소기업간 양극화
의 원인 가운데 하나이다.

　한편, 자금조달 여건면에서도 중소기업은 은행의 대출거부율,
담보 및 보증 요구, 대출금리 등에서 대기업에 견주어 크게 불리
하다. 고용인 20명 이하 기업의 대출거부율은 18.2%에 달하는
반면, 고용인 301명 이상 기업의 대출거부율은 2.8%에 지나지
않고, 고용인 20명 이하 기업의 대출시 담보 또는 보증 제공비율
은 87.3%에 이르나 고용인 301명 이상 기업은 64.7%로 낮았다.
또한 고용인 20명 이하 기업의 단기대출이자율은 2.49%인 반면,
고용인 301명 이상 기업의 단기대출이자율은 이보다 훨씬 낮은
1.375%에 지나지 않았다.

　이와 같은 일본의 사례는, 대기업과 중소기업 사이의 균형발
전을 위해서는 중소기업의 경쟁력을 강화하고, 대기업과 중소기
업간 연계성을 높이는 정책이 필요하다는 것을 시사한다. 특히
신용제약이 중소기업의 설비투자와 기술개발을 제한하지 않도록
중소기업에 대한 적극적인 신용지원이 필요하다.

기업규모별 자금조달 여건

(%)

		20명 이하	21~100명	101~300명	301명 이상
자 금 조달원	장단기대출	66.9	51.4	41.1	24.2
	채권·주식	12.5	22.1	26.5	41.9
	기　　타	20.6	26.5	32.4	33.9
대출거부율		18.2	10.2	5.3	2.8
담보 또는 보증		87.3	86.9	84.6	64.7
단기대출금리		2.490	1.975	1.625	1.375

자료 : *White Paper on Small and Medium Enterprises in Japan*(2003).

나. 우량기업과 비우량기업

소수 우량기업에 대한 수익편중 현상이 두드러지는 가운데 기업간에 수익성, 재무구조 등의 차별화가 심화되고 있다. 2003년에 매출액기준 5대기업[3]의 경상이익은 12.7조 원으로 제조업 전체 경상이익 31.0조 원의 41.1%를 차지하였다. 제조업체 매출액경상이익률의 구간별 분포를 보면, 2003년에 매출액경상이익률이 20% 이상인 수익성이 우수한 업체의 비중과 경상이익 적자업체의 비중이 동시에 증가하는 것을 볼 수 있다.

또한 2003년에 제조업체 가운데 무차입기업의 비중이 크게 높아진 한편, 이자보상비율이 100% 미만으로 영업이익이 금융비용에도 못미치는 업체와 이자보상비율 0% 미만인 영업손익 적자업체의 비중도 크게 상승하였다.

---

3) 삼성전자, 현대자동차, 포스코, LG전자, SK(주)(매출액 비중으로는 제조업 전체의 17.7%). 이 가운데 최대 기업인 삼성전자의 경상이익은 6.9조 원으로 전체 제조업 경상이익의 22.3%를 차지하였다.

재무구조에서도 부채비율 100% 이하인 우량업체의 비중이 외환위기 이후 꾸준히 증가하는 가운데 부채비율 400%를 넘는 부채과다업체의 비중도 2003년에 상승세로 반전되었다.

〈표 18〉 제조업체 매출액경상이익률 구간별 분포 추이

(구성비, %)

	1997	1998	1999	2000	2001	2002	2003
20% 이상	1.0	1.8	3.1	3.5	3.4	4.3	4.5
0~20%	71.8	69.2	77.1	78.2	76.1	76.9	74.3
0% 이하 적자	27.2	29.0	19.8	18.3	20.5	18.8	21.2
(-20% 미만)	5.9	12.3	7.8	4.6	6.2	6.2	7.3

자료 : 한국은행, 《기업경영분석》 각호.

〈표 19〉 제조업체 이자보상비율[1] 구간별 분포 추이

(구성비, %)

	1997	1998	1999	2000	2001	2002	2003
무차입기업	0.9	1.2	2.6	2.7	2.9	4.1	4.9
200% 이상	25.8	25.4	38.6	46.6	46.4	55.8	52.9
100~200%	32.2	28.1	26.2	24.4	22.1	16.6	16.0
100% 미만	41.1	45.3	32.6	26.3	28.6	23.5	26.2
(0% 미만)	14.3	19.1	14.3	11.3	14.1	14.3	17.9

주 : 1) (영업이익/이자비용)×100.
자료 : 한국은행, 《기업경영분석》 각호.

〈표 20〉 제조업체 부채비율 구간별 분포 추이

(구성비, %)

	1997	1998	1999	2000	2001	2002	2003
100% 이하	9.5	16.3	25.4	28.0	37.2	37.1	39.4
100~400%	45.6	52.2	51.1	52.1	46.8	47.8	44.2
400% 초과	44.9	31.5	23.5	19.9	16.0	15.1	16.4

자료 : 한국은행, 《기업경영분석》 각호.

다. 수출기업과 내수기업

　　수출과 내수의 양극화로 성장성과 수익성 면에서 수출기업[4]과
내수기업 사이의 격차도 확대되고 있다. 매출액을 보면 수출기업의
매출액 증가율이 2003년 2/4분기 이후부터 내수기업의 매출액 증가
율을 상회하고 있으며, 특히 2004년 1/4분기에는 내수기업 증가율
의 2배를 초과한 22.6%를 기록하였다. 또, 수출기업의 경상이익률
도 2003년 2/4분기 이후 내수기업의 경상이익률을 웃돌아 2004년
1/4분기에는 내수기업의 경상이익률 11.2%를 크게 웃도는 15.0%를
기록하였다.

<표 21>　제조업 수출기업과 내수기업의 매출액증가율 추이

(전년동기대비, %)

	2003				2004
	1/4	2/4	3/4	연간	1/4
수출기업	4.2	4.5	4.9	8.6	22.6
내수기업	12.8	2.8	1.1	4.3	10.3

주 : 분기별 자료는 상장 · 코스닥 · 일부 등록기업, 연간자료는 전체 법인기업.
자료 : 한국은행, 《기업경영분석》 각호.

<표 22> 제조업 수출기업과 내수기업의 경상이익률 추이

(%)

	2003				2004
	1/4분기	2/4분기	3/4분기	연간	1/4분기
수출기업	5.4	6.8	9.8	4.9	15.0
내수기업	7.6	8.4	6.9	4.6	11.2

주 : 분기별 자료는 상장 · 코스닥 · 일부 등록기업, 연간자료는 전체 법인기업.
자료 : 한국은행, 《기업경영분석》 각호.

---

4) 매출액 가운데 수출비중이 50% 이상인 기업을 말한다.

4. 고용 및 소득 양극화

가. 고용과 임금구조의 양극화

외환위기 이후 비상용근로자[5] 비중, 중소기업 고용 비중, 신규 일자리 가운데 상·하위층 양극단의 비중이 확대되고 청년실업이 증가하는 등 고용구조의 양극화가 심화되었다. 특히 상용근로자와 비상용근로자간의 임금격차가 확대되면서 동시에 비상용근로자 비중이 외환위기 직전인 1996년 43.2%에서 2003년에는 49.5%로 상승하고 상용근로자 비중은 같은 기간에 56.8%에서 50.5%로 하락하였다. 또, 비정규직 근로자[6]의 비중도 2001년 27.3%에서 2003년에는 32.6%로 상승히였디. 힌편, 상용직 대비 임시직의 임금비율은 2002년 54.9%에서 2003년 52.7%로, 상용직 대비 일용직의 임금비율도 같은 기간에 43.0%에서 38.8%로 각각 하락하였다.

<표 23> 비상용근로자[1] 비중

(%, %p)

	1996년(A)	2003년(B)	증감(B-A)
상 용근로자	56.8	50.5	−6.3
비상용근로자	43.2	49.5	+6.3
(임 시 직)	(29.6)	(34.7)	(+5.1)
(일 용 직)	(13.6)	(14.8)	(+1.2)

주 : 1) 임시직 + 일용직.
자료 : 통계청.

---

5) 임시직 근로자와 일용직 근로자의 합으로 계산된다. 임시직은 고용계약기간이 1개월 이상 1년 미만인자 또는 고용계약기간을 정하지 않은 경우 상여금과 퇴직금 등의 비수혜자를 말하며, 일용직은 고용계약기간이 1개월 미만인 자, 또는 일정한 사업장 없이 떠돌아다니면서 일한 대가를 받는 자를 뜻한다.

6) 한시적 근로자(또는 기간제 근로자), 단시간 근로자(part-timer)와 비전형근로자 (파견·용역·호출 등)의 합으로 계산된다(2002년 5월 노사정위원회). 한시적 근로자란 고용계약기간을 설정하고 있는 근로자와 고용계약기간은 설정되어 있지 않으나 비자발적, 비경제적 사유로 계속 근무를 기대할 수 없는 근로자를 말하며 단시간근로자란 근로시간이 주 36시간 미만인 근로자를 의미한다.

<표 24> 비정규직 근로자 추이

(만 명, %)

비정규직[1] (A+B+C)	한시적 근로 (A)	단시간 근로 (B)	비전형근로(C)					
			소계	파견 근로	용역 근로	특수 고용	가정 근로	일일 근로
2001. 8.	3,602 (27.3)	1,839 (13.9)	873 (6.6)	1,801 (13.6)	130 (1.0)	318 (2.4)	788 (6.0)	258 (2.0)	305 (2.3)
2002. 8.	3,794 (27.8)	2,022 (14.8)	807 (5.9)	1,845 (13.5)	88 (0.6)	346 (2.5)	749 (5.5)	239 (1.8)	423 (3.1)
2003. 8.	4,606 (32.6)	3,013 (21.3)	929 (6.6)	1,799 (12.7)	98 (0.7)	346 (2.4)	600 (4.2)	166 (1.2)	589 (4.2)

주 : 1) 중복 근로자 제외.

    2) ( ) 안은 전체 임금근로자중 비중.

자료 : 노동부.

<표 25> 종사상 지위별 월평균 임금

(만 원, %)

	전 체	종사상 지위별		
		상용직	임시직	일용직
2002년	132.5	176.9	97.1[54.9]	76.0[43.0]
2003년	146.6	195.8	103.2[52.7]	75.9[38.8]
증감률	(10.6)	(10.7)	(6.3)	(−0.1)

주 : 1) 6~8월 평균 기준.

    2) [ ] 안은 상용근로자 임금에 대한 비율.

    3) ( ) 안은 전년동기대비 증감률.

자료 : 통계청, 《경제활동인구부가조사》 각호.

　한편 중소기업의 고용비중이 증가하는 가운데 대기업과 중소기업간 임금격차가 확대되고 있다. 먼저 고용비중을 견주어 보면 10~29인 사업체의 고용비중이 1995년 22.0%에서 2002년 27.6%로 상승한 반면 같은 기간에 500인 이상 사업체(23.7% → 19.4%)와 300~499인 사업체의 고용비중(7.0% → 6.6%)은 하락하는 추세를 보이고 있다. 한편 대기업과 중소기업간 임금격차를 보면, 100~299인 사업체 근로자의 월평균 임금대비 10~29인 사업체 근로자의 월평균 임금비중이 1995년 88.3%에서 2002년에는 83.6%로 하락한 반면, 500인 이상 사업체 근로자의 임금비중은 같은 기간에 118.7%에서 129.7%로 상승하였다.

<표 26> 기업규모별 고용비중 추이

(%, %p)

	1995(A)	2000	2002(B)	증감(B-A)
10~29인	22.0	28.6	27.6	+5.6
30~99인	27.4	28.1	26.7	-0.7
100~299인	19.9	19.6	19.8	-0.1
300~499인	7.0	5.9	6.6	-0.4
500인~	23.7	17.9	19.4	-4.3

자료 : 노동부,《임금구조기본통계조사》각호.

<표 27> 기업규모별 월평균 임금총액[1] 추이

(천 원/월)

	1995	2000	2002
10~29인	1,059.9(88.3)	1,455.3(84.4)	1,642.0(83.6)
30~99인	1,072.0(89.3)	1,566.4(90.8)	1,775.7(90.4)
100~299인	1,199.8(100.0)	1,725.0(100.0)	1,964.2(100.0)
300~499인	1,329.5(110.8)	2,070.6(120.0)	2,226.9(113.4)
500인~	1,423.7(118.7)	2,165.8(125.6)	2,547.8(129.7)

주 : 1) 임금총액=(정액급여+초과급여+전년도 연간특별급여)/12.
    2) (　)안은 100~299인의 임금수준을 100으로 했을 때의 상대임금 수준.
자료 : 노동부,《임금구조기본통계조사》각호.

<그림 5> 일자리 10분위별 증감(전체 취업자 기준, 1993~2002년)

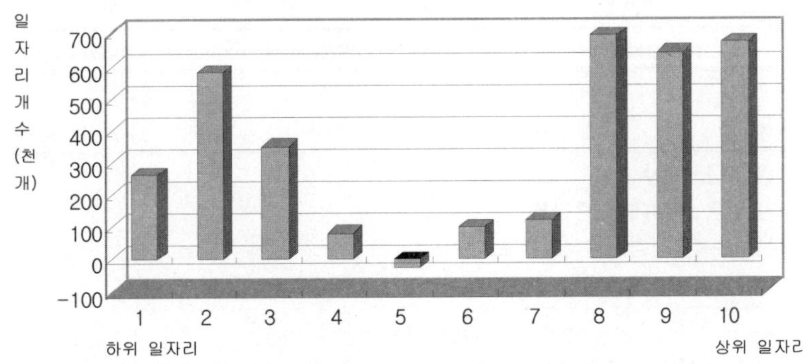

자료 : 한국노동연구원(2003), 〈일자리 양극화 경향과 빈곤 정책의 방향〉.

<표 28> 연령별 실업률 추이

(%, %p)

	1995(A)	2000	2003(B)	증감(B-A)
청년층(15~29세)	4.6	7.6	7.7	+3.1
중년층(30~59세)	1.2	3.3	2.4	+1.2
노년층(60세~)	0.4	1.3	0.9	+0.5
전　　체	2.1	4.1	3.4	+1.3

자료 : 통계청, KOSIS.

　　또한 1993~2002년에 보수수준 상위 30%와 하위 30%의 직업[7]에서 일자리가 크게 늘어난 반면 중위권인 40~70%의 직업에서는 일자리 증가가 거의 정체상태에 있는 것으로 나타났다(한국노동연구원 2003). 뿐만 아니라 2003년에 청년층(15~29세)의 실업률은 중년층(30~59세)의 2.4%와 노년층(60세 이상)의 0.9%보다 크게 높은 7.7%이고, 1995~2003년의 청년층 실업률은 3.1%p 증가한 반면 중년층과 노년층은 각각 1.2%p, 0.5%p 증가에 그침으로써 청년층의 실업률과 실업률의 증가폭이 중년층 및 노년층을 크게 웃도는 것으로 나타나고 있다.

<표 29> 제조업 수출기업과 내수기업의 종업원 1인당 인건비[1]

(백만 원, %)

	수출기업(A)	내수기업(B)	비율(B/A)
2002	35.8(18.5)	30.3(7.4)	84.6
2003	38.2(6.7)	31.9(5.3)	83.5

주 : 1) 인건비/종업원수.
　　 2) ( ) 안은 전년대비 증감률.
자료 : 한국은행, 《기업경영분석》 각호.

---

7) 직업 10분위 구분은 직종–산업 셀을 하나의 직업으로 보고, 이 셀의 평균보수수준(중간값)을 바탕으로 하여 구분한다. 하위 직업은 보수 수준이 낮은 일자리이고, 상위 직업은 보수 수준이 높은 일자리이다.

아울러 수출과 내수의 양극화로 수출기업 근로자 대비 내수기업 근로자의 임금비율이 2002년 84.6%에서 2003년에는 83.5%로 하락하면서 수출기업과 내수기업 사이의 임금격차도 확대되고 있는 실정이다.

〈참고 4〉 일본의 고용과 임금구조 양극화 사례

일본도 우리나라와 같이 임금근로자 중 비정규직 근로자의 비중이 지속적으로 증가하는 가운데 정규직과 비정규직간 임금격차가 벌어지고 있으며 청년층의 실업도 확대되고 있다.

비정규직근로자의 비중은 1990년 20.2%에서 2001년에는 27.2%로 증가했으며 비정규직의 정규직 대비 임금비중은 1990년 57.8%에서 2001년에는 50.7%로 떨어졌다. 비정규직근로자의 비중이 증가하고 있는 것은 비용절감을 위한 기업의 비정규직 고용 증가, 비정규직 고용이 많은 서비스업 비중 확대, 그리고 여성과 젊은층이 정규직에 견주어 생활이 자유로운 비정규직을 선호하는 것 등에서 비롯한다.

비정규직근로자[1] 비중

(%, %p)

	1990(A)	1995	2000	2001(B)	B-A
정 규 직 근로자	79.8	79.1	74.0	72.8	-7.0
비정규직 근로자	20.2	20.9	26.0	27.2	+7.0
단시간직	(11.6)	(11.8)	(14.7)	(15.4)	(+3.8)
아르바이트직	(4.7)	(5.5)	(7.3)	(7.6)	(+2.9)
파견직	(3.9)	(3.7)	(4.0)	(4.2)	(+0.3)

주 : 1) 단시간직+아르바이트+파견직 등.
자료 : 일본 총무성 통계국, Special Survey of Labour Force Survey.

남자 정규직과 단시간직 간 시간당 임금 추이

(엔, %)

	정규직(A)	단시간직(B)	비율(B/A)
1990	1,632	944	57.8
1995	1,919	1,061	55.3
2001	2,028	1,029	50.7

자료 : 일본 후생노동성, 《임금구조기본통계조사》 각호.

　또한 청년층(15~29세)의 실업률이 중년층(30~59세)의 실업률을 크게 웃도는 가운데 격차도 확대되고 있다. 청년층의 실업률은 2000년에 5.8%~14.1%로 중년층의 실업률 2.9~4.5%를 크게 웃돌고 있으며, 1991~2000년에 청년층의 실업률은 3.8~6.9%p 증가한 반면 중년층의 실업률은 1.8~2.8%p 증가하는 데 그쳤다.

연령대별(남자) 실업률 추이

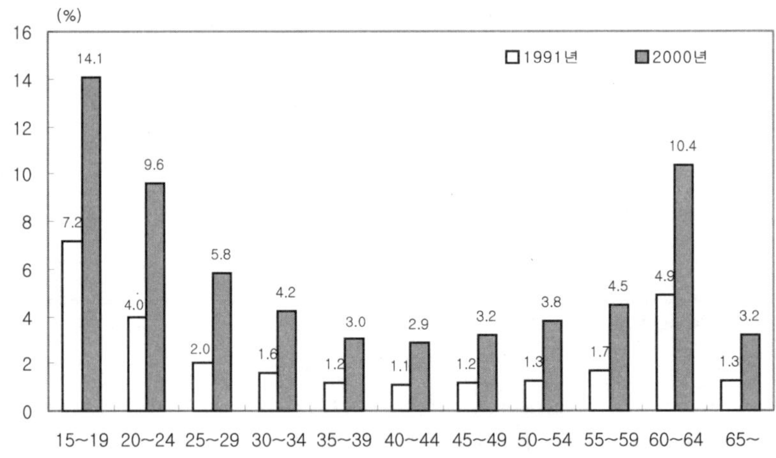

자료 : The Japan Institute of Labour, *The Labor Situation in Japan* 2002/2003.

일본정부는 비정규직 증가현상을 탈산업화 등에 따른 고용형태의 다양화로 보고, 이러한 현상이 궁극적으로 사용자와 근로자의 선택의 폭을 넓혀 경제의 효율성을 증진시킬 것으로 판단하고 있다. 다만, 고용형태에 따른 차별을 철폐하고 고용형태간 이동성을 증진하는 정책을 통해 고용형태의 다양화에 따른 부작용을 최소화하는 데 정책의 역점을 두고 있다.

또한 청년실업에 대해서는 성장산업 육성과 중소기업 지원을 통한 고용창출, 노동시장의 수급불균형 해소, 적성과 전공에 맞는 고용정보 제공 등을 통한 해소를 추진 중이다.

우리나라도 비정규직의 비중이 지속적으로 증가하고 있는 만큼 비정규직에 대한 차별을 철폐하고 사용자와 근로자의 필요에 따라 정규직과 비정규직 사이에 이동이 원활히 이루어지도록 노동시장 관련 제도를 정비할 필요가 있다. 아울러 청년실업 해소를 위해 고용흡수력이 높은 산업을 육성하는 노력이 뒷받침되어야 한다.

나. 소득 양극화

외환위기 이후 지니계수, 소득 5분위 배율, 빈곤층 비중이 상승하는 등 소득불평등도가 심화되고 있다. 1990~1997년에 평균 0.286이었던 지니계수[8]는 외환위기 이후인 1998~2003년에는 0.315로 크게 높아졌고 소득 5분위 배율[9]도 1990~1997년의 4.48배 수준에서 1998~2003년에는 5.33배로 크게 높아졌다.

---

[8] 소득분배상태의 불평등도를 측정하는 척도로 이용되는 지표로 0에서 1의 값을 가지며 수치가 작을수록 소득의 불평등도가 낮은 것을 나타낸다.

[9] 전체 조사가구를 소득순으로 5등분하여 각 분위별 평균값을 집계한 다음 소득수준이 가장 높은 V분위 평균값을 가장 낮은 I분위 평균값으로 나눈 값이다.

<표 30> 지니계수와 소득 5분위 배율

	1990	1992	1994	1996	1997	1998	1999	2000	2001	2002	2003
지니계수	0.295	0.284	0.284	0.291	0.283	0.316	0.320	0.317	0.319	0.312	0.306
소득5분위 배율	4.64	4.42	4.42	4.63	4.49	5.41	5.49	5.32	5.36	5.18	5.22

자료 : 통계청,《도시가계연보》각호.

<그림 6> 지니계수와 소득 5분위 배율 추이

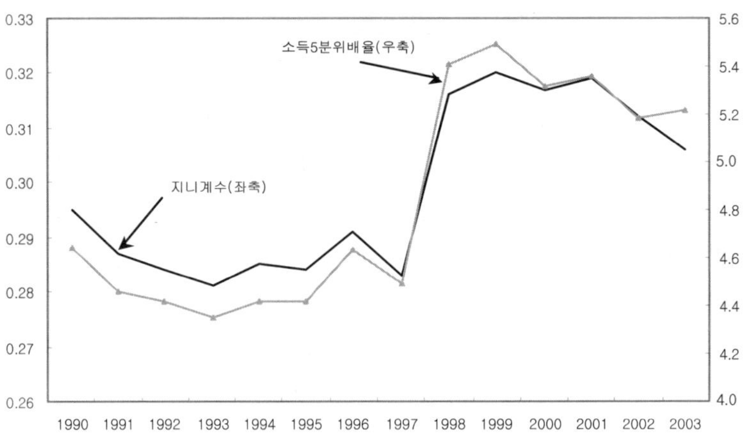

자료 : 통계청,《도시가계연보》각호.

<표 31> 상대층별 비중 추이

(%)

	1994	1995	1996	1997	1998	1999	2000	2001
상류층	21.0	22.1	22.8	21.8	22.9	23.3	22.0	22.7
중간층	55.0	54.8	53.6	54.8	51.6	50.6	51.7	50.5
중하층	15.2	14.1	13.9	13.7	13.8	14.1	14.5	14.7
빈곤층	8.8	8.9	9.7	9.7	11.7	11.9	11.9	12.0

주 : 소득분포 중간값을 기준으로 소득이 150% 이상 해당 계층은 상류층, 50% 이하 해당 계층은 빈곤층, 70~150%와 50~70% 해당 계층은 각각 중간층과 중하층으로 분류.
자료 : 유경준 · 김대일(2002).

소득불평등도가 심화되면서 소득이 소득분포 중간값의 50% 수준에 미치지 못하는 빈곤층의 비중도 외환위기 이후 2001년까지 상승추세가 지속되고 있다.

한편 소득계층별 교육비 지출도 커다란 차이를 보이고 있어 교육을 매개로 한 소득양극화의 대물림이 우려되고 있다. 2000년 기준으로 소득이 가장 낮은 1분위의 교육비 지출비중은 8.1%인 반면 소득이 가장 높은 10분위의 교육비 지출비중은 14.6%로 1분위에 견주어 1.8배 높아 소득양극화는 고·저소득층간 인적자본 투자의 양극화를 초래하고 있다.

특히 사교육비 지출비중은 각각 3.3%와 9.0%로 2.7배 정도 차이가 난다. 금액 기준으로 보면, 연간 교육비 지출액은 1분위가 81만 원인 반면 10분위가 484만 원으로 약 6배 정도 차이가 나며, 사교육비 지출액 격차는 9배에 이른다.

<그림 7> 소득분위별 교육비 지출비중

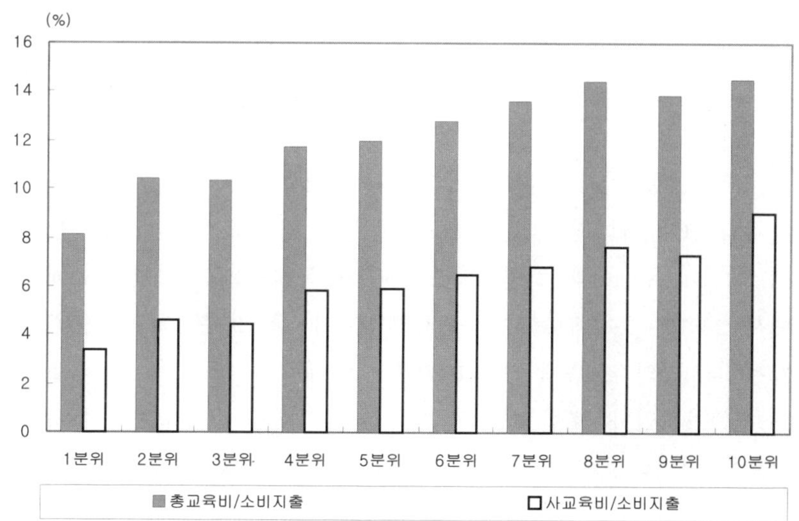

자료 : 통계청(2000), 《가구소비실태 조사보고서》.

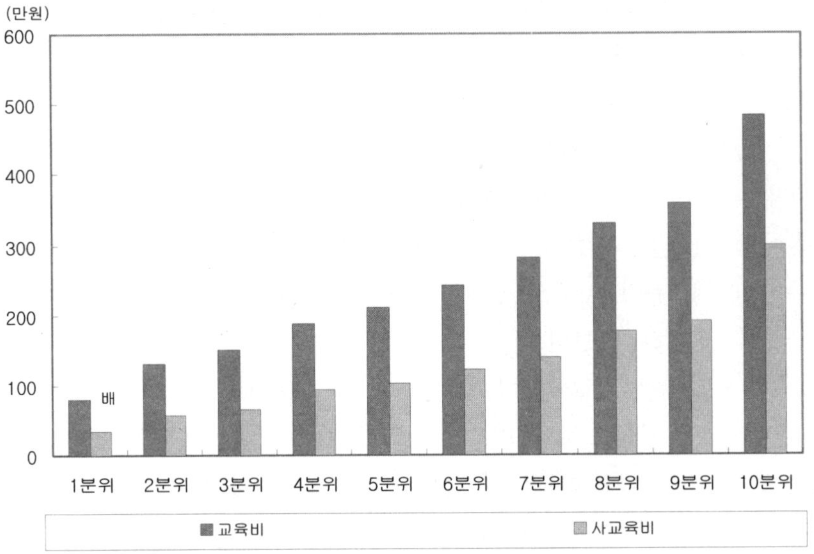

자료 : 통계청(2000), 《가구소비실태 조사보고서》.

〈참고 5〉 미국의 소득 양극화 사례

미국은 1980년대 이후 소득분포 상위계층과 히위계층간 소득 격차가 크게 확대되는 소득양극화 현상을 경험하고 있다. 소득분 포 상위계층(90th)과 하위계층(10th)간 소득배율은 1980년 4.38배 에서 2001년 5.77배로 32% 증가하였으며 상위계층(90th)과 중간 계층(50th)간의 소득배율도 1980년 1.92배에서 2001년 2.36배로 23% 증가하였다. 또한 계층간 소득격차 확대로 소득분포의 불평 등도를 나타내는 지니계수도 1980년 0.32에서 2001년에는 0.42로 크게 악화되었다.

소득계층간[1] 소득배율과 지니계수 추이

(배, %)

	1980	1990	2001	증감률[2]
90th/10th	4.38	5.04	5.77	31.7
90th/50th	1.92	2.08	2.36	22.9
50th/10th	2.28	2.42	2.44	7.0
Gini계수	0.32	0.36	0.42	31.3

주 : 1) 남자, full-time 근로자.
　　 2) 1980~2001년중 증감률.
자료 : U.S. Census Bureau, Table IE-2.

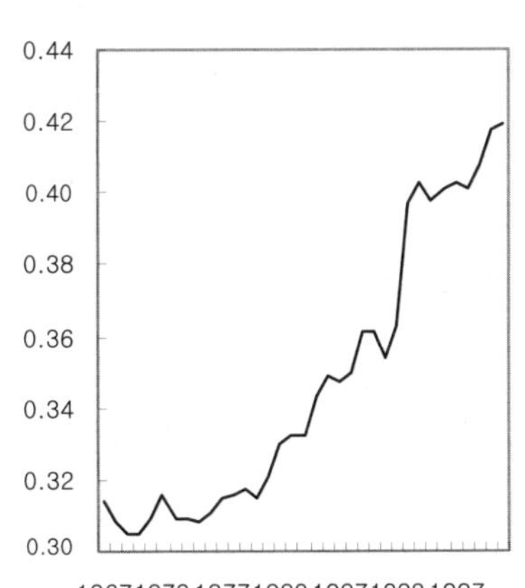

　1980년대 이후 소득계층간 소득격차가 크게 확대된 것은 소득의 주요 요소인 임금격차 확대, 자산보유격차 확대, 사회복지정책 축소 등에서 주로 비롯한다.

　임금분포 상위계층(90th)과 하위계층(10th)간 임금격차는 1980년 3.18배에서 1995년 4.35배로 36.8%나 증가하였다. 임금격차가 확대된 것은 기술발전, 세계화, 탈산업화 등으로 고학력 및 숙련

노동자에 대한 수요는 증가한 반면 저학력 및 저숙련 노동자에
대한 수요는 감소한 데 주로 이유가 있다.

특히 미국은 임금협상의 분권화(decentralization) 경향이 강한 데
다가 노동조합의 힘이 약하고 근로자의 시간당 실질(1997년 기준)
최저임금이 1968년 7.36달러에서 1997년 5.15달러로 30% 하락함
에 따라 여타 선진국과 비교해볼 때 상대적으로 임금격차가 더
크게 확대되었다.

주요 선진국의 임금배율[1] 추이

(배, %)

	미국	호주	캐나다	핀란드	독일	이탈리아	스웨덴	영국
1980	3.18	2.74	3.46	2.44	2.38	2.29	2.11	2.45
1995	4.35	2.94	3.77	2.53	2.25	2.64	2.20	3.31

주 : 1) 임금분포 90th/10th.
자료 : Machin.

또한 자산보유 상위 1%의 자산보유 비중이 1983년 33.8%에서
1998년에는 38.1%로 상승한 반면, 여타 계층의 자산보유 비중은
하락함에 따라 이자소득, 임대소득, 배당소득 등 자산 관련 소득
이 상위계층에 집중되었다.

한편, 실업보험, AFDC(Aid to Families with Dependent Children)
등 저소득층을 위한 사회복지정책이 1980년대 레이건 행정부 출
범 이후 크게 축소되면서 저소득층에 대한 소득보전 기능이 크
게 약화되었다.

이처럼 미국은 유연한 노동시장과 시장원리를 내세운 복지 축
소로 여타 선진국에 견주어 높은 성장을 지속하였으나 소득계층
간 소득격차가 확대되는 부작용이 발생하였다.

    우리나라도 외환위기 이후 노동시장 유연화 등 시장원리에 바탕을 둔 효율성을 추구하는 과정에서 소득계층간 소득격차가 크게 확대된 만큼 저소득층에 대한 복지정책과 교육기회 확대, 부(富)의 공정한 분배 등의 정책적 대응이 필요한 것으로 판단된다.

Ⅲ. 경제양극화의 원인

경제양극화는 대내외 환경변화 등 충격에 대한 대응과정에서 경제주체들이 가지고 있는 이질적(heterogenous) 속성에 따라 경제적 성과가 양극단으로 분화되는 현상을 말한다. 예컨대, 고성능 컴퓨터의 보급이라는 충격은 컴퓨터를 다룰 수 있는 사람과 그렇지 않은 사람간의 소득격차를 확대시킨다.

우리나라 경제양극화의 원인은 추세적으로 진행되는 근본적 부분, 경제구조적인 문제에 있는 부분, 그리고 경기순환적 문제에서 비롯한 부분 등 크게 세 가지로 나누어 볼 수 있다.

첫째, 근본적 원인으로는 경제발전과정상 성숙단계[10] 진입, 세계화에 따른 무역확대, 기술진보 및 제도변화 등 경제환경의 추세적 변화를 들 수 있다. 이러한 변화들은 경제양극화를 유발하는 일차적 충격으로 작용한다. 특히 GPT(general purpose technology)[11]의 확산으로 특징져지는 기술진보는 경제사회 전반에 무차별적 영향

---

10) Rostow에 따르면 '성숙단계'는 공업설비의 급속한 확장에 치중했던 '도약단계'와는 달리 산업과 기술의 영역이 더 정밀하고 복잡한 생산과정까지 확대되는 단계를 말한다.

11) GPT는 광범위한 부문에 적용될 수 있는 잠재력을 가진 획기적 혁신(Bresnahan and Trajtenberg 1995)으로 역사상 그 예는 문자, 인쇄기술 등으로부터 증기기관, 전기, 마이크로칩, 정보통신기술에 이르기까지 다양(Lipsey 등 1998)하다.

을 미친다.

둘째, 경제구조적 원인이 있는데, 이는 트리클다운효과(trickle
-down effect)[12]가 충분히 발휘되지 못하도록 하는 여러 요인들을 말
한다. 즉, 산업간 연관관계의 약화로 선도부문의 성과가 낙후부문
으로 원활히 파급되지 못하는 것, 중소기업의 성장기반이 취약한
것, 그리고 고용구조가 악화되어 소득격차가 확대되는 것 등을 꼽
을 수 있다.

셋째, 내수부진에 따른 경기적 원인이다. 민간소비가 위축되면
서 수요가 부진해지고 내수 전망이 불투명한 가운데 기업들이 설
비투자를 줄임으로써 수출부문과 내수부문간의 양극화가 심화되는
것이다.

여기서 근본적 원인에 따른 경제양극화는 대내외 환경변화에
경제주체들이 적응하는 과정에서 불가피하게 발생하는 면이 있다.
그러나, 경제구조적·경기적 요인들이 양극화를 지나치게 증폭시
킬 수 있으며, 한 부문의 양극화가 다른 부문의 양극화를 불러오거
나 심화시킬 수 있다.

이제 우리나라가 직면하고 있는 경제양극화의 근본적 원인, 경
제구조적 원인, 경기적 원인을 좀더 자세히 살펴보자.

1. 근본적 원인 : 대내외 경제환경 변화

먼저 경제양극화의 근본적 원인은 대내외 경제환경의 변화라
할 수 있다. 1990년대 이후 우리 경제가 성숙단계에 진입함에 따라

---

12) 트리클다운효과(Hirschman 1958)는 滴下효과라고도 하는데, 넘쳐흐르는 물이 바
닥을 적시는 것처럼 대기업이나 고소득층 등 선도부문의 경제적 성과가 늘어나면
중소기업이나 저소득층 등 낙후부문에게도 혜택이 돌아가 총체적으로 경기가 활성
화되는 효과를 말한다.

장치산업 위주의 양적 성장이 한계에 도달하고 지식기반산업과 IT 산업 중심으로 산업구조가 재편되게 되었다. 이 과정에서 생산요소의 양적 측면보다는 질적 측면이 더 중요해지면서 인력과 기술의 질적 차이가 경제주체들의 성과에 미치는 영향이 커졌다.

한편, 세계화로 말미암아 무역의 확대와 중국 수출시장의 부상에 따라 국제적으로 비교우위를 가지는 산업 위주로 산업구조가 재편되는 것도 양극화의 배경이 되고 있다. 예컨대 주력 수출품목인 반도체, 자동차, 무선통신기기, 컴퓨터, 선박 등을 생산하는 중화학공업과 IT산업이 선도산업으로 떠오르면서 이들 산업과 다른 산업간의 격차가 확대되었다.

또한 IT 관련 기술진보가 가속화되면서 정보통신 관련 수요가 급신장하고, 사회 전반적인 정보화 추세가 확산되어 IT산업의 성장세가 비IT산업의 성장세를 크게 상회하였다.[13]

이러한 대내외 경제환경 변화는 적응성이 높은 기업이나 근로자와 적응성이 낮은 기업이나 근로자 사이에 경제적 성과 면에서 격차를 가져왔다. 기업간 적응성 격차는 급속한 기술진보에 대응할 수 있는 기술력의 격차, 자금조달 능력의 격차 등에 좌우된다. 특히 기업 규모가 클수록 금융자금에 대한 접근성이 높아 환경변화에 적응하는 데 유리한 여건을 가지게 된다.

한편, 개인간 적응성 격차는 신기술에 대한 학습기회 등 초기조건의 차이, 학력의 차이, 선천적 재능의 차이 등으로 설명될 수 있다(《참고 6》 참조). 예컨대, 기술혁신의 가속화는 신기술을 활용할 수 있는 숙련노동자의 생산성을 높이는 반면(생산성효과 ; productivity effect), 구기술의 가치를 잠식하여 비숙련노동자의 생산성을 낮추고 (침식효과 ; erosion effect) 이들로 하여금 더 많은 교육투자를 감수하

---

13) 기술이 진보하고 인적·물적자본이 축적될수록 자본집약적인 산업의 생산은 증가하지만 노동집약적인 산업의 생산은 감소(립진스키 정리, Rybczynski theorem)한다.

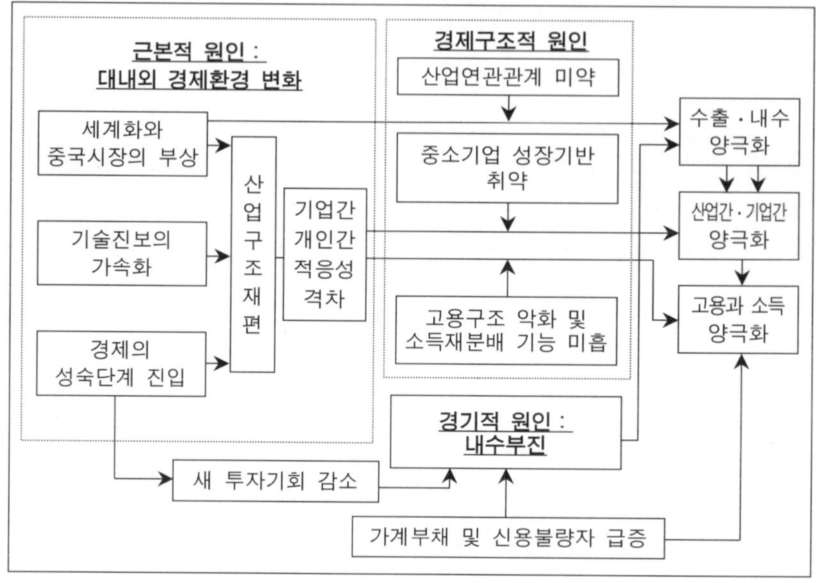

고서라도 숙련노동자 계층으로 이동하도록 하므로 비숙련노동자로 남는 사람들의 평균생산성을 저하시킨다(구성효과 ; composition effect).

또한, GPT가 확산됨에 따라 인적자본의 이전성(transferability)[14]과 물적자본의 호환성(compatibility)[15]이 높아져 인적·물적자본의 유용성이 증가하므로 같은 자본소유자들에게 주어지는 보상이 증가하게 되었다. 아울러 중국경제가 급부상하면서 세계적으로 노동집약적 상품의 가격이 하락세를 보임에 따라 단순노동에 대한 보수가

---

14) 예컨대 컴퓨터를 이용한 워드프로세싱, 데이터베이스 작업, 프로그래밍 등과 관련하여 축적된 인적자본은 특정 부문에 국한되지 않고 여러 부문에서 사용될 수 있어 높은 이전성을 가진다.

15) 물적자본 측면에서도 하드웨어보다는 소프트웨어에 의존하는 작업들이 늘어나면서 작업내용의 변화에 따라 기존 자본재의 기능을 신자본재의 기능으로 수정하기가 용이해지는 등 신·구 자본재간의 호환성이 증대되었다.

낮아지고 전문인력과 자본에 대한 보수는 높아지게 된 것도 개인간 적응성 격차를 더욱 크게 만드는 요인으로 작용한다(스톨퍼-사뮤엘 슨 정리, Stolper-Samuelson theorem).

2. 경제구조적 원인

가. 산업연관관계 미약

산업연관관계가 높을수록 부가가치 창출경로가 다양해져 경제의 균형적 성장에 긍정적 영향을 미치게 된다. 그러나 우리나라의 주종 수출품을 생산하는 IT산업의 경우 대부분 기술과 자본집약도가 높아 노동력에 대한 의존도가 다른 산업에 견주어 낮으므로 고용유발효과가 제약되고 있다. 뿐만 아니라 관련 부품소재산업의 기술력이 취약하여 주요 부품을 외국으로부터 수입에 의존하게 되면서 IT산업의 성장이 다른 부문으로 파급되는 효과가 제약되어 IT와 비IT산업간 격차가 커지는 원인이 되고 있다.

<표 32>를 보면 기초소재와 조립가공 업종의 경우 수입의존도(2000년)가 25% 안팎으로 상당히 높아 생산 1단위에 투입되는 국산 중간재의 비율, 즉 국산화율(2000년)은 65% 안팎이며, 특히 전기·전자기기 업종의 국산화율은 55%[16]에 지나지 않는다.

이렇게 IT산업제품에 대한 수출수요 증대가 국내 투자와 고용의 증가로 연결되기 어렵고 부품소재산업이 취약하여 대기업 성장의 과실이 중소기업에 제대로 전파되지 못하는 구조가 양극화를 심화시키고 있다.

---

16) 일본의 경우 동 비율(1995년)은 91%이다.

<表 32> 한국, 일본의 업종별 수입의존도[1]와 국산화율

	전산업	제조업	소비재	기초소재	(석유, 석탄)	조립가공	(전기, 전자기기)
한국(1990)	10.8 [81.2]	18.0 [75.3]	13.7 [81.6]	23.1 [68.9]	64.3 [23.0]	18.0 [74.0]	23.8 [67.1]
(1995)	10.9 [80.4]	18.0 [73.8]	14.7 [78.8]	20.9 [70.3]	53.1 [17.4]	17.5 [74.1]	23.3 [64.9]
(2000)	13.7 [77.0]	21.8 [70.0]	12.8 [82.1]	26.4 [63.8]	58.6 [12.8]	23.1 [68.4]	32.4 [55.4]
일본(1995)	2.9 [94.0]	5.7 [91.4]	5.8 [91.0]	8.5 [86.8]	36.3 [26.6]	3.5 [95.0]	5.8 [91.4]

주 : 1) 수입의존도=중간재수입액/총투입액×100.
　　 2) [　] 안은 국산화율(=국산중간재/중간투입액×100)로 중간재의 국산화 정도
　　　 를 나타냄.
자료 : 문소상·이종건(2004).

<표 33> IT산업의 고용계수[1]와 고용유발계수[2]

(명/10억 원)

	고용계수		고용유발계수	
	1995	2000	1995	2000
IT산업	9.7	3.6	15.8	7.6
비IT산업	11.3	8.4	18.2	13.2
전산업	11.2	7.8	18.1	12.4

주 : 1) 피용자수/2000년 기준 불변산출액(10억 원), 산출액 10억 원의 생산에 직접
　　　 필요한 피용자수.
　　 2) 고용계수×생산유발계수, 산출액 10억 원의 생산에 직접 필요한 피용자뿐만
　　　 아니라 생산파급과정에서 간접적으로 필요한 피용자까지 포함.
자료 : 한국은행, <2000년 고용표>.

나. 중소기업 성장기반 취약

우리나라 중소기업들은 R&D 인력부족, 신용제약 등의 요인으
로 기술개발 투자에 어려움을 겪고 있어, 대기업과의 양극화가 더
욱 증폭되고 있다. 예컨대, 제조업 R&D 투자액 가운데 상위 5개사

와 10개사의 R&D 투자액 비중(2001년)은 각각 미국, 일본에 견주어 훨씬 높은 43.0%, 50.6%에 이르고 있어 우량 대기업은 급속한 기술 진보에 대응하여 R&D 투자로 기술수준을 높이는 데 주력하고 있으나 중소기업은 필요한 인력을 구하기도 어려운 실정이다. 이에따라 중소기업과 비우량기업의 경우 대기업과 우량기업에 견주어 경쟁력이 더욱 떨어지고 내수의존도가 높아지며, 이는 다시 기업간 양극화를 심화시키고 있다.

또한 환경변화에 적응하기 위한 투자에 상당한 규모의 자본이 소요될 경우에는 신용제약으로 말미암아 신용도가 낮은 중소기업은 소요자본을 조달하기 어려워 투자계획을 실현하지 못하고 대기업에 더욱 뒤처지게 된다.

〈표 34〉 연구개발 투자의 상위기업 집중도

(%)

	한국		미국(1998)	일본(2000)
	1991	2001		
상위 5개사	38.1	43.0	15.4	21.3
상위 10개사	46.2	50.6	22.8	34.9

주 : 제조업의 연구개발투자액에서 차지하는 비중.
자료 : 이원기 · 김봉기(2003).

다. 고용구조의 악화와 소득재분배 기능 미흡

외환위기 이후 기업들이 인력관리 효율화와 비용절감 등을 위하여 상용 또는 정규직 근로자의 신규채용을 기피함으로써 임금수준이 낮은 비상용 또는 비정규직 근로자의 비중이 크게 상승하였다. 이는 고용구조뿐만 아니라 정규직과 비정규직 간의 임금구조를 양분화하여 소득 양극화를 심화시킨다. 또한 우리나라는 선진국에 견주어 소득재분배 기능이 미약하고 빈곤층에 대한 교육훈련제도 등이 불충분하여 빈곤층이 환경변화에 적응하기 어려운데, 이것도 계층간 소득 양극화를 더욱 심화시키고 있다.

〈참고 6〉 개인별 임금격차의 원인에 관한 이론

개인별 임금격차의 원인에 관한 이론들에 따르면 일반적으로 경제환경 변화에 대한 개인간 적응성(adaptability) 차이가 임금격차의 주된 요인이 된다. 적응성에 영향을 주는 요인들을 살펴보면 다음과 같다.

초기조건의 차이

Aghion, Howitt, and Violante(2002)는 신기술에 대한 학습기회 등 초기조건의 차이가 기술변화에 대한 적응성에 큰 영향을 준다고 주장한다. 최초에 고기술을 가진 사람들은 지속적으로 더욱 새로운 기술을 습득할 기회를 가지나 최초에 저기술을 가진 사람들은 그렇지 못하므로 고기술과 저기술 보유자간에 양극화가 발생한다는 것이다. 특히 기술에 대한 숙련도를 한꺼번에 여러 단계 높이는 것이 어렵기 때문에 시간이 흐름에 따라 저기술 보유자가 고기술 보유계층으로 이동하기가 더욱 곤란해진다는 점을 지적하고 있다.

학력의 차이

Acemoglu(1998)에 따르면 기술이 고학력자에게 유리한 방향으로 진보하는 경향이 있으므로(skill-biased technological progress) 학

력의 차이도 기술변화에 대한 적응능력을 결정한다. 즉, 고학력
자가 늘어나면 그들이 활용할 수 있는 기술들이 개발되고, 이러
한 신기술은 다시 고학력자에 대한 수요와 공급을 확대시켜 학
력계층간 격차가 확대된다.

선천적 재능의 차이

Galor and Moav(2000)는 기술혁신이 급속히 일어나는 상황에서
경제주체들의 적응능력은 인지능력(cognitive ability) 등 타고난 재
능(innate ability)에 따라 좌우되는 경향도 있음을 언급하였다. 즉,
새로운 기술을 더 빨리 학습할 수 있는 재능이 있는 사람들은
기술습득의 지·간접 비용이 적게 소요되므로 숙련(skilled) 노동자
가 될 확률이 더 높다는 것이다.

3. 경기적 원인 : 내수부진

다음으로 경기적 원인을 보면 내수부진이 두드러지는데, 이는
수요 측면에서 수출·내수 양극화를 증폭시키면서 수출산업(IT산
업, 중화학공업, 제조업)과 내수의존산업(비IT산업, 경공업, 서비스
업)간의 양극화를 심화시킨다.

가. 민간소비 위축

먼저 민간소비 위축이 심각한데, 이는 가계부채 문제와 밀접한
관련이 있다. 2002년까지 가계대출 확대와 신용카드 사용의 증가로
가계부채가 급증하면서 그 부작용으로 말미암아 2003년 이후에는

민간소비가 급격히 위축되어 내수부진으로 이어졌다. 2000년 말 266.9조 원이던 가계부채가 2004년 3월 말에는 450.5조 원으로 증가하였으며, 가구당 금융부채도 2000년 말 2천9만 원에서 2004년 3월 말 3천1백74만 원으로 증가하는 등 가계부채가 과다해지고, 2001년 말 2백45만 명이던 신용불량자가 2003년 말 3백72만 명, 2004년 4월 말 3백82만 5천 명으로 증가함에 따라 가계의 소비활동을 위축시키는 여건이 조성되었다.

이에 따라 2002년에는 가계대출 확대와 신용카드사용 증가로 내구재와 준내구재 소비가 각각 9.5%, 11.0%로 증가했으나 2003년에는 전년의 과다 소비에 따른 반사작용으로 각각 13.6%와 7.7%가 감소하였다. 아울러 소비생활의 고급화에 따라 의료, 레저, 교육과 같은 서비스의 해외소비가 급증하게 된 것도 국내소비를 위축시키는 요인으로 작용하였다.

<표 35> 가계신용[1]과 개인 신용불량자 추이

(기말기준)

	2000	2001	2002	2003				2004	
				3월	6월	9월	12월	3월	4월
가계신용(조 원)	266.9	341.7	439.1	439.3	439.1	439.9	447.6	450.5	—
(전기대비증감률)(%)	(24.7)	(28.0)	(28.5)	(0.0)	(0.0)	(0.2)	(1.8)	(0.6)	—
가구당 금융부채 (만 원)[2]	2,009 (—)	2,376 (18.3)	3,044 (28.1)	3,027 (−0.6)	3,059 (1.1)	3,093 (1.1)	3,155 (2.0)	3,174 (0.6)	—
신용불량자수 (만 명)	—	245.0	263.6	295.7	322.5	350.2	372.0	376.8	382.5

주 : 1) 가계대출+판매신용(2003년 말 가계대출 420.9조 원, 판매신용 26.6조 원).
  2) (자금순환표상 개인 금융부채)/(통계청 추계 가구수). 단, 2003년 이후는 2003년 추계 가구수로 계산.
자료 : 한국은행 《조사통계월보》 각호 ; 은행연합회.

(%)

	2000	2001	2002	2003	2004. 1/4
가계최종소비	8.6	4.9	7.9	-1.5	-1.4
내 구 재[2]	15.9	3.3	9.5	-13.6	-9.3
준내구재[3]	9.6	2.0	11.0	-7.7	-4.9
비내구재	4.4	1.0	2.7	-1.7	-1.7
서 비 스	7.9	7.6	8.0	1.2	0.4

주 : 1) 2000년 가격 기준.
　　2) 가전제품, 컴퓨터 등 1년 이상 반복적으로 사용되는 재화.
　　3) 의류, 화장품, 의약품 등 1년 미만 반복적으로 사용되는 재화.
자료 : 한국은행, 《국민계정》 각호.

나. 실비투자 부진

설비투자 부진도 내수부진의 큰 요인이 되고 있다. 우량 대기업을 중심으로 현금보유가 크게 증가하고 있으나 수요부진, 과잉설비 등의 이유로 설비투자로 연결되지 않고 있다. 아울러 안정성 위주의 보수적 경영행태와 우리 경제의 성숙단계 진입에 따른 새로운 투자기회 감소도 설비투자를 제약하는 요인이 되고 있다. 기업들은 외부자금 조달을 통한 적극적인 투자를 기피하고 가용 내부자금 범위에서 소극적으로 투자하려는 경향을 보이고 있다.

또, 노사문제, 고비용구조 등으로 기업들이 해외투자를 선호하는 것도 국내 설비투자가 부진한 한 요인이 될 것이다.

<표 37> 설비투자 애로요인

(단위 : %)

수요부진	과잉설비	자금조달애로	수익성 저하	기타
39.3	16.7	12.9	8.1	23.0

자료 : 한국산업은행(2004. 3), 2004년도 설비투자계획.

<표 38> 설비투자 자금 조달실적

(%)

	2000	2001	2002	2003	2004[1]
내부자금	74.6	73.9	80.1	84.0	84.4
외부자금	25.4	26.1	19.9	16.0	15.6

주 : 1) 계획.
자료 : 한국산업은행(2004. 3), 2004년도 설비투자계획.

<표 39> 총자산중 현금·예금비중 추이

(%)

	1999	2000	2001	2002	2003	2004. 1/4
현금·예금/총자산	5.3	5.9	6.0	8.1	9.7	10.0

주 : 연간자료는 전체 법인기업, 분기자료는 상장·코스닥·등록기업.
자료 : 한국은행, 《기업경영분석》 각호.

<표 40> 해외투자 추이

	2002년	2003년	증감율(%)
설비투자(조 원)	71.3	68.5	-3.9
해외투자(억 달러)	34.3	35.8	4.5
(제조업)	(16.3)	(18.5)	(13.5)

주 : 명목가치 기준
자료 : 설비투자 - 한국은행 《국민계정》 각호.
　　　 해외투자 - 한국수출입은행.

Ⅳ. 경제양극화의 영향

　　우리 경제의 여러 부문에서 나타나고 있는 양극화 현상이 지속될 경우 단기적으로는 경기변동성을 높이고, 장기적으로는 성장잠재력에 부정적 영향을 미쳐 우리 경제의 지속적 성장과 선진단계 진입에 장애요인으로 작용할 우려가 있다. 예컨대, 수출·내수 양극화는 경제의 수요구조를, 산업간·기업간 양극화는 자원배분 방향을 변화시키면서 경기변동 확대 등의 영향을 초래한다. 산업간·기업간 양극화는 낙후부문의 신용제약을 악화시켜 물적자본의 원활한 축적을 저해하고 고용 및 소득의 양극화는 가계의 소득계층별 저축과 교육투자를 변화시켜 물적·인적자본의 축적17)에 영향을 주고 장기적으로 경제의 공급능력에 영향을 미친다.

이 장에서는 경제양극화의 단기적 영향과 성장잠재력에 미치는 장기적 영향을 각각 살펴보고자 한다.

1. 단기적 영향

경제양극화가 불러오는 단기적 영향은 첫째, 외부충격에 내한 우리 경제의 민감도를 증가시킨다는 것이다. 수출·내수의 양극화는 우리 경제가 수출에 지나치게 의존하게 하여 주요 교역상대국의 경기상황, 환율, 국제 원자재가격 동향 등 해외요인에 크게 영향을 받게 한다. 이에 따라 우리 경제가 외부충격에 매우 민감해질 뿐만 아니라 경기변동의 진폭이 확대된다. 예를 들면 해외 수요패턴 변화 등으로 주력 수출품목을 생산하는 업종의 경기가 하강하는 경우 우리나라 전체 경기가 급속히 침체할 가능성이 커지게 된다.

둘째, 산업간·기업간 양극화로 말미암아 상대적으로 노동집약도가 높은 경공업, 비IT산업, 서비스산업 및 중소기업 등이 선도부문에 견주어 성장세가 크게 뒤쳐져 경제성장의 고용증대 효과가 제약됨에 따라 경기가 회복된다 해도 후발부문의 고용이 뒤따르지 않는 성장으로 말미암아 가계의 소득이 정체됨으로써 소비의 회복

---

17) 물적자본의 총량은 가계의 저축량에 의해, 인적자본의 총량과 수준은 가계의 교육투자 규모에 의해 결정된다. 특히, 인적자본의 수준은 기술혁신 역량을 좌우한다는 점에서 성장잠재력에 중요한 영향을 미치게 된다(Nelson and Phelps 1966).

을 저해하여 경기회복이 지연된다. 특히, 저소득층의 경우 한계소
비성향이 높으므로 소득의 양극화에 따라 소득이 감소하면 곧바로
소비도 감소하며, 한계소비성향이 낮은 고소득층의 경우 소득증가
에도 불구하고 소비가 크게 늘어나지 않으므로 소득의 양극화가
심화될수록 전체 민간소비가 더욱 위축될 가능성이 있다.

<표 41> 고용탄성치[1] 추이

2000	2001	2002	2003
0.50	0.52	0.40	-0.04

주 : 1) 취업자증가율/실질GDP성장률, 취업자증가율은 통계청 연간 취업자수 기준.

　셋째, 고용·임금구조 양극화는 생산성이 높은 부문으로 우수인
력이 몰리도록 유인을 제공한다는 긍정적 측면도 있으나 노사관계
악화, 고용불안 증대, 계층간 위화감 조성, 소득불평등도 심화 등을
초래하여 경제·사회적 갈등을 확산하는 부정적 측면도 있다.

2. 성장잠재력에 미치는 영향

　경제양극화는 물적자본, 인적자본, 총요소생산성 등 공급기반을
약화시킴으로써 장기적으로 성장잠재력을 훼손한다.
　먼저 물적자본의 축적 측면에서 살펴보면, 산업간 및 기업간 실
적의 양극화로 말미암아 상대적으로 신용제약이 커 투자비용 조달
이 곤란한 낙후산업 또는 기업의 비중이 높아지게 되어 경제 전체
적으로 설비투자의 원활한 증가가 곤란하게 된다. 또한 고용·소득
의 양극화는 부문간·계층간 갈등을 심화시켜 사회·경제적 불안
정성을 증대시킴으로써 기업으로 하여금 투자수익의 회수가능성에
대한 불확실성을 높여 설비투자 의욕을 저하시킨다.

다음으로 인적자본 측면에서 고용·소득의 양극화는 인적자본 축적을 저해함으로써 성장잠재력을 약화시킨다. 예컨대, 낙후부문 종사자와 저소득층의 경우 교육·훈련 등 충분한 인적자본 투자를 하기 어려우므로 경제 전체적으로 인적자본의 축적이 저해될 뿐만 아니라, 비정규직 근로자도 고용불안정에 노출되고 충분한 교육훈련을 받지 못하게 됨으로써 인적자본 축적 기회를 얻기 어렵게 된다.

이렇듯 저소득층에서는 인적자본에 대한 과소투자가 발생하는 반면, 고소득층에서는 과잉투자가 발생할 수 있으므로 인적자본 투자의 전반적 효율성이 저해된다. 소득 양극화로 고소득층과 저소득층이 동시에 늘어난다는 가정 아래 소득 양극화가 1인당 GDP에 미치는 영향을 시산한 결과, 빈곤층(소득이 소득분포 중간값의

<그림 10> 경제양극화의 영향

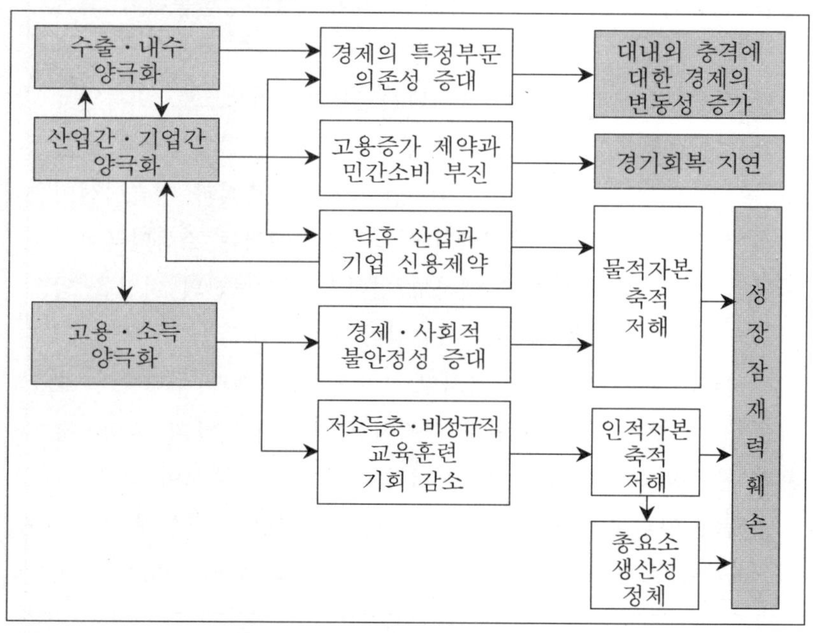

50% 수준에 미치지 못하는 계층)이 1%p 증가할 때 1인당 GDP는 0.22% 감소함을 알 수 있다. 이는 소득의 양극화가 성장잠재력을 약화시키고 있음을 보여준다.

또 총요소생산성 측면에서는 고용·소득의 양극화가 연구개발의 기초가 되는 우수한 인적자본의 축적을 저해하여 연구개발 능력을 높이는 데 장애요인이 된다. 기술혁신이 제약되면 총요소생산성이 향상되지 못하게 되어 지속적 성장이 곤란하게 된다.

〈참고 7〉 소득양극화가 1인당 GDP에 미치는 영향 시산

소득양극화가 성장잠재력에 미치는 영향은 경제발전단계와 밀접한 관련이 있는데, 물적자본의 축적이 주된 성장동력이 되는 경제발전의 초기단계에서는 한계저축성향이 높은 고소득층에 자원이 집중되면 총저축량이 증대되는 경향이 있으므로, 소득양극화가 자본축적에 필요한 저축의 증대를 통하여 경제성장에 도움을 줄 수 있는 가능성이 있으나, 인적자본의 축적과 기술혁신이 주된 성장동력이 되는 경제발전의 성숙단계에서는 소득양극화가 원활한 인적자본 투자를 저해하고 나아가 기술혁신의 여건을 악화시켜 성장잠재력을 훼손할 가능성이 크다.

우리나라의 경우 소득양극화로 말미암아 저축과 투자증가 효과는 크지 않은 반면, 원활한 인적자본 축적의 저해와 사회·경제적 불안정성의 증대로 성장잠재력을 훼손할 가능성이 크다.

소득의 양극화가 1인당 GDP에 미치는 영향을 시산해 본 결과, 소득이 소득분포 중간값의 50% 수준에 미치지 못하는 빈곤층이 1%p 늘어날 때마다 1인당 GDP는 약 0.22% 감소된다는 결과가 나왔다.

이는 상위 소득계층의 경우 소득의 양극화로 소득이 증가해도 교육투자율(총교육비/소비지출)을 별로 늘리지 않으나, 신용제약에 직면할 가능성이 높은 빈곤층은 교육투자자금을 조달하는 것이 현실적으로 어려우므로 최저 생계비 마련을 위해 교육투자율을 낮출 수밖에 없기 때문에, 소득분포가 불평등해질수록 전반적인 교육투자율은 낮아진다는 점을 반영한다.

여기에다가 소득양극화로 말미암아 인적자본의 감소가 연구개발 능력과 혁신역량을 저하시키는 효과와 경제·사회적 불안정성의 증대가 투자를 위축시키는 효과를 감안할 경우 1인당 GDP는 더욱 큰 폭으로 감소할 수 있다.

시산방법

빈곤층은 모든 경제주체들이 직면하는 최적 교육투자율에 견주어 약 4%p 적게 교육에 투자한다고 가정한다. 우리나라의 경우 2000년 현재 소득 하위 20% 계층의 교육투자율(총교육비/소비지출)은 약 9%이며 기타 계층은 약 13%임을 감안하면, 최적투자율은 13%임에도 불구하고 빈곤층은 신용제약 등으로 말미암아 9% 정도의 교육투자율을 선택할 수밖에 없는 것으로 볼 수 있기 때문이다.

위와 같은 가정 아래 교육투자율을 시간단위로 환산한 뒤 Mincerian 접근법(1인당 인적자본을 $e^{\theta s}$로 측정. 단, θ는 1년 교육투자에 대한 수익률, s는 교육년수)을 사용하여 인적자본과 1인당 GDP의 수준에 미치는 영향을 측정한다. 즉 교육투자율 4%p

차이는 연속적 중첩세대모형(Ha, 2004)에서 사망률을 1.25%로 가정할 때 햇수로는 약 3.2년 차이로 환산되며, 빈곤층이 1%p 늘 때 평균 교육년수는 0.032년 감소되는 것으로 나타난다.

한편, 교육투자의 수익률은 1년에 약 10%로 추정[Psacharopoulos (1994)에서도 우리나라에 대해 유사한 수익률을 제시]되므로 평균 교육년수가 1년 줄어들 때 인적자본은 이전의 90.48% 수준으로 떨어진다. 따라서, 빈곤층이 1%p 늘 때에는 1인당 인적자본이 이전의 99.68% 수준으로 감소하게 된다. 여기서 자본소득분배율을 0.3으로 가정하면, 이는 1인당 국민소득이 이전에 견주어 0.22% 감소하는 것과 같은 것으로 볼 수 있다. 반면, 빈곤층이 아닌 계층에서는 소득이 늘어날 경우 인적자본의 수익이 늘어남과 아울러 교육에 소요되는 시간의 기회비용도 함께 늘어나게 되므로 최적 교육투자율은 이전과 동일하게 된다.

〈참고 8〉 소득불평등이 경제성장에 미치는 영향에 대한 이론

1. 고전적 견해 : 소득불평등은 저축총량을 늘려 투자를 확대

Smith, Kaldor, Lewis 등은 한계저축성향이 부의 증가함수이므로 소득불평등이 저축을 늘리고, 이는 투자자금의 양을 늘려 자본축적을 가속할 가능성이 있다고 지적했다. Kuznets도 고소득층의 저축률이 높으므로 고소득계층의 존재는 자본축적에 도움이 된다고 주장하였다.

2. 현대적 견해 : 소득불평등은 원활한 인적 · 물적자본 투자를 저해

가. 자본시장 불완전성 접근법

Galor-Zeira(1993), Banerjee-Newman(1993), Aghion-Bolton(1997) 등은 소득분배의 불평등은 자본시장의 불완전성을 통해 경제성장률을 낮추는 효과가 있다고 지적하였다. 여기서 중요한 요소는, 첫째, 인적자본에 대한 투자를 담보로 차입하기 어렵다는 점이고, 둘째는 생산의 비볼록성(non-convexities in production), 즉 인적자본 축적에 한계수익체감의 법칙이 작용하며 물적자본 투자에 고정적 투자비용이 소요된다는 점 등이다.

소득불평등도가 높으면 저소득층이 신용제약에 부딪치게 되어 인적자본이나 물적자본에 대한 과소투자가 발생하므로 성장률이 저하된다. 인적자본의 경우, 저소득층의 교육투자가 제약받는 한 고소득층이 인적자본 투자를 늘린다 해도 인간의 수명이 유한하다는 본질적 특성 때문에 교육기간을 늘림에 따라 교육의 과실을 누릴 수 있는 기간이 체감하며, 다른 한편으로는 교육의 양에 따른 한계적 학습효과가 체감함으로써 발생하는 한계수익체감 때문에 인적자본의 전반적 수준을 높이는 데 한계가 있다. 물적자본의 경우 초기 투자에 상당한 고정비용이 소요되면 신용제약에 직면한 소규모 기업가들은 투자에 제약을 받게 되어 자본축적이 저해된다.

한편 소득분배의 불평등은 능력과 학습기회의 불일치를 유발하여 인적자본 투자의 효율성을 저해할 수도 있다. 예컨대, 학습능력은 떨어지지만 고소득층의 자녀로 태어난 사람들에게는 과잉투자가 일어날 수 있고 학습능력은 뛰어나나 저소득층에 속한 사람에게는 과소투자가 발생할 수 있다. 이렇게 사회 전체적으로 인적자본 투자의 효율성이 낮아지고 인적자본의 전반적 수준이 낮아지면 연구개발 여건도 저하되어 기술혁신 속도를 낮추게 된다.

나. 정치경제학적 접근법

재정적 접근법

Alesina-Rodrik(1994), Persson-Tabellini(1994) 등에 따르면 소득불평등도가 심화될 경우 소득재분배에 대한 정치적 압력이 높아져 각종 조세가 부과되는 경향이 있는데, 이때 투자수익률이 떨어지고 투자가 저해되어 성장에 악영향을 미친다. 그러나 Perotti(1996)의 실증분석에 따르면 재정적 접근법은 기각된다.

사회·정치적 불안정성 접근법

Alesina et al(1996), Alesina-Perotti(1996) 등에 따르면 소득불평등도가 높아질 경우 사회·정치적 불안정성이 높아져 소유권 보장에 대한 믿음이 줄어들게 되므로 투자의 기대수익률이 하락하고 투자가 저해되어 성장에 악영향을 미친다. Perotti(1996)에 따르면 이 접근법이 실증적으로 유효한 것으로 나타난다.

V. 정책과제

우리 경제의 성숙단계 진입, 세계화, 기술진보 등의 근본적 원인에 따른 경제양극화는 불가피한 면이 있으나, 경제구조와 경기적 원인으로 말미암은 경제양극화의 심화를 방지하는 것이 시급한 과제이다. 단기적으로는 민간소비와 설비투자 진작에 주력하는 동시에 중장기적으로 경제구조 개선에 정책의 초점을 맞출 필요가 있다.

1. 수출·내수의 선순환구조 정착

수출·내수 양극화에 대처하여 '수출 증가 → 투자와 고용 증가 → 소비 증가' 메커니즘이 작동할 수 있도록 소재부품산업 육성 등을 통해 국내 산업간 연관관계를 강화해야 한다. 이를 위해서는 산·학·연 연계강화, R&D 투자의 효율성 제고, 대학의 기초연구 기능 화대 등을 통해 국가적 차원에서 핵심 부품·소재의 기술개발을 촉진하여 수입의존적 산업구조를 개선함으로써 수출 증가의 파급효과를 극대화하여야 할 것이다. 아울러 위 메커니즘의 원활한 작동을 위하여 기업의 투자 활동과 관련된 불필요한 규제를 완화하는 등 투자환경을 개선하는 데도 노력해야 한다.

또한, 소비위축 요인을 제거하여 소비를 활성화하기 위해서는 신용불량자 문제의 해소가 중요하다. 이를 위해서는 개인워크아웃제도, 배드뱅크 등의 활성화로 신용불량자의 신용회복을 적극 지원하는 한편, 개인신용 종합평가시스템 구축, 합리적 신용관리를 위한 국민경제교육의 강화 등을 추진함과 아울러 고용구조의 개선 등 근본적인 대책을 종합적으로 강구해야 한다.

2. 혁신 및 구조조정 촉진

선도산업과 기업이 기술혁신을 통하여 새로운 성장동력을 지속적으로 발굴할 수 있도록 R&D 투자를 적극 지원하고, 국가 차원에서 산·학·연간 R&D 협조와 조정체계를 구축·강화해야 한다. 특히 기초연구 분야에서는 정부가 장기적 안목을 가지고 산·학·연에 대한 R&D 지원체제를 강화할 필요가 있다.

또한 현재의 대기업중심 산업클러스터를 중장기적으로 개방형 산업클러스터로 개편함으로써 산업연관관계를 더 강화해야 한다. 관련 대기업들은 물론 중소기업들도 산업클러스터에 참여할 수 있도록 산업클러스터에서 필요로 하는 첨단기술개발 잠재력을 가진 혁신형 중소기업들을 발굴·지원하는 한편, 대기업과 중소기업간, 또는 중소기업간 네트워킹을 통해 기술개발, 제품생산, 마케팅뿐 아니라 글로벌 소싱 등 개별적으로 대응하기 어려운 사안에 대해서도 협조체제를 구축하도록 유도해야 한다.

아울러 IT산업이 성장주도부문으로 계속 발전할 수 있도록 정보통신 분야의 전문직업훈련 강화, 산·학·연 사이의 유기적인 지식·정보 공유체제 구축 등 IT산업의 인프라 확충에 힘써야 한다.

한편, 낙후 산업과 기업이 생산성과 경쟁력을 높일 수 있도록 기술개발, 저임금 노동력 확보 등을 적극 지원해야 한다. 이를 위해서는 중소기업의 기술개발에 대한 재정 및 공공자금 지원을 지속적으로 확충하고, 대기업의 협력 중소기업에 대한 기술공여, 공동연구개발 등을 적극 유도해야 할 것이다. 또, 노동집약도가 높은 업종을 영위하는 중소기업들이 풍부한 저임금노동력을 활용할 수 있도록 북한 개성공단으로의 생산시설 이전을 지원하는 방법도 있다. 그러나 중요한 것은 이러한 지원과 동시에 한계기업은 시장기능에 따라 전업이나 합병 등의 방법으로 상시 퇴출될 수 있도록 하는 것이다.

아울러 그동안 낙후되었던 서비스산업을 경쟁력을 가진 성장부문으로 육성하기 위하여 서비스시장을 과감히 개방하고, 수출산업화 또는 수입대체의 잠재력이 높은 오락문화와 음식숙박 등의 서비스업을 집중적으로 육성해야 한다. 이와 함께 경쟁력이 취약한 컨설팅, 마케팅 등 고부가가치 지식집약적 서비스의 경우 선진 외국 기업들과의 전략적 제휴 등을 통해 선진기법을 습득하도록 하는 한편, 수입대체를 도모하고 중장기적으로 수출산업화할 수 있도록 유도해야 할 것이다. 이를 위해 자금과 연구개발 지원정책에서 서비스산업에 대한 차별을 시정하여 서비스산업과 제조업의 균형발전을 도모할 수 있도록 해야 한다. 동시에 레저, 의료, 교육 등 고소득층의 해외수요가 높은 서비스분야의 소비가 국내에서 활성화될 수 있도록 관련 서비스업의 고부가가치화도 유도할 필요가 있다.

이들과 더불어 중요한 것은 산업과 기업 사이에 혁신을 바탕으로 하는 경쟁관계가 유지되고 이에 따른 성과배분이 이루어질 수 있도록 공정경쟁기반을 확립하는 것이다. 즉, 선도기업들 사이에 '아슬아슬한 경쟁'(neck-and-neck competition)이 이루어질 수 있도록 함으로써 현상유지보다는 기술혁신에 과감히 나서도록 하며 연구개발의 효율성도 극대화하도록 유도해야 한다. 또한, 산업간·기업간 양극화로 말미암은 시장왜곡과 공정경쟁 저해를 방지하기 위하여 기업경영의 투명성 강화, 기업집단 내의 부당 내부거래 방지 등으로 시장규율을 강화하는 한편, 선도부문과 낙후부문이 고착화되지 않고 이동성(mobility)을 가질 수 있도록 불공정한 진입장벽들을 제거하는 데에도 노력을 기울여야 한다.

3. 성장촉진형 재분배정책 시행

또 소득분배구조와 고용구조를 성장잠재력을 극대화하는 방향으로 개선하기 위해 인적자본 육성 중심의 성장촉진형 재분배정책 (growth-enhancing redistributions)을 추진해야 한다. 즉 저소득층으로 하여금 인적자본 축적을 원활히 하도록 지원함으로써 소득수준을

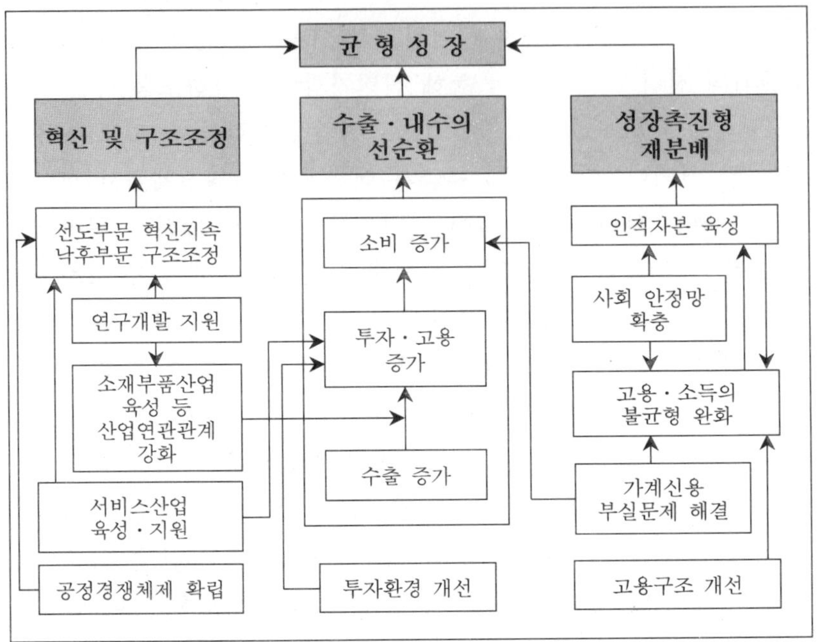

높여나갈 수 있게 하는 동시에, 국가의 인적자본 기반을 강화하여 성장잠재력을 확충[18]해 나가는 것이다. 예를 들어, 신용제약으로 말미암아 자금을 조달하기 어려운 저소득층에 대한 교육 및 직업 훈련자금 지원제도를 대폭 확충하는 한편 저소득층에 대한 정보통 신 관련 교육을 강화하는 등 기술진보에 뒤처지지 않도록 지원하 는 방법이 있을 수 있다. Fernandez and Rogerson(1998)은 미국의 경 우 계층간 학자금 이용가능성을 완전히 평등하게 할 경우 장기균 형 GDP 수준이 3.2% 증가하는 것으로 분석하였으며, Benabou

---

[18] 높은 세율로 말미암은 노동시장 왜곡이 신용제약으로 말미암은 인적자본 축적의 왜곡보다 작을 경우 분배중시적 재분배정책이 자유방임형 정책보다 성장을 촉진한 다(Benabou 2004).

(2002)는 GDP의 6%를 재분배(상위 30% 소득계층이 하위 70% 계층을 지원하는 방식)에 사용할 경우 주로 하위계층의 인적자본 투자 증가로 장기 경제성장률이 0.5%p 상승하는 것을 보인 바 있다.

아울러 공교육을 활성화함으로써 저소득층의 사교육비 부담을 완화하고 교육의 재분배효과를 강화하는 동시에, 과거 개발시대의 유산인 입시위주의 획일적 교육에서 벗어나 개개인의 창의성과 능력 극대화를 꾀함으로써 국가 전체의 혁신역량을 극대화하는 방향으로 교육개혁을 추진해야 한다.

또한 저소득층의 최저생계를 보장하여 경제·사회적 불안정성을 최소화하는 한편 중·하위 소득계층의 조세부담 경감, 상위 소득계층의 누락세원 적출 등으로 조세의 소득재분배 기능을 강화하고, 여성 근로자에 대한 보육지원을 상화함으로써 안정적인 근로조건을 제공해야 한다.

아울러 비정규직에 대한 부당 차별대우를 시정하는 방안을 노·사·정이 공동으로 협의하여 마련해야 한다. 다만 비정규직에 대한 처우개선을 위해 기업의 인건비 부담이 과다하게 늘어나지 않는 방안을 모색하는 데 지혜를 모아야 할 것이다.

참고문헌

문소상·이종건(2004), 〈성장잠재력 변동요인의 동태적 분석〉, 《금융경제연구》 제175호.

신현열(2004), 〈IT산업의 중간재 수입의존도가 높은 원인〉, 《한은조사연구》 2004-7.

양동욱·권태용(2002), 〈내외수산업 균형성장을 위한 과제(최근의 내수주도 경제로의 전환 논의를 중심으로)〉, 《금융경제연구》 제128호.

유경준·김대일(2002), 《소득분배 국제비교와 빈곤연구》, 한국개발연구원.

이원기·김봉기(2003), 〈연구개발투자의 생산성 파급효과 분석〉, 《조사통계월보》 2003-5.

이원기·정문갑(2002), 〈21세기 산업발전 조류와 우리나라 산업의 발전방향〉, 《한은조사연구》 2002-2.

정문갑(2002), 〈우리나라 부품·소재산업의 무역현황과 발전방향〉, 《한은조사연구》 2002-7.

하준경(2003), 〈성장전략의 전환 필요성과 정책과제 : 동태적 거시경제모형을 이용한 분석〉, 《금융경제연구》 제169호.

한국노동연구원(2003), 〈일자리 양극화 경향과 빈곤 정책의 방향〉.

한국은행 경제통계국(2004), 〈'2000년 고용표'로 본 우리나라의 고용구조와 노동연관효과〉, 《Monthly Bulletin》 2004-2.

한국은행 금융경제연구원(2003), 〈우리경제의 장기성장기반 확충을 위한 과제(구조적 저성장 진입 가능성과 대응방향)〉, 《금융경제연구》 제167호.

한국은행 조사국(2003), 〈우리 경제의 중장기 발전과제〉, 《한은조사연구》 2003-2.

Acemoglu, D. (1998), "Why Do Technologies Complement Skills? Directed Technical Changes and Wage Inequality," *Quarterly Journal of Economics* 113, pp. 1055~1090.

Aghion, P. and P. Bolton (1997), "A Theory of Trickle-Down Growth and Development," *Review of Economic Studies* 64, pp. 151~172.

Aghion, P., P. Howitt, and G. Violante (2002), "General Purpose Technology and Wage Inequality," *Journal of Economic Growth*.

Alesina, A., S. Ozler, N. Roubini, and P. Swagel (1996), "Political Instability and Economic Growth," *Journal of Economic Growth*, June 2, pp. 189~213.

Alesina, A. and R. Perotti (1996), "Income Distribution, Political Instability and Investment," *European Economic Review* 40, pp. 1202~1229.

Alesina, A. and D. Rodrick(1994), "Redistributive Politics and Economic Growth," *Quarterly Journal of Economics*, 109, pp. 465~490.

Banerjee, A. V. and A. F. Newman(1993), "Occupational Choice and the Process of Development," *Journal of Political Economy* 101, pp. 274-298.

Benabou, R. (2002), "Tax and Education Policy in a Heterogenous Agent Economy," *Econometrica* 70, pp. 96~129.

Benabou, R. (2004), "Inequality, Technology, and the Social Contract," *NBER Working Paper* 10371.

Bresnahan, T. and M. Trajtenberg (1995), "General Purpose Technologies : 'Engines of Growth?," *Journal of Econometrics* 65, pp. 83~108.

Ethier, W. J. (1995), *Modern International Economics*, W.W. Norton & Company, Third Edition.

Fernandez, R. and R. Rogerson(1998), "Public Education and the Dynamics of Income Distribution : A Quantitative Evaluation of Education Finance Reform," *American Economic Review* 88, pp. 813~833.

Galor, O. and O. Moav (2000), "Ability Biased Technological Transition, Wage Inequality Within and Across Groups, and Economic Growth," *Quarterly Journal of Economics* 115, pp. 469~497.

Galor, O. and J. Zeira (1993), "Income Distribution and Macroeconomics," *Review of Economic Studies* 60, pp. 35~52.

Ha, J. (2004), "The Dynamics of Human Capital Accumulation and Technological Progress : Mincer Meets Schumpeter," presented at the annual KEA conference.

Hirshman, A. O. (1958), *The Strategy of Economic Development*, New Haven : Yale University Press.

Lipsey, R.G., C. Bekar, and K. Carlaw (1998), "The Consequences of Changes in GPTs," in E. Helpman (ed.), *General Purpose Technologies and Economic Growth*, Cambridge and London : MIT Press.

Nelson, R. R. and E. S. Phelps (1966), "Investment in Humans, Technological Diffusion, and Economic Growth," *American Economic Review* 56, pp. 69~75.

Perotti, R. (1996), "Growth, Income Distribution, and Democracy : What the Data Say," *Journal of Economic Growth* 1, pp. 149~187.

Persson, T. and G. Tabellini (1994), "Is Inequality Harmful for Growth?" *American Economic Review*, 84, pp. 600~621.

Psacharopoulos, G. (1994), "Returns to Investment in Education : A Global Update," *World Development* 22, pp. 1325~1343.

Sheshadri, A. and K. Yuki (1998), "Equity and Efficiency Effects of Redistributive Policies," *mimeo*, Rochester University.

제3부

새로운 성장전략의 추진동력

제7장
설비투자 확충 : 양적 성장에서 질적 성장으로

전승철·김영준·하준경

>>>>>
본 장의 내용은 한국은행 금융경제연구원에서 발간된 《금융경제연구》제210호
〈최근의 설비투자 부진원인과 정책과제〉(2004. 12)를 일부 수정·보완한 것임.

I. 머리말

최근 일련의 콜금리 인하조치 등 확장적인 거시경제정책 운용에도 불구하고 설비투자가 장기간 부진상태를 벗어나지 못하고 있다. 설비투자 부진이 지속될 경우 소비 부진과 함께 내수를 위축시키고 경기 침체를 지속시켜 장기적으로는 우리 경제의 성장잠재력을 크게 약화시킬 것이라는 우려가 제기 되고 있다.

이와 같이 확장적인 거시정책에도 불구하고 설비투자 부진이 장기간 지속되고 있는 것은 투자의 기대수익률 저하와 투자환경의 불확실성 증대 등 투자부진 원인으로 일반적으로 지적되고 있는 요인들의 대두에도 비롯한다고 할 수 있겠으나, 좀더 근본적으로는 설비투자 유발경로에 중요한 변화기 있는 것이 아닌가 하는 의문이 들게 한다. 따라서 설비투자 회복을 위한 정책방안을 제시하기 위해서는 이러한 시각을 포함하여 근본적인 검토가 필요하다.

장기적으로 설비투자는 물적자본이 인적자본, 기술 등 여타 요소들과 결합하여 일정한 균형수준에 도달하기 위한 과정에서 발생하는데, 자본투입 위주의 설비투자가 장기간 지속되어 물적자본 축적이 불균형적으로 이루어질 경우 이는 설비투자 유인을 변화시킬 수 있다. 즉, 노동력이나 기술이 풍부하고 물적자본이 부족한 단계에서는 균형으로 이행(transition)하는 과정에서 설비투자가 자연적으로 유발되지만 물적자본에 견주어 고급인력과 고급기술이 부족해지는 단계에 도달하면 이러한 제약의 해소가 설비투자 규모를 결정하는 중요한 요인이 된다. 이러한 경우에는 기술혁신과 인적자본 확충을 위한 투자가 설비투자를 유발하는 전제조건이 되는 것이다. 다음에서는 먼저 최근의 설비투자 현황을 간략히 살펴본 뒤 이러한 시각에서 설비투자 부진원인과 대응과제를 검토해 보고자 한다.

II. 설비투자 부진 현황

1. 투자부진 추세의 장기화 및 심화

1980년대 후반까지만 해도 연평균 15% 수준을 나타내었던 우리나라의 설비투자 증가율이 1990년대 들어서는 뚜렷이 둔화되기 시작하였으며 외환위기 이후에는 이러한 둔화추세가 더욱 심화되었다. 이를 보다 더 구체적으로 보면 1980년대 후반 연평균 16%대에 달하였던 우리나라 설비투자 증가율은 1991년~1995년에는 연평균 10% 내외로 하락하였으며 1996~2000년 중에는 연평균 5% 내외로 증가세가 더욱 둔화되었다. 특히 2001년~2004.3/4분기 중에는 설비투자 증가율이 연평균 0.3% 수준까지 하락하였다. 이에 따라 1990년대 중반 15~16% 수준을 기록하였던 설비투자의 GDP 대비 비중도 하락세가 지속되어 외환위기 이후에는 10~13% 수준에서 유지되고 있다.

<그림 1> 1970년대 이후 설비투자 및 경제성장률 추이

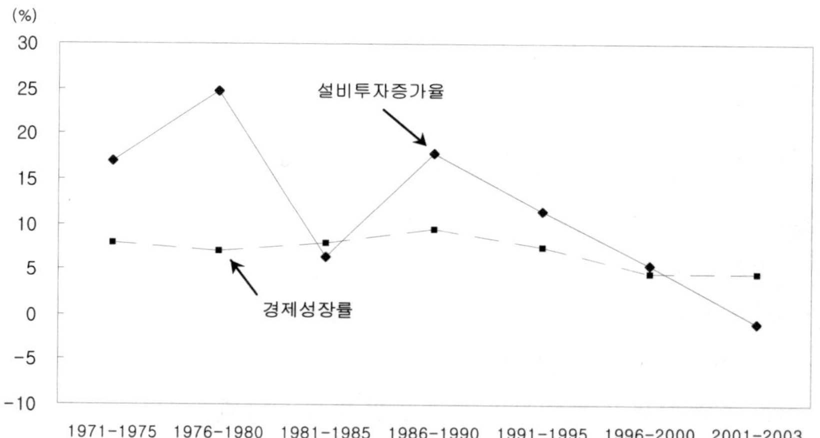

<그림 2> 1970년대 이후 GDP대비 설비투자 비중 추이

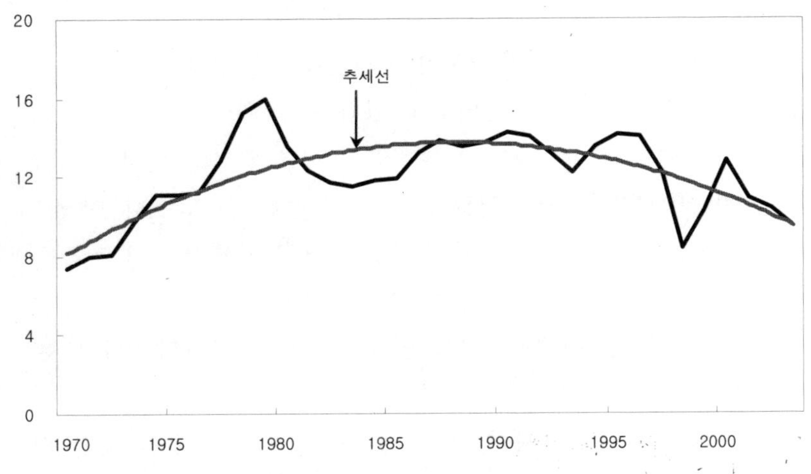

<표 1> 주요국의 설비투자 증가율 추이

(연평균, %)

	1970년대	1980년대	1990년대	2000~2003
미 국	12.7	6.8	7.6	-1.2
일 본	11.9	7.8	0.5	-4.4
독 일	9.1	8.7	8.2	8.0

　　주요 선진국의 경우에도 1인당 국민소득이 1만 달러 수준을 넘어선 시기를 전후하여 설비투자 증가율이 다소 둔화되기는 하였으나 우리나라의 둔화추세는 주요 선진국의 과거 경험에 견주어서도 그 정도가 심한 편에 속한다. 예를 들어 미국, 독일 등 주요 선진국의 경우 대체로 1인당 국민소득이 1만 달러를 넘어선 1970년대 후반에서 1980년대 전반까지의 기간 중에 설비투자 증가율이 다소 둔화되긴 하였으나 1990년대 말까지 대부분 연평균 5% 이상의 수준을 유지하여 왔다.

2. 제조업 및 중소·중견기업 위주의 부진

산업별로 보면 최근의 설비투자 부진은 비제조업보다는 주로 제조업 부문에서 두드러지게 나타나고 있다. 산업은행의 명목가격 기준 조사자료를 통해 살펴보면 우리나라의 제조업 부문 설비투자 규모는 1990~1997년 중에는 연평균 24.1조 원에 이르렀으나 1998~2003년 중에는 연평균 21.3조 원 수준으로 규모 자체가 크게 감소하였다. 반면 비제조업 부문의 설비투자 규모는 통신 및 운송업 부문의 투자 증가에 힘입어 이 기간에 연평균 12.4조 원에서 18.6조 원 수준으로 크게 확대되었다.

이에 따라 제조업 전체의 유형자산 규모는 최근 수년 동안 외환위기 이전 수준에서 정체되거나 감소하였다. 특히 1999~2003년 중에 제조업 유형자산증가율1)은 연평균 마이너스 0.3% 수준으로

<그림 3> 제조업과 비제조업의 설비투자 규모 및 비중 추이1)

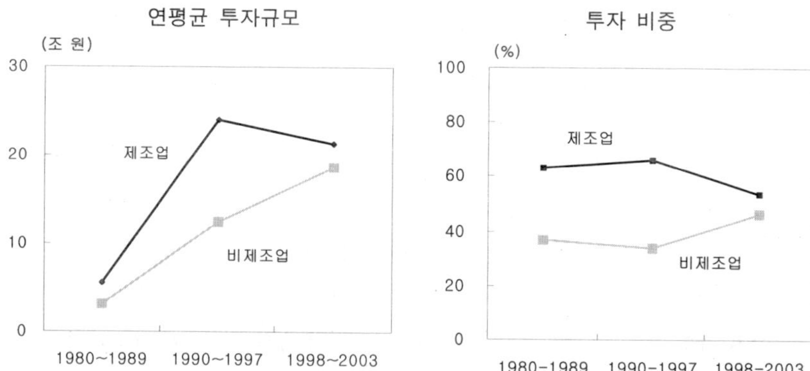

주 : 1) 명목가격 기준.
자료 : 산업은행.

---

1) 기업 재무제표상의 유형자산은 재화와 용역의 생산 등을 위해 기업이 보유하는 유형의 자산을 의미하는 것으로 토지, 건물, 기계장치, 건설중인 자산, 차량운반구, 선박, 비품, 공기구 등이 모두 포함된다.

낮아졌는데, 이는 이 기간 중에 제조업 부문의 신규투자가 감가상 각분을 보전하는 수준에도 미치지 못하였음을 의미한다.

특히 외환위기 이후에는 제조업 부문 내에서도 업종별, 기업규 모별로 설비투자의 양극화 현상이 두드러지게 나타나고 있다. 보 다 더 구체적으로 보면 전자부품, 자동차 등 주요 수출 업종에서는 설비투자가 확대되고 있는 반면 석유정제, 1차 금속, 산업용 화학, 섬유, 음식료품 등 일부 중화학공업과 내수산업 부문의 설비투자 는 감소하거나 정체되어 있다.

<그림 4> 1990년대 이후 제조업 설비투자 규모 및 유형자산 증가율 추이[1]

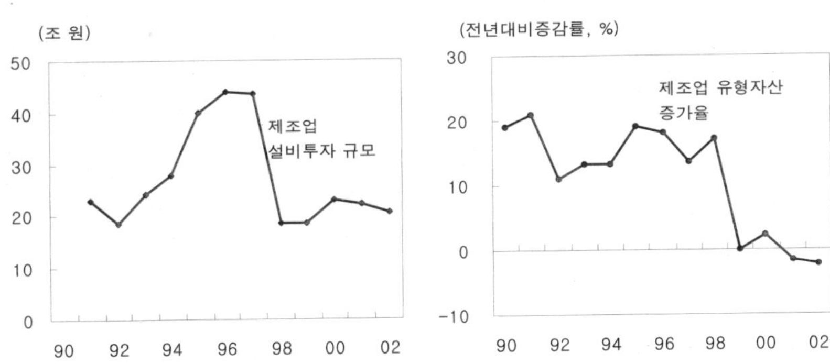

주 : 1) 명목가격 기준.
자료 : 산업은행, 한국은행.

<표 2> 제조업 업종별 설비투자 증가율 비교

	음식료품	섬유	석유정제	산업용 화 학	1차금속	기계	전자부품	자동차	제조업 전 체
1990~ 1997년	4.3	8.7	51.0	16.6	14.2	15.3	28.7	20.6	14.7
1998~ 2003년	2.1	0.4	△18.2	△0.6	△7.9	5.4	21.1	7.0	1.3

주 : 연평균증가율(명목금액 기준).
자료 : 산업은행.

<그림 5> 제조업 기업규모별[1] 설비투자액 및 비중 변화 추이

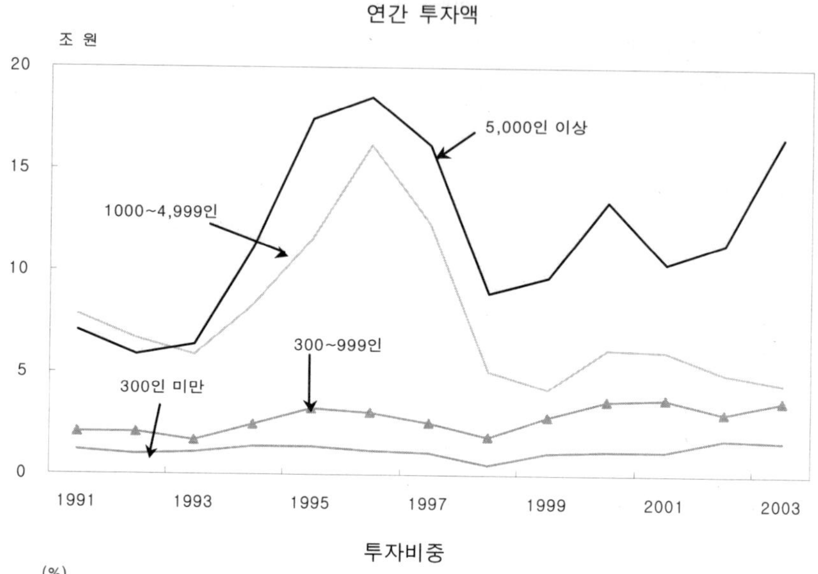

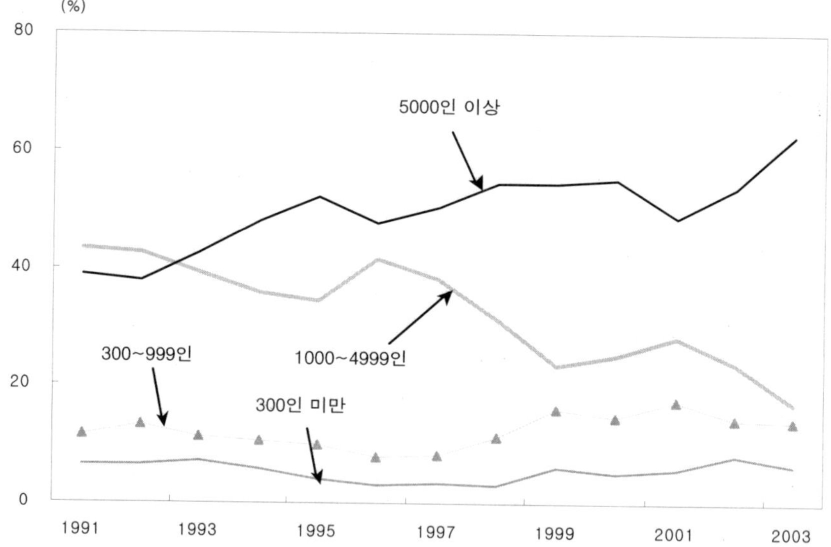

주 : 1) 종업원수 기준.

자료 : 산업은행.

이와 같은 설비투자의 양극화 현상은 기업규모별로도 뚜렷하게 나타나고 있다. 종업원 수가 5천 명이 넘는 대기업의 경우에는 국제적인 기술경쟁력을 갖춘 수출기업을 중심으로 설비투자가 비교적 활발한 수준을 유지[2]하고 있으나, 종업원 수가 5천 명 이하인 중견 및 중소기업의 경우는 대부분 투자부진 현상을 나타내고 있으며, 특히 종업원 수가 1,000~5,000명 사이인 중견 제조기업의 국내 설비투자가 부진한 실정이다.

3. 설비투자 수요와 괴리

생산 증가율에서 생산능력 증가율을 차감하여 구한 설비투자 조정압력을 이용히여 추정힌 설비투자 수요와 실제 실행된 실비투자 규모를 비교해 보면 외환위기 이후 제조업의 실제 설비투자 수준이 투자수요에 견주어 과도하게 둔화되었음을 알 수 있다. 즉, 제조업의 설비투자 조정압력은 1998~2003년 중에 연평균 2.6%p 로 1992~1997년 중의 연평균 2.0%p 보다 소폭 상승[3]한 데 반해

<표 3> 제조업 설비투자 수요 및 설비투자 증가율 비교

(단위 : %p, %)

	1992~1997년 평균	1998~2003년 평균
설비투자 수요[1]	2.0	2.6
설비투자 증가율	13.4	1.3

주 : 1) 설비투자 수요를 나타내는 지표로 설비투자조정압력.
　　 [= 생산증가율(%)— 생산능력 증가율(%)] 사용.

---

2) 증권거래소 자료에 따르면 삼성전자의 투자 규모가 2003년도 우리나라 전체 제조업 시설투자의 39%를 차지하였으며 2004년 1월 1일~9월 8일 중에도 이 회사의 투자 규모가 국내 상장기업 전체의 국내시설투자(공시기준, 약 13조 4천억 원)에서 51%를 차지하고 있는 것으로 나타났다.
3) 외환위기 이후 설비투자 조정압력의 상승은 생산증가율 상승보다는 생산능력 증가율 하락에서 주로 비롯하고 있다.

실제 설비투자 증가율은 이 기간 중에 연평균 13.4%에서 1.3%로 크게 하락하였다.

특히 제조업의 세부 업종별로 보면 섬유, 종이펄프, 고무플라스틱, 전기기기, 정밀기기 등 주로 내수 경공업 부문의 설비투자가 투자수요에 견주어 과도하게 둔화된 것으로 나타났다. 아래 표

<표 4> 제조업 업종별 투자수요 및 투자 증가율[1]

↑ 투자증가율

투자수요가 낮으나 투자는 활발한 업종	투자수요가 높고 투자도 활발한 업종
(1992~1997) 　음식료품, 피혁, 종이펄프, 　고무플라스틱, 비금속광물	(1992~1997) 　섬유제품, 석유정제, 화학, 1차 　금속, 조립금속, 기계, 컴퓨터 　및 사무기기, 전기전자기기, 전 　자부품, 정밀기기, 자동차, 선박
(1998~2003) 　피혁, 비금속광물, 조립금속	(1998~2003) 　음식료품, 목재제품, 기계, 컴퓨 　터 및 사무기기, 전자부품, 자동 　차, 선박, 가구
투자수요가 낮고 투자도 부진한 업종	투자수요가 높으나 투자는 부진한 업종
(1992~1997) 　목재제품, 가구	(1992~1997) 　없음
(1998~2003) 　석유정제, 화학, 1차금속	(1998~2003) 　종이펄프, 고무플라스틱, 　전기기기, 정밀기기,

투자수요 →

주 : 1) 투자수요를 나타내는 지표로 설비투자조정압력 사용.
　　　(설비투자조정압력 = 생산증가율 ― 생산능력증가율).
자료 : 통계청, 산업은행.

는 투자수요과 실제 투자증가율을 기준으로 외환위기 전후의 제조업 업종별 투자 현황을 구분하여 본 것이다.

이와 같이 제조업 부문의 설비투자 부진 현상이 업종별, 기업 부문별, 내·외수 산업별 등으로 뚜렷한 차이를 보이는 것은 외환위기 이후의 제조업 설비투자 부진 현상이 소비를 중심으로 한 수요 부진 외에 대내외 여건의 변화나 경제의 구조적인 요인에도 상당 부분 기인함을 시사하는 것이라고 볼 수 있다. 다음에서는 이를 분석하기 위해 우선 물적자본 투입 위주의 투자전략을 통한 경제성장이 지속되는 과정에서 설비투자 유발경로가 어떻게 변화되었는지를 살펴보고자 한다.

III. 설비투자 유발경로의 변화

경제발전 초기단계에서는 노동력에 견주어 자본스톡이 부족하여 높은 자본의 한계생산성이 왕성한 설비투자 수요를 유발한다. 그러나 물적자본 투입 위주의 경제성장이 지속되는 과정에서 자본의 한계생산성이 낮아지면서 이러한 초기형 설비투자 수요는 둔화되는 한편 R&D 및 교육훈련 투자 등 질적투자에 의해 유발되는 설비투자의 내생성이 증대하게 된다.

1. 설비투자의 내생성 증대

이론적으로 설비투자는 한 나라의 자본스톡이 경제의 장기균형 수준인 적정 자본스톡에 도달하기 위해 조정되는 과정에서 발생하는데, 적정 자본스톡은 자본의 한계생산성이 이자율 및 감가상각률의 합과 일치되는 수준에서 결정되며, 이 과정에서 나타나는 설비투자 수요는 주어진 이자율 수준에서 자본의 한계생산성의 증가함수가 된다. 그런데 경제발전 초기단계에서는 노동력이 풍부한 반면 자본스톡은 적어 자본의 한계생산성이 높으므로 설비투자 수요가 왕성하고 설비투자의 성장 유발효과도 높은 수준을 유지하는 것이 일반적이다. 그러나 물적자본 투입 위주의 성장이 지속되면 노동 및 기술에 견주어 자본축적이 높아지면서 자본의 한계생산성이 낮아지고 그 결과 설비투자 수요가 둔화될 뿐만 아니라 설비투자의 성장유발 효과도 약화된다.

이러한 현상은 특히 개발도상국의 경우에 현저하게 나타나게 되는데, 개발도상국의 경제발전 초기단계에서는 노동력이 상대적으로 풍부하고 선진국으로부터 초·중급 기술을 쉽게 전수받을 수 있는 반면, 자본스톡의 양은 적어 자본의 한계생산성이 높으므로 설비투자 수요가 왕성하고 이에 따른 활발한 설비투자가 성장을 견인하게 된다. 그러나 경제발전이 진행됨에 따라 이와 같은 노동력의 양적인 풍부함과 선진기술 모방의 이점은 점차 사라지는 반면 자본스톡의 양은 늘어나 자본의 한계생산성이 낮아지게 되는

<그림 6> 우리나라의 물적자본, 인적자본 및 기술의 변화 추이

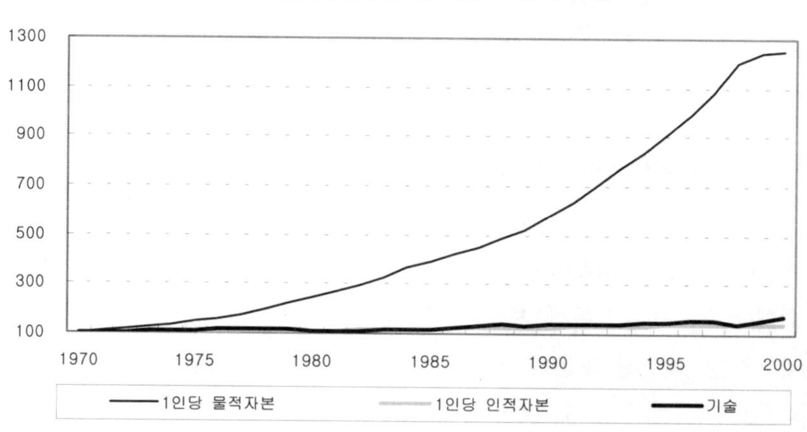

자료 : 하준경(2004).

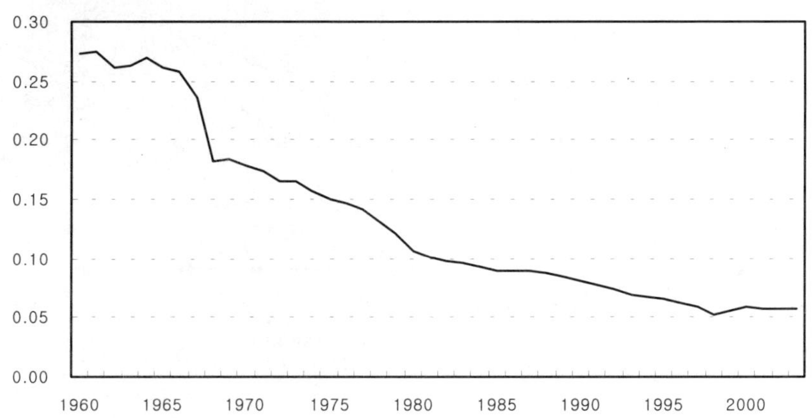

주 : 자본의 한계생산성은 콥-더글러스 생산함수를 가정한 뒤 자본의 평균생산성
　　(GDP/자본스톡)을 생산의 자본탄력성 α(=0.3)로 나눔으로써 계산.
자료 : 하준경(2004)의 기초 자료를 이용하여 계산.

데, 그 결과 설비투자 수요가 둔화되고 설비투자의 성장유발 효과
도 낮아지게 된다.

우리나라의 경우에도 그동안 물적자본 투입형 성장전략에 따라
기술 및 인적자본에 견주어 물적자본이 훨씬 빠르게 성장하였다.
즉, 우리나라의 경우 1970~2000년 중에 1인당 기술 및 인적자본
축적이 각각 1.7배 및 1.4배 증가에 그친 반면 물적자본 축적 증가
는 12.5배에 달하였다. 이에 따라 자본의 한계생산성이 1960년대
이래 지속적으로 떨어졌는데, 하준경(2004)의 자료에 따라 계산된
추정결과에 따르면 2000년 이후 우리나라 자본의 한계생산성은
1970년대 초의 약 1/3 수준에 머무르고 있다.

이와 같이 자본의 한계생산성이 하락하면 경제 발전 초기의 자
동적인 설비투자 수요는 둔화되는 대신 기술혁신과 인적자본 육성
을 위한 질적투자에 의해 설비투자가 유발되는 설비투자의 내생성

<그림 8> 경제발전과 성장동력

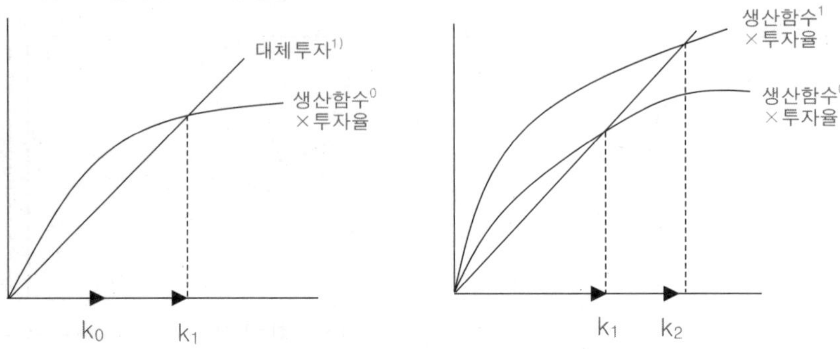

주 : 1) 대체투자는 "(감가상각률+인구증가율)×k"로 산출.

이 증대된다. 즉, 기술혁신과 인적자본에 대한 투자가 신상품 및 신기술 개발을 촉진하고 설비투자는 이러한 질적투자 결과의 상품화 과정에서 파생적으로 유발되는 경로가 확대되는 것이다.

이를 더 자세히 설명하면, 〈그림 8〉의 좌측 그림에서와 같이 경제발전의 초기단계, 즉 k_0에서 k_1으로 가는 시기에는 경제의 초기조건에 따라 균형으로 도달하는 과정에서 자연스럽게 물적자본 투입이 일어나고 이를 통해 성장이 견인된다. 그러나 일단 k_1에 이르면 이와 같은 자연적인 투자수요는 사라지고 생산함수 자체가 상향 이동하도록 기술과 인력이 개선되어야만 추가적인 자본축적이 유발되고 성장이 가능하게 된다. 이는 우측 그림에서와 같이 기술과 인력이 개선되어 생산함수가 상향 이동하면 k_1에서 k_2로 자본축적이 유발되고 생산이 확대되는 것으로 이해할 수 있다.

2. R&D 및 교육훈련 투자의 중요성 증대

이와 같이 설비투자의 내생성이 증대하게 되면 설비투자 활성화를 위한 전제조건으로서 기술혁신과 인적자본 육성을 위한 R&D

및 교육훈련 투자의 중요성이 증대하게 된다. 특히 선발개도국의 경우 후발개도국의 추격에서 벗어나 선진국과 경쟁해야 하는 단계에 도달하게 되면 R&D 및 교육훈련 투자의 중요성이 더욱 증대하게 되는데, 이는 선진국으로부터의 단순기술 도입에 따른 성장이 가능했던 경제발전 초기에는 기술혁신의 필요성이 낮았으나 선진국과 경쟁해야 하는 단계에 도달하게 되면 고급기술 및 혁신상품 개발능력이 국가 경쟁력의 핵심요소로 작용하기 때문이다.

그런데 고급기술과 혁신상품 개발능력을 획기적으로 제고하기 위해서는 R&D 및 교육훈련 투자의 양적인 확대뿐만 아니라 사회 전체의 혁신능력(innovative capacity)을 동시에 강화하는 것이 긴요하다. 사회적 혁신능력을 강화하기 위해서는 지식과 혁신이 중시되는 혁신주도형 지식기반 경제(innovation-driven knowledge based economy)로의 이행과 아울러 경쟁과 창의성을 중시하는 우수한 교육제도, 기득권층의 지대추구행위를 억제할 수 있는 유인구조 등 혁신의 사회적 수용역량(social capability)을 확충하기 위한 제도적 혁신이 강력하게 요구된다.

IV. 설비투자 부진 원인

1. 설비투자 유발경로 변화에 대한 대응 미흡

우리나라에서 설비투자 부진현상이 심화된 일차적인 원인은 우리 경제가 위에서 살펴본 바와 같은 설비투자 유발경로 변화에 시의적절하게 대응하지 못하고 종래의 물적자본 투입위주 성장전략에서 벗어나지 못했기 때문이라고 할 수 있다. 즉, 우리 경제가 성숙기에 진입하고 설비투자의 내생성이 강화되어 왔음에도 불구하고 과거 개발시대의 물적자본 투입 위주 투자전략이 지속됨에 따라 자본의 한계생산성이 크게 하락하고 설비투자 유인이 약화된 것이다.

물론 외형적으로 보면 우리나라의 경우 R&D나 교육투자 등 자본의 생산성을 높일 수 있는 투자가 늘지 않은 것은 아니다.[4] 특히 1990년대 들어서는 R&D 지출 총액이 급증하여 GDP 대비 R&D 지출비중은 OECD 국가들 가운데 상위 그룹에 속하게 되었다. 그러나 이를 자세히 보면, 대부분의 R&D 지출이 전자부품·영상음향통신 등 일부 IT 관련 업종에 편중되어 있고 나머지 대부분의 산업은 최근까지도 물적자본 투입 위주의 성장전략에서 벗어나지 못하고 있음을 알 수 있다. 이에 따라 IT 이외의 산업에서는 기술혁신 및 인적자원 투자에 대한 관심이 부족하여 R&D 및 교육훈련 투자가 설비투자를 본격적으로 유발하기에 불충분한 수준이라고 볼 수 있다.

반면 선진국의 경우에는 설비투자의 내생성 증대에 대응하여 일찍부터 R&D 및 교육훈련 투자를 확대하여 기술혁신을 촉진하고 인적자본을 확충하였는데, 이에 따라 기술과 인적자본이 물적자본과 병행하여 축적되는 균형적 성장패턴이 유지되었다. 예를 들어, 미국에서는 〈그림 9〉에서 보듯이 1970~2000년 중에 1인당 물적자본이 1.3배, 기술 및 인적자본이 각각 1.4배 및 1.2배로 상당한 균형을 이루면서 증가해 왔다. 그 결과 자본의 한계생산성도 완만하나마 상승세를 유지하였고, 이에 따라 설비투자 비중도 대체로 증가세를 지속하여 왔다.

한편 R&D 및 교육훈련 투자 등 질적인 투자가 설비투자를 견인하는 효과를 높이려면 질적 투자의 규모를 확대함과 아울러 그

---

4) '〈부록 1〉國民計定의 設備投資 構成과 R&D 投資 包括範圍' 참조

<표 5> 주요국 R&D 지출의 GDP대비 비중 추이

(%)

연도	한국	독일	프랑스	일본	미국	OECD 평균
1971	0.32	2.20	1.88	1.90	2.43	..
1981	0.78	2.43	1.93	2.11	2.34	1.95
1991	1.92	2.53	2.37	2.75	2.72	2.23
1995	2.51	2.26	2.31	2.69	2.51	2.10
2001	2.93	2.49	2.20	3.09	2.82	2.33

자료 : OECD, *Main Science and Technology Indicators Database*.
　　　통계청, *National Science Foundation*.

<표 6> 주요국의 첨단산업 업종별 R&D 지출 점유비중(2000년 기준)

(%)

	한국	미국	일본	독일	영국
의약품	1.7	10.0	7.3	6.7	30.8
컴퓨터 및 사무용기기	8.5	8.0	11.4	2.1	1.2
전자부품·영상음향통신장비	43.8	19.9	19.8	11.1	11.1
의료·정밀·광학기기	1.2	14.8	4.7	5.4	5.2
항공기	3.5	8.0	0.8	7.2	11.8
(첨단기술업종 계)	(58.7)	(60.7)	(44.0)	(33.1)	(60.1)
제조업 전체	100.0	100.0	100.0	100.0	100.0

자료 : NSF, *Science and Engineering Indicators* 2004.

<표 7> 제조업 업종별 매출액 대비 R&D투자 비중 및 설비투자 증가율(1998~2003년 평균)

(%)

업종	R&D투자 비중	설비투자 증가율	업종	R&D투자 비중	설비투자 증가율
전자부품	4.12	21.11	조립금속	0.53	5.63
의약품	1.87	11.19	출판인쇄	0.50	-2.46
자동차	1.79	6.98	섬유제품	0.32	0.39
기계장비	1.16	5.35	비금속광물	0.31	1.01
화학제품	1.05	-0.62	음식료품	0.26	-0.31
전기기기	0.94	13.65	석유제품	0.17	-7.63
가죽가방신발	0.66	7.39	종이펄프	0.15	-15.59
1차금속	0.56	-7.91	제조업 전체	1.40	1.34

자료 : 한국은행, 《기업경영분석》 각호 ; 산업은행 《설비투자계획조사》 각호.

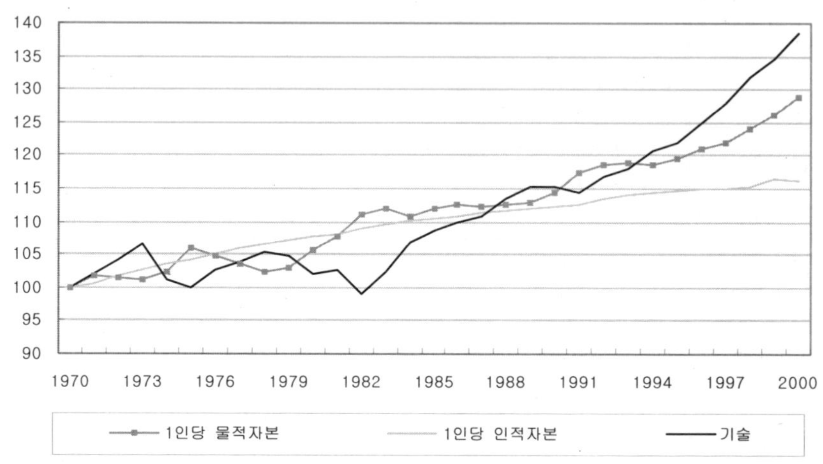

자료 : Ha and Howitt(2004)의 기초자료를 이용하여 계산.

효율성을 극대화하는 것이 중요하다. 그러나 우리나라는 R&D나 교육 투자의 효율성이 매우 낮아 그 규모가 급속한 팽창을 이루었음에도 기술혁신과 고등인적자원 양성이라는 측면에서 볼 때 그 성과가 미흡한 것이 사실이다. 한 국가의 R&D 및 교육훈련 투자의 성과는 해당 국가의 기술수지를 통해 어느 정도 측정할 수 있는데, 미국, 일본, 영국, 프랑스 등 주요 선진국은 기술수지가 장기간 흑자를 유지해 온데 반해 우리나라는 기술수지의 GDP 대비 비율이 2001년도에 마이너스 0.6% 수준에 이르는 등 심각한 적자상태를 면치 못하고 있다. 물론 우리나라의 기술수지가 적자를 면치 못하고 있는 것은 이러한 투자의 역사가 선진국에 견주어 짧다는 데에도 일부 비롯하지만5) R&D와 교육훈련 투자의 효율성이 낮기 때문이라는 점을 더 심각한 문제로 인식해야 할 것이다.

---

5) R&D 및 교육훈련 투자는 본격적인 성과가 나타나기까지의 회임기간이 매우 길다는 특징이 있다.

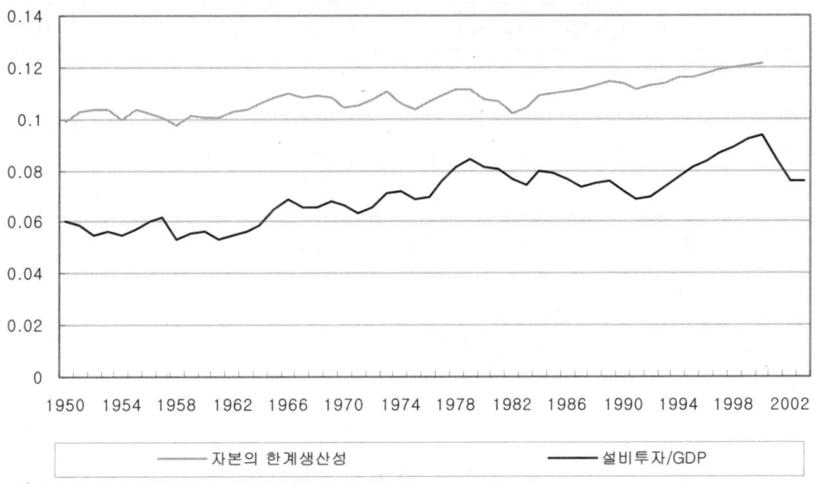

주 : 통계처리 방법의 차이로 자본의 한계생산성 수준을 우리나라의 경우와 직접 비
　　교하는 것은 큰 의미가 없으며 변화방향을 비교하는 것이 의미가 있음.
자료 : Ha and Howitt(2004).

이렇게 R&D와 인적자원 양성을 위한 투자의 효율성이 낮은 것
은 관련된 투자자원의 비효율적 배분과 사후관리 미흡, 그리고 창
의와 경쟁에 바탕을 둔 교육제도 개혁의 미흡 등에 따른 것으로 볼
수 있다. 또 기초 연구의 부족, 핵심기술 및 원천기술의 미확보,
지식과 정보의 교류를 위한 네트워크 등 투자인프라가 불충분한
점 등도 R&D 투자 등의 효율성을 낮추는 원인으로 작용한다고 볼
수 있다.

2. 구조적인 투자저해 요인의 대두

우리나라의 설비투자 부진은, 설비투자 유발경로 변화에 대한
미흡한 대응과 투자의 낮은 효율성 외에도 1990년대 이후 나타난

<표 8> 주요국의 제조업 총자산 경상이익률[1] 추이

(연평균, %)

	1950년대[2]	1960년대	1970년대	1980년대	1990년대	2000~2003[3]
미국	12.8	11.6	10.1	8.4	6.8	5.2
독일[4]	5.8	7.4	5.4	6.1	5.3	6.2
일본	4.2	4.9	4.4	4.7	3.2	3.2
한국	—	7.2	4.0	2.5	1.4	3.0

주 : 1) 미국 독일은 세전이익(경상이익＋특별손익) 기준.
　　2) 1955~1959년.
　　3) 독일은 2000년, 일본은 2000~2002년.
　　4) 1998년 이전은 서독, 이후는 통일독일.

몇 가지 구조적 요인들에 의해 더욱 심화되고 있다. 우리나라의 설비투자 부진을 더욱 심화시키는 이러한 구조적 요인들에 대해 살펴보자.

첫째, 고수익 투자기회가 크게 감소하였다. 국내 고임금 구조의 정착과 시장 개방, 후발개도국의 추격 등에 따라 국내외 시장에서 저가의 범용기술 상품을 생산하여 고수익을 올릴 수 있는 투자기회가 급격히 감소하였다. 이를 반영하여 1960~1970년대만 해도 4~7% 수준이었던 우리나라 제조업 총자산 경상이익률은 1980년대 이후 1~2% 수준으로 하락하였다. 또한 외환위기 이후 구조조정과 경쟁체제의 확대로 기업이 종래와 같이 독점적 이익을 누릴 수 있는 기회도 급속히 상실되게 되었다.

둘째, 생산기반의 세계화와 중국경제의 부상으로 국내에서의 생산설비 투자유인이 약화되었다. 1980년대 후반부터 우리나라의 전통적인 제조기업들은 상대적 고임금구조 정착 등에 대응하여 가격경쟁력을 유지하기 위해 임금·지가 등 생산비용이 저렴한 지역을 찾아 생산설비의 해외 이전을 시도하였다. 또한 세계적인 생산 및 영업기반을 갖춘 초국가기업이 늘어나면서 비용절감을 위한 생

<표 9> 해외직접투자 제한규제 완화 추이

일시	투자제한 완화 내용
1987.12	1백만 달러 이하 투자에 대한 신고제 도입
〃	투자업종에 대한 경험요건 삭제
1988. 3	주거래은행 투자승인제 폐지
1988. 7	자기자본 요건 폐지
1988.12	신고대상 투자규모 확대(200만 달러 이하)
1992. 9	〃 (500만 달러 이하)
	해외직접투자시 자기자본 조달의무제도 (대기업 20~40%, 중소기업 10-30%) 폐지
1994. 2	투자제한업종 축소(17개→14개)
1994.12	신고대상 투자규모 확대(1천만 달러 이하)

<표 10> 한국과 중국의 생산비 관련 지표[1](2003년 기준)

	한국	중국
산업단지 분양가(천 원/평)	509 (100.0)	116 (23.0)
제조업 시간당 임금(달러)	9.62 (100.0)	0.66 (6.9)
단위노동비용	0.58 (100.0)	0.15 (25.9)

주 : 1) (   ) 안은 우리나라를 100으로 환산했을 경우 비교수치임.

산시설의 국제적 재배치나 아웃소싱이 확대되어 국내투자 유인은 더욱 약화되어 왔다. 이에 더하여 1980년대 후반에서 1990년대 중반에 걸쳐 국내기업의 해외투자 제한규제가 대폭 완화된 것도 국내기업의 해외 아웃소싱을 촉진하는 요인으로 작용하였다.

한편 1990년대 들어 풍부한 저임금 노동력, 광대한 시장잠재력, 그리고 선진국으로부터의 자본 및 기술이전 등을 바탕으로 세계의 제조공장으로 부상한 중국 경제는 이러한 추세를 더욱 가속시키고 있다. 주요국 수출시장에서 중국 상품의 점유율이 급속하게 상승하면서 우리나라 상품의 점유율은 지속적으로 하락하게 되었다.

<표 11> 한국과 중국의 산업별 세계시장 점유율 변화

(단위: %)

	한국				중국			
	1990	1995 (A)	2000 (B)	B-A	1990	1995 (A)	2000 (B)	B-A
농수산품(1-24)	0.9	0.8	0.7	-0.1	2.3	2.7	3.8	1.1
석유제품(27)	0.2	0.7	1.4	0.7	1.5	1.4	1.2	-0.2
직물(50-55,58-60)	5.6	8.2	8.1	-0.1	6.8	9.2	8.3	-0.9
의복(61-62)	5.7	2.9	2.4	-0.5	9.5	15.9	17.1	1.2
기타 섬유제품(56-57,63)	2.3	3.2	4.9	1.7	4.6	2.6	20.3	17.7
신발(64)	15.4	4.4	2.2	-2.2	7.0	18.4	27.3	8.9
고무 및 타이어(40)	3.1	3.2	3.8	0.6	0.6	1.4	2.9	1.5
나무 및 종이제품(44-49)	0.5	0.8	1.2	0.4	0.5	1.2	2.4	1.2
귀금속(71)	2.1	13.5	11.1	-2.4	0.0	0.0	12.0	12.0
완구 등(95-96)	6.4	3.8	2.9	-0.9	8.6	16.5	25.1	8.6
가구 등 잡제품(42,65-70,94)	4.0	1.3	1.0	-0.3	1.9	5.1	10.1	5.0
전기전자(85)	4.3	5.4	5.6	0.2	1.0	2.8	5.3	2.5
(컴퓨터(8471,8473))	2.2	2.2	5.7	3.5	0.2	1.8	4.9	3.1
(통신기기 (8517,8525-6,8529))	2.0	2.5	4.4	1.9	0.9	3.6	4.3	0.7
(가전제품)	13.2	12.5	11.4	-0.9	4.8	7.3	18.1	10.8
(반도체(8541-2))	7.7	10.2	7.4	-2.8	0.2	0.7	1.6	0.9
자동차(87)	0.7	2.1	2.8	0.7	1.2	0.6	0.8	0.2
철강(72-73)	2.6	3.1	3.3	0.2	1.0	2.9	3.6	0.7
비철금속(74-83)	1.6	2.1	2.7	0.6	2.1	4.3	6.2	1.9
기계(84)	0.6	1.3	1.4	0.1	0.7	0.9	1.5	0.6
정밀기기(90)	1.3	1.9	1.6	-0.3	0.4	1.2	5.2	4.0
시계 및 그 부품(91)	0.5	0.5	0.3	-0.2	3.0	5.5	3.1	-2.4
화공품(28-39)	1.0	2.2	2.7	0.5	1.3	2.0	3.3	1.3
선박(89)	10.2	15.2	20.7	5.5	0.8	2.4	4.1	1.7
기타 수송장비(86,88)	1.9	1.6	0.8	-0.8	0.0	0.3	2.7	2.4
기타(25-26,41,43,92-93,97-99)	0.4	0.5	0.4	-0.1	1.9	3.1	0.6	-2.5
총계(1-99)	2.0	2.6	2.8	0.2	1.9	3.1	4.1	1.0

자료 : 김봉기 · 조한상(2003).

1995~2000년 중에 중국은 섬유, 의복, 신발, 완구 등 경공업뿐만 아니라 가전 및 반도체 등 전기전자, 비철금속, 정밀기기, 선박 등 중공업 부문에서도 세계시장 점유율이 큰 폭으로 상승하였다. 그 반작용으로 우리나라는 대부분의 경공업에서 세계시장 점유율이 크게 하락하였으며 가전, 반도체, 정밀기기 등 일부 중공업 부문에서도 시장점유율이 하락하는 움직임을 보이고 있다.

셋째, 외환위기 이후 급격한 구조조정으로 기업들의 위험기피 성향이 커지고 경영행태가 보수·안전지향화된 것도 설비투자 저해 요인으로 작용하고 있다. 재벌의 과잉·중복투자가 외환위기의 주요인으로 지목되고 기업부실에 대한 주주나 사회의 책임추궁이 강화되면서 대기업을 중심으로 안정성 위주의 경영전략이 확산되었다. 이에 따라 위험도가 높은 장기 설비투자보다는 차입금 상환이나 유동성 확보 등을 중시하고 단기실적에 치중하는 경영행태가 지속되고 있다. 이러한 경영행태 변화는 기업의 재무구조에서도 그대로 나타나 현금 등 유동자산과 자기자본 비중이 증가하고 부채비율 및 차입금 의존도가 감소하는 반면 유형자산은 증가세가 멈추거나 감소세로 반전하였다.

또한 외환위기 이후 확대된 자본자유화에 따라 외국인의 주식 보유 비중이 늘고 외국인에 의한, 또는 국내기업간 적대적 M&A 위협이 증대된 것도 기업이 경영권 방어에 치중하는 보수적 경영행태를 보이게 된 이유 중의 하나라고 볼 수 있다.

넷째, 금융기관의 경영행태 및 금융시장 구조 변화로 중소기업을 중심으로 금융부문을 통한 투자자금 조달 여건이 악화되었다. 먼저 은행의 경우 외환위기 이후 퇴출, 합병 등의 구조조정 과정에서 은행·기업간 협력관계가 약화된 데다 부실채권 정리과정에서의 대규모 공적자금 투입 등으로 경영행태의 보수·안전지향화 경향이 뚜렷해졌다. 또한 외국계 금융기관을 중심으로 경영상의 단기실적

<표 12> 제조업 재무구조 관련 주요 비율 추이

(단위 : %)

	1997	1998	1999	2000	2001	2002	2003
부채비율[1]	396.3	303.0	214.7	210.6	182.2	135.4	123.4
자기자본비율[2]	20.2	24.8	31.8	32.2	35.4	44.8	44.8
차입금의존도[3]	54.2	50.8	42.8	41.2	39.8	28.3	28.3
현금보유비율[4]	6.4	6.5	5.3	5.9	6.0	8.1	9.7
유형자산증가율	13.7	17.2	0.0	2.4	-1.5	-2.2	1.7

주 : 1) (부채/자기자본)×100.
　　2) (자기자본/총자본)×100.
　　3) (차입금+회사채)/총자본×100.
　　4) 현금예금/총자산.
자료 : 한국은행(2004), 《기업경영분석》.

<그림 11> 10대 그룹 시가총액 및 외국인 보유 비중

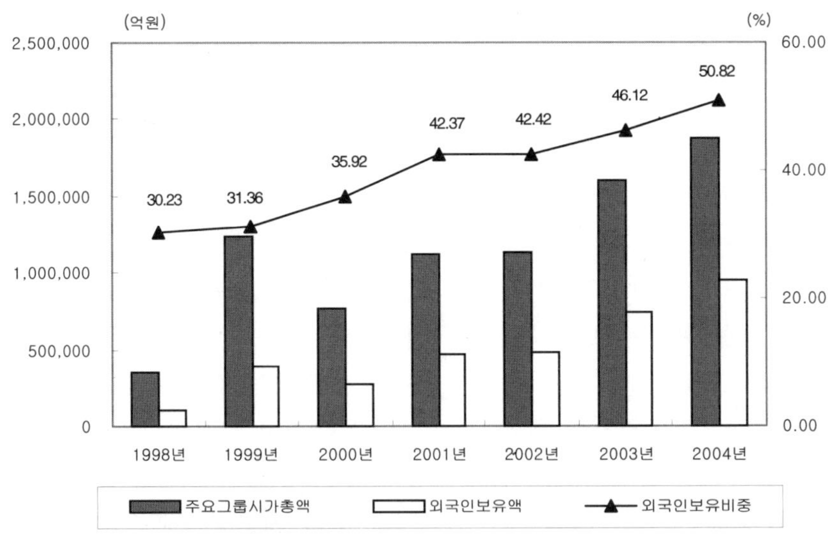

주 : 공정위의 출자총액제한기업집단 가운데 공기업과 LG그룹을 제외한 자산총액
　　상위 10개 기업집단의 상장계열사 기준.
자료 : 증권거래소(2004).

그룹명	1998년		2004년		98년대비 증감(율)	
	보유액	비중	보유액	비중	보유액(%)	비중(%p)
삼성	80,884	40.71	697,974	57.03	762.93	16.33
현대자동차	3,952	20.89	112,548	47.23	2,747.87	26.34
SK	16,967	21.96	117,188	41.64	590.68	19.68
한진	1,812	13.48	8,986	27.71	395.92	14.23
한화	843	10.73	3,094	18.25	267.02	7.52
현대중공업	165	11.17	5,162	19.42	3,028.48	8.25
금호아시아나	70	2.05	581	10.56	730.00	8.51
두산	44	0.78	204	1.60	363.64	0.82
동부	581	10.22	2,452	16.34	322.03	6.12
현대	1,604	7.52	2,964	15.83	84.79	8.31
계	106,922	30.23	951,154	50.82	789.58	20.59

주 : 비중은 그룹 시가총액 가운데 우선주 포함 외국인 보유 시가총액의 비중.

자료 : 증권거래소(2004).

주의가 강조되면서 기업에 대한 장기 투자자금 공급 의지도 약화
되었다.

아울러 경제의 불확실성 증대에 따른 수신구조의 단기화도 금
융기관의 장기 설비투자자금 공급여력을 약화시키는 요인으로 작
용하였다. 금융기관의 총수신 가운데 6개월 이하 단기수신의 비중
을 보면 1999년 40% 수준에서 2003년에는 50%까지 급증하였고,
금융기관의 총여신 가운데 장기여신에 해당하는 시설자금 대출액
의 비중은 1999년 22%에서 2003년에는 18%로 감소하였다. 또한
시설자금과 운전자금 간의 대출금리차도 1999년 0.5%p에서 2003
년 1.0%p로 크게 확대되었다.

자본시장의 경우에도 우량채권 위주의 회사채 거래와 코스닥 시
장의 부진 등으로 중소·벤처기업에 대한 기업 투자자금 공급기능

<그림 12> 예금은행 대출금 산업별 비중 추이(말잔기준)

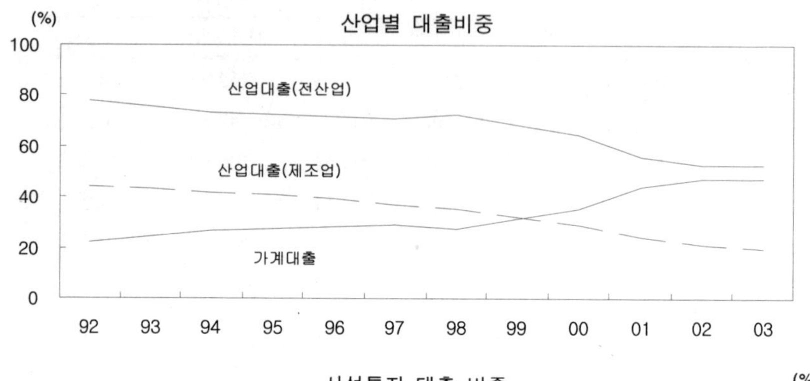
산업별 대출비중
(%)
산업대출(전산업)
산업대출(제조업)
가계대출
92 93 94 95 96 97 98 99 00 01 02 03

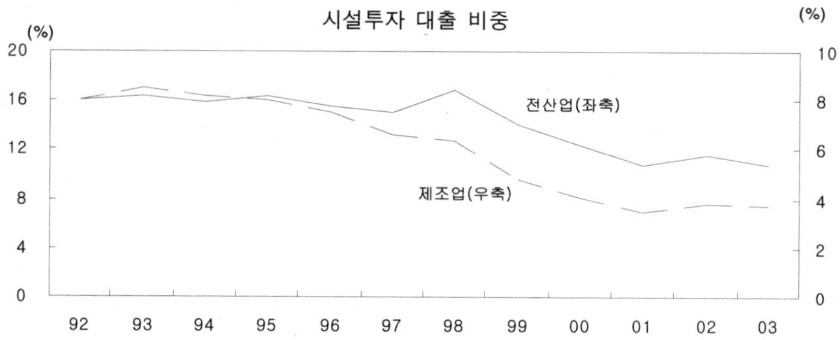
시설투자 대출 비중
(%)
(%)
전산업(좌축)
제조업(우축)
92 93 94 95 96 97 98 99 00 01 02 03

<그림 13> 우량·비우량기업간 회사채금리 스프레드 추이

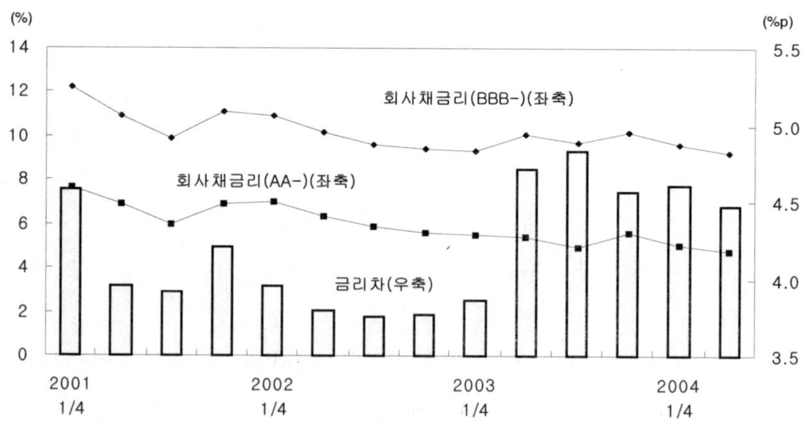
(%)
(%p)
회사채금리(BBB-)(좌축)
회사채금리(AA-)(좌축)
금리차(우축)
2001   2002   2003   2004
1/4   1/4   1/4   1/4

이 크게 약화되었다. 예를 들어 채권시장의 경우 전반적인 금리 하락 추세에도 우량-비우량 기업간의 회사채 금리차가 지속적으로 높은 수준을 유지하는 등 중소기업의 자금조달 여건은 개선되지 않고 있다.

이 밖에 투자환경의 리스크 증대 및 소비부진 등도 최근 설비투자 부진을 심화시키는 요인으로 작용하고 있다. 우선 외환위기 이후 추진된 금융·기업부문의 급속한 구조조정, 경제 패러다임의 변화, 노사갈등, 정부정책 방향에 대한 불확실성 등으로 투자환경의 리스크가 증대[6]되었다. 이러한 투자리스크 증대는 기업으로 하여금 투자결정을 유보하도록 하는 요인으로 작용하고 있는데, 이는 기업투자가 본질적으로 일종의 옵션과 같은 성격[7]을 지니고 있으므로 불확실성이 증대될수록 기다림(delay)의 가치가 더욱 높아지기 때문이다.[8] 또한 선진국과 경쟁하기 위해 강조되고 있는 신산업 및 신기술산업에 대한 투자의 경우에는 투자의 성공가능성 및 시장형성 등 투자결과에 대해 높은 불확실성이 존재하여 투자유인이 작게 나타나고 있다. 전반적으로 보면, 선진국에서 이미 검증된 안전한 투자아이템을 들여와 생산하던 단계에서 선진국과 경쟁하며 새로운 투자아이템을 개발해야 하는 단계로 이행되면서 투자수익에 관한 리스크가 커질 수밖에 없는 부분이 있다. 특히 최근 신성장산업으로 각광을 받고 있는 나노테크놀로지, 생물 등 신기

---

6) 외환위기 이후 기업 경영의 보수·안전지향화로 말미암아 투자환경의 리스크 증대가 기업투자에 미치는 부정적 영향의 강도가 그 이전보다 확대된 것으로 나타났다. '〈부록 2〉市場內在 리스크 水準 및 投資行爲의 리스크 敏感度 推定' 참조.

7) 투자는 불가역성(irreversibility)과 연기 가능성(the possibility of delay)을 주요한 특징으로 하며 이러한 투자의 성격은 옵션의 가치(option value)가 시간의 흐름에 따라 형성되는 과정과 유사하다.

8) Dixit(1989)이 제시한 투자옵션모형에 따르면 투자의 비가역성에 따라 경제에 불확실성이 증가하면 투자실패로 큰 손실을 보게 될 수 있으므로 기업은 투자를 보류한 채 관망하는 태도를 보이게 된다.

술산업의 경우 앞서 지적한 이유들로 말미암아 국내 기업의 적극적인 투자가 이루어지지 못하고 있는 실정이다.

소비를 중심으로 경기가 침체상태를 지속하고 있는 것도 내수기업을 중심으로 투자부진이 장기화되고 있는 요인이다.[9] 최근 산업은행이 조사한 바에 따르면 제조업체의 설비투자 부진 사유에서 내수부진을 그 이유로 꼽은 비중이 전체의 33.1%로 가장 높은 것을 볼 수 있다. 단기적으로 볼 때 최근의 설비투자 부진은 상당 부분 소비를 중심으로 한 국내 경기 침체에 기인하는 것으로 보여진다. 설비투자를 중심으로 한 투자는 가속도원리에 의하여 경기순응적(pro-cyclical)이면서 소비나 GDP보다 훨씬 큰 변동성을 보이

〈표 14〉 내수부진 애로 응답 추이

	1998	1999	2000	2001	2002	2003	2004
내수부진(%)	28.7	21.9	16.9	34.7	26.1	37.4	33.1

자료: 한국산업은행, 주요기업 설비투자계획(2004. 6월).

〈그림 14〉 GDP, 소비 및 투자 변동률 추이

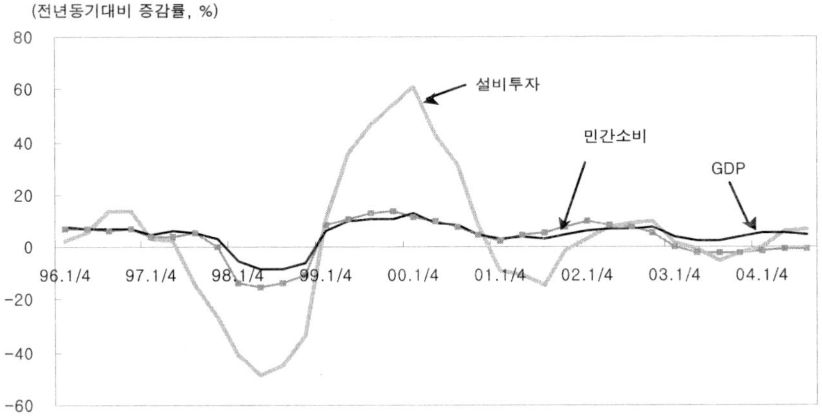

---

9) '〈부록 3〉 경기침체와 설비투자 부진간의 관계' 참조.

는 것이 일반적인데, 이에 따라 경기하강기에는 실질 GDP보다 훨씬 큰 폭으로 투자가 둔화된다. 우리나라의 경우에도 투자, 특히 설비투자는 민간소비나 GDP와 동일한 방향으로 그러나 이러한 변수들보다 훨씬 큰 폭의 변동성을 보여 왔다.

V. 정책과제

1. 투자전략의 전환: 양적투자에서 질적투자로

> 설비투자를 근본적으로 활성화하기 위해서는 종래 물적투입 위주의 양적인 투자전략에서 벗어나 내생적인 투자유인을 강화하기 위한 질적 투자전략으로의 전환이 필요하다.

가. 기술 및 인적자본 투자의 지속적인 확대

설비투자의 내생성 강화와 같이 변화된 투자 유발경로 아래에서 설비투자를 활성화시키기 위해서는 R&D와 인적자본에 대한 질적투자를 지속적으로 확대하여 물적자본과 기술 및 인적자본간의 균형을 회복하는 것이 긴요하다. R&D 및 인적자본에 대한 투자 확대는 혁신기술 및 혁신상품의 창출과 자본의 한계생산성 향상을 통해 설비투자를 유발할 수 있기 때문이다. 그런데 우리나라의 경우 이러한 균형 투자전략은 일부 IT 관련 업종 이외에 아직도 R&D 및 교육훈련 투자가 크게 미흡한 여타 첨단산업 및 고기술 산업 등에서 특히 필요하다.

아울러 질적투자 확대로 설비투자가 크게 활성화되기 위해서는 투자자금의 효율적 배분과 사후관리 강화가 병행되어야 한다. 먼저 공공부문을 중심으로 기초과학기술 등 원천기술 및 핵심기술 개발을 위한 투자를 확대함으로써 민간부문의 기술혁신 기반을 강화할 필요가 있는데, 기초기술 및 핵심기술 개발을 위한 투자는 투자의 위험성이 높고 회임기간이 긴 반면 외부효과가 크므로 정부 등 공공부문의 적극적인 역할이 특히 긴요하다. 교육훈련 투자의 경우에도 첨단기술혁신의 주체로 기능할 수 있는 창의적인 고등인적자원 양성을 위한 투자를 집중적으로 확대하는 한편 R&D 및 교육훈련 투자 프로젝트의 선별기능과 사후관리를 강화하여 한정된 투자자금이 효율적으로 사용되도록 유도할 필요가 있다.

나. 투자인프라 확충

질적투자의 양적인 확대와 아울러 투자의 효율성을 높이기 위한 투자인프라의 확충도 중요한 과제이다. 먼저 국가적인 혁신능력(innovative capacity)을 배양하기 위해 전문지식과 혁신을 촉진하는 사회적 시스템을 구축할 필요가 있다. 이를 위해 교육, 산업, 노동 등 분야별 정책에서 진입제한 철폐 등 창의성과 경쟁 촉진적인 제도를 도입하는 한편 지적재산권 보장 등으로 혁신에 대한 보상을 강화하여야 한다. 또한 공공 및 민간부문에서 연공서열, 학연 및 지연 등에 따른 인사관리체제를 혁파하여 혁신적 성과를 우대하고 전문인력과 혁신적인 인재가 중용되는 시스템이 운영되도록 유도하여야 한다. 이 밖에도 지식과 정보의 교류를 촉진하고 혁신 결과의 산업화를 원활하게 하기 위한 산·학·연간 네트워크를 강화하는 것도 질적투자의 효율성 제고에 긴요하다. 아울러 R&D 및 인적자원 육성을 위한 투자 여력이 미약한 중소기업에 대한 정부의 기술개발 지원도 강화할 필요가 있다.

2. 구조적 투자 저해요인 해소

설비투자를 본격적으로 활성화하기 위해서는 균형적 투자전략으로의 전환과 아울러 구조적인 투자저해 요인을 동시에 해소할 필요가 있다.

가. 투자환경의 불확실성 축소

먼저 국토개발, 규제 및 조세 등 투자와 관련된 각종 정책에서 투자촉진에 우선적인 비중을 두고 일관성을 유지함으로써 기업의 관망심리를 제거하고 기업이 장기적인 계획 아래 투자를 실행할 수 있는 여건을 마련해 주어야 한다. 아울러 신산업 및 신기술 분야에 대한 투자결과의 불확실성 완화를 위해 정부와 민간부문이 공조하여 투자의 성공 가능성, 수요기반 및 시장성 등에 대한 불확실성을 최대한 낮추기 위한 정책을 추진할 필요가 있는데, 이와 관련해서는 신기술상품의 시장성에 대한 조사업무 프로젝트를 정부와 민간기업이 공동으로 수행하거나 신기술상품에 대한 정부 및 공공부문의 구매를 확대하는 방안 등을 생각해 볼 수 있다.

나. 거시정책의 패러다임 전환

그 동안 환율, 금리 등 거시정책 운용에서 국내기업의 가격경쟁력 유지가 큰 비중을 차지하여 왔으나 우리 경제에 나타나는 대내외 여건의 변화로 말미암아 이러한 정책의 효과가 갈수록 약화되는 반면 경제의 구조조정 지연에 따른 장기적인 부작용은 커지게 됨을 유의할 필요가 있다. 즉, 종래와 같은 가격경쟁력 유지정책이 수출확대를 통해 성장에 미치는 영향력이 약화되는 동시에 수출의 전후방 연관효과와 고용창출 효과가 감소함으로써 경제성장의 실제적인 성과가 과거에 견주어 낮게 나타나고 있다. 예를 들어 환율절하는 수출확대를 통해 투자를 유발하는 긍정적인 효과와 수입자본재 가격을 상승시킴으로써 투자를 위축시키는 부정적인 효과를 모두 발생시킬 수 있다. 과거에는 환율절하가 수출확대에 미치는 긍정적인 효과가 부정적인 효과를 압도함으로써 투자 및 성장을 촉진하기 위한 고환율 정책이 어느 정도 의미를 가질 수 있었다. 그러나 경제발전단계의 상승과 함께 수출경쟁력에서 제품의 품질 및 기능 등 비가격요소의 중요성이 높아지고 생산라인의 지리적 배치를 세계적 차원에서 최적화하기 위한 글로벌 아웃소싱이 확산되면서 환율절하가 수출 및 투자에 미치는 긍정적인 효과는 크게 감소하고 있다. 반면에 고환율 또는 저금리 상태의 지속으로 한계기업의 생존이 인위적으로 연장됨으로써 경제의 구조조정이 지연되고 자원의 효율적 배분이 저해되는 한편 기업의 기술혁신 및 인력양성에 대한 관심이 적어지는 부작용이 커지게 된다. 그러므로 정책당국은 거시정책 운용시 경제에 적절한 구조조정 압력이 상존할 수 있도록 유의할 필요가 있다.

다. 금융부문의 역할 제고

　금융부문에서는 먼저 중소기업의 투자자금 조달을 위한 은행의존도가 여전히 높은 실정을 감안하여 최근 급격히 약화된 은행-기업 관계를 건설적으로 회복시키는 방안을 강구할 필요가 있다. 특히 위험부담이 큰 신기술·신산업에 대한 적극적인 투자를 유도하기 위해서는 이들 분야의 지원을 위한 전문적인 투자은행을 육성하는 한편 금융기관 전반에 걸쳐 전문성 제고와 고도의 위험관리 시스템 구축을 유도해야 한다.

한편 자본시장의 경우에도 공시제도 강화 등을 통해 정보에 대한 불확실성을 낮추고 전문적인 투자기관과 분석인력을 확충함으로써 시장기능이 강화되도록 유도하고 정크본드 등 비우량 중소기업 또는 한계기업의 구조조정을 촉진할 수 있는 자본시장을 육성할 필요가 있다. 아울러 자금의 공급기반 확충을 위해 각종 연기금 등의 적극적인 시장참여를 유도하고 투신사 등 비은행 금융기관의 구조조정을 신속히 마무리하여 이 기관들이 활발한 투자기관으로 활동할 수 있도록 여건을 조성하는 것도 중요하다.

라. 경영권 안정장치 도입과 대북경협 강화

이 밖에도 기업 경영의 보수·안전지향성을 완화하고 투자의욕을 제고하기 위해 적대적 M&A에 의한 경영권 위협을 완화할 수 있는 적절한 제도적 장치의 도입을 강구할 필요가 있다. 다만 이러한 제도의 도입은 과거 대기업의 문어발식 확장에 따른 기업부실 문제, 소수 재벌 일가에 대한 기업 경영권의 집중 등 우리나라 특유의 기업문화에 따른 문제점과 국제적 표준(global standard)에 대한 합치 여부 등을 면밀히 고려하여 결정되어야 할 것이다.

아울러 대북경협 강화 등으로 국내기업에 저렴한 생산기지를 확충해 줌으로써 중국 등 후발개도국의 추격에 따른 급격한 가격경쟁력 상실에 대응할 시간적 여유를 마련해 주는 한편 선진국 기업의 R&D 센터 유치 등 FDI를 통한 선진국과의 기술개발 협력체제 구축에도 한층 더 관심을 기울일 필요가 있다.

참고문헌

김봉기·조한상(2003), 〈한·중 산업간 경쟁 및 보완관계 분석〉, 《한은조사연구》, 2003-7, 한국은행 조사국.

김병화·임현준(2002), 〈설비투자 결정요인 분석〉, 《금융경제연구》 제133호, 한국은행 금융경제연구원.

산업연구원(2004), 〈산업용지 공급가격 인하방안〉, 《정책토론회 자료》, 산업연구원.

송성수·김석관·김종선·이광호·최지선·황석원(2004), 〈2만 달러 시대를 향한 혁신전략과 발전방향: 기업의 혁신역량 강화를 중심으로〉, 《정책자료》 2004-04, 과학기술정책연구원.

신태영(2004), 〈연구개발투자의 경제성장에 대한 기여도〉, 《정책자료》 2004-03, 과학기술정책연구원.

신현수·이원복(2003), 〈한·중·일 제조업 경쟁력의 비교분석과 정책적 시사점〉, 산업연구원.

임윤철(1998), 〈정부연구개발투자 효율화방안〉, 연구보고 1998-10, 과학기술정책관리연구소.

임철재·김영준(2004), 〈경제성숙기의 성장환경 변화와 대응방향—선진국 경험과 국내여건 비교〉, 《금융경제연구》 제187호, 한국은행 금융경제연구원.

최상래·김현지(2001), 〈중국의 외국인직접투자 결정요인에 관한 실증분석〉, 《무역학회지》, 제26권 제5호.

하준경(2003), 〈성장전략의 전환 필요성과 정책과제 : 동태적 거시경제모형을 이용한 분석〉, 《금융경제연구》 제169호, 한국은행 금융경제연구원.

______(2004), 〈연구개발의 경제성장 효과 분석〉, 《금융경제연구》 제203호, 한국은행 금융경제연구원.

양동욱·홍승제·이주경·임철재·문소상(2003), 〈우리경제의 장기 성장기반 확충을 위한 과제-구조적 저성장 진입가능성과 대응 방향〉, 《금융경제연구》 제167호, 한국은행 금융경제연구원.

De Long, J. Bradford, and Lawrence H. Summers(1991), "Equipment Investment and Economic Growth," *The Quarterly Journal of Economics*, Vol.106, No.2.

______(1992), "Equipment Investment and Economic Growth: How Strong Is the Nexus?" *mimeo*, 1992.

Ha, Joonkyung, and Peter Howitt(2004), "Accounting for Trends in Productivity and R&D: A Schumpeterian Critique of Semi-Endogenous Growth Theory," *mimeo*, Brown University.

Lek, Chew Lay, and Suliman Al-Hawamdeh(2001), "Government Initiatives and Knowledge Economy: Case of Singapore," *mimeo*, Nanyang Technological University.

Lichtenberg, Frank R.(1992), "R&D Investment and International Productivity Differences," *NBER Working paper* No. 4161.

Myron J. Gordon(1962), *The Investment, Financing, and Valuation of the Corporation*, Homewood.

IMF(2000), "What drives stock prices?", *World Economic Outlook*.

OECD(2003), *Main Science and Technology Indicators*, vol. 2003/2.

______(2003), *OECD Science, Technology and Industry Scoreboard*, 2003 edition.

〈부록 1〉 국민계정의 설비투자 구성과 R&D 투자 포괄범위

우리나라의 R&D 투자는 과학기술부와 한국과학기술기획평가원에서 매년 1만여 개의 공공연구기관, 의료기관, 대학, 기업체를 대상으로 조사·발표하고 있다. 조사대상기관은 2003년 기준으로 공공연구기관 238개, 의료기관 500개, 대학 350개, 기업체 9,735개 등이며, 주요 조사항목은 재원·비목·성격별 연구개발비 현황, 학력·전공별 연구개발인력 현황, 산업별·기업규모별 연구개발비 현황, 특허등록 건수, 기술도입 건수 등으로 구성되어 있다.

우리나라의 R&D 투자 규모는 약 17조 3천억 원(2002년)으로 크게 인건비(비중: 37.7%), 기타 경상비(46.5%), 기계장치 구입비(14.0%), 토지 및 건물관련 비용(1.7%) 등으로 구성되어 있는데, 전체 R&D 투자 중 기계장치 구입비용은 약 2조 5천억 원(2002년)으로 대략 14%의 비중을 차지하고 있다.

우리나라의 전체 R&D 투자 가운데 큰 비중을 차지하고 있는 인건비와 기타 경상비는 각각 GDP 항목의 피용자보수와 중간투입으로 계상되고 있는데 R&D 투자에서 기계장치 구입비(2002년 중 2조 5천억 원)는 무형고정자산10)에 포함되는 컴퓨터 소프트웨어 구입비(약 3천억 원)를 제외하고 대부분 GDP 설비투자에 포함되는 것으로 추정된다. GDP 설비투자액은 약 68조 5천억 원(2003년, 명목기준)으로 다음과 같이 구성된다.

---

10) 2000년 기준년 개편시부터 무형고정자산 항목을 신설하여 종전에는 비용(중간투입)으로 처리되어 GDP에 포함되지 않던 컴퓨터 소프트웨어 구입 및 개발, 광물탐사 등에 대한 지출을 투자지출로 간주, 총자본형성에 포함시키고 있다. 무형고정자산은 대부분 컴퓨터 소프트웨어로 2003년도 무형고정자산 증가액은 약 11조 4천억 원(명목기준)으로 전체 GDP의 1.6%, 총고정자본형성의 5.3%, 설비투자의 16.7%에 해당한다.

비목별 연구개발비 추이[1)]

(단위 : 조 원, %)

	1994	1995	1996	1997	1998	1999	2000	2001	2002
R&D 투자	7.9	9.4	10.9	12.2	11.3	11.9	13.8	16.1	17.3
경상비	5.6	7.2	8.2	9.4	8.8	9.2	10.9	13.2	14.6
(인건비)	2.5	3.2	3.6	4.1	3.9	3.9	4.7	5.5	6.5 (37.7)
(기타경상비)	3.1	4.0	4.6	5.3	4.9	5.3	6.2	7.7	8.1 (46.5)
자본적 지출	2.3	2.3	2.6	2.8	2.6	2.7	2.9	2.9	2.7
(기계장치)	1.6	1.7	2.0	2.2	2.1	2.4	2.5	2.4	2.5 (14.0)
(토지건물)	0.7	0.6	0.7	0.6	0.5	0.3	0.4	0.4	0.3 (1.7)

주 : 1) 컴퓨터 소프트웨어 포함, ( )안은 비중.

자료 : 과학기술부(2003), 《과학기술연구활동조사보고서》.

항목별 GDP 설비투자 추이(명목)

(단위 : 조 원)

	1995	1996	1997	1998	1999	2000	2001	2002	2003
설비투자	56.2	63.1	60.1	40.5	54.4	74.2	68.2	71.3	68.5
운수장비	13.4	15.4	14.2	7.7	13.5	17.8	16.2	18.3	16.0
(자동차)	9.9	11.7	11.4	6.2	11.0	13.9	14.6	16.4	13.7
(기타운송장비)[1)]	3.5	3.8	2.8	1.5	2.5	3.9	1.6	1.9	2.3
기계장치	42.6	47.4	45.7	32.8	40.8	56.3	51.9	52.9	52.4
(일반기계)[2)]	23.3	26.0	23.4	14.5	17.1	23.7	21.3	22.4	24.4
(전기전자기기)[3)]	10.3	12.3	13.9	12.1	17.3	24.7	22.9	22.0	18.7
(정밀기기)[4)]	5.3	5.4	5.4	4.4	4.9	6.3	6.1	6.8	7.8
(기타기계장치)[5)]	4.4	4.4	3.7	2.7	2.3	2.5	2.5	2.8	2.7
(잔폐물)[6)]	△0.6	△0.6	△0.7	△0.8	△0.8	△0.9	△0.9	△1.0	△1.2
낙농축	0.3	0.2	0.1	0.1	0.1	0.1	0.1	0.1	0.0
무형고정자산[7)]	4.3	5.2	6.0	6.4	7.4	9.1	9.7	11.3	11.4

주 : 1) 선박, 철도차량, 항공기 등.

2) 일반산업용기계(펌프, 압축기, 앵동장비 등) 및 특수산업용기계(금속기계, 농기계 등).

3) 산업용전기기기, 가정용전기기기, 영상·음향기기, 통신기기, 컴퓨터 및 사무용기기 등.

4) 의료기기, 계측 및 시험분석기기 등.

5) 금속 및 섬유제품, 가구, 화훼작물 등.

6) 생산과정에서 얻게 되는 부산물.

7) 컴퓨터소프트웨어 등.

〈부록 2〉 시장내재 리스크 수준 및 투자행위의 리스크 민감도 추정

경제 주체의 심리에 내재되어 있는 위험 정도의 수준을 파악하기 위해 고든모형(Gordon, 1962)[11]을 이용하여 국내 주식 가격에 반영되어 있는 시장의 위험프리미엄(e)을 추정[12]하였다.

추정결과 경제주체들의 투자 행태에 내재되어 있는 위험프리미엄은 외환위기 직후 급격히 증가하였다가 이후 점차 안정되었으며 2001년 이후부터는 다시 높아진 것으로 나타났다. 또한 위험 프리미엄이

시장내재 위험프리미엄 추이

(기간평균, %)

1996	1997	1998	1999	2000	2001	2002	2003	2004(上)
1.7	0.7	3.7	0.8	0.9	4.7	3.5	5.3	5.2

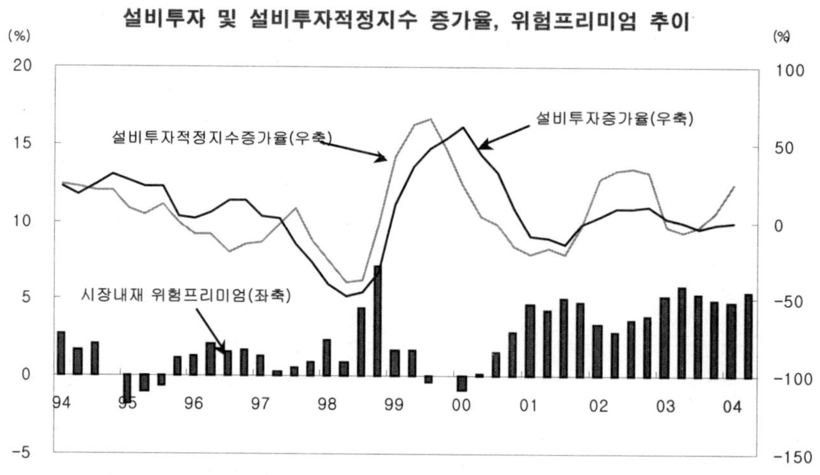

설비투자 및 설비투자적정지수 증가율, 위험프리미엄 추이

---

11) 현재의 주가는 미래 기대배당수익의 현재가치와 같다는 전제하에 적정 주식가격을 설명하는 일종의 배당할인모형으로 IMF에서도 이 모형을 이용, 주가에 반영되어 있는 각국의 위험프리미엄을 비교한 바 있다.

12) '〈참고 1〉 시장내재 위험프리미엄 추정방법' 참조.

높은 시기에는 실제 설비투자가 적정수준을 하회했던 것으로 나타나 이와 같은 위험 정도의 증가가 설비투자의 제약 요인 중 하나일 수 있음을 시사하고 있다.

한편 위험 프리미엄이 기업의 투자행태에 미치는 영향이 더욱 증대하였는지를 확인해 보기 위해 다음과 같은 전향회귀분석(Rolling Regression) 방법을 이용하여 분석하였다. 분석에서는 외환위기 전후를 비교해 보기 위해 분석대상기간을 30분기로 하여 1990년 1/4분기부터 순차적으로 1분기씩 이동하면서 아래와 같은 회귀식을 추정하여 계수값의 변화를 관찰하였다.

실증분석을 위한 모형은 Jorgenson, Bean 등이 제시한 최적자본스톡 이론[13]을 근거로 다음과 같이 구성하였다.

$$I = \alpha \cdot Y/C$$

I : 투자(실질GDP 설비투자액)
Y : 생산량(실질GDP)
C : 설비투자비용(환율 및 실질이자율)
단, 실질이자율은 회사채금리 - 물가상승률

위의 모형을 토대로 추정을 위한 회귀식을 구성하되 위험 프리미엄이 투자에 미치는 영향을 분석하기 위해 설명변수에 위험지수를 포함하여 다음과 같이 회귀식을 이용하였다. 여기서 위험 정도를 나타내는 변수로는 주식가격에 반영된 시장내재 위험프리미엄을 통해 구한 지수를 사용하였다.

$$In\ I_t = \alpha + \beta_1\ InI_{t-1} + \beta_2\ In\ Y_t + \beta_3\ InI_{t-1} +$$
$$\beta_4\ InE_t + \beta_5\ InR_t + \beta_6\ U_t + \varepsilon_t$$

---

13) 이 이론에 따르면 균형수준의 설비투자는 생산량 및 설비투자 비용에 의하여 결정되며 여기서는 각각의 대용변수로 실질GDP금액과 환율 및 실질이자율을 사용하였다.

추정결과 설비투자가 생산량과는 정비례하고 설비투자 비용인 환율과는 반비례하는 등 이론과 부합하는 것으로 나타났다.

국내 주요 기업체를 대상으로 최근 실시한 설문조사에서도 실제로 이러한 위험이 기업의 투자를 제약하는 주요 요인인 것으로 지적되고 있다. 2003년 9월 한국은행이 65개 주요 기업체를 대상으로 조사(2003.9)한 결과 약 65%에 달하는 기업의 설비투자 실적이 당초 계획에 미달한 것으로 조사되었으며 이들 기업들은 이와 같은 설비투자 부진의 이유로 향후 국내외 여건의 불확실성(46%), 내수부진(17%), 외부자금 조달 애로(11%) 등을 제시하였다.

불확실성 변수를 포함한 국내 설비투자함수 추정결과

상수항	투자(-1)	GDP	GDP(-1)	환율	이자율	위험지수	R2	D.W
0.104	0.742	2.575	−2.263	−0.164	−0.017	−0.025	0.969	1.794
(0.15)	(10.90)**	(5.55)**	(−4.44)**	(−2.00)*	(−2.50)**	(−3.10)**		

주 : ( )은 t값, *, ** 은 각각 5%, 1% 수준에서 유의함을 의미.

Rolling Regression에 의한 위험지수 계수 추이

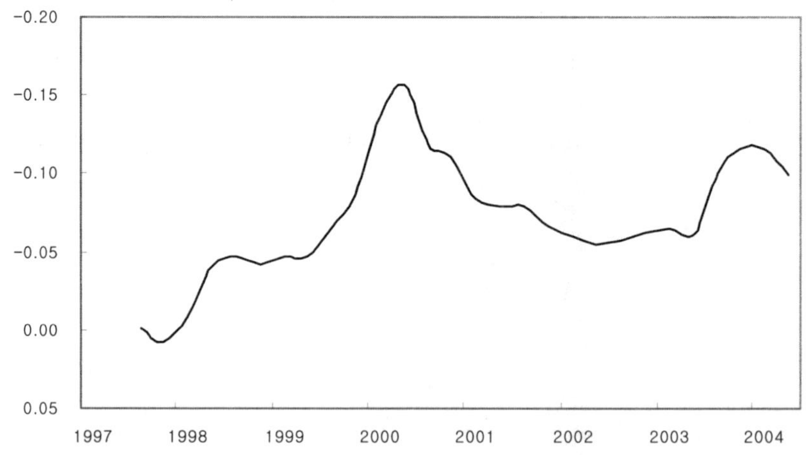

고든모형(Gordon Equation)을 이용하여 다음과 같이 주가지수에 반영되어 있는 시장의 위험프리미엄(e)을 추정하였다. 모형의 구성을 위하여 다음의 두 가지 사항을 전제하였다.

(i) 적정 주식가격은 주식보유로 향후 받게 될 예상배당액의 현재가치와 동일하다.

(ii) 할인율은 무위험자산의 수익률과 위험프리미엄의 합으로 정의한다.

이상과 같은 전제하에 얻어진 식을 통해 다음과 같이 위험프리미엄(e)을 추정하였다.

$$P = \frac{D(1+g)}{1+r} + \frac{D(1+g)^2}{(1+r)^2} + \cdots = \frac{D(1+g)}{r-g}$$

$$\Rightarrow \ r = \frac{D(1+g)}{P} + g \quad (r = rf + e)$$

$$\Rightarrow \ e = \frac{D(1+g)}{P} + g - rf$$

$$= (1+g)\frac{D}{P} + (1+g) - 1 - rf$$

$$(단, 1+g \fallingdotseq (1+g^{GDP})(1+i^{CPI}))$$

$$= (1+g^{GDP})(1+i^{CPI})\frac{D}{P} - rf + (1+g^{GDP})(1+i^{CPI}) - 1$$

P : 주가 D : 배당액 r : 할인율 g : 기대경제성장률(명목) g^{GDP} : 기대경제성장률(실질), 잠재GDP성장률(조사국 추정자료 사용) i^{CPI} : 기대물가상승률, 당행의 물가상승률목표치 사용(단, 98년 이전은 실제물가상승률 이용) $\frac{D}{P}$: 주식배당률, I/B/E/S가 추정한 MSCI Korea 편입종목(80개)의 가중평균 주식배당률 사용 rf : 무위험자산수익률, 국고채(3년) 수익률 사용

설비투자압력, 가동률 등 제반 경제상황을 감안한 적정 설비투자 수준을 추정14)하고 이를 실제 설비투자 수준과 비교해 봄으로써 최근의 설비투자 부진이 어느 정도 수준인지를 더 구체적으로 분석해 볼 수 있다.

추정결과 아래의 그림에서 볼 수 있는 바와 같이 최근의 설비투자 부진은 내수부진 등 투자여건 악화에 따른 적정 설비투자 수준의 감소에 상당 부분 기인하는 것으로 나타났다. 다만 최근의 설비투자 수준이 경제상황을 감안한 적정 설비투자 수준보다도 크게 낮은 수준에 머무르고 있어 투자부진 현상을 더욱 심화시키고 있음을 시사하고 있음을 알 수 있다. 예를 들어 2003년 하반기 들어서는 높은 수준의 제조업 가동률, 설비투자 조정압력 등의 영향으로 설비투자 적정수준지수가 큰 폭으로 증가하였으나 실제 설비투자 증가율은 2004년 1/4분기까지 4분기 연속 마이너스를 기록한 바 있다.

설비투자 적정수준지수 및 GDP(설비투자) 증가율 추이

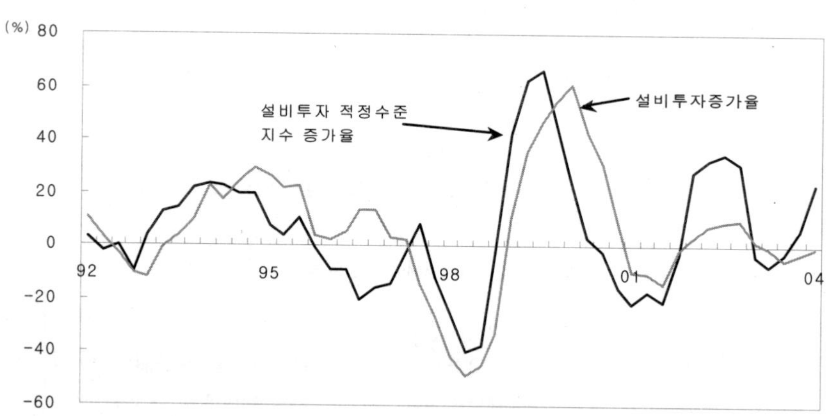

---

14) '〈참고 2〉 설비투자 적정수준지수 추정' 참조

설비투자 작성수준지수는 가동률, 재고율, 자금사정, 소득교역조건
등 기업의 투자행위 결정시 영향을 미치는 여러 경제여건을 감안할
때 무리 없이 실현가능한(affordable) 수준을 의미하는데 다음과 같은
방법으로 산출하였다.

□ 산출방법
　①설비투자의 잠재수준을 결정하는 주요 요인이라고 판단되는
　　개별 구성지표들을 선정한다.
　②개별 구성지표들의 평균과 분산이 일치하도록 표준화한다.
　③표준화된 구성지표들을 평균하여 적정수준지수(잠정) 산출한다.
　④동 시수의 추세와 신폭을 소정하여 최종지수를 산출한다.

설비투자 적정수준지수 구성지표 개요

	구성지표	편제기관
설 비 투 자 잠 재 수 준 지 수	· 재고율(S.A) [= 재고지수(S.A.)/출하지수(S.A.)]	· 통계청
	· 설비투자조정압력 　　[=제조업생산증가율-생산능력지수증가율]	· 〃
	· 평균가동률	· 〃
	· 자금조달코스트 　　[=내부자금비율*예금은행가중평균대출금리 　　(기업)+외부자금비율*국채수익률(3년)]	· 산업은행
	· 자금사정 BSI(실적)	· 전경련
	· 매출액 증가율	· 한국은행
	· 매출액경상이익률	· 〃
	· 종합주가지수	· 증권거래소
	· 소득교역조건	· 한국은행
	· 환율(원/달러)	· 〃

제8장
연구개발 투자의 질적 향상 : 모방에서 창조로

하준경

>>>>>
본 장의 내용은 한국은행 금융경제연구원에서 발간된 《금융경제연구》 제203호 〈연구개발의 경제성장 효과 분석〉(2004.11)을 일부 수정·보완한 것임.

Ⅰ. 머리말

경제의 지속적 성장을 위해서는 기술혁신과 생산성 향상이 필수적이며 이를 위해 연구개발(R&D) 투자가 중요하다는 주장은 널리 공감을 얻고 있다. 그러나 R&D와 경제성장률 사이의 구체적 관계에 대해서는 아직 통일된 이론이 없는 것도 사실이다. 즉 R&D와 경제성장 사이에 양의 상관관계가 있다는 데에는 누구나 공감하지만 경제성장률을 결정하는 것이 어떤 종류의 R&D 변수인지, 예컨대 R&D 투입의 증가율인지 GDP 대비 R&D 투자의 비중인지 등에 대해서는 합의가 이루어지지 않고 있는 것이다.

어떤 R&D 변수가 경제성장률에 영향을 미치는가의 문제는 R&D 정책의 장기적인 유효성과 관련해서 커다란 중요성을 갖는다. 예를 들어, Jones(1995), Kortum(1997), Segerstrom(1998) 등의 준내생적(semi-endogenous) 성장모형에서처럼 R&D 투입의 증가율, 그 가운데서도 R&D 종사자수의 증가율이 경제성장률을 결정한다면 경제성장률은 장기적으로는 인구증가율과 비례관계를 갖게 된다.[1] 이 경우에는 인구증가를 가져오지 않는 어떤 R&D 정책도 경제의 장기성장률을 높일 수 없다는 정책적 함의가 도출되게 된다.

반면 Aghion and Howitt(1998), Dinopoulos and Thompson (1998), Peretto(1998) 등의 내생적 성장이론에 따르면 경제성장률을 설명하는 데 중요한 R&D 변수는 R&D 투입의 증가율이 아니라 총인구 대비 R&D 종사자의 비중 또는 GDP 대비 R&D 투자비중 등 R&D 집약도의 수준이다. 이 경우에는 R&D 정책이 R&D 집약

---

1) R&D 종사자수의 증가는 총인구 대비 R&D 종사자 비율의 증가 또는 인구증가로 가능한데, 전자는 1을 넘을 수 없으므로 결국 R&D 종사자수의 지속적인 증가는 인구증가로만 가능하게 된다.

도(intensity)의 수준을 영구히 변화시킬 수 있으므로 장기성장률에 도 영향을 줄 수 있다.

이와 같이 두 종류의 상이한 이론들에서는 실증적인 차원에서 경제성장을 설명하는 R&D 변수가 무엇이냐는 문제뿐 아니라 정책의 장기적 유효성 문제와 관련해서도 매우 상반된 견해를 보이고 있다.

한편 우리나라에서도 1980년대 이후 R&D 투자가 늘어나면서 R&D가 경제성장에 미치는 영향에 대한 관심이 높아지고 있으며, R&D가 경제성장이나 생산성에 미치는 영향에 대한 연구들이 간헐적으로 이루어져 왔다. 이원기·김봉기(2003), 서중해(2002), 문홍배(1997), 이병기(1995), 송준기(1994), 장진규·안두현(1992) 등의 연구들은 대부분 산업별 생산성 등 미시적인 측면에 중점을 두어 R&D의 효과를 분석하고 있다. 이들의 분석에서는 생산성의 R&D 탄력성을 구함으로써 생산성증가율을 R&D 투입 또는 R&D 스톡의 증가율로 설명하고자 하는데, 이는 사실상 준내생적 성장이론의 분석방법과 일맥상통한다.[2] 이들 연구들에서 명시적으로 지적되고 있지는 않지만 지속적 경제성장을 위해서는 R&D 스톡의 지속적 증가가 필요하고 이를 위해서는 R&D 투입의 지속적 증가가 요구되는데, 이는 궁극적으로 인구증가를 통해서만 가능하기 때문이다. 정상상태(Steady State)에서 R&D 투입의 증가는 GDP와 마찬가지로 인구증가로 말미암은 부분과 생산성증가로 말미암은 부분으로 분해할 수 있는데,[3] 이 가운데 생산성증가율은 모형이 설명해야 하는 변수이므로 결국 인구증가만이 순수한 성장의 원천으로 남게 되는

---

2) 이들 모형에서는 R&D를 하나의 투입요소로 설정한 뒤 총요소생산성은 외생적인 것으로 보고 있으므로 Solow의 외생적 성장모형과도 상통하는 면이 있다.
3) 여기서 생산성증가율은 뒤에서 설명되듯이 Harrod 중립적인 의미에서의 생산성증가율로 생산성에 의해 유도된 자본축적도 포함한다.

것이다.[4]

우리나라 R&D 문헌들에서 특기할 만한 것은 외국의 경우와는 달리 R&D 집약도를 이용하여 경제성장을 설명하고자 하는 시도가 거의 없었다는 점이다.[5] 우리나라에서 R&D 집약도를 이용하여 경제성장률을 설명하는 데에 어느 정도 애로가 있는 것은 사실이다. 미국 등 선진국에서는 GDP 대비 R&D 투자비중으로 정의되는 R&D 집약도가 수십 년 동안 2~3% 수준에서 안정적으로 변동해왔고 경제성장률도 안정적이었기 때문에, 제Ⅲ절에서 볼 수 있듯이 R&D 집약도가 경제성장률을 설명하는 데 상당히 유효하지만 우리나라에서는 R&D 집약도와 경제성장률의 움직임에 너무나 큰 차이가 있기 때문이다. 즉 우리나라의 R&D 집약도는 1970년대부터 2000년대 초까지 꾸준히 상승해왔지만 경제성장률, 그 가운데에서도 R&D의 영향을 반영하는 생산성증가율이 뚜렷이 높아졌다고 보기는 힘들다. 이는 R&D와 성장 사이의 관계를 설명하는 데 R&D 이외의 다른 요인들도 감안할 필요성이 있음을 말해준다.

사실 앞에서 소개한 이론들은 원래 기술의 프론티어가 발전하면서 경제성장을 이끄는 과정을 설명하기 위한 것들이다. 따라서, 우리나라와 같은 개발도상국에 적용할 때에는 이를 적절히 수정할 필요가 있다. 왜냐하면 개도국에서는 R&D 투자뿐만 아니라 후발자의 이익, 즉 선진국으로부터의 기술전파에 의해서도 생산성증가와 경제성장 속도가 커다란 영향을 받을 수 있기 때문이다. 따라서 우리나라의 경우에는 기술전파와 후발성의 정도, 특히 경

---

4) 물론 정상상태가 아닐 때에는 자본축적의 심화나 R&D에 사용되는 자원의 비중 증가 등도 R&D 스톡의 증가에 영향을 미칠 수 있으나 이들 요인들은 영구히 지속될 수 없다.
5) 홍동표(1999), 이수복(1999) 등에서는 R&D 집약도를 이용하여 기업 및 산업에 관한 미시적인 분석을 시도하고 있으나 이를 생산성증가율로 연결하지는 않고 있다.

제의 기술수준이 선진국과 얼마나 격차를 갖고 있느냐를 감안해야 한다.

이 논문에서는 먼저 R&D로 경제성장을 설명하고자 하는 이론들 가운데 내생적 성장이론과 준내생적 성장이론 사이의 논쟁을 간단한 이론적 틀을 통해 정리하고, Ha and Howitt(2004)에서 제시된 실증분석의 주요 내용을 소개함으로써 어떤 이론의 현실설명력이 더 높은지 살펴볼 것이다. 또 이 이론들을 우리나라에 적용할 수 있는지 모색하는 한편 R&D 집약도와 경제성장 사이의 관계에 대한 확장된 모형을 제시하고 실증분석해볼 것이다.

논문의 구성은 다음과 같다. 먼저 제Ⅱ절에서는 R&D와 경제성장의 관계에 대한 논쟁을 개관하고, 제Ⅲ절에서는 기존 모형들의 차이점을 비교해본 뒤 공적분검정, 동태적 모의실험법 등 다양한 기법들을 이용한 실증분석을 통해 각 모형의 현실적합성을 살펴본다. 제Ⅳ절에서는 우리나라의 R&D와 생산성의 관계를 이론적·실증적으로 살펴보고 제Ⅴ절에서는 결론과 시사점을 제시한다.

Ⅱ. 연구개발과 경제성장의 관계에 대한 논쟁

1. 연구개발과 경제성장

구체적인 논의에 들어가기에 앞서 R&D와 경제성장 사이의 관계에 대해 간략히 논의해보자. 성장회계법에 따르면 경제성장률은 물적자본축적의 속도, 인적자본축적의 속도, 노동투입의 증가율, 그리고 총요소생산성 증가율로 분해될 수 있다. 이 가운데에서 R&D는 직접적으로 기술과 생산성, 즉 총요소생산성에 영향을 미친다.

한편, R&D는 간접적으로 물적자본축적에도 영향을 미친다.[6] 총생산함수에서 요소축적이 전혀 일어나지 않고 R&D를 통해 생산성이 증가한 경우를 생각해보자. 만약 저축률이 일정하다면 총생산이 증가할 때 1인당 저축액과 투자액이 증가하고 이는 1인당 자본량의 증가로 연결된다. 이를 R&D로 말미암아 유도된 자본(induced capital) 축적이라고 한다.

R&D가 경제성장에 미치는 영향은 직접적 요인과 간접적 요인을 모두 합한 것이라고 할 수 있다. 이를 측정하기 위해서는 총요소생산성을 Harrod 중립적인 것으로 정의하면 된다. 즉 총생산함수에서 경제의 총산출액 Y가 총요소생산성 A, 자본 K, 1인당 인적자본 h, 노동투입량 L에 따라서 결정된다고 할 때 총요소생산성을 $Y = K^\alpha (AhL)^{1-\alpha}$ 에서와 같이 노동에 붙여서 표기하게 되면, k를 생산성조정 1인당 자본량 K/AL로 정의할 때 1인당 생산량은 $y = Ak^\alpha h^{1-\alpha}$와 같이 표시되어 정상상태에서 y의 증가율은 A의 증가율과 정확히 일치하게 된다.[7] 이때 생산성증가율은 순수한 생산성증가와 유도된 자본축적의 속도를 합한 것으로 볼 수 있다.

이 논문에서는 Harrod 중립적인 의미의 총요소생산성을 주로 이용할 것이다. 이 경우 정상상태에서는 생산성증가율과 경제성장률(1인당 GDP 증가율)이 일치하게 되므로 생산성증가율, 장기균형 경제성장률, 장기성장률이 모두 같게 된다.

---

6) Ha(2004)의 모형에 따르면 일반균형적 틀 속에서 R&D는 인적자본축적에도 영향을 미칠 수 있으나 여기서는 R&D가 인적자본축적에 미치는 영향은 분석대상에서 제외하기로 한다.
7) 정상상태에서 k는 일정하고 취학년수의 함수인 h도 일정하기 때문이다.

2. 논쟁의 전개과정

내생적 성장이론(endogenous growth theory)과 준내생적 성장이론(semi-endogenous growth theory) 사이의 논쟁은 1990년대에 내생적 성장이론이 현실을 얼마나 잘 설명할 수 있는가의 문제를 중심으로 전개되었다.

먼저 1990년대 초 Romer(1990), Grossman and Helpman(1991), Aghion and Howitt(1992) 등이 개발한 제1세대 R&D 기반 내생적 성장이론들에 따르면, R&D 종사자의 수는 생산성증가율과 정비례의 관계를 갖게 되므로 R&D 종사자의 수를 늘리는 유인정책을 사용함으로써 장기성장률을 높일 수 있다는 정책적 함의를 도출할 수 있다.

그러나 이 이론은 1990년대 중반 '존스의 비판'(Jones Critique)에 의해 실증적 측면에서 큰 타격을 받게 된다. Jones(1995)에 따르면, 2차 세계대전 뒤 50여 년 동안 미국을 비롯한 선진국들에서는 연구개발 종사자의 수가 크게 늘었음에도 불구하고[8] 생산성증가율과 경제성장률은 높아지는 추세를 보이지 않은 채 1~2% 사이에서 맴돌고 있었으므로 제1세대 내생적 성장이론의 예측은 완전히 빗나가게 된다.

존스의 비판에 직면하여 경제학자들 사이에서는 R&D 투입의 증가추세와 생산성증가율의 안정적 또는 비추세적 변동을 동시에 설명할 수 있는 이론을 개발하는 것이 새로운 과제로 대두되었다. 이 과제를 해결하려는 시도는 크게 두 가지 흐름으로 갈라지게 되는데, 첫째는 Jones(1995), Kortum(1997), Segerstrom(1998) 등이 개발한 준내생적 성장이론이며, 둘째는 Aghion and Howitt(1998),

---

8) G5 국가들(미국, 영국, 프랑스, 독일, 일본)의 R&D 종사자 수는 1950년 25만 1천 명에서 2000년 248만 7천 명으로 10배 가까이 증가하였다.

Dinopoulos and Thompson(1998), Peretto(1998) 등이 개발한 제2세대 내생적 성장이론이다.

먼저 준내생적 성장이론에서는 기존 지식·기술의 스톡이 생산성을 높이는 데 한계수익체감의 법칙이 작용하도록 모형을 설정한다. 이러한 모형들에서는 지식의 스톡이 증가함에 따라 새로운 지식을 창출하기가 점점 어렵게 되어 기술진보의 속도가 점차 하락하게 되므로 일정한 성장률을 유지하기 위해서는 R&D 투입량을 지속적으로 늘려야만 한다. 즉, R&D 종사자의 수가 늘면서도 성장률이 안정적인 것은 지식축적의 한계수익체감으로 말미암은 성장률 감소요인이 R&D 종사자수의 증가로 말미암은 성장률 증가요인을 상쇄했기 때문이라고 설명된다. 여기서 특기할 만한 것은 지식 스톡의 한계수익체감이 존재하는 한 장기적 경세성장은 R&D 종사자수의 지속적 증가로만 가능하며, 이를 뒷받침할 수 있는 것은 궁극적으로 인구증가밖에 없다는 것이다. 따라서 R&D 종사자의 수를 늘리고자 하는 정책들은 단기적 효과는 있겠지만 장기적으로는 R&D 종사자수의 증가가 인구증가에 의해 절대적으로 제약받게 될 것이므로 R&D 정책은 효과를 갖지 못하게 된다. 즉, 인구증가가 수반되지 않는 정책은 경제의 장기성장률에 전혀 영향을 주지 못하게 되므로 R&D 정책의 장기적 무력성이라는 정책적 시사점이 도출되는 것이다. 여기서 경제성장은 R&D를 통한 지식 창출과정을 통하여 일어나긴 하지만 정상상태에서의 장기균형성장률은 Solow의 외생적 성장모형에서처럼 모형의 외부에서—인구증가율에 의해—결정된다. 이 이론은 이렇게 내생적 요소와 외생적 요소를 동시에 가지고 있기 때문에 준내생적 성장이론으로 불리게 되었다.

반면, 제2세대 내생적 성장이론에서는 제1세대 내생적 성장이론의 핵심 결론, 즉 R&D 정책의 장기적 유효성을 살리면서 동시에 존스의 비판에서 제기된 문제들을 해결하는 방향으로 이론을 전개한다. 이 이론에서는 R&D와 성장률 사이의 관계를 설명하는 모형에 Young(1998)이 제기한 생산물확산효과를 추가한다. 즉 시장의 규모가 커지면 생산물의 종류가 좀더 다양해지는 생산물확산효과(product proliferation effect)가 나타나게 되는데, 생산물이 다양해질수록 R&D 투입이 여러 부문으로 분산되기 때문에 동일한 양의 R&D 투입이 가져오는 평균적 품질개선 효과는 점차 희석된다. 따라서 일정한 비율로 모든 생산물의 평균적 품질향상 속도를 유지하기 위해서는 시장규모의 팽창에 따라 R&D 투입도 함께 늘어나야 한다는 것이다. 다시 말해, 시장규모가 커질 때에는 R&D 투입의 증가에도 불구하고 평균적 품질향상 속도, 즉 생산성증가율이 안정적일 수 있는 것이다. 이 이론에 따르면 성장률은 단순히 R&D 종사자의 수로 설명되는 것이 아니라 총 인구 대비 R&D 종사자의 수나 GDP 중 R&D 투자액의 비중 등 시장규모 대비 R&D 투입 비율, 즉 R&D 집약도로 설명된다. 여기서는 R&D의 총량보다는 전체 자원 가운데 R&D에 사용되는 부분의 비중이 더 중요해지므로 R&D 투입량의 규모효과(scale effects)가 완전히 제거된다는 면에서 제1세대 내생적 성장이론이나 준내생적 성장이론과 차이가 있다. 하지만 R&D를 유인하는 정책이 R&D 집약도에 영향을 미칠 수 있음을 감안하면 R&D 정책이 장기적으로 유효성을 갖는다는 내생적 성장이론의 핵심 명제는 그대로 살아남는다.

이상의 두 이론은 존스의 비판에서 제기된 문제들을 저마다 나름대로 해결하고 있지만 매우 상반된 정책적 시사점을 갖고 있으며, 어느 이론이 더 우월한지에 대해서는 논쟁이 계속 진행되고 있다. 다음 장에서는 두 이론의 이론적 차이를 정리하고 시계열 자료를 이용한 실증분석을 통해 어느 이론이 우월한지 살펴보기로 한다.

Ⅲ. R&D 기반 성장모형의 비교와 실증분석

1. R&D 기반 성장모형의 비교

R&D 기반 성장모형에서 가장 핵심적인 부분은 지식창출함수 (knowledge-creation function)이다. 이 함수에 따르면 새로운 지식 창출의 흐름 $\dot{A}$은 R&D 투입량 X와 기타 변수들의 함수로 표현된다. 여기서 A는 지식스톡뿐만 아니라 생산성을 측정하는 변수가 되므로 지식창출함수는 곧바로 생산성증가함수(productivity-growth function), 즉 $g_A \equiv \dot{A}/A$를 X 등으로 설명하는 함수로 변형될 수 있다. 먼저 제1세대 내생적 성장이론을 살펴보면 다음과 같다.

가. 제1세대 내생적 성장이론

Aghion and Howitt(1992), Grossman and Helpman(1991), Romer(1990) 등이 개발한 내생적 성장이론에 따르면 생산성증가 함수는 다음과 같다.

$$g_A = \lambda X^{\sigma} \tag{1}$$

g_A는 $\dot{A}/A$임을 이용하면 식 (1)은 다음의 지식창출함수로 변환된다.

$$\dot{A} = \lambda X^{\sigma} A \tag{2}$$

R&D 투입 X로는 보통 R&D 종사자의 수 N을 사용하거나 R&D에 사용된 물적자본도 함께 고려하기 위해 생산성조정 R&D 지출액 R/A를 사용한다. R&D 지출액 R을 생산성수준 A로 나누

어주는 이유는, R&D 종사자의 수와 직접적으로 비교 가능한 지출
액 지표를 만들기 위한 것이다. 즉, R&D 집약도 등이 일정해지는
정상상태에서 R은 경제의 질적향상속도(생산성증가율 $\dot{A}/A$)와 양
적확대속도(인구증가율)를 합한 속도로 증가하게 되는데, R/A의
증가속도는 정상상태에서 N의 증가속도인 인구증가율과 동일하게
되므로 두 지표가 동일한 차원의 변수로 간주될 수 있는 것이다.

제1세대 R&D 기반 성장모형에서는 식 (1)에서 볼 수 있는 것
처럼 X를 늘리는 여러 정책들이 경제의 장기균형성장률인 g_A를 높
일 수 있어 정책이 유효하다는 명제를 도출할 수 있다. 여기서 주
목할 것은 이 모형들에서는 단순히 인구증가가 없다고 가정함으로
써 정상상태에서 X가 특정한 추세를 갖지 않도록 했다는 것이다.
아울러 식 (2)에서는 새로이 창출된 지식의 양 $\dot{A}$이 A의 증가함수
이면서 그 탄력성이 1이 되므로 새로운 지식창출에 대한 기존지식
의 기여도가 A의 크기와 관계없이 일정하게 되는 규모수익불변
(constant returns to scale : CRS)의 성질을 갖게 된다.

나. 준내생적 성장이론

존스의 비판에 따르면, 앞의 식 (1)에서 X의 크기가 20세기 중
반 이후 크게 증가해왔음에도 불구하고 g_A는 비교적 안정적으로 움
직여왔으므로 제1세대 내생적 성장이론은 근본적으로 커다란 문제
를 갖고 있다고 한다. 이 문제를 해결하기 위하여 Jones(1995)는 지
식창출함수에 주목하여 식 (2)를 다음과 같이 수정한다.

$$\dot{A} = \lambda X^{\sigma} A^{\phi}, \quad \phi < 1 \tag{3}$$

식 (3)에서 특기할 것은 ϕ가 1보다 작다는 것으로 내생적 성장
이론에서 가정하고 있는 규모수익불변 대신 규모수익체감을 도입

하였다는 점이다. 즉 새로운 지식을 창출할 때 기존 지식의 스톡에 대한 일종의 한계생산체감이 존재한다는 것이다. 이는 식 (3)에서 도출되는 다음의 생산성증가함수에서 명확히 나타난다.

$$g_A = \lambda X^\sigma A^{\phi-1}, \quad \phi - 1 < 0 \tag{4}$$

식 (4)에서는 생산성수준 A가 높아짐에 따라 생산성증가율 g_A는 점점 낮아지므로 g_A를 일정 수준으로 유지하기 위해서는 X가 늘어나지 않으면 안 된다.

다음으로 식 (4)에 로그를 취하면,

$$ln\, g_A = ln\, \lambda + \sigma\, ln\, X - (1 - \phi)\, ln\, A \tag{5}$$

그리고 식 (5)의 양변을 시간에 대해 미분하면 다음의 식이 도출된다.

$$\frac{\dot{g_A}}{g_A} = -(1 - \phi)(g_A - \gamma g_X) \tag{6}$$
$$\text{단,} \quad \gamma \equiv \frac{\sigma}{1 - \phi}, \quad g_X \equiv \frac{\dot{X}}{X}$$

식 (6)은 g_A의 움직임을 나타내주는 미분방정식으로서 $-(1 - \phi)$가 0보다 작으므로 g_A가 γg_X로 수렴함을 알 수 있다. 즉,

$$g_A(t) \rightarrow g_X \tag{7}$$

여기서 우리는 정상상태에서의 균형성장률을 구할 수 있다. 즉 X가 R&D 종사자의 수라고 한다면 장기적으로 g_X는 인구증가율 n과 같을 것이므로 g_A는 γn과 같게 된다. 다시 말해, 경제의 장기성장률은 인구증가율에 비례하게 되며, 따라서 인구증가율에 영향을 미치지 못하는 정책들은 경제의 장기균형성장률에 영향을 줄

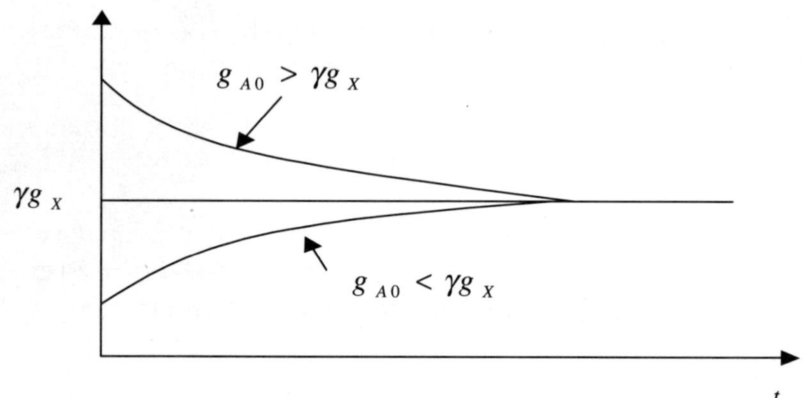

<그림 1> X의 증가율이 일정할 때 생산성증가율의 시간경로

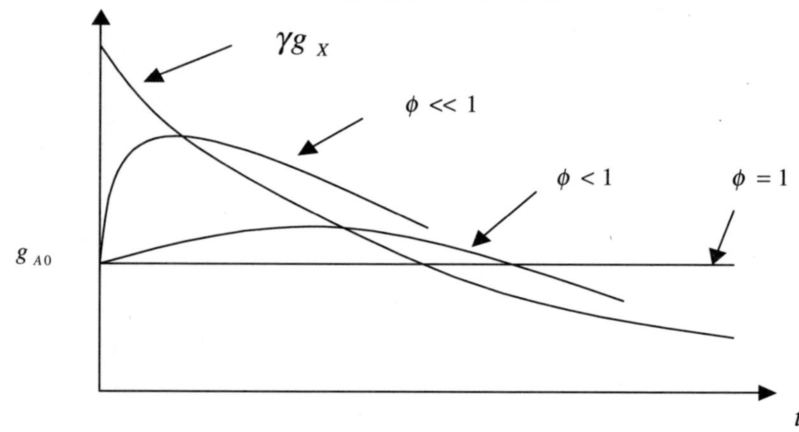

<그림 2> X의 증가율이 하락할 때 생산성증가율의 시간경로

수 없게 되는 것이다.

　한편 준내생적 성장이론에서는 규모수익체감을 가정하고 있기 때문에 다른 이론들과 비교해볼 때 성장률에 영향을 미치는 추가적 요소, 즉 성장률의 수렴성이라는 특징을 발견할 수 있다. 〈그림 1〉에서는 g_X가 일정할 때 생산성증가율의 시간경로를 보여준다. 초기의 g_A가 장기균형성장률 γg_X보다 높으면 g_A는 서서히 하락하며,

그 반대의 경우에는 서서히 증가한다. 또 〈그림 2〉에서는 g_X가 하락하는 경우 g_A의 시간경로를 보여준다. 모든 경우에 균형으로의 수렴속도는 식 (6)에서 알 수 있듯이 ϕ의 크기에 따라 결정된다. 즉 ϕ가 1에 가까우면 g_A는 매우 느리게 수렴하며, ϕ가 1보다 크게 작으면 빨리 수렴하게 된다. 여기서 ϕ의 값이 1이어서 g_A의 수렴성이 존재하지 않는 경우는 내생적 성장이론에 해당하며, ϕ의 값이 1보다 작은 경우는 준내생적 성장이론에 해당한다. 따라서 두 이론의 차이는 성장률이 과연 어떤 장기균형값으로 수렴하려는 경향이 있는지에 대한 견해 차이로도 해석할 수 있다.

다. 제2세대 내생적 성장이론

존스의 비판에 맞서 Aghion and Howitt(1998), Howitt(1999) 등은 R&D 투입의 증가추세와 안정적 성장률이 공존하되 내생적 성장이론의 핵심명제인 R&D 정책의 장기적 유효성은 해치지 않도록 모형을 개발하였다. 이 모형들에서는 지식창출함수에서 지식스톡의 규모수익불변은 그대로 놓아두되 Young(1998)이 지적한 생산물확산효과를 도입한다는 특징을 갖는다. 이 이론에 따르면 생산성증가함수는 다음과 같이 쓸 수 있다.

$$g_A = \lambda (X/Q)^{\sigma} \tag{8}$$

여기서 Q는 생산물의 다양성 정도, 다양한 부문들의 수, 또는 시장규모 등을 나타내는 변수이며, 정상상태에서 인구규모에 비례한다고 본다. 식 (8)에서는 g_A가 A의 수준과는 무관한 대신 X를 Q로 나누어줌으로써 X의 증가가 가져오는 문제들을 해결하고 있다. 즉 장기적으로는 X와 Q 모두 인구규모에 비례하여 증가할 것이므로 X/Q, 즉 R&D 집약도는 특정한 추세를 가지지 않고 안정적으로 움직일 수 있으며, 이는 생산성증가율의 안정성과 모순되지 않는다는 것이다. 또 R&D 집약도는 R&D에 사용되는 자원의 비중으로서 정부의 유인정책에 따라 영향을 받을 수 있으므로, 결국 경제정책이 장기균형성장률을 바꿀 수 있다는 내생적 성장이론 본래의 명제에는 변함이 없게 된다.

라. 각 이론의 비교와 경제성장의 궁극적 원천

위에서 언급한 모든 성장모형들은 다음 일반모형의 특수한 경우들로 해석할 수 있다.

$$g_A = \lambda \left(\frac{X}{Q} \right)^\sigma A^{\phi - 1} \tag{9}$$

단, 정상상태에서 $Q \propto L^\beta$

각 이론들은 식 (9)에서 ϕ, σ, β의 값에 어떤 제약을 주느냐로 구별된다. 그 차이는 〈표 1〉에 정리되어 있다.

먼저 신고전학파 성장모형, 즉 Solow의 외생적 성장모형에서는 $\phi = 1$, 즉 지식창출함수에서 규모수익불변이 성립하여 생산성 수준이 성장률에 영향을 미치지 않으며, $\sigma = 0$으로서 성장률은 R&D 집약도에 체계적 영향을 받지 않는 외생변수로 가정된다. 이 경우 β의 값은 무의미해진다. 다음으로 제1세대 내생적 성장모형에서는 신고전학파와 마찬가지로 $\phi = 1$이 성립하지만 신고전학파와는 달리 R&D가 성장률에 체계적 영향을 준다. 다만, 여기서는 생산물확산효과를 고려하지 않으므로 β의 값은 0이 된다.

한편, 준내생적 성장모형에서는 내생적 성장모형에서와 마찬가지로 R&D가 성장률에 영향을 주게 되므로 σ의 값이 0보다 크지

	ϕ	β	σ
신고전학파	= 1	-	= 0
제1세대 내생적 성장모형	= 1	= 0	> 0
준내생적 성장모형	< 1	= 0	> 0
(생산물확산 감안시)	(< 1)	(< 1)	(> 0)
제2세대 내생적 성장모형	= 1	= 1	> 0

만, 지식창출함수에서 지식 스톡에 대한 규모수익체감을 가정하고 있으므로 $\phi < 1$이 된다. 또 흔히 생산물확산효과는 고려되지 않으므로 β는 0으로 가정하나 Jones(2003) 등에 따르면 β가 0보다 작은 한 이 효과를 포함시킬 수는 있다.

끝으로 제2세대 내생적 성장모형에서는 제1세대 모형들에 $\beta = 1$을 가정함으로써 (완전한) 생산물확산효과를 추가하였다는 특징이 있다. 여기서 ϕ와 β 두 개의 파라미터가 모두 1이 되어야 한다는 "두 개의 칼날"(double knife-edge) 가정이 논쟁의 중심이 된다.

이상의 모형들에서 경제성장의 궁극적 원천이 어떻게 다르게 나타나는지 알아보기 위해 $X = N = vL$이며 $Q = L^{\beta}$인 단순한 경우를 상정해보자. 여기서 노동자들 가운데 연구개발인력의 비중 v는 정상상태에서 상수로 가정된다. 이때 식 (9)는 다음과 같이 정리된다.

$$g_A = \lambda (vL^{1-\beta})^{\sigma} A^{\phi-1} \tag{10}$$

이제 각 모형에서 장기균형성장률은 다음과 같이 표현된다.

△ 제1세대 내생적 성장모형($\phi = 1$ and $\beta = 0$) : $g_A = \lambda (vL)^{\sigma}$

△ 준내생적 성장모형($\phi < 1$ and $\beta = 0$) :

$$g_A = \lambda (vL)^{\sigma} A^{\phi-1} \rightarrow \frac{\sigma}{1-\phi} n$$

△ 제2세대 내생적 성장모형($\phi=1$ and $\beta=1$) : $g_A=\lambda v^\sigma$

위의 세 식에서 각 모형이 장기성장률을 어떻게 설명하는지 비교해보자. 먼저 제1세대 내생적 성장모형에서는 연구개발인력의 비중 v와 인구의 크기 L 모두 성장률에 영향을 준다. 여기서 v를 넓게 해석하여 제도와 정책 등을 모두 포함한 경제의 질적 요소라고 보고 L을 양적 요소라고 본다면, 이 모형에서는 경제의 질적 요소뿐 아니라 양적 요소도 성장률을 높이는 폭넓은 규모효과(scale effects)를 가진다. 반면 준내생적 성장모형에서는 v와 L의 수준 모두 장기성장률에는 영향을 주지 못하지만 L의 증가율 n이 성장률을 결정하게 되는데, 존스는 이렇게 규모의 증가율이 가져다주는 성장효과를 '약한 규모효과'(weak scale effects)라고 부른다.[9] 한편 제2세대 내생적 성장모형에서는 L이 가져다주는 규모효과를 생산물확산효과가 완전히 상쇄하게 되며, 경제의 질적 요소인 v만이 장기성장률을 결정하게 된다.

2. 선진국 자료를 이용한 실증분석

여기서는 미국과 G5 국가의 시계열 자료를 이용하여 어떤 이론이 현실에 더 적합한지를 살펴본 Ha and Howitt(2004)의 주요 내용을 살펴보기로 한다. 선진국의 자료를 이용하는 이유는 위의 성장모형들이 기본적으로 기술의 첨단 프론티어가 확장되는 과정을 설명하는 것이기 때문이며, 실제 논쟁도 선진국, 특히 미국의 자료를 중심으로 이루어지고 있기 때문이다. 또 미국 자료가 갖는 특성은 일본을 제외한 대부분의 선진국들에서도 비슷하게 나타나고 있

---

9) 존스는 규모의 수준이 가져다주는 성장효과를 '강한 규모효과'(strong scale effects)라고 부른다.

다. 따라서 이 장에서는 먼저 미국과 G5의 자료를 통해 R&D와 경제성장의 관계를 어떤 종류의 모형에 따라 설정하는 것이 가장 적합한지를 살펴볼 것이며, 이를 바탕으로 개도국의 경우를 분석하기 위해 기술전파효과를 추가하는 문제는 다음 장에서 다루기로 한다.

가. 생산성과 R&D의 추이

(1) 생산성의 추이

먼저 미국의 총요소생산성 수준과 증가율 추이를 보면 각각 〈그림 3〉, 〈그림 4〉와 같다. 총요소생산성 증가율은 성장회계방법을 이용하여 1인당 GDP의 증가율에서 자본스톡증가율과 인적자본 증가율을 각각의 분배율로 가중하여 차감함으로써 구할 수 있으며,10) 생산성 수준은 1950년을 100으로 놓고 생산성증가율을 적용하여 산출하였다.11) 그림을 보면 미국의 생산성이 거의 일정한 속도로 증가해왔음을 알 수 있다. 1970년대에 생산성증가의 둔화가 있었고 1960년대와 1990년대에 가속화가 있었으나 전반적으로는 생산성 증가율이 거의 일정한 수준에서 움직이고 있다.

생산성수준 시계열의 특성을 더욱 자세히 알아보기 위해 단위근검정을 해보았는데, 그 결과는 다음의 〈표 2〉에 요약되어 있다. 대부분의 검정에서 로그 생산성 수준 lnA가 단위근을 갖고 있다는 가설을 기각할 수 없음을 알 수 있는데, 이는 생산성수준이 꾸준히 상승하는 추세를 갖고 있음을 반영한다. 반면 생산성 증가율 ΔlnA의 경우에는 단위근을 기각하는 경우가 상당히 많았다. 이는 생산성증가율이 상당히 안정적(stationary)인 움직임을 보이고 있기

---

10) 자본에 대한 분배율은 0.3, 인적자본에 대한 분배율은 0.7로 가정하였다.
11) 자세한 계산방법은 Ha and Howitt(2004)을 참조하라.

<그림 3> 미국의 총요소생산성 수준 추이(log)

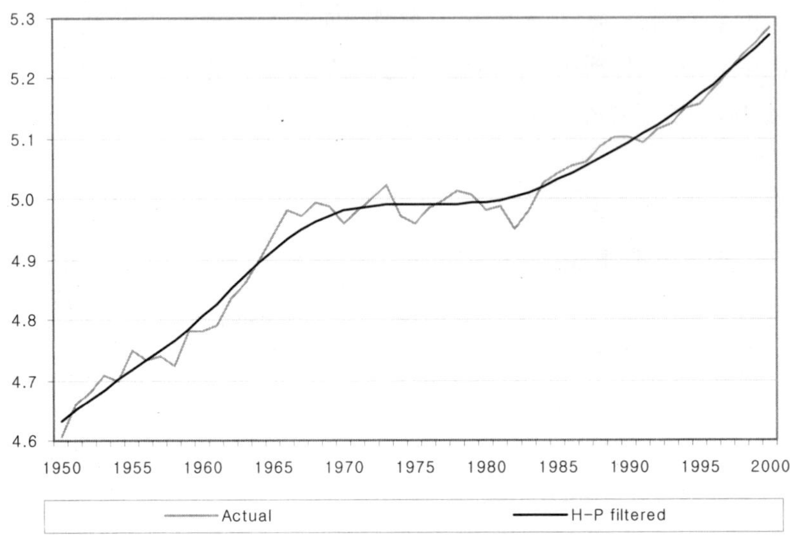

<그림 4> 미국의 총요소생산성 증가율 추이

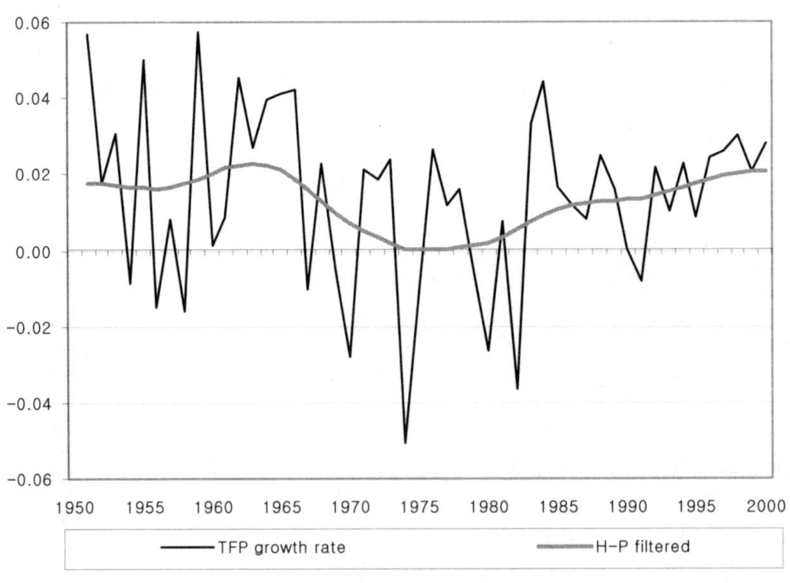

<표 2> 미국 생산성수준과 증가율에 대한 단위근검정 결과

테스트방법	lnA		ΔlnA	
	시차	검정통계량	시차	검정통계량
ADF	0(SIC)	−1.03	0(SIC)	−7.00[***]
	0(MSIC)	−1.03	4(MSIC)	−2.71[*]
DF-GLS	0(SIC)	1.66	0(SIC)	−4.38[***]
	1(MSIC)	1.61	4(MSIC)	−1.16
PP	0(NW)	−1.03	0(NW)	−7.00[***]
KPSS	5(NW)	0.90[***]	0(NW)	0.18
ERS	0(SIC)	216.18	0(SIC)	2.64[**]
	0(MSIC)	216.18	4(MSIC)	2.98[*]
NP	0(SIC)	2.05	0(SIC)	−13.92[***]
	1(MSIC)	1.95	4(MSIC)	−6.32[*]

1) 각 테스트방법은 각각 Augmented Dickey−Fuller(ADF), Dickey−Fuller GLS (DF−GLS),Phillips−Perron(PP), Kwiatkowski−Phillips−Schmidt−Shin (KPSS), Elliott−Rothenberg−Stock(ERS), Ng−Perron(NP) 검성법을 의미한다.
2) 시차는 Schwartz Information Criteria (SIC), Modified Schwartz Information Criteria (MSIC), Newey−West Bandwidth (NW) 등을 사용하여 결정하였다.
3) 귀무가설은 단위근이 존재한다는 것이며, 유의수준에서 *는 10%, **는 5%, ***는 1%를 뜻한다.

때문이다. 그러나 몇 몇의 경우, 특히 시차선택방법으로 MSIC를 쓴 경우에는 단위근을 기각할 수 없었는데, 이는 생산성증가율이 특정 기간 동안 둔화되거나 가속화된 현상을 반영한 것으로 볼 수 있다.

(2) R&D 투입의 추이

다음으로 R&D 투입량의 추이를 살펴보자. 가장 많이 쓰이는 R&D 투입 자료는 R&D 인력의 수 N과 R&D 지출액 R이다. R&D 지출액의 경우 N과 직접적으로 비교하기 위해서는 R&D 지출액을 생산성수준 A로 나눈 생산성조정 R&D 지출액 R/A를 사용한다. 즉, 정상상태에서 N은 인구증가율과 같은 속도로 증가하게 되는 데 견주어 R은 총산출액의 일정 부분으로서 총산출액의 장기성장

률, 즉 인구증가율과 생산성증가율을 합한 것만큼의 속도로 증가
하게 되기 때문에[12] R을 A로 나누어 주어야만 N과 동등하게 비교
할 수 있는 것이다.

여기서 R&D 인력의 수 N은 Jones(2002)에서처럼 G5 국가의
R&D 인력을 모두 합한 것을 쓰기로 한다. 선진국들 사이에는 기술
전파의 속도가 매우 빠르고 경우에 따라서는 공동연구도 많이 일어
나고 있기 때문이다. 그러나 R&D 지출액은 미국을 제외한 다른 나
라들 자료의 시계열이 충분치 않으므로 미국에 국한한 자료를 쓰기
로 한다. 이는 미국의 R&D 지출이 다른 나라들을 압도하고 있으며
그 추이도 크게 틀리지 않다는 사실로써 합리화될 수 있다.

R&D 투입량의 수준과 증가율 추이는 〈그림 5〉와 〈그림 6〉에
나타나 있다. 〈그림 5〉에서 N, R, 그리고 R/A 모두 비슷한 증가
추세를 갖고 있음을 알 수 있다. 그러나 재미있는 것은 이들 모두
완전한 선형이라고 보기는 힘들다는 점인데, 이는 〈그림 6〉의 증
가율 추세에 뚜렷이 나타난다. 즉 R&D 투입지표들의 증가율은 모
두 1970년대 중반까지 하락하는 추세를 보였다.

R&D 투입량의 시계열적 특성을 자세히 알아보기 위한 단위근
검정 결과는 〈표 3〉 및 〈표 4〉와 같다. 표에서 N과 R/A 모두 단
위근을 갖고 있다고 볼 수 있는데, 이는 R&D 투입량이 지속적으
로 증가했기 때문이다. 다음으로 R&D 투입의 증가율, 즉 로그값
의 차분은 N의 경우에는 단위근이 있는 것에 가깝다고 볼 수 있으
나 R/A의 경우에는 명확하게 단정하기 어렵게 나타났다. 결국
R&D 투입의 증가율은 Jones 등이 주장한 것과는 달리 반드시 안정
적이라고 말하기는 어려운 것이다. 이는 R&D 투입의 증가율에 어

---

12) 정상상태에서 국민소득의 성장률은 생산성증가율과 인구증가율만으로 설명되는
   데, 이는 물적자본, 즉 생산성조정 1인당 물적자본이 정상상태에서 증가하지 않으
   며, 인적자본도 취학년수의 함수로서 일정해지기 때문이다.

느 정도 감소추세가 존재하며, R&D의 수준이 선형이 아니라 로그적으로 증가(logistic growth)해왔음을 반영한다.

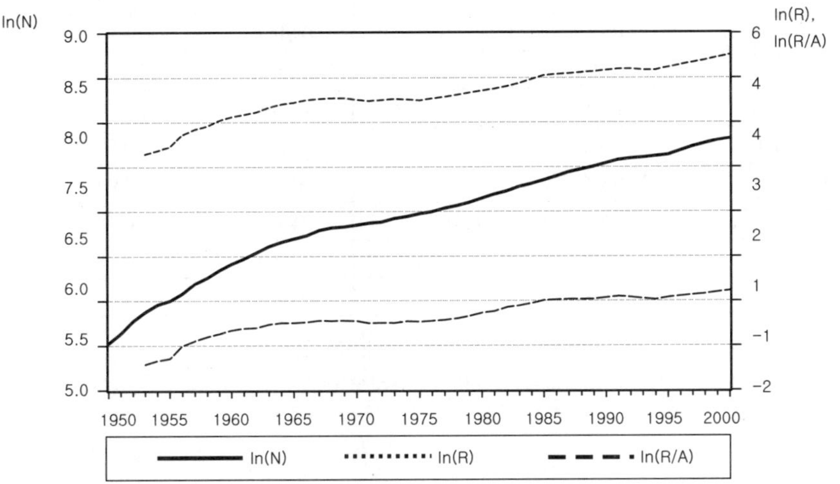

<그림 5> G5 R&D 인력과 미국 R&D 지출액의 추이

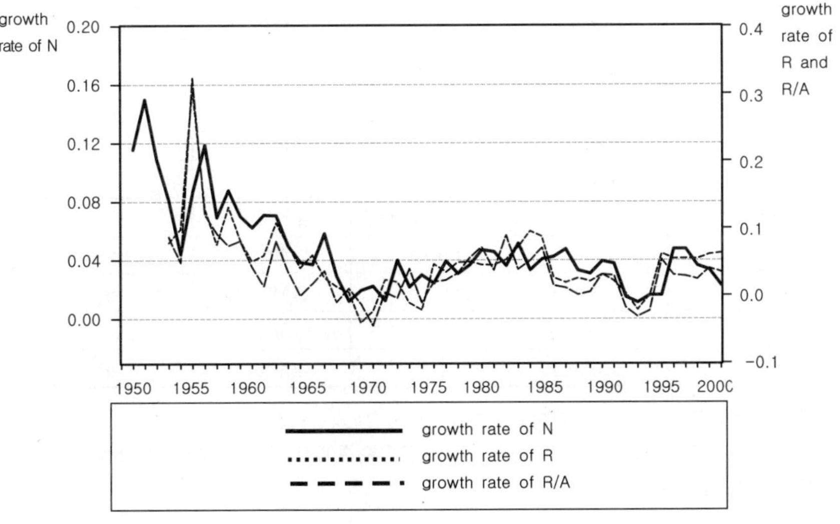

<그림 6> G5 R&D 인력과 미국 R&D 지출액 증가율의 추이

테스트방법	lnN		ΔlnN	
	시차	검정통계량	시차	검정통계량
ADF	1(SIC)	-2.62*	0(SIC)	-2.94**
	1(MSIC)	-2.62*	2(MSIC)	-3.09**
DF-GLS	1(SIC)	0.56	0(SIC)	-1.55
	1(MSIC)	0.56	0(MSIC)	-1.55
PP	4(NW)	-5.24***	12(NW)	-2.74*
KPSS	5(NW)	0.94***	5(NW)	0.62**
ERS	1(SIC)	1516.28	0(SIC)	10.94
	1(MSIC)	1516.28	2(MSIC)	26.18
NP	1(SIC)	0.59	0(SIC)	-4.18
	1(MSIC)	0.59	0(MSIC)	-4.18

1) 각 테스트방법과 시차선택방법의 약자는 <표 2>와 동일하다.

2) 귀무가설은 단위근이 존재한다는 것이며, 유의수준에서 *는 10%, **는 5%, *** 는 1%를 뜻한다.

<표 4> 미국 R&D 지출액에 대한 단위근검정 결과

테스트방법	lnR/A		$\Delta lnR/A$	
	시차	검정통계량	시차	검정통계량
ADF	1(SIC)	-2.76*	0(SIC)	-4.26***
	1(MSIC)	-2.76*	2(MSIC)	-4.72***
DF-GLS	1(SIC)	0.26	1(SIC)	-2.30**
	3(MSIC)	1.48	2(MSIC)	-3.04***
PP	4(NW)	-3.10**	2(NW)	-4.18***
KPSS	5(NW)	0.87***	4(NW)	0.32
ERS	1(SIC)	260.12	0(SIC)	1.88**
	1(MSIC)	260.12	2(MSIC)	9.85**
NP	1(SIC)	0.52	1(SIC)	-4.03
	3(MSIC)	1.20	2(MSIC)	-3.43

1) 각 테스트방법과 시차선택방법의 약자는 <표 2>와 동일하다.

2) 귀무가설은 단위근이 존재한다는 것이며, 유의수준에서, *는 10%, **는 5%, ***는 1%를 뜻한다.

(3) 생산물확산효과를 감안한 R&D 투입의 추이

다음으로는 제2세대 내생적 성장모형에서 이용하는 R&D 집약도의 추이를 살펴보자. 이 지표는 R&D 투입량을 시장규모 또는 생산물확산지표로 나눔으로써 생산물확산효과를 감안하도록 한 것이다. 즉 시장규모가 커지고 생산물의 종류가 많아질수록 총 R&D 투입에서 실질적으로 품질향상에 사용되는 부분이 작아지게 되므로 이를 적절히 감안해줌으로써 순수하게 평균적 품질향상에 사용되는 R&D의 규모를 산출하는 것이다. 여기서 가장 쉽게 생각해볼 수 있는 시장규모 또는 생산물확산지표는 인구의 크기, 즉 L 이다. 이 경우 N/L 또는 R/AL 등이 R&D 집약도를 나타내는 지표가 된다.

그런데 문제는 경제가 성상상태에 있지 않을 때에는 인구의 변동이 곧바로 시장규모의 변동을 나타내주는 것은 아니라는 점이다. 즉 경제가 한 정상상태에서 다른 정상상태로 가는 이행기(transition period)에는, 정상상태에서는 변화하지 않는 요소들이 변화하면서 시장규모 또는 구매력 수준에 영향을 주게 된다. 예컨대 1인당 인적자본 수준 h나 생산성조정 1인당 구매력 수준 Y/AL 등이 변화하면서 시장규모의 변동에 영향을 주는 것이다.[13] 이 경우에는 단순히 L보다는 위의 이행기 변동요인들을 L에 곱해준 hL 이나 Y/A 등이 더 유효한 시장규모 지표가 된다.[14] 이렇게 수정된 시장규모지표를 적용한 R&D 집약도로는 N/hL, NA/Y, R/AhL,

---

[13] Y의 증가율은 정상상태에서 A의 증가율과 L의 증가율을 합한 것이 되므로 정상상태에서 Y/AL은 변화하지 않으며 Y/A는 인구증가율과 같은 속도로 증가하게 된다. h도 정상상태에서는 변화하지 않으므로 hL도 장기적으로는 인구증가율과 같은 속도로 증가한다.

[14] 총생산함수를 $Y = Ak^\alpha h^{1-\alpha} L$ (단, k는 생산성조정 1인당 물적자본 K/AL)로 놓을 때 Y/A는 $k^\alpha h^{1-\alpha} L$로서 인적자본과 물적자본을 가중해서 L에 곱해준 시장규모 지표가 된다.

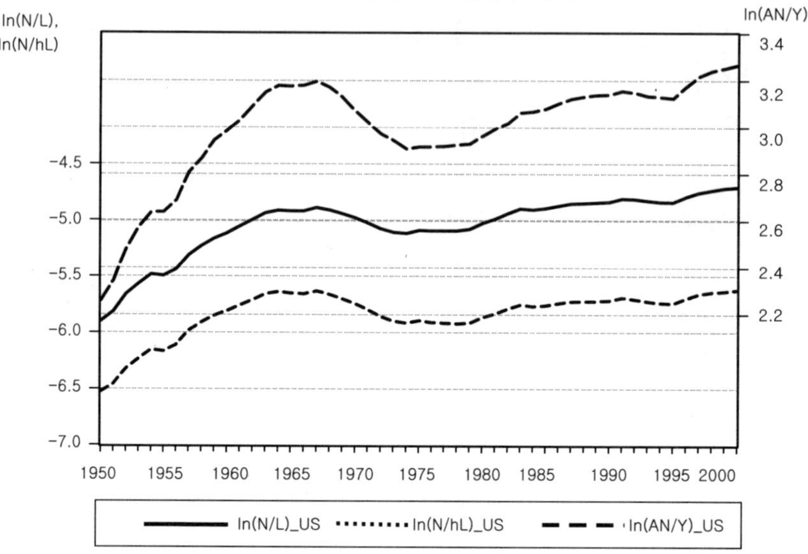

<그림 7> 생산물확산효과를 감안한 미국 R&D 인력수 추이

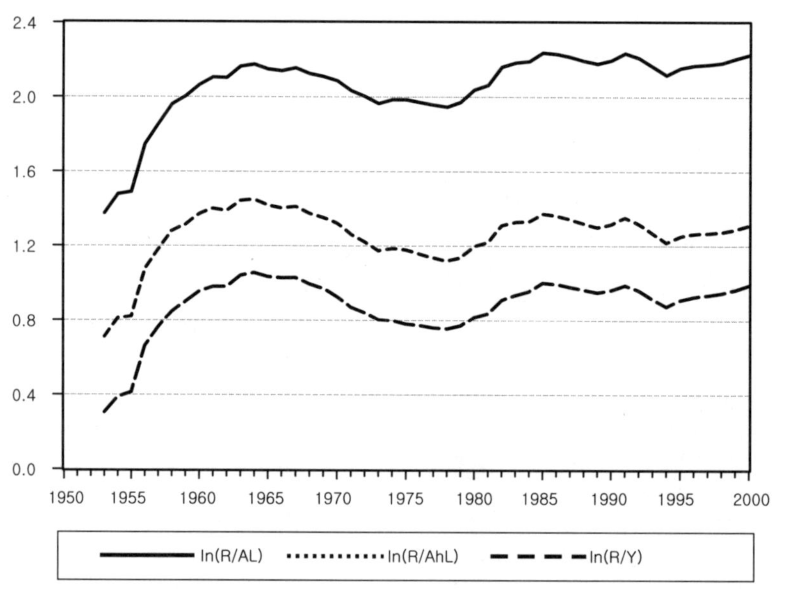

<그림 8> 생산물확산효과를 감안한 미국 R&D 지출액 추이

<표 5> 생산물확산을 감안한 미국 R&D 인력수에 대한 단위근검정 결과

테스트방법	시차선택법	$ln\dfrac{N}{L}$	$ln\dfrac{N}{hL}$	$ln\dfrac{N}{Y/A}$
ADF	SIC	−3.06**	−3.46**	−2.87*
	MSIC	−3.06**	−5.32***	−1.63
DF-GLS	SIC	−0.27	−0.60	−0.45
	MSIC	−0.27	−0.60	−0.45
PP	NW	−4.03***	−3.85***	−3.62***
KPSS	NW	0.87***	0.48**	0.55**
ERS	SIC	154.29	94.16	94.47
	MSIC	154.29	267.72	114.11
NP	SIC	−0.65	−1.53	−1.36
	MSIC	−0.65	−1.53	−1.36

1) 각 테스트방법과 시차선택방법의 약자는 <표 2>와 동일하다.
2) 귀무가설은 단위근이 존재한다는 것이며, 유의수준에서 *는 10%, **는 5%, ***
는 1%를 뜻한다.

<표 6>생산물확산을 감안한 미국 R&D 지출액에 대한 단위근검정 결과

테스트방법	시차선택법	$ln\dfrac{R}{AL}$	$ln\dfrac{R}{AhL}$	$ln\dfrac{R}{Y}$
ADF	SIC	−3.83***	−3.62***	−3.78***
	MSIC	−5.14***	−4.58***	−4.80***
DF-GLS	SIC	−0.47	−0.83	−0.77
	MSIC	−0.47	−0.83	−0.77
PP	NW	−4.30***	−3.92***	−3.92***
KPSS	NW	0.51**	0.15	0.25
ERS	SIC	101.28	46.86	57.59
	MSIC	158.56	87.36	117.76
NP	SIC	−0.79	−1.82	−1.81
	MSIC	−0.79	−1.82	−1.81

1) 각 테스트방법과 시차선택방법의 약자는 <표 2>와 동일하다.
2) 귀무가설은 단위근이 존재한다는 것이며, 유의수준에서 *는 10%, **는 5%, ***
는 1%를 뜻한다.

R/Y 등을 들 수 있다. 이 가운데 R/Y는 GDP 중 R&D 지출액의 비중으로서 R&D 집약도의 대표격으로 널리 사용되고 있다.

〈그림 7〉과 〈그림 8〉은 각각 미국의 R&D 인력과 R&D 지출액을 이용한 R&D 집약도의 추이를 보여준다. 정도의 차이는 있지만 거의 대부분의 지표들이 1960년대 중반까지 상승하다가 그 이후 큰 추세 없이 변동하는 모습을 보이고 있다. 특히 주목할 만한 것은 대표적 R&D 집약도지표인 GDP 중 R&D 지출액 비중은 1957년 이래 2%와 3% 사이에서 상당히 안정적으로 변동하고 있다는 점이다.

이들 지표에 대한 단위근검정 결과는 〈표 5〉와 〈표 6〉에 요약되어 있다. R&D 인력수를 이용한 지표들의 경우에는 단위근의 존재 여부를 일률적으로 말하기 힘들다. 그러나 미국 R&D 지출액을 이용한 R&D 집약도의 경우에는 ADF와 PP 검정법을 이용할 경우 단위근이 1% 수준에서 기각된다. 전반적으로 R&D 집약도는, 적어도 1960년대 이후에는 안정적으로 움직이고 있는 것으로 보인다.

(4) 요약 : 정형화된 사실

위에서 살펴본 미국 생산성과 R&D 투입의 추이를 요약하면 다음과 같다.

사실 1 : 총요소생산성 증가율은 양이며 상당히 안정적이다. 즉 ΔlnA는 I(0)인 시계열이며 lnA는 한번 차분해서 안정적이 되는, 즉 I(1)인 시계열이라고 볼 수 있다. 한편 1964～1975년에는 생산성증가의 둔화 경향이 나타나며 1975～2000년에는 가속화 경향이 나타난다.

사실 2 : R&D 투입 지표들은 지속적으로 증가해 왔으나 그 증가율은 체감하는 경향이 있다. 즉, 로그를 취한 R&D 투입량은

I(2)에 가깝다. 그러나 R&D 투입이 I(1)일 가능성도 고려해볼 수 있다.

사실 3 : 생산물확산을 감안한 R&D 집약도는 절대적 추세를 가지지 않으므로 안정적 시계열, 즉 I(0)에 가깝다. 그러나 R&D 집약도는 1964~1975년에는 하락추세를, 1975~2000년에는 상승추세를 보였다.

나. 시계열 분석

정형화된 사실에 근거하여 각 이론의 현실적합성을 평가해볼 수 있다. 로그 R&D 투입이 I(2)인 경우와 I(1)인 경우를 각각 살펴보자.

(1) 총요소생산성의 선형적 증가와 R&D의 체감적 증가

먼저 사실 1과 사실 2는 존스의 비판에서처럼 제1세대 내생적 성장모형을 기각한다. R&D 투입의 지속적 증가는 생산성증가율의 지속적 증가를 가져와야 하는데, 현실에서는 생산성증가율이 안정적인 것으로 나타났기 때문이다.

다음으로 준내생적 성장모형의 경우, 사실 2에서 R&D 투입이 체감하는 비율로 증가하여 로그 R&D 투입이 I(2)이며 생산성증가율은 I(0)이라고 하면 현실 적합성에 상당한 문제가 생긴다. 왜냐하면 생산성증가율은 ϕ의 값이 1보다 작은 한 R&D 투입의 증가율로 수렴해야 하기 때문에 〈그림 2〉에서처럼 우하향 또는 역 U자형의 모습을 보여야 하기 때문이다. 즉, 준내생적 성장모형에서는 R&D 투입의 증가가 생산성증가를 가져오는 힘의 원천이기 때문에 R&D의 체감적 증가는 생산성의 체감적 증가, 즉 생산성증가율의 점진적 하락을 가져와야 하는데, 실제 생산성증가율은 안정적이거나 오히려 U자형 또는 N자형에 가깝기 때문이다.

한편 제2세대 내생적 성장모형에서는 사실 3에 주목함으로써 R&D 집약도가 안정적인 한 생산성증가율이 안정적인 사실을 설명하는 데 문제가 없다. 따라서 위의 사실들은 제2세대 내생적 성장모형을 가장 잘 뒷받침해주고 있는 것으로 볼 수 있다.

그러면 R&D 투입이 체감적으로 증가하고 R&D 집약도가 안정적인 근본 원인은 무엇인가. 먼저 R&D 투입의 증가율이 체감하는 것은 G5 나라들 가운데 R&D를 가장 많이 하고 있는 미국에서 과학기술자의 증가추세가 둔화되고 있기 때문이다. 1993년에 미국 과학기술자의 총수는 330만 명이었는데, 1995년에는 319만 명, 그리고 1997년에는 337만 명으로 그 증가추세가 완만함을 알 수 있다. 그 배경에는 다음과 같은 주목할 만한 사실들이 있다.

첫째, 이공계에 진학하는 대학생의 절대수가 감소하였다. 대학생 연령층의 인구는 1980년의 2천 160만 명에서 2000년 1천 700만 명으로 21% 이상 감소하였다. 이러한 인구구조변화를 바탕으로 해서 이공계 진학생수는 1983년의 44만 1천 명을 정점으로 해서 1996년 35만 6천 명으로 16% 감소하였다. 공학계 대학원 진학생수는 1979년에서 1993년까지 지속적으로 증가하다가 그 이후 계속 감소하고 있다.

둘째, 1990년대에 학위취득자수가 늘어난 분야는 심리학과 생물학으로서 여성들이 많이 몰리는 특성이 있으며, 여성비중의 증가가 전체적인 인구구조변화로 말미암은 감소추세를 어느 정도 상쇄하게 되었다. 반면, 공학·수학·컴퓨터공학 등의 분야에서는 1980년대 말과 1990년대에 걸쳐 학위취득자수가 감소하였다.

셋째, 학위취득자수가 과거에 견주어 느리게 증가하면서 과학기술자의 평균연령이 상승하게 되어 연구의 생산성에 복잡한 영향을 주게 되었다.

물론 이러한 사실들에도 R&D 종사자의 수는 1990년대 들어 꾸준히 증가하였는데, 이는 중국이나 인도 등의 개발도상국에서 연구인력이 대거 유입된 데에 어느 정도 말미암는다. 전문직이민자들이 1996~1997년에 13만 8천 명 미국으로 유입되었고, 취업비자인 H1B를 소지한 외국인들도 1996~1998년에 38만 5천 명 유입되었다. 그러나 이들이 세계 전체적인 R&D 집약도를 높이는 것인지 아니면 분류의 문제에 따른 증가인지의 여부는 따로 논의해봐야 할 것이다. 결국 전반적으로는 인구구조 등의 영향으로 R&D 인력의 증가추세는 둔화될 수밖에 없으며, 앞으로 상당 기간 둔화추세는 계속될 것으로 보인다.

다음으로 R&D 집약도가 안정적인 이유는 R&D 투입량의 증가추세와 시장규모지표의 증가추세가 비슷하게 움직이기 때문이다. 즉 R&D 투입이 증가하되 그 증가율이 체감하는 것처럼 시장규모지표도 체감하는 비율로 증가하는 경향이 있다는 것이다. 이는 기본적으로 인적자본의 증가율이 체감하는 것과 관련이 있는데, 인적자본은 R&D 투입과 비교적 안정적인 관계를 가지면서 동시에 시장규모지표와도 안정적인 관계를 가진다는 점에 주목할 필요가 있다. 즉, 인적자본으로 말미암아 R&D 투입의 증가율 체감의 문제가 발생하였지만, R&D 투입을 시장규모지표로 나눈 R&D 집약도에서는 체감률이 분자와 분모에 모두 나타나 상쇄되므로 그러한 문제가 사라지게 되는 것이다.[15]

(2) I(1) 분석 : 공적분검정

이제 모든 변수들, 즉 생산성 lnA, R&D 투입량 lnX, 시장규모지표 lnQ 등이 모두 I(1)이라고 보고 공적분검정을 통해 어떤 이

---

15) 자세한 내용은 Ha and Howitt(2004)를 참조하라.

론이 현실에 더 적합한지를 살펴보자. 먼저 일반화된 생산성증가율함수의 불연속 확률적(discrete time stochastic) 형태는 식 (9)에 로그를 취함으로써 다음과 같이 도출된다.

$$lngA_t = ln\lambda + \sigma ln\frac{X_t}{Q_t} - (1-\phi)lnA_t + \varepsilon_t$$
$$= ln\lambda + \sigma\left(ln\frac{X_t}{Q_t} - \frac{1-\phi}{\sigma}lnA_t\right) + \varepsilon_t \tag{11}$$

단, 여기서 g_{A_t}는 $\Delta A_{t+1}/A_t$이며 ε_t는 백색잡음인 잔차항이다. 이제 g_{A_t}가 안정적이므로 $ln\frac{X_t}{Q_t} - \frac{1-\phi}{\sigma}lnA_t$ 또한 안정적이어야 한다. 이제 이 사실을 이용하여 준내생적 성장모형과 제2세대 내생적 성장모형을 검정해보기로 한다. 먼저 준내생적 성장모형에서는 생산물 확산효과를 명시적으로 고려하고 있지 않으므로 Q_t를 상수, 예컨대 1로 놓으면 되며, 내생적 성장모형에서는 ϕ를 1로 놓으면 된다.

만약 준내생적 성장모형이 현상을 더 적절히 설명한다면 lnX_t와 lnA_t가 공적분관계에 있고 표준화된 공적분벡터는 $\left(1,-\frac{1-\phi}{\sigma}\right)$가 될 것이며, $-\frac{1-\phi}{\sigma}$는 0보다 뚜렷이 작아야 한다. 반면, 내생적 성장모형이 현실을 잘 설명한다면 $ln\frac{X_t}{Q_t}$가 안정적이어야 하는데, 이는 lnX_t와 lnQ_t가 공적분관계에 있으며, 공적분벡터는 $(1, -1)$에 가까워야 한다는 것과 같다.

준내생적 성장모형에 대한 Johansen 공적분검정 결과를 보면 〈표 7〉과 같다. 여기서는 G5의 R&D 인력수 N, 미국의 R&D 인력수 N_{US}, 미국의 생산성조정 R&D 지출액 R/A 등 세 가지의 상이한 R&D 투입지표를 이용하였다. 표에서 놀라운 것은 로그 R&D 투입지표들이 모두 로그 생산성과 공적분관계를 갖고 있지 않다는 것이다. 다시 말해 생산성증가율을 R&D 투입의 증가율로 설명하

	trace statistic	max-eigenvalue statistic	공적분벡터
lnN과 lnA	11.73	8.19	(1, 10.80) (5.09)
lnN_{US}와 lnA	10.01	7.29	(1, -2.69) (0.41)
lnR/A와 lnA	12.82	9.58	(1, -1.56) (0.51)
임계치 1% 5% 10%	20.04 15.41 13.33	18.63 14.07 12.07	

1) lnN과 lnN_{US}은 1950년에서 2000년까지의 시계열을 이용하였으며, lnR/A는 1953년에서 2000년까지의 시계열을 이용하였다.
2) 귀무가설은 공적분관계의 수가 0이라는 것이며, 공적분관계의 수가 최대한 1개라는 귀무가설은 모두 기각되지 않는 것으로 나타났다. 유의수준에서 10%는 *, 5%는 **, 1%는 ***를 뜻한다.
3) 공적분벡터 밑 작은 괄호 안의 수는 표준오차를 나타낸다.

기 곤란하다는 것이다. 뿐만 아니라 준내생적 성장론자들이 가장 중요시하는 R&D 투입지표 N의 경우 공적분벡터의 값이 (1, 10.80)으로서 이론에서 예측하고 있는 것과 정반대의 방향으로 나타나고 있다.

다음으로 제2세대 내생적 성장모형에 대한 Johansen 공적분검정의 결과는 〈표 8〉에 요약되어 있다. 여기서는 공적분벡터의 값이 (1, -1)에 가까워야 하는 대신, 생산물확산효과를 감안하므로 좀더 다양한 지표를 이용한 공적분검정을 실행하였다. 표를 보면 R&D 투입지표로 미국의 R&D 인력수를 사용한 경우를 제외하고는 모두 R&D 투입과 시장규모지표 사이에 공적분관계를 발견할 수 있었으며, 공적분벡터의 값도 (1, -1)에서 크게 벗어나지 않았다. 특히 내생적 성장론자들이 즐겨 사용하는 R/Y의 경우에는 lnR과 lnY가 (1, -1.01)의 관계로 1% 유의수준에서 공적분되어 있어 이론의 유효성을 강하게 입증하고 있다.

<**표 8**> 제2세대 내생적 성장모형에 대한 Johansen 공적분검정 결과

	trace statistic	max-eigenvalue statistic	공적분벡터
lnR과 $lnAL$	18.99**	18.26**	(1, -1.11) (0.09)
lnR과 $lnAhL$	19.92**	18.72***	(1, -0.94) (0.07)
lnR과 lnY	20.56***	19.05***	(1, -1.01) (0.07)
lnN과 lnL	19.53**	17.01**	(1, -1.61) (0.14)
lnN과 $lnhL$	19.41**	15.40**	(1, -1.20) (0.11)
lnN과 lnY/A	24.04***	18.98***	(1, -1.14) (0.13)
lnN_{US}와 lnL	12.22	11.47	(1, -1.45) (0.19)
lnN_{US}와 $lnhL$	12.07	10.10	(1, -1.11) (0.15)
lnN_{US}와 lnY/A	15.07	11.32	(1, -1.03) (0.17)
임계치 1%	20.04	18.63	
임계치 5%	15.41	14.07	
임계치 10%	13.33	12.07	

1) lnN과 lnN_{US}은 1950년에서 2000년까지의 시계열을 이용하였으며, lnR/A는 1953년에서 2000년까지의 시계열을 이용하였다.
2) 귀무가설은 공적분관계의 수가 0이라는 것이며, 공적분관계의 수가 최대한 1개라는 귀무가설은 모두 기각되지 않는 것으로 나타났다. 유의수준에서 10%는 *, 5%는 **, 1%는 ***를 뜻한다.
3) 공적분벡터 밑 작은 괄호 안의 수는 표준오차를 나타낸다.

이상의 공적분검정 결과를 종합하면, 준내생적 성장모형에서 주장하는 공적분관계는 현실자료에서 발견되지 않는 반면, 제2세대 내생적 성장모형에서 성립해야 하는 공적분관계는 뚜렷이 발견되고 있다.

다. 동태적 모의실험을 이용한 계수추정과 모형의 유효성 비교

다음으로는 동태적 모의실험을 통하여 각 이론의 모수 값들을 추정하고 현실설명력을 평가함으로써 이론의 유효성을 비교해보기로 한다. 이 방법은 각 변수의 시계열적 특성이 $I(1)$이냐 $I(2)$냐 판단하는 문제에서 벗어나 모형을 현실자료에 가장 근접하게 하는 파라미터 값들을 직접적으로 추정할 수 있게 한다는 장점을 갖는다. 먼저 준내생적 성장모형 $\dot{A} = \lambda N_t^\sigma A_t^\phi$를 고려해보자. 여기서 $A_0 = A_{t-1}$으로 놓고 N_{t-1}이 $t-1$기와 t기 사이에는 변하지 않는다고 가정하고 모형의 일반해를 구하면 다음과 같다.

$$A_t = \left(A_{t-1}^{1-\phi} + \lambda(1-\phi)N_{t-1}^\sigma \right)^{\frac{1}{1-\phi}} \tag{12}$$
$$\leftrightarrow A_t^{1-\phi} = A_{t-1}^{1-\phi} + \lambda(1-\phi)N_{t-1}^\sigma$$

여기서 ϕ의 값이 성장률의 수렴속도를 결정하게 된다. 즉 ϕ의 값이 1에 가까우면 성장률이 R&D 투입의 증가율로 수렴하는 속도가 너무 느려서 준내생적 성장모형의 예측이 무의미해지는 반면, ϕ의 값이 매우 작아서 0 또는 음수가 되면 수렴속도가 상당히 빨라지게 되므로 성장률 예측과 관련한 모형의 유용성이 커질 것이다.

이제 식 (12)를 이용하여 최적의 ϕ와 σ 값을 찾아내는 동태적 모의실험을 다음과 같이 실행하기로 한다.

첫째, 모의실험에서 성장률 평균치가 실제 성장률의 평균치와 같도록 λ의 값을 설정한다. 이는 모의실험으로 산출된 로그 생산성, 즉 $ln\tilde{A}$의 처음 값과 끝 값을 실제 lnA의 처음 값과 끝 값에 맞추는 제약조건을 줌으로써 가능하다. A의 실제치는 단기적인 오차를 최소화하기 위하여 Hodrick-Prescott(HP) 필터링을 거친 자료를 이용하였는데, 필터링을 하지 않아도 동일한 결과를 얻을 수 있었다.

둘째, A_0에서 출발해서 실제의 N 값을 식 (12)에 적용하여 가능한 ϕ와 σ 값들에 대하여 시뮬레이션된 시계열 값 $\tilde{A}_t$를 구한다.

셋째, 실제의 lnA와 시뮬레이션된 $ln\tilde{A}$의 차이의 제곱합을 극소화시키는 ϕ와 σ의 값을 찾는다.

이상의 문제를 간단히 요약하면 ϕ와 σ의 값을 변화시켜 식 (13)과 같은 제약조건 아래서 목적함수, 즉 표준오차 SE를 극소화하는 것으로 나타낼 수 있다.

$$\min_{\sigma,\,\phi} SE \equiv \sqrt{\frac{\Sigma\left(ln\,\tilde{A}_t(\sigma,\phi) - lnA_t\right)^2}{T-m}}$$

$$subject\ to\quad \phi < 1 \tag{13}$$

$$\tilde{A}_0 = A_0 \text{ and } \tilde{A}_{T-1} = A_{T-1}$$

$$\tilde{A}_t = \left(\tilde{A}_{t-1}^{1-\phi} + \lambda(1-\phi)N_{t-1}^{\sigma}\right)^{\frac{1}{1-\phi}}$$

$$\lambda = \frac{A_{t-1}^{1-\phi} - A_0^{1-\phi}}{(1-\phi)\left(\Sigma N_t^{\sigma} - N_{T-1}^{\sigma}\right)}$$

단, 여기서 T는 관측치의 수이며, m은 모수들의 갯수이다.

미국의 생산성과 G5 R&D 인력수를 이용하여 위 문제를 푼 결과 놀랍게도 최적의 ϕ의 값은 1이 됨을 알 수 있었다. 다시 말해, 준내생적 성장모형이 이미 기각된 제1세대 내생적 성장모형으로 되돌아가고 마는 것이다. 〈표 9〉에서는 2개의 다른 기간에 대해 최적의 ϕ와 σ 값을 보여준다.

다음으로는 비슷한 방법을 제2세대 내생적 성장모형에 적용해

〈표 9〉 준내생적 성장모형에서의 최적의 ϕ와 σ 값 추정 결과

R&D 투입 = N	ϕ	σ	표준오차(SE)
1953~2000	0.9999	0.0655	0.0500
1960~2000	0.9999	0.2130	0.0550

볼 수 있다. 다음과 같은 단순 모형을 고려해보자.

$$\dot{A} = \mu x^{\delta} A \qquad (14)$$

단, x는 GDP 가운데 R&D 지출액의 비중 R_t/Y_t이며, μ와 δ는 파라미터들이다. 식 (14)는 다음과 같은 차분방정식으로 변환될 수 있다.

$$\Delta \ln A_t = \mu x_{t-1}^{\delta} \qquad (15)$$
$$\ln A_t = \ln A_{t-1} + \mu x_{t-1}^{\delta}$$

이제 이 모형에 대한 극소화문제는 다음과 같이 정리된다.

$$\min_{\delta} \quad SE = \sqrt{\frac{\Sigma(\ln \widetilde{A}_t(\delta) - \ln A_t)^2}{T-m}}$$
$$subject \ to \ \ \widetilde{A}_0 = A_0 \ \ and \ \ \widetilde{A}_{T-1} = A_{T-1} \qquad (16)$$
$$\ln \widetilde{A}_t = \ln \widetilde{A}_{t-1} + \mu x_{t-1}^{\delta}$$
$$\mu = \frac{\ln A_{T-1} - \ln A_0}{\Sigma x_t^{\delta} - x_{T-1}^{\delta}}$$

여기서는 표준오차 SE를 극소화하는 δ의 값을 찾으면 되는데 그 값은 〈표 10〉처럼 상당히 크게 나타난다. δ가 매우 크다는 것은 R&D와 성장률 사이의 관계가 매우 크다는 것으로서 외생적 성장 모형에 견주어 내생적 성장모형이 유효함을 보여준다. 표에서는

〈표 10〉 제2세대 내생적 성장모형에서의 최적 δ와 표준오차

R&D 집약도 = R/Y	δ	표준오차(SE)
1953~2000	7.07	0.0463
	1로 제한	0.0484
1960~2000	5.46	0.0424
	1로 제한	0.0508

δ의 값을 1로 놓았을 경우의 표준오차도 구했는데, 어느 경우에나 준내생적 성장모형에서 구해지는 표준오차보다 작다는 것을 알 수 있다.

결국 모형의 현실적합성 면에서 내생적 성장모형이 준내생적 성장모형보다 우월함을 알 수 있다. 준내생적 성장모형이 ϕ값의 범위를 넓게 허용하므로 더 일반적인 것으로 보이긴 하나 그 일반성은 현실적합성을 희생하는 대가로 얻어진 것일 뿐이라고 할 수 있다.

IV. 우리나라의 연구개발과 경제성장

앞에서 R&D가 경제의 장기적 성장속도와 밀접한 관계에 있음을 알 수 있었다. 이는 R&D를 늘리는 유인정책이 경제의 장기 성장률을 높일 수 있음을 시사한다. 여기서는 우리나라의 R&D와 경제성장 간의 관계를 살펴보기로 한다.

1. 생산성과 연구개발의 추이

가. 생산성의 추이

우리나라 총요소생산성 수준과 그 증가율의 추이를 살펴보면 〈그림 9〉 및 〈그림 10〉과 같다. 총요소생산성은 통계청 데이터베이스, 표학길(2002)의 자본스톡 자료 등을 이용하여 앞서 본 미국의 경우와 동일한 계산방법으로 측정하였다. 그림에서 우리나라의 총요소생산성은 미국과 마찬가지로 거의 일정한 증가율로 상승해 왔음을 알 수 있다.

<그림 9> 우리나라의 총요소생산성 수준 추이(log)

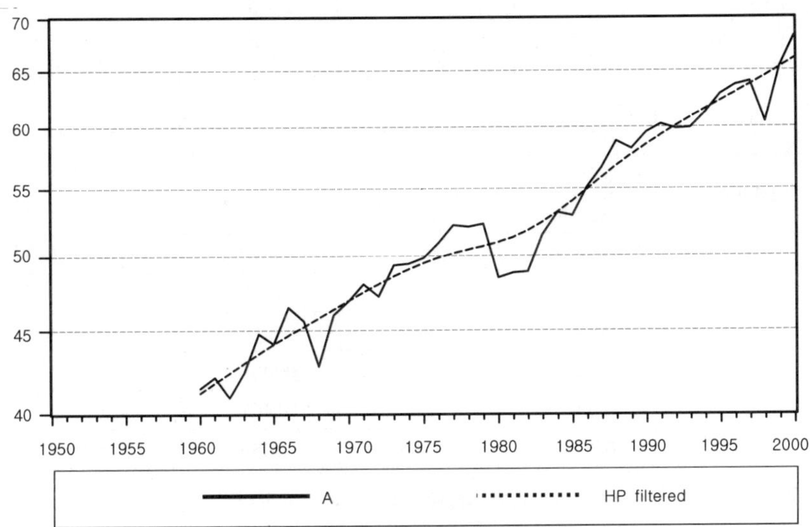

<그림 10> 우리나라의 총요소생산성 증가율 추이(log)

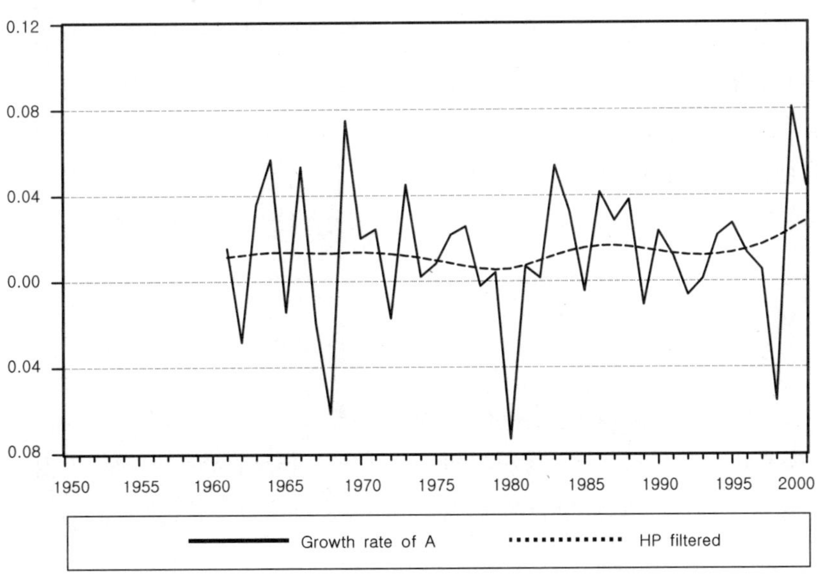

테스트방법	lnA		ΔlnA	
	시차	검정통계량	시차	검정통계량
ADF	0(SIC)	−0.35	0(SIC)	−7.24***
	0(MSIC)	−0.35	0(MSIC)	−7.24***
DF-GLS	0(SIC)	0.64	0(SIC)	−7.26***
	0(MSIC)	0.64	0(MSIC)	−7.26***
PP	10(NW)	0.38	10(NW)	−9.51***
KPSS	5(NW)	0.78***	11(NW)	0.24
ERS	0(SIC)	61.39	0(SIC)	1.35***
	0(MSIC)	61.39	0(MSIC)	1.35***
NP	0(SIC)	1.55	0(SIC)	−22.63***
	0(MSIC)	1.55	0(MSIC)	−22.63***

1) 각 테스트방법과 시차선택방법의 약자는 <표 2>와 동일하다.
2) 귀무가설은 단위근이 존재한다는 것이며, 유의수준에서 *는 10%, **는 5%, ***는 1%를 뜻한다.

우리나라 총요소생산성의 시계열적 특징을 자세히 알아보기 위하여 단위근검정을 실시해본 결과는 〈표 11〉에 요약되어 있다. 표에서 우리나라 생산성수준은 단위근을 갖고 있으나 생산성증가율은 거의 모든 경우에 단위근을 기각할 수 있었다. 이는 우리나라의 생산성 증가율이 안정적 시계열의 성격을 갖고 있다는 것을 뜻한다.

나. R&D 투입의 추이[16]

먼저 우리나라 R&D 종사자 수의 추이를 보면 〈그림 11〉과 같다. 그림에서 우리나라 R&D 종사자의 수는 선진국들의 경우와 마찬가지로 상당 기간 가파른 상승세를 유지하며 증가해왔음을 알 수 있다.

---

16) R&D 투입 관련자료는 통계청 데이터베이스에서 구할 수 있다.

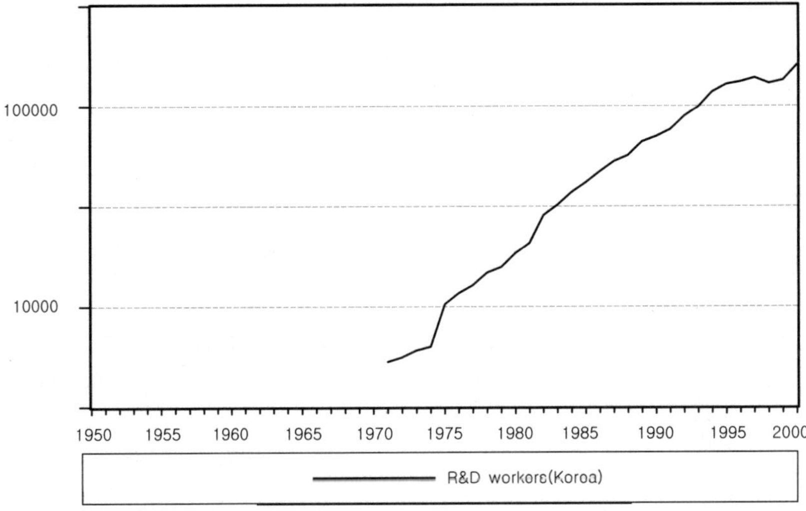

자료: 통계청 데이터베이스.

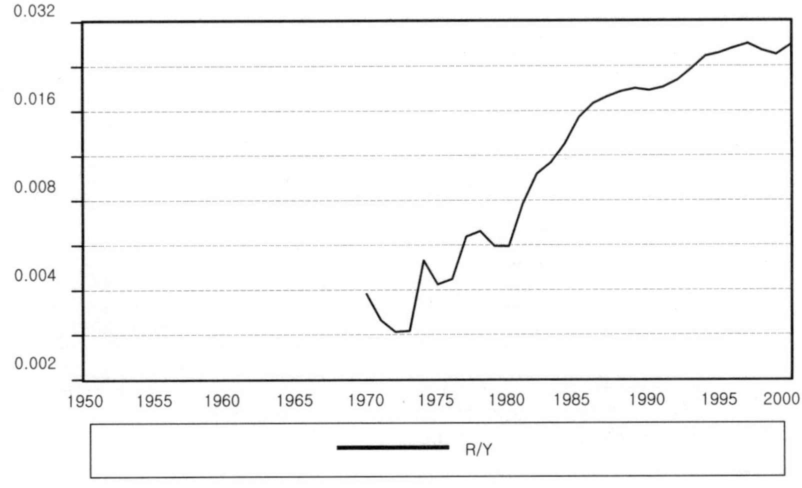

자료: 통계청 데이터베이스.

다음으로 우리나라의 GDP 대비 R&D 지출액의 비중 추이를 보면 〈그림 12〉에서와 같이 상당 기간 뚜렷한 증가세를 보이고 있다. 즉, 우리나라에서는 선진국들의 경우와는 달리 비교적 최근까지도 R&D 집약도 자체가 크게 상승해온 것이다.[17]

R&D 투입지표들에 대한 단위근검정 결과는 〈표 12〉에 요약되어 있다. 표에서 우리나라의 R&D 투입은 총량과 집약도의 경우 모두 단위근을 기각할 수 없었다. 즉, R&D 총량지표뿐만 아니라 생산물 확산을 감안한 R&D 지표도 모두 안정적이지 않음을 알 수 있다.

이상에서 특기할 만한 것은 우리나라에서는 R&D 집약도 자체가 꾸준히 높아져 왔음에도 불구하고 생산성증가율은 거의 일정한 수준을 보이고 있다는 점이다.

〈표 12〉 우리나라 R&D 투입지표들에 대한 단위근검정 결과

테스트방법	시차선택법	lnN	$ln\dfrac{R}{Y}$
ADF	SIC	-1.70	-2.03
	MSIC	-1.70	-1.34
DF-GLS	SIC	-0.94	-1.08
	MSIC	-0.15	-0.80
PP	NW	-2.81*	-0.75
KPSS	NW	0.70**	0.69**
ERS	SIC	556.47	253.22
	MSIC	556.47	92.61
NP	SIC	-10.82**	-5012.88***
	MSIC	-1.41	-0.52

1) 각 테스트방법과 시차선택방법의 약자는 <표 2>와 동일하다.
2) 귀무가설은 단위근이 존재한다는 것이며, 유의수준에서 *는 10%, **는 5%, *** 는 1%를 뜻한다.

---

[17] 기타 N/L 등 유사한 지표들도 모두 비슷한 추이를 보이고 있다.

다. R&D 투입과 총요소생산성의 관계 : 기존 이론의 적용 가능성

이제 우리나라의 R&D와 생산성 사이의 관계를 위에서 살펴본 이론들로 설명할 수 있는지 공적분검정을 통해 알아보자. 먼저 준내생적 성장모형 $\dot{A} = \lambda N^\sigma A^\phi$를 고려해보자. 앞에서 살펴본 대로 생산성증가율 g_A의 로그값은 다음과 같다.

$$ln\,g_A = ln\,\lambda + \sigma\left(ln\,N - \frac{1-\phi}{\sigma}ln\,A\right) \quad (17)$$

생산성증가율이 안정적이므로 이 식이 유효하기 위해서는 $ln\,N$과 $ln\,A$가 공적분되어 있어야 하며, 표준화된 공적분벡터는 $\left(1, -\frac{1-\phi}{\sigma}\right)$이 되어야 한다. 공적분검정 결과는 〈표 13〉에 요약되어 있다. 표에 따르면 R&D 종사자수와 생산성수준 사이에 공적분 관계가 존재하지 않을 뿐만 아니라 공적분계수도 상식적으로 받아들이기 어려운 값으로 나타났다. 즉, 우리나라의 경우 준내생적 성장모형은 적용되지 않는 것으로 볼 수 있는 것이다.

다음으로 제2세대 내생적 성장모형은 어떠한가. 이 역시 원래

〈표 13〉 준내생적 성장모형에 대한 Johansen 공적분검정 결과 - 한국

		trace statistic	max-eigenvalue statistic	공적분벡터
$ln\,N$과 $ln\,A$		8.90	5.77	(1, -666.60) (279.92)
임계치	1%	20.04	18.63	
	5%	15.41	14.07	
	10%	13.33	12.07	

1) 대상기간은 자료가 이용 가능한 1971년에서 2000년까지이다.
2) 귀무가설은 공적분관계의 수가 0이라는 것이며, 공적분관계의 수가 최대한 1개라는 또 다른 귀무가설은 기각되지 않는 것으로 나타났다. 유의수준에서 10%는 *, 5%는 **, 1%는 ***를 뜻한다.
3) 공적분벡터 밑의 작은 괄호 안의 수는 표준오차를 나타낸다.

의 모형 자체로는 우리나라의 자료를 설명하기에는 곤란해 보인다. 무엇보다도 R&D 집약도, 즉 R/Y가 뚜렷이 상승해왔기 때문에 생산성증가율이 비교적 안정적인 움직임을 보이고 있는 것과 배치되는 것이다. 이는 〈그림 12〉와 〈그림 10〉에서 뚜렷이 드러난다.

그렇다면, 우리나라에서 R&D 집약도의 상승이 경제성장의 가속화로 연결되지 않는 이유는 무엇인가. 먼저 세 가지 정도의 가능성을 생각해 볼 수 있다. 첫째는 우리나라 R&D 통계가 실제로 R&D에 투입된 자원의 변동추세를 정확히 반영하지 못했을 가능성이다. 둘째는 우리나라의 생산성증가율이 정확히 측정되지 않았으며, 실제로는 생산성증가율이 높아졌을 가능성도 있다. 또 셋째로는 R&D 집약도의 상승으로 말미암은 생산성증가율 상승요인이 다른 어떤 요인에 의해 상쇄되었을 가능성이 있다. 이 가운데에서 첫째와 둘째 가능성의 경우에는 실증분석에 어려움이 있으므로 이 연구에서는 셋째 가능성에 초점을 두고자 한다.

우리나라의 경우 선진국에서 개발된 이론이 잘 적용되지 않는 것은 근본적으로 우리나라가 첨단기술의 프론티어에 있지 않기 때문이다. 즉, 선진국과 기술격차가 존재하기 때문에 캐치업(catch up)이나 기술전파 등의 효과가 개입된다는 것이다. 경제가 후진단계에 있을 때에는 선진국으로부터 초급기술을 어렵지 않게 전수받을 수 있다. 즉, 선진국과 기술격차가 존재하는 한 약간의 R&D로도 생산성을 늘릴 여지가 많다. 그러나 캐치업이 일어나 기술격차가 좁혀지면 후발자의 이익이 줄어들면서 생산성증가의 속도가 둔화될 가능성도 있다. 따라서 기술격차가 좁혀질수록 R&D 집약도를 높여야 할 필요성도 커지게 된다. 이렇게 선진국과의 기술격차라는 변수가 R&D 이외에도 생산성의 추이에 강한 영향을 미칠 수 있으므로 모형에서도 이를 반영해야 하는 것이다. 이러한 가능성은 Gerschenkron(1962)을 비롯하여 Howitt(2000), Acemoglu, Aghion

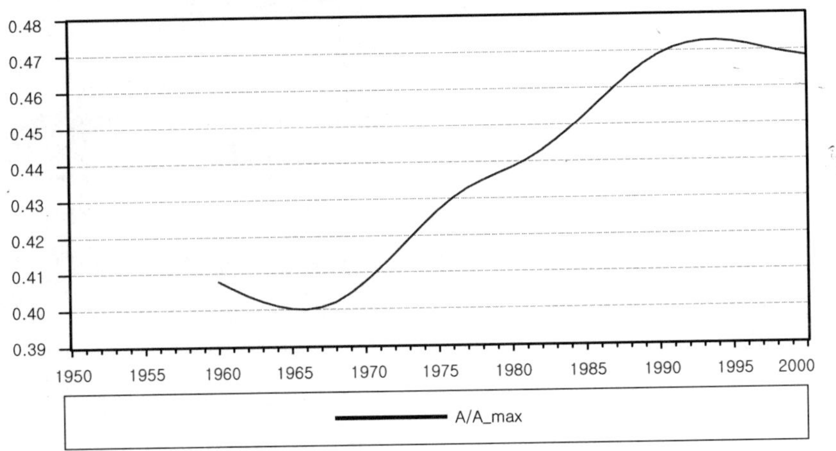

and Zilibotti(2002)에 이르기까지 수많은 학자들이 지적한 바 있다.

우리나라와 선진국 사이의 기술격차가 어떻게 변화해왔는지 알아보자. 우리나라의 기술수준을 미국의 기술수준으로 나눈 비율을 계산하여 그림으로 나타내면 〈그림 13〉과 같다. 여기서 상대적 기술수준 추이는 앞에서 산출된 우리나라와 미국의 총요소생산성증가율을 이용하여 계산하였다.[18] 미국과 비교한 우리나라의 상대적 기술 또는 생산성수준은 1970~1980년대에 상당히 높아지다가 1990년대 초부터는 정체되고 있음을 알 수 있다.[19]

---

18) 두 시계열을 Harrod 중립적인 것으로 변환한 뒤 하준경(2003)에 의해 계산된 기술수준 비율의 2000년도 값을 비교기준으로 하였다. 본 논문에서는 식 (23) 등에서 알 수 있듯이 생산성수준 비율의 구체적 값은 결과에 차이를 주지 않고, 다만 두 나라의 성장률 격차가 중요하다.

19) 여기서는 HP 필터로 스무딩한 자료를 이용하였다.

2. 기술전파효과를 감안한 확장모형의 설정과 검정

이제 R&D 집약도뿐만 아니라 선진국으로로부터의 기술전파까지 모두 감안할 수 있는 확장된 모형을 제시해보기로 한다. 모형의 주요 특징은 다음과 같다. 첫째, 선진국으로부터의 기술전파는 기술격차가 클수록 많이 일어나고 기술격차가 좁을수록 적게 일어난다. 둘째, 선진국과 기술격차가 없어지면 확장된 모형은 위에서 살펴본 모형들 가운데 현실설명력이 가장 뛰어난 제2세대 내생적 성장모형으로 자연스럽게 접근한다.

먼저 선진국과의 기술격차 a를 다음과 같이 정의하자.

$$a \equiv A/A_{\max} \tag{18}$$

단, 여기서 $A_{\max}$는 기술의 프론티어, 즉 선진국의 기술수준을 나타내는 인덱스이다. 또 a는 0과 1 사이에서 움직이게 된다. 이제 제2세대 내생적 성장모형에 기술격차 역수의 ψ승을 곱한 단순한 모형을 다음과 같이 설정할 수 있다.

$$g_A = \lambda (X/Q)^\sigma a^{-\psi} = \lambda x^\sigma a^{-\psi} \tag{19}$$

단, x는 R&D 집약도 X/Q이다. 식 (19)는 다음과 같은 지식창출함수와 동일함을 알 수 있다.

$$\dot{A} = \lambda x^\sigma A^{1-\psi} A_{\max}{}^{\psi} \tag{20}$$

여기서 ψ는 0과 1 사이에 있는 파라미터로서 선진국기술에 대한 의존도라고 할 수 있다. 즉 ψ가 0에 가까우면 의존도가 낮은 반면 1에 가까우면 의존도가 높다. 또 A가 $A_{\max}$와 동일해지면 모형은 제2세대 내생적 성장모형과 동일해짐을 알 수 있다.[20]

모형을 검정하기 위해 식 (19)에 로그를 취하여 정리하면 다음과 같다.

$$ln\,g_A = ln\,\lambda + \sigma\left(ln\,x - \frac{\psi}{\sigma}ln\,a\right) \qquad (21)$$

앞에서 우리나라의 생산성증가율이 안정적임을 알 수 있었으므로 이 모형이 유효하려면 $ln\,x$와 $ln\,a$가 $(1, -\psi/\sigma)$의 공적분벡터로써 공적분되어 있어야 한다. 이제 R&D 집약도, R/Y를 이용하여 실행한 공적분검정의 결과는 〈표 14〉와 같다. 이는 〈그림 14〉에서처럼 R&D 집약도가 우리나라의 상대적 기술수준과 장기적으로 양의 상관관계를 갖고 있음을 보여준다. 즉, 우리나라의 기술수준이 선진국과 점점 가까워지면서 그와 비슷한 추세로 동시에 R&D 집약도도 높아지는 현상이 나타난 것이다.

이제 우리나라의 R&D 집약도가 지속적으로 증가했음에도 불구하고 생산성증가율이 안정적인 이유를 설명할 수 있다. 즉, R&D 집약도의 증가로 말미암은 성장률상승요인을 기술격차 축소로 말미암은 후발자의 이익 감소로 발생한 성장률하락요인이 거의 대부분 상쇄해버렸기 때문이라고 할 수 있다. 다시 말해, 이는 똑같은 수준의 생산성증가율이 계속되더라도 그 내용은 끊임없이

---

20) 이창수(1999)는 준내생적 성장모형의 확장으로서 $\dot{A} = \lambda N^{\sigma}A^{\phi}A_{max}^{1-\phi}$의 형태로 지식창출함수를 설정한 바 있다. 그러나 이 모형은, A가 A_{max}와 같아질 경우 $\dot{A} = \lambda N^{\sigma}A$가 되므로 사실상 준내생적 성장모형이 아니라 제1세대 내생적 성장모형으로 접근하게 된다. 이는 콥더글러스 형태의 함수에서 A와 A_{max}의 지수 값의 합이 1이 되어 전반적으로 규모수익불변이라는 내생적 성장모형의 특징이 그대로 유지되고 있기 때문이다. 이창수(1999)에서는 존스가 주목했던 일정성장경로(constant growth path)라는 일종의 장기균형상태를 가정하여 성장요인의 분해를 시도하고 있으나 장기균형을 각국의 성장률과 R&D 투입증가율이 일정하되 나라 간 순위가 바뀌지 않는 기간에만 국한하여 적용할 수 있다는 한계가 있다. 사실상 다국 모형에서 장기균형은 모든 나라의 성장률이 동일하게 되어 평행적 성장경로를 따르는 경우, 즉 a의 값이 일정한 경우로 보는 것이 더 보편적이다. 이 글에서는 제2세대 내생적 성장모형을 확장하고 있어 일정성장경로나 정상상태의 가정이 필요하지 않다.

<표 14>기술전파를 감안한 내생적 성장모형에 대한 Johansen 공적분검정 결과

		trace statistic	max-eigenvalue statistic	공적분벡터
lnR/Y와 lna		33.14***	30.96***	(1, -18.10) (0.69)
임계치	1%	20.04	18.63	
	5%	15.41	14.07	
	10%	13.33	12.07	

1) 대상기간은 자료가 이용 가능한 1970년에서 2000년까지이다.
2) 귀무가설은 공적분관계의 수가 0이라는 것이며, 공적분관계의 수가 최대한 1개라는 귀무가설은 모두 기각되지 않는 것으로 나타났다. 유의수준에서 10%는 *, 5%는 **, 1%는 ***를 뜻한다.
3) 공적분벡터 밑의 작은 괄호 안의 수는 표준오차를 나타낸다.

<그림 14> 우리나라의 R&D 집약도와 상대적 기술수준의 추이(log)

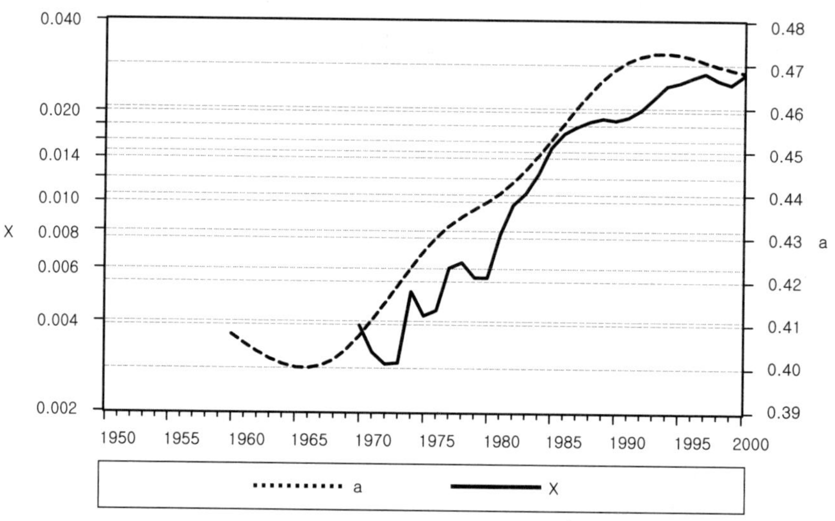

변화하고 있다는 것으로, 성장률 가운데 자체 R&D로 말미암은 부분의 중요성은 커지는 반면 기술흡수의 중요성은 줄어들게 됨을 알 수 있다.

3. 동태적 모의실험을 이용한 계수 추정

동태적 모의실험을 이용해서 모형의 주요 계수들, 즉 σ와 ψ를
추정해보자. 식 (20)에서 σ는 생산성증가율의 R&D 집약도에 대한
탄력성을 나타내며, ψ는 선진국 기술에 대한 의존도로서 생산성증
가율의 기술격차에 대한 탄력성을 나타낸다. 식 (20)을 식 (12)에
서와 같은 방법으로 변환시키면 다음과 같다.

$$A_t = (A_{t-1}^{\psi} + \lambda\psi x_{t-1}^{\sigma} A_{max,\,t-1}^{\psi})^{\frac{1}{\psi}}$$
$$\leftrightarrow A_t^{\psi} = A_{t-1}^{\psi} + \lambda\psi x_{t-1}^{\sigma} A_{max,\,t-1}^{\psi} \tag{22}$$

식 (22)를 이용하여 극소화문제를 표시하면 다음과 같다.

$$\min_{\sigma,\,\psi} \ SE \equiv \sqrt{\frac{\Sigma\big(\ln \widehat{A}_t(\sigma,\psi) - \ln A_t\big)^2}{T-m}}$$

$$subject\ to \ \ 0 \le \psi \le 1$$

$$\widehat{A}_0 = A_0 \ \ and \ \ \widehat{A}_{T-1} = A_{T-1} \tag{23}$$

$$\widehat{A}_t = \big(\widehat{A}_{t-1}^{\psi} + \lambda\psi x_{t-1}^{\sigma} A_{max,\,t-1}^{\psi}\big)^{\frac{1}{\psi}}$$

$$\lambda = \frac{A_{t-1}^{\psi} - A_0^{\psi}}{\psi\big(\Sigma x_t^{\sigma} A_{max,\,t}^{\psi} - x_{T-1}^{\sigma} A_{max,\,T-1}^{\psi}\big)}$$

1970년부터 2000년까지의 자료를 이용하여 표준오차를 극소화
하는 모수 값들을 구해보면 $\sigma = 0.264$, $\psi = 0.975$이다.[21] 이 결과로
부터 알 수 있는 것은 다음과 같다.

첫째, 우리나라 생산성증가율의 R&D 탄력성은 0.264에 지나지
않아 매우 낮다. 1991년에서 2000년까지의 평균성장률과 R&D 집

---

[21] 우리나라와 미국의 생산성 추이는 HP 필터를 이용한 시계열을 사용하였다.

	σ	ψ
한국	0.264	0.975
미국	5.460[1]	0.0[2]

1) 미국에 대한 추정 결과는 앞의 <표 10>을 참조하라.
2) 미국은 기술의 최첨단으로 가정하였으므로 캐치업이 발생하지 않는다고 보았다.

약도를 기준으로 계산해보면 GDP 중 R&D 지출액비중을 1%p 늘렸을 때 경제의 장기성장률은 0.16%p 증가하는 데 그치는 것이다.[22] 미국의 경우에는 〈표 15〉에서 알 수 있듯이 이 값이 5.46에 이르고 있어 1990년대 평균을 기준으로 계산했을 때 GDP 중 R&D 지출액비중을 1%p 늘리면 경제성장률이 무려 2.75%p 높아짐을 알 수 있다. 이와 같이 우리나라에서 독자적 기술혁신의 성장기여도는 선진국에 견주어 매우 미미한 수준이다.

둘째, 우리나라 생산성증가율의 기술격차에 대한 탄력성은 0.975로 매우 높다. 이는 우리나라의 생산성증가는 상당 부분 선진국 기술의 흡수, 즉 후발자의 이익을 통해 가능했음을 말해준다. 그러나 이는 앞으로 우리나라가 선진국에 접근하면 할수록 성장률이 떨어지려는 힘이 강해진다는 것을 뜻한다. 예컨대 우리나라의 기술수준이 미국의 47% 수준(2000년)에서 60% 수준으로 높아지게 되면 1990년대 평균에 견주어 성장률이 0.38%p 떨어지게 되며, 80% 수준에 도달한다면 성장률이 0.97%p 떨어지게 된다.[23]

셋째, 우리나라 생산성증가율 가운데 후발자의 이익으로 설명

---

22) 이는 1991년에서 2000년까지의 기간에 대한 g_A와 x의 평균값을 $\Delta ln g_A = \sigma \Delta ln x$의 관계에 대입한 뒤 R&D 집약도가 1%p 늘어나는 상황을 상정하여 계산하였다.

23) 이는 1991년에서 2000년까지의 기간에 대한 g_A의 평균값과 2000년의 a 값을 $\Delta ln g_A = - \psi \Delta ln a$의 관계에 대입한 뒤 기술격차가 좁혀지는 상황을 가정하여 계산하였다.

되는 부분이 절반을 넘는 반면 자체 연구개발에 의한 부분은 절반이 되지 않고 있다. 자체 연구개발에 따른 생산성증가율은 후발자의 이익이 없는 상황을 가정함으로써 구할 수 있는데, 좀더 구체적으로는 식 (19)의 우변에서 a를 1로 놓음으로써 가능하다. 즉, λx^σ를 자체 혁신역량에 의해 이루어진 부분으로 볼 수 있는 것이다. 1991년부터 2000년까지의 평균자료를 이용하여 계산해보면 평균생산성증가율 1.42% 가운데 약 48%, 즉 0.68%p만이 우리나라의 혁신역량에서 비롯된 부분이고 나머지 52%, 즉 0.74%p는 후발자의 이익에서 비롯한 부분으로 나타났다. 같은 기간 미국의 λx^σ가 1.29%에 이르고 있음을 보면 우리나라의 혁신역량은 미국의 절반 정도로 아직 크게 부족하다.

이에 따라 〈표 16〉에서 볼 수 있듯이 우리나라의 경우 1991~2000년에 R&D의 경제성장률에 대한 기여도가 평균적으로 10.9%에 그쳐 같은 기간 미국의 40.2%에 견주어 크게 낮은 실정이다. 특히, 우리나라의 GDP 대비 R&D 투자비중은 이 기간에 평균 2.42%로 미국의 2.59%와 대등한 수준이어서 혁신역량의 부족은

〈표 16〉 경제성장률에 대한 요인별 기여도(1991-2000)

연평균		GDP	물적자본	인적자본	노동공급	총요소생산성[*]	
							R&D
한국	성장률 (비중)	6.26% (100.0)	2.92% (46.6)	0.78% (12.5)	1.13% (18.1)	1.42% (22.7)	0.68% (10.9)
미국	성장률 (비중)	3.21% (100.0)	0.76% (23.7)	0.24% (7.5)	0.91% (28.3)	1.29% (40.2)	1.29% (40.2)

[*] 여기서는 생산성증가가 물적자본의 증가를 유도하는 간접효과를 제외하도록 Hicks 중립적인 방법으로 생산성 증가율을 변환하였는데, 간접효과까지 포함하게 되면 총요소생산성 증가율은 우리나라 2.03%, 미국 1.84%이며 성장률에서 차지하는 비중은 각각 32.4, 57.3에 달한다.

R&D의 양적 측면이 아니라 질적인 측면의 문제에서 비롯된다는 점에 주목할 필요가 있다.

V. 맺음말과 시사점

본 연구의 논의에서 발견된 사실들을 정리하면 다음과 같다.

첫째, 선진국의 자료를 이용하여 다양한 성장이론들을 비교해 본 결과, 제2세대 내생적 성장모형의 설명력이 가장 우수하였다. 즉, 경제의 장기 성장률은 R&D 종사자수의 증가율보다는 R&D 집약도, 특히 GDP 대비 R&D 지출액비중에 의하여 잘 설명된다. 또한 R&D 집약도를 변화시키는 정책은 단기뿐만 아니라 장기적으로도 경제성장률을 바꿀 수 있다.

둘째, 우리나라의 장기성장률, 즉 생산성증가율을 설명하기 위해서는 R&D 집약도뿐만 아니라 선진국과의 기술격차로 말미암은 후발자의 이익을 고려하여야 한다. 확장된 모형을 이용하여 추정한 결과 생산성증가율의 R&D 탄력성은 0.264로 매우 낮고 기술격차 탄력성은 0.975로 매우 높았다. 즉, 우리나라 생산성증가율은 R&D 집약도의 변화에는 매우 둔감한 반면 선진국과의 기술격차에 대해서는 매우 민감하게 반응하는 경향이 있다. 또 우리나라의 R&D 집약도 자체는 선진국에 뒤지지 않으나 생산성증가율 기운데 후발자의 이익을 제거한 독자적 혁신역량에 따라 설명되는 부분은 48% 수준에 지나지 않아 R&D의 양보다는 질적인 측면에 더 큰 문제가 있음을 알 수 있다.

R&D 집약도는 선진국에 뒤지지 않으면서도 그 질적 수준이 떨어지는 이유는 우리 경제의 전반적인 역량과 관련된 문제이겠으나, R&D 투입구조가 아직 개도국형을 벗어나지 못하는 것도

중요한 요인일 것이다. 선진국과 비교해볼 때 우리나라의 R&D에서는 정부 부담비중이 작고 대학 등 기초연구부문 투자비중도 작으며, 대기업의 비중은 큰 것으로 나타나고 있다.[24] 또 R&D 투입의 미래를 엿볼 수 있는 자료인 이공계 교육실태를 보면 우리나라 대학의 학부 졸업생 가운데 이공계비중은 미국에 견주어 크게 높아[25] 혁신역량이 낮은 것은 교육의 양 때문이 아니라 질 때문임을 알 수 있다.

이상의 사실들에서 얻을 수 있는 정책적 시사점은 무엇보다도 국가의 R&D 체계를 선진화하여 R&D 투자의 질을 높이는 데 초점을 맞추어야 한다는 것이다. 물론 선진국 수준의 R&D 집약도를 유지하기 위해 R&D 투자의 증가속도가 GDP의 증가속도에 뒤지지 않도록 R&D의 양도 꾸준히 늘려나가야 할 것이나, R&D의 질을 획기적으로 높이는 것이 핵심과제라는 것이다. 이는 모형에서 파라미터의 값들을 변화시키는 것을 뜻하는데, 이를 위해서는 국가 전체적인 차원에서 R&D 체계의 확립과 교육을 비롯한 경제·사회 제도의 개선이 필요하다. 주요 정책과제를 요약해보면

---

24) 우리나라 R&D 투자액에서 정부와 공공부문에서 조달된 부분의 비중은 2002년 26.3%에 불과하여 미국 33.8%(2002년), 캐나다 43.1%(2002년), 프랑스 40.3%(2000년), 영국 35.9%(2001년), 독일 31.9%(2001년), 대만 35.1%(2001년) 등에 견주어 작다. 또 연구개발비 가운데 대학 사용 부분의 비중은 2002년 10.4%로서 미국 14.9%(2002년), 일본 14.5%(2001년), 독일 16.5%(2002년), 프랑스 18.5%(2001년), 영국 21.4%(2001년), 핀란드 18.1%(2001년), 아일랜드 22.0%(2001년) 등에 견주어 작다. R&D 자금을 성격별로 보았을 때, 2001년 기초연구비의 비중은 12.6%로 미국(2000년) 18.1%, 일본(2000년) 14.3%, 독일(1993년) 21.2%, 프랑스(1999년) 24.4%에 견주어 매우 낮다. 한편, R&D 투자의 대기업 편중 현상이 심한데, 제조업 R&D 투자에서 상위 5개 기업이 차지하는 부분의 비중이 2001년 43.0%로서 미국(1998년) 15.4%, 일본(2000년) 21.3% 등에 견주어 매우 높다.

25) 우리나라 학사학위 취득자 가운데 이공계의 비중은 약 40%로, 18%대에 머무르고 있는 미국에 견주어 훨씬 높다. 반면 박사학위 취득자 가운데 이공계의 비중은 미국이 우리나라에 견주어 높다가 최근에는 50%에 조금 못 미치는 수준에서 비슷해졌음을 알 수 있다.

다음과 같다.

첫째, 정부의 적극적인 역할을 통해 국가적인 R&D 체계의 선진화를 도모해야 할 것이다. 우리나라의 R&D 생산성이 선진국에 견주어 뒤지는 중요한 이유 가운데 하나는, 기초연구와 응용 및 개발연구의 조화, 연구주체들 사이의 연계와 협력 등의 부문에서 선진국들처럼 사회적 자산이 충분히 축적되지 못하였다는 점이다. 따라서 우리나라의 R&D 생산성을 높이려면 특히 기초연구와 산학연 협조 등의 상대적 취약부문에서 정부의 지원과 조정기능이 최대한 발휘될 수 있도록 R&D 체계가 확립되어야 한다.

둘째, R&D의 주요 주체 가운데 하나이며 R&D 투입의 기초가 되는 대학이 경쟁력을 가질 수 있도록 교육제도 측면에서 많은 개선이 있어야 한다. 우리나라의 대학교육, 특히 이공계교육은 양적 팽창에 지나치게 치우쳐 있으며, 이것이 개발초기에는 효과가 있었던 것도 사실이다. 그러나 선진국으로부터의 기술흡수보다는 첨단기술의 창출이 점점 중요해짐에 따라 이제는 양보다 질, 창의성을 극대화할 수 있는 교육제도가 필요하다.

셋째, R&D의 생산성을 높이는 데에는 R&D 주체들의 혁신유인을 극대화하는 것이 중요하다. 기업들 사이의 적절한 경쟁이 유지되어야만 R&D 노력의 극대화가 일어나 기술혁신의 속도가 빨라진다. 기업들은 경쟁회피(competition escape) 성향이 있어 독점적 지위를 추구하게 되는데, 실제 독점력을 획득하면 혁신의 유인이 감소한다는 연구결과가 있다.[26] 따라서 아슬아슬한 정도의 경쟁(neck-and-neck competition)이 항상 유지되도록 하는 것이 경제 전체적으로 가장 바람직한데, 이를 위해서는 적절한 공정경쟁정책 등 제도적 뒷받침이 있어야 할 것이다. 아울러 최우수 인력이 연구

---

26) Aghion, Harris, Howitt and Vickers(2001) 참조.

개발부문으로 유인되도록 보수체계를 합리화하는 것도 중요한 과
제이다.

　궁극적으로는 사회 전반의 제도·의식·관행의 개혁을 통해 사
회적 역량(social capability)을 강화하는 것이 R&D의 생산성을 높이
는 관건이 될 것이다.

문홍배(1997), 〈연구개발투자의 기업생산성 증대효과〉, 《산은조사월보》 1997년 11월호, 한국산업은행.

서중해(2002), 《우리나라 민간기업 연구개발활동의 구조변화》, 정책연구시리즈 2002-08, 한국개발연구원.

송준기(1994), 〈R&D 자본과 생산성 관계에 관한 실증적 분석〉, 《산업조직연구》 제3집, 한국산업조직학회.

이병기(1995), 〈제조업부문의 연구개발과 생산성 관계 분석—민간과 정부의 연구개발효과〉, 《한국경제》 제22권, 성균관대학교.

이수복(1999), 〈한국 기업집단의 다각화와 연구개발〉, 《산업조직연구》 제7권 제1호, 한국산업조직학회.

이원기·김봉기(2003), 〈연구개발투자의 생산성 파급효과 분석〉, 《조사통계월보》 2003년 5월호, 한국은행.

이창수(1999), 〈수정된 Jones모형을 이용한 한국의 성장요인 분해〉, 《KDI 정책연구》, 한국개발연구원.

장진규·안두현(1992), 〈국내 제조업의 연구개발투자와 생산성〉, 《과학기술정책》 제4권 제2호, 한국과학기술연구원.

표학길(2002), 〈한국의 산업별·자산별 자본스톡추계(1953~2000)〉, 《한국경제의 분석》, 한국금융연구원.

하준경(2003), 〈성장전략의 전환필요성과 정책과제〉, 《금융경제연구》 제169호, 한국은행 금융경제연구원.

홍동표(1999), 〈산업간 R&D 투자 파급분석〉, 《산업조직연구》 제7권 제2호, 한국산업조직학회.

Acemoglu, D., Aghion, P. and Zilibotti, P.(2002), "Distance to Frontier, Selection, and Economic Growth," *NBER Working Paper* No. 9066.

Aghion, P., Bloom, N., Blundell, R., Griffith, R. and Howitt, P.(2002),

"Competition and Innovation : An Inverted U Relationship," *NBER working paper* No. 9269.

Aghion, P., Harris, C., Howitt, P. and Vickers, J.(2001), "Competition, Imitation and Growth with Step-by-Step Innovation," *Review of Economic Studies* 68, pp. 467~492.

Aghion, P. and Howitt, P.(1992), "A Model of Growth Through Creative Destruction," *Econometrica* 60, pp. 323~351.

______(1998), *Endogenous Growth Theory*, MIT Press.

Dinopoulos, E. and Thompson, P.(1998), "Schumpeterian Growth without Scale Effects," *Journal of Economic Growth* 3, pp. 313~335.

Gerschenkron, A.(1962), *Economic Backwardness in Historical Perspective*, Cambridge, MA : Harvard Univ. Press.

Grossman, G. M. and Helpman, E.(1991), "Quality Ladders and Product Cycles," *Quarterly Journal of Economics* 106, pp. 557~586.

Griliches, Z.(1994), "Productivity, R&D, and the Data Constraint," *American Economic Review* 84, pp. 1~23.

Ha, Joonkyung(2004), "The Dynamics of Human Capital Accumulation and Technological Progress : Mincer Meets Schumpeter," paper presented at the KEA annual meetings 2004.

Ha, J. and Howitt, P.(2004), "Accounting for Trends in Productivity and R&D : A Schumpeterian Critique of Semi-Endogenous Growth Theory," *mimeo*, Brown University.

Howitt, P.(1999), "Steady Endogenous Growth with Population and R&D Inputs Growing," *Journal of Political Economy*, Vol. 107, pp. 715~730.

______(2000), "Endogenous Growth and Cross-Country Income Differences," *American Economic Review* 90, pp. 829~846.

Howitt, P. and Mayer-Foulkes, D.(2002), "R&D, Implementation and

Stagnation : A Schumpeterian Theory of Convergence Clubs," *NBER working paper* No. 9104.

Jones, C. I.(1995), "R&D-Based Models of Economic Growth," *Journal of Political Economy* 103, pp. 759~784.

______(2002), "Sources of U.S. Economic Growth in a World of Ideas," *American Economic Review* 92, pp. 220~239.

______(2003), "Growth and Ideas," forthcoming in Aghion and Durlauf eds. *the Handbook of Economic Growth*.

Kortum, S. S.(1997), "Research, Patenting, and Technological Change," *Econometrica* 65, pp. 1389~1419.

Peretto, P.(1998), "Technological Change and Population Growth," *Journal of Economic Growth* 3, pp. 283~311.

Romer, P. M.(1990), "Endogenous Technological Change," *Journal of Political Economy* 98, pp. 71~102.

Segerstrom, P. S.(1998), "Endogenous Growth Without Scale Effects," *American Economic Review* 88, pp. 1290~1310.

Young, A.(1998), "Growth without Scale Effects," *Journal of Political Economy* 106, pp. 41~63.

Zachariadis, M.(2002), "R&D, Innovation, and Technological Progress : A Test of the Schumpeterian Framework without Scale Effects," *mimeo*.

제9장

생산성 제고 :
기술혁신과 교육의 질적 개선

이종화

>>>>>
본 장의 내용은 한국은행 금융경제연구원에서 발간된 《금융경제연구》 제196호
〈Human Capital and Productivity for Korea's Sustained Economic Growth〉
(2004.10)를 일부 수정·보완한 것임.

Ⅰ. 머리말

우리 경제는 지난 40년 동안 연평균 7%가 넘는 고도성장을 이룩하면서 전 세계를 놀라게 하였다. 1997년에 갑작스러운 금융위기를 겪게 되면서 이제 더 이상 과거와 같은 고도성장이 지속될 수 없을 것이라는 비관적인 견해가 등장하였으나, 이후 빠른 속도로 성장세를 회복하면서 위기는 일시적인 충격에 불과하고 고도성장의 궤도로 복귀할 것이라는 낙관적인 견해가 지배적이었다. 그러나 최근 경제성장률이 다시 크게 하락하고 경기침체가 지속되면서 한국경제의 미래에 대한 우려가 다시 높아지고 있다. 1997년과 같은 갑작스러운 금융위기는 아니라 하더라도 지속적으로 성장잠재력이 낮아지면서 장기침체에 빠질 수 있다는 걱정이 크나.

이러한 배경 아래 이 논문은 한국경제가 이룩한 고도성장의 요인과 앞으로의 성장전망에 대하여 생산성(productivity) 변화를 중심으로 살펴보고자 한다. 한국경제의 고도성장과정은 한국이 선진국에 견주어 상대적으로 부족한 생산요소의 양을 증대시키고 또 생산성향상을 통해 선진국과 소득격차를 줄여 왔던 과정으로 이해할 수 있다. 최근의 경제성장이론은 다른 조건이 동일할 때, 소득수준이 낮은 후진국은 1인당 생산요소량과 생산성(기술)의 '따라잡기(catch-up)'를 통해 선진국보다 더 빨리 성장할 수 있음을 보여준다. 이 연구의 핵심은 한국의 선진국 따라잡기식의 성장과정에서 생산요소축적과 생산성진보의 역할이 각각 기여한 바를 실증적으로 분석하고 앞으로 한국경제가 어떻게 지속적으로 성장할 수 있을지 살펴보는 데 있다.

본 연구에서는 먼저 '소득수준 회계(level accounting)' 방법을 사용하여 1970년 이후 한국이 어떻게 선진국과 1인당 생산량 격차를 줄일 수 있었는지 살펴보았다. 분석 결과 한국의 빠른 선진국 따

<표 1> 국가별 경제성장률 추이

국가	1인당 GDP(달러)			1인당 GDP 성장률(연평균 %)					
	1960	2000	2000/ 1960	1960~ 1970	1970~ 1980	1980~ 1990	1990~ 2000	1960~ 2000	1970~ 2000
한국	1,495	15,881	10.62	5.97	5.68	7.32	4.67	5.91	5.89
일본	4,545	24,672	5.43	9.27	3.09	3.53	1.05	4.23	2.55
미국	12,273	33,308	2.71	2.87	2.66	2.16	2.30	2.50	2.37
캐나다	10,384	26,905	2.59	3.06	2.97	1.63	1.85	2.38	2.15
핀란드	7,491	23,792	3.18	4.21	3.09	2.65	1.60	2.89	2.45
프랑스	7,825	22,358	2.86	4.55	2.74	2.11	1.10	2.62	1.98
아일랜드	5,136	26,381	5.14	3.46	3.16	3.51	6.22	4.09	4.30
호주	10,699	25,559	2.39	3.26	1.44	1.59	2.42	2.18	1.82
중국	682	3,747	5.50	1.79	2.72	5.14	7.41	4.26	5.09
홍콩	3,090	26,703	8.64	7.45	6.59	5.04	2.48	5.39	4.70
말레이시아	2,119	9,937	4.69	3.08	5.26	2.92	4.19	3.86	4.12
필리핀	2,015	3,424	1.70	1.73	3.17	-0.89	1.30	1.33	1.19
싱가포르	2,161	27,186	12.58	8.93	7.76	4.48	4.16	6.33	5.47
대만	1,430	18,718	13.09	6.68	7.44	6.27	5.36	6.44	6.35
아르헨티나	7,371	10,995	1.49	2.29	1.38	-3.87	4.22	1.00	0.57
브라질	2,371	7,185	3.03	4.23	5.67	-0.26	1.46	2.77	2.29
칠레	3,853	9,920	2.57	2.19	1.22	1.28	4.79	2.37	2.43

주 : 1인당 GDP 수준과 성장률은 1996년 기준가격으로 Penn World Tables 6.1에
있는 PPP로 구매력을 조정한 국제가격에 근거한다.
출처 : Heston, Summers and Aten(2002).

라잡기는 물적 및 인적자본과 같은 생산요소의 빠른 축적에 말미
암았으며 상대적으로 생산성향상의 기여도는 낮았던 것으로 나타
났다.

이 연구는 더 나아가 '성장 회계(growth accounting)' 방법을 사
용하여 산업별로 생산성증가속도를 비교해보았다. 분석 결과 우리

나라 제조업의 생산성증가율은 지속적으로 높은 수준을 유지해오
고 있는 반면에 금융·보험·부동산업·도소매·숙박업·건설
업·개인서비스업 등의 생산성증가율은 매우 낮은 것으로 나타나
서비스산업의 낮은 생산성증가율이 우리 경제 전체의 생산성향상
을 가로막는 요인이라고 볼 수 있다.

Ⅱ. 국가간 산출량과 생산성 격차의 변화 추이

이 절에서는 먼저 1970~2000년 동안 노동자 1인당 산출량
(output per worker)과 생산성의 국가간 격차 변화 추이를 살펴본
다. 먼지 국가간 생산싱의 격차를 측정하여 이러한 생산성 격차가
국가간 소득과 산출량의 차이를 가져오는 데 얼마나 중요한 역할
을 하였는지 살펴볼 것이다. 한국과 미국 사이의 격차를 중심으로
하여 과연 한국이 미국과 1인당 산출량과 생산성의 격차를 어떻게
줄여왔는지 살펴보는 데 초점을 둘 것이다.

소득과 생산성 격차의 추이를 살펴보기 위해서 생산성 수준의
측정이 필요하다. 여기서는 간단한 총생산함수를 사용하여 1인당
생산량을 물적자본(physical capital), 인적자본(human capital)과 같
은 생산요소와 주어진 생산요소의 효율성을 나타내는 '생산성'이
각각 기여한 부분으로 분해하는 이른바 '소득수준회계' 방법을 사
용한다.[1]

먼저 인적자본을 포함한 콥-더글라스 형태의 생산함수를 아래
와 같이 표시한다.

$$Y = AK^{\alpha}(hL)^{1-\alpha} \tag{1}$$

---

[1] 자세한 방법은 김용진·이종화(2000)와 Weil(2004)을 참조할 것.

여기서 K는 기계·건물 등의 물적자본, h는 노동자 1인이 교육·직업훈련 등을 통해 축적한 인적자본, A는 기술·제도 등에 따라 결정되는 생산성 수준, L은 노동자의 수 또는 노동시간, α는 전체 생산 가운데 물적자본에 귀속되는 비율인 자본소득분배율을 표시한다. 이때 한 국가의 생산성수준은 A의 크기로 측정되며 흔히 '총요소생산성'(total factor productivity; TFP)으로 불린다.

위의 식은 노동자 1인당 산출량(y)과 1인당 인적자본량(h)을 이용하여 다음과 같이 고쳐 쓸 수 있다.

$$y = Ak^{\alpha}h^{1-\alpha} \tag{2}$$

이제 자본소득분배율이 국가에 따라 크게 다르지 않다고 가정하면 식 (2)는 다음과 같이 고쳐 쓸 수 있다.

$$y_i/y_j = (k_i/k_j)^{\alpha} (h_i/h_j)^{1-\alpha} (A_i/A_j) \tag{3}$$

여기서 아래 첨자 i, j는 각각 국가 i와 j를 표시한다. 위의 식을 이용하면 1인당 물적자본, 인적자본과 생산성의 차이가 각각 두 국가간 1인당 생산량 차이에 얼마나 기여했는지 분석할 수 있다. 이러한 소득수준회계를 실제로 적용하는 데는 생산성수준(A)을 얼마나 정확하게 계측할 수 있느냐가 중요하다. 생산함수에서 총요소생산성의 크기는 산출량(Y)에서 물적자본(K)와 인적자본(L)이 기여한 부분을 제외한 나머지로 계산되기 때문에 생산성변화와는 무관한 요인들이 반영될 수 있다. 예를 들면, 자본의 설비가동률(capital utilization rate), 실업률(unemployment rate) 등의 단기적인 경기변동요인들로 말미암아 생산성측정에 오류가 있을 수 있다. 또 생산요소와 생산성의 변화를 구분하는 것이 항상 명확하지 않을 수 있다. 예를 들어, 기술진보가 먼저 발생하고 이로 말미암아 물적자본과 인적자본의 수요가 유발되는 경우에 기술진보로 말미암은 생

산성의 증가 부분 가운데 일부가 과소추계되면서 생산요소의 증가
가 생산에 기여한 것으로 잘못 계측될 우려가 크다.

최근 들어 이러한 문제점을 개선하여 생산성의 변화를 정확하
게 계측하려는 많은 노력들이 이루어지고 있다. 그러나 지금까지
의 결과들은 생산함수의 형태를 바꾸거나 소득수준회계의 방식을
바꾸어도 이 연구에서 사용하는 간단한 경우와 크게 다르지 않다
는 분석 결과를 내놓고 있다.[2]

이 연구에서는 식 (3)에서 참조 국가 i를 미국으로 보고, 각
항의 값이 각각 미국에 대한 상대적 1인당 소득, 1인당 물적자본,
1인당 인적자본, 생산성을 나타내는 것으로 하여 각 국가의 미국
에 대한 격차를 분석하는 데 초점을 두었다.

생산에 대한 기여도를 분석하기 위하여 15세에서 64세 사이의
노동가능인구당 GDP 수준으로 1인당 생산을 측정하였다. 이때
GDP 값은 Penn World Tables(PWT) 6.1(Heston, Summers and
Aten, 2002)의 자료를 이용하였다. 실제 노동이 가능한 노동자의
수는 노동가능인구의 규모보다 작다는 문제가 있지만 대부분 국가
의 노동자수나 노동시간에 대한 정확한 자료가 없기 때문에 여기
에서는 노동가능인구를 사용하여 노동력의 크기를 측정하였다. 물
적자본 자료는 PWT 6.1에 있는 총투자 자료를 이용하여 영구재고
법(perpetual inventory method)으로 만들어냈다.[3]

1인당 인적자본은 Klenow and Rodriguez-Clare(1997)와 Hall and
Jones(1999)에서처럼 다음과 같이 교육연수와 관련이 있는 것으로
본다.

---

2) 자세한 것은 Bosworth and Collins(2003)를 참조하시오.
3) 영구재고법에 필요한 초기의 자본스톡(K_0)은 PWT 6.1에서 구할 수 있는 각 국가
  의 초기 투자율을 Nehru and Dhareshwar(1994)에서 구한 실질자본량의 증가율과
  자본의 감가상각률(6%로 가정) 합계로 나누어 구하였다.

$$h = e^{\phi(E)} \tag{4}$$

이 식에서, $\phi(E)$는 E년 동안 교육을 받은 노동자와 교육을 전혀 받지 못한 사람을 비교한 상대적인 효율성을 나타낸다. 이것의 미분값인 $\phi'(E)$는 교육연수 한 단위(1년) 증가에 따라 효율성이 한계적으로 얼마나 증가하는가를 뜻한다. 이때 $\phi(E)$는 선형이고 교육연수의 한계적 증가에 따라 노동 효율성이 7%씩 증가하는 것으로 가정하였다.[4] 교육연수는 Barro and Lee(2001)가 측정한 15세 이상 인구의 평균교육연수 자료를 시용하였다.

〈표 2〉는 몇 개 국가에 대한 식 (3)의 소득수준회계 결과를 보여준다. 표의 첫 번째 열은 1970년, 1980년, 1990년, 1995년 그리고 2000년에 각 국가의 미국에 대한 1인당 GDP의 비율을 나타낸다. 두 번째, 세 번째, 네 번째 열은 각각 미국에 대비한 1인당 물적자본, 1인당 인적자본, 생산성을 가리키고 있다.

〈표 2〉 1인당 GDP와 그 요인별 국가간 격차 추이(미국 대비 비율), 1970~2000

국가	연도	1인당 GDP	1인당 물적자본	1인당 인적자본	생산성
한국	1970	0.19	0.14	0.72	0.47
	1980	0.24	0.25	0.76	0.47
	1990	0.36	0.40	0.88	0.53
	1995	0.44	0.56	0.91	0.57
	2000	0.44	0.57	0.92	0.57
일본	1970	0.62	0.71	0.86	0.77
	1980	0.72	1.06	0.79	0.82
	1990	0.79	1.15	0.82	0.86
	1995	0.77	1.24	0.83	0.80
	2000	0.71	1.18	0.83	0.76
캐나다	1970	0.86	0.99	0.97	0.88
	1980	0.87	0.95	0.90	0.95
	1990	0.82	0.99	0.95	0.85
	1995	0.78	0.96	0.97	0.81

---

4) Bernanke and Gurkaynak(2001)와 Bosworth and Collins(2003)를 참조할 것.

국가	연도	1인당 GDP	1인당 물적자본	1인당 인적자본	생산성
	2000	0.79	0.92	0.97	0.83
프랑스	1970	0.74	1.00	0.76	0.88
	1980	0.79	1.09	0.70	0.97
	1990	0.76	1.01	0.72	0.94
	1995	0.71	0.97	0.73	0.87
	2000	0.68	0.86	0.75	0.86
아일랜드	1970	0.47	0.42	0.82	0.73
	1980	0.53	0.47	0.73	0.84
	1990	0.57	0.51	0.81	0.83
	1995	0.62	0.51	0.82	0.89
	2000	0.78	0.56	0.83	1.08
중국	1970	0.055	0.037	—	—
	1980	0.056	0.040	0.61	0.24
	1990	0.066	0.048	0.66	0.25
	1995	0.096	0.064	0.67	0.33
	2000	0.109	0.077	0.67	0.35
홍콩	1970	0.42	0.44	0.80	0.64
	1980	0.57	0.53	0.76	0.85
	1990	0.74	0.69	0.83	0.95
	1995	0.84	0.81	0.83	1.01
	2000	0.74	0.80	0.83	0.90
인도	1970	0.072	0.044	0.60	0.30
	1980	0.063	0.039	0.55	0.29
	1990	0.070	0.036	0.59	0.32
	1995	0.076	0.037	0.60	0.33
	2000	0.079	0.039	0.61	0.34
싱가포르	1970	0.35	0.43	0.73	0.57
	1980	0.52	0.83	0.64	0.74
	1990	0.63	1.01	0.67	0.82
	1995	0.74	1.11	0.70	0.90
	2000	0.72	1.10	0.70	0.88
대만	1970	0.18	0.09	0.74	0.51
	1980	0.29	0.19	0.74	0.61
	1990	0.41	0.26	0.77	0.78
	1995	0.50	0.34	0.78	0.84
	2000	0.54	0.41	0.79	0.86

주 : 1인당 GDP, 물적자본, 인적자본, 생산성의 격차는 '소득수준회계'에 따라 계산된 결과이다(본문의 식 (3)을 참고하시오).

이 표를 통해 우리는 흥미로운 점을 발견할 수 있다. 첫째는 국가간 1인당 생산량수준이 뚜렷하게 차이 난다는 것이다. 예를 들어, 2000년에 인도의 1인당 생산은 미국의 7.9%에 지나지 않는다. 둘째로, 심지어 같은 수준의 소득을 가진 국가들 사이에서도 생산성의 수준은 다양하게 나타난다는 것을 알 수 있다. 2000년에 캐나다와 아일랜드의 1인당 소득수준의 격차는 각각 미국 1인당 소득의 79%와 78%로, 1인당 소득수준의 격차는 비슷하게 나타났지만 아일랜드의 상대적 생산성은 캐나다의 83% 수준보다 훨씬 높은 108%를 기록하였다.

이 표는 시간에 따른 1인당 소득 변화의 원인을 설명해준다. 예를 들어, 1970년에는 일본의 1인당 소득이 미국의 62%에 지나지 않았지만 1990년에는 79% 수준까지 증가하였다. 이러한 빠른 따라잡기 과정에서 물적자본의 축적이 가장 중요한 작용을 하였다. 일본의 미국 대비 1인당 물적자본의 축적수준은 1970년대에 71%에서 1990년에 115%로 급격히 증가하였다. 이것은 같은 기간 동안에 77%에서 86%로 완만한 성장을 보여준 생산성수준의 변화와는 대조적이다. 그러나 2000년에는 일본의 미국 대비 1인당 소득은 71%로 하락하였는데, 1990년부터 2000년 사이에 일본의 미국에 대한 상대적 생산성수준이 86%에서 76%로 떨어진 것이 소득격차확대의 주된 요인인 것으로 판단할 수 있다.

이 표는 또한 한국과 미국 사이의 시간에 따른 소득격차의 변화추이를 보여주며 한국이 빠르게 미국을 따라잡을 수 있었던 요인이 무엇인지 제시하고 있다. 한국의 1인당 소득은 1970년 미국 소득수준의 19%에서 2000년에는 44%로 증가하였다. 일본과 마찬가지로 이러한 급속한 1인당 상대소득수준의 증가는 대부분 물적자본의 축적에서 비롯한다. 1970년부터 2000년에 이르기까지 물적자본의 상대적 수준은 14%에서 57%로 괄목할 만한 성장을 보였다. 이에 견주어 상대적인 생산성의 수준은 47%에서 57%로 더 적게 올랐다. 또한 이 표를 통해 볼 때 대부분의 따라잡기는 1995년 이전에 이루어졌으며 그 이후로 속도가 느려졌음을 보여준다. 실제로 미국 대비 1인당 소득과 생산성의 수준은 1995년과 2000년 사이에 같은 수준으로 유지되고 있는 것으로 나타났다. 이러한 한국경제의 선진국 따라잡기가 95년 이후에 답보를 보이고 있는 것은 외환위기를 겪으면서 한국경제가 침체를 겪었기 때문이기도 하나, 같은 기간에 미국경제가 비교적 높은 소득과 생산성의 증가율을 보인 것으로부터 말미암는다. 미국은 이 기간 동안 평균 3%의 1인당 소득성장률과 1.5%의 생산성성장률을 보여주었으며, 이는 1970년에서부터 1995년 사이의 평균성장률 2.0%와 0.6%를 크게 초과하는 수준이다

한국의 미국 대비 현 생산성 수준은 57%로 동아시아의 선진국가들인 홍콩의 90%, 싱가포르의 88%, 대만의 86% 수준에 훨씬 못 미치고 있다. 현재 한국의 1인당 물적자본 수준은 미국의 57%로, 대만의 41%보다는 높지만 홍콩의 80%나 싱가포르의 110%보다는 여전히 낮은 수준이다.

식 (3)을 로그 변환시켜 보면 아래의 식을 얻는다.

$$ln\,(y_i/y_j) = \alpha \cdot ln\,(k_i/k_j) + (1-\alpha) \cdot ln\,(h_i/h_j) + ln\,(A_i/A_j) \quad (5)$$

이 식은 i국과 j국 사이의 1인당 생산의 로그값 격차가 1인당 물적자본, 인적자본, 생산성의 세 가지 요소가 기여하는 바로 정확히 나누어질 수 있음을 보여준다. 〈그림 1〉은 이 식을 이용하여 한국경제를 분석한 결과를 그림으로 보여주고 있다. 1970년에서부터 2000년 사이에 5년 간격으로 1인당 소득의 격차와 물적자본, 인적자본, 생산성수준의 격차를 한국과 미국 각 자료 원래 값의 로그값 차이로 표시하였다. 이를 통해 미국에 대한 한국의 소득격차는

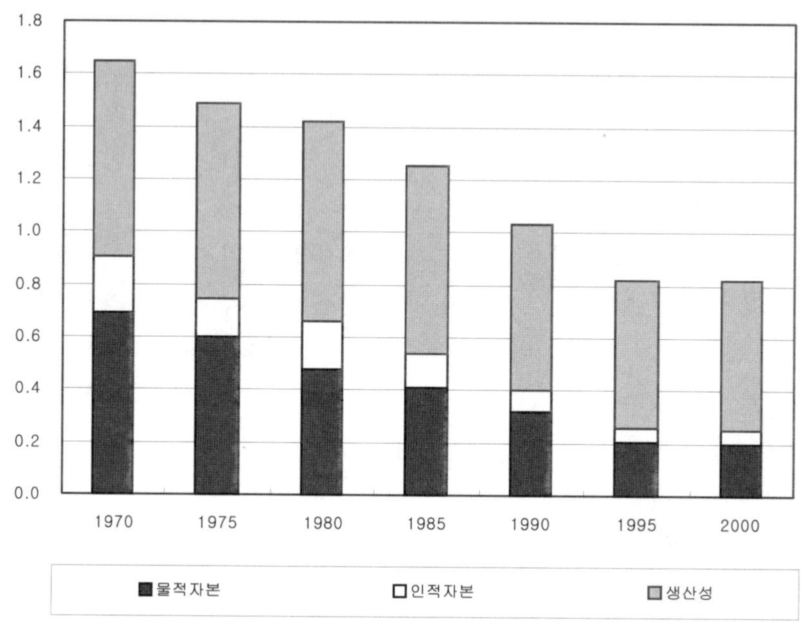

주 : 각 요인별 격차는 미국과 한국의 원래 자료의 로그 변환 값 차이를 뜻한다(본문
의 식 (4)를 참조하시오).

1995년까지 지속적으로 감소하였음을 알 수 있다. 이러한 따라잡기의 과정은 주로 요소축적에서 말미암는다. 1인당 물적자본과 인적자본의 격차는 시간이 지남에 따라 상당히 줄어들었다. 하지만 반면에 생산성(〈그림 1〉의 빗금 친 부분)은 여전히 상당한 격차를 보이고 있다.

이러한 분석을 통해 생산성격차가 한국과 미국 사이의 소득격차를 가져오는 주된 요인임을 알 수 있다. 따라서 앞으로 생산성을 향상시키지 않고서는 한국은 빠른 시일 안에 1인당 소득의 미국 따라잡기를 이룰 수가 없다. 한국의 현 생산성 수준에서는 미국 수준의 물적, 인적자본을 갖춘다고 하여도 미국 1인당 소득의 57%

밖에 달성하지 못할 것이다. 반대로 만약 생산성이 미국 수준으로 향상된다면 현재의 물적자본과 인적자본의 격차가 유지된다고 하여도 1인당 소득 수준은 미국의 82%($0.57^{0.35}=0.82$)까지 증가할 수 있다.

III. 한국의 '따라잡기' 성장과정의 요인

앞 절의 분석은 한국경제가 지난 30년 동안 이룩한 급속한 고도성장의 과정이 자본량과 생산성(기술) 수준의 증가를 통하여 선진국과 소득격차를 줄여나가는 '수렴(convergence)' 또는 '따라잡기'의 과정이었음을 보여준다. 이론적으로는 확장된 신고전파 성장이론(extended neoclassical growth model)을 이용하여 이러한 성장과정을 설명할 수 있다.[5]

신고전파의 성장모형에 따르면 다른 조건이 동일하다면, 1인당 소득수준이 낮은 후진국은 1인당 자본량의 수렴을 통해 선진국보다 더 빨리 성장하고 소득격차를 줄여나갈 수 있다. 1인당 자본량이 적은 저소득국가에서는 자본의 생산성이 높기 때문에 주어진 투자율에서 선진국보다 자본의 성장속도가 더 빠르고 결국 국가간 1인당 자본량의 수렴이 이루어지게 된다(김용진·이종화(2001)와 Barro and Sala-i-Martin(2004)의 설명을 참조할 것).[6]

신고전파 성장모형에 국가간 기술의 전파(technology diffusion) 과정을 도입하여 확대하면, 1인당 생산량(소득)의 증가는 1인당 자본의 수렴뿐 아니라 기술의 발전이 합쳐져서 일어나는 과정으로

---

5) 한국을 비롯한 동아시아 국가의 고도성장 과정에 대한 자세한 분석은 이종화 (2003)를 참조할 것.

6) 여기서 자본은 물적자본과 인적자본을 포괄하는 개념으로 간주된다.

이해할 수 있다. 기술진보는 선진국의 경우 연구개발(R&D) 투자를 통한 새로운 기술의 개발로 이루어진다. 그러나 개발도상국의 경우 선진국과 같은 R&D 투자를 통한 독자적인 기술개발(innovation)보다는 선진국으로부터 기술을 도입하고 모방하는 과정이 실제로는 더 중요하다. 따라서 후진국의 기술발전은 기술의 모방(imitation)과 도입(import)을 통해 선진국의 기술수준으로 수렴해가는 과정으로 나타낼 수 있다. 선진국과 기술격차가 클수록 더 손쉽게 기술을 모방할 수 있어 시간이 가면서 후진국은 선진국과의 기술수준격차를 줄여나갈 수 있다. 이러한 기술의 모방과정을 통해 생산성의 격차도 줄어들게 된다.

한국의 경제성장과정은 기존의 신고전파 모형에 국가간 기술전파과정을 도입한 확장된 신고전파 성장모형에 의거하여 자본량과 기술수준 모두에서 선진국과 격차를 꾸준히 줄여온 '따라잡기 성장모형'으로 설명할 수 있다. 이러한 모형에 의거하면 경제성장은 현재의 자본량과 기술수준에서 장기적으로 도달할 수 있는 최고 수준인 정상상태(steady state)의 자본량과 기술수준으로 접근해가는 과정이다. 1인당 소득이 낮은 한 국가가 다른 모든 성장 여건이 선진국과 같다면 최대한 도달할 수 있는 정상상태는 선진국의 자본·기술 수준과 같을 것이다. 그러나 각 국가마다 주어진 경제조건이 다르기 때문에 도달할 수 있는 잠재적인 최고 수준이 같지 않을 수 있다. 성장을 위한 여러 여건을 제대로 갖추지 못하고 있는 국가에서는 정상상태의 소득(자본·기술)은 선진국보다 훨씬 낮은 수준이 될 것이다. 한국은 다른 개발도상국들에 견주어 성장에 유리한 조건들을 잘 유지함으로써 자본과 기술에서 더 빨리 선진국 수준으로 수렴할 수 있었다.

앞에서 분석한 소득수준회계 결과는, 한국이 미국과 소득격차를 꾸준히 줄여왔으며 이러한 수렴의 과정에서 요소 축적이 중요한 역할을 해왔음을 보여준다. 그러나 앞으로는 과거와 같이 높은 요소축적률을 유지하기는 어려워질 것이다. 다시 말해서 한국이 물적자본과 인적자본 스톡에서 장기적 균형수준에 접근하면서 자본투자의 수익률이 하락하고 이로 말미암아 요소축적의 속도가 점차 더뎌지게 될 것이다.

물적자본축적의 경우 한국은 따라잡기 과정 내내 매우 높은 투자율을 유지하였다. 실질 GDP에 대한 실질투자의 비율이 1960년대 초반의 10% 수준에서 1970년대 후반의 30%로 지속적으로 증가하여 1996년에는 42%에 도달하였다(〈그림 2〉). 국제적인 기준으로 볼 때 한국을 비롯한 다른 동아시아 국가들은 다른 국가에 견주어 훨씬 높은 투자율을 유지하여 왔다.

그러나 한국의 투자율은 1997년의 37%에서 1998년에는 25%로 크게 떨어졌다. 2002년에 26%를 기록한 이후 지금까지도 외환위기 이전보다 훨씬 낮은 수준을 유지하고 있다. 이렇게 투자가 크게 회복되지 못하는 것은 뭔가 부정적인 요인이 영구적으로 발생했음을 뜻한다.[7] 계속되는 투자침체는 한국경제의 따라잡기 과정에 지속적인 부정적 결과를 가져올 수 있다.

인적자본축적의 경우 한국은 뛰어난 성과를 보여왔다. 정규교육기관에서의 교육취득(educational attainment)은 지난 몇 십 년 사이에 크게 성장하였다. 〈그림 3〉은 몇 개 국가를 대상으로 15세 이상 인구의 평균교육연수 변화를 보여주고 있다. 한국의 평균교육연수는 1970년의 4.9에서 2000년에는 10.8로 두 배 이상 성장하였다. 특히 중고등교육 취득이 상당히 증가하였다. 1970년에는 15세 이상 인구의 약 30% 가량이 중등교육을 받았으나 2000년에는 82% 이상이 중등교육을 이수하였다(Barro and Lee 2001). 대학교

---

7) Barro and Lee(2003)는 금융위기 이후 동아시아 국가들의 투자에 영구적인 부(負)의 충격이 발생하였을 가능성을 자세하게 분석하고 있다.

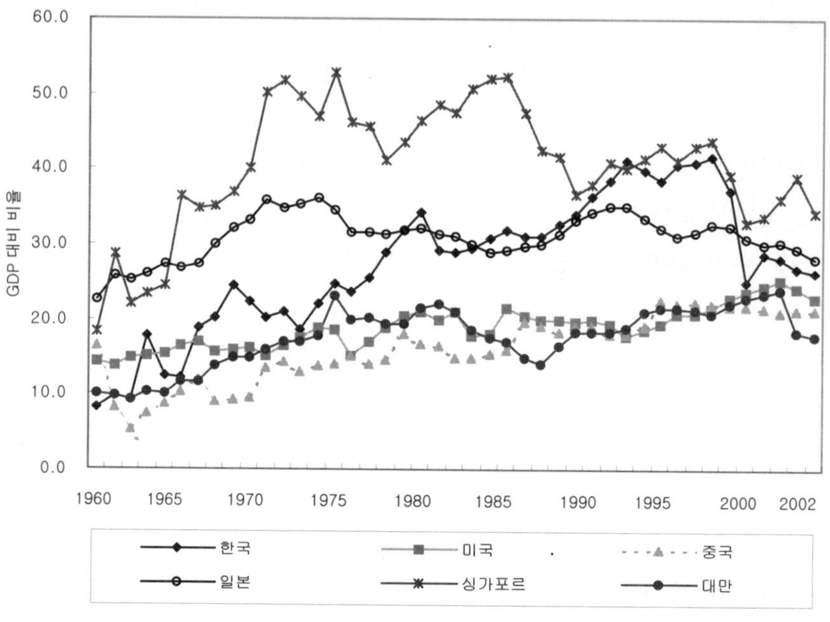

자료 : Heston, Summers and Aten(2002)와 IMF, IFS database

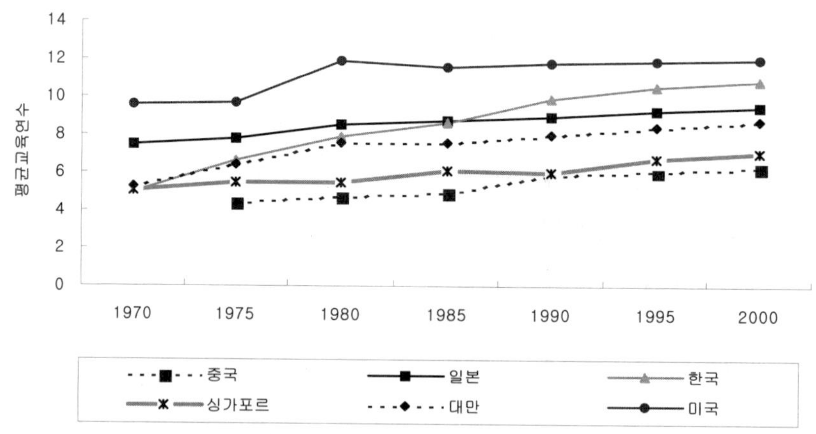

자료 : Barro and Lee(2001).

446 · 제3부 새로운 성장전략의 추진동력

육 이상의 고등교육을 받은 인구의 비율도 1970년의 4.6%에서 2000년에는 26%로 크게 증가하였다. 결과적으로 한국과 미국의 평균교육취득의 격차는 상당히 줄어들게 되었다.

이제 한국의 인적자본축적 정도는 장기균형수준에 가까워졌기 때문에 인적자본축적의 속도가 점차 줄어들 것으로 예상된다. 초·중등학교의 취학률이 이미 예전에 100%를 넘어섰으며, 고등학교의 취학률도 거의 100% 수준에 이른다(〈그림 4〉). 대학 이상 취학률은 1980년 16%에서 1990년 38%로 상당히 증가하였으며 2002년에는 세계에서 가장 높은 수준인 87%에 이르렀다. 이와 같은 고등교육 등록의 급속한 증가는 앞으로의 인적자본축적에 기여할 것이다. 그러나 고등교육의 등록률이 현재 수준을 크게 넘지 못할 것이라는 점을 고려한다면, 한국의 양적인 인적자본축적 속도는 과거와 비교할 때 결국에는 느려질 것이라 볼 수 있다.

<그림 4> 한국의 각급학교 취학률 추이, 1965~2002

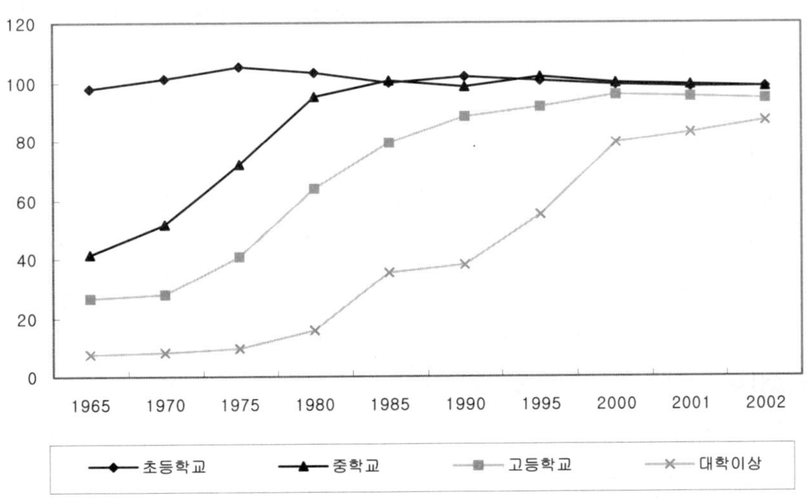

자료 : 한국교육개발연구원, 온라인 데이터베이스.

IV. 한국의 산업별 생산성증가 비교

앞의 II절에서는 한국경제 전체의 생산성 변화를 국가간 비교를 통해 살펴보았다. 이 절에서는 한국의 산업별 생산성증가속도를 비교하여 과연 어느 산업부문에서 생산성의 증가속도가 낮았는지 살펴보고자 한다.

Solow(1957)의 선도적 연구에 따라, 성장회계방법은 총산출증가율을 요소투입증가의 기여도와 생산성증가의 기여도로 분해하는 방법으로 오랫동안 사용되어 왔다. 이 방법을 식 (1)의 콥-더글러스 생산함수에 적용하면 다음과 같이 나타낼 수 있다.

$$\dot{Y}/Y = \dot{A}/A + \alpha \cdot \dot{K}/K + (1-\alpha) \cdot \dot{h}/h + (1-\alpha) \cdot \dot{L}/L \qquad (6)$$

이 식을 1인당 기준으로 다시 표시하면 다음과 같다.

$$\dot{y}/y = \alpha \cdot \dot{k}/k + (1-\alpha) \cdot \dot{h}/h \qquad (7)$$

위 식에서 알 수 있듯이, 1인당 생산량의 증가율은 1인당 물적자본의 증가율, 1인당 인적자본의 증가율과 총요소생산성의 증가율로 분해된다. 이러한 방법은 경제 전체의 생산증가뿐만 아니라 개별산업의 생산증가에 대해서도 적용할 수 있다. 이 연구에서는 이 성장회계방법을 7개의 개별산업 — ① 제조업, ② 전기·가스·수도사업, ③ 건설업, ④ 도소매·음식·숙박업, ⑤ 운수·창고·통신업, ⑥ 금융·보험·부동산업, ⑦ 사회 및 개인 서비스업 — 에 적용한 최근의 분석결과를 간단히 소개하고자 한다.[8] 또한 성장회계방법을 7개 산업의 합, 즉 농업과 광업을 제외한 총산업에 대해서도 적용하였다. 농업과 광업, 정부 서비스생산자(공공행정 및 국방 포함)

---

8) 이 성장회계의 분석 자료와 결과는 이종화·송철종(2004)에서 자세히 논의되고 있다.

부문과 민간·비영리 서비스생산자 부문은 이 산업들에 대한 물적 자본, 인적자본, 그리고 요소소득분배율에 관한 적합한 자료가 없어 제외되었다.

산업별 산출물 증가와 구성요소를 계산하기 위해서는 한국경제의 개별산업 부가가치, 노동, 인적자본, 요소소득분배율에 관한 자료가 필요하다.

1995년 가격기준 실질 GDP(부가가치)는 한국은행의 《국민 계정》에서 구하였으며 노동투입은 고용인구의 총 노동시간수이다. 노동자수에 대한 자료는 《경제활동인구연보》 자료를 주로 사용하였으며 《인구주택총조사》의 자료를 보완적으로 사용하였다. 노동자수에는 정규고용자와 임시고용자 외에 자영업자와 가족노동자수노 포함되어 있다. 산업별 노동시산에 관한 자료는 《노동동계연감》에서 구하였다.

노동과 자본 소득분배율은 《국민계정》에서 얻을 수 있으나, 이 값들은 단지 고용자에게 지불된 임금만을 포함한다. 이 논문에서는 자영업자와 가족노동자에 대한 임금 보수를 추계하여 요소 소득분배율로 조정하였다.

1인당 인적자본은 노동소득에 기초한 인적자본지수(이종화·송철종(2004)을 이용하여 구하였다. 인적자본지수는 임금률에 관한 자료와 9개 산업, 2개 성별, 5개 교육수준(초등졸, 중졸, 고졸, 초대졸, 대졸)에 따라 구별된 노동자구성비율에 따라 추계되었다. 물적자본스톡은 산업별 순 고정자본스톡으로 표학길(2002)에서 구하였으며 필자에 의해 연장되었다.

〈표 3〉은 총산업에서 생산물·요소투입·생산성의 변화추이를 보여준다. 1970년부터 2001년까지 한국산업 전체의 연평균 실질성장률은 8.7%이며[9] 이러한 산출량 증가의 가장 중요한 요인은 노동력의 증가이다. 같은 기간 동안 총 노동투입시간의 연간증가율은

4.1%이며 이 값에 노동소득분배율을 곱해서 구한 노동투입증가의 기여도는 산출물증가율 가운데 3.2%p를 차지한다.

이 기간 동안 비농업부문의 놀라운 노동력증가는 농업에서 제조업 또는 서비스업으로 노동력이 대이동한 데서 말미암은 것이다. 〈그림 5〉에는 산업별 노동력의 배분추이가 나타나 있다. 농업의 노동력비중이 1970년의 50%에서 1995년의 12%로 지속적으로 감소하였으며 그 이후에 일정한 수준을 유지하고 있다. 제조업의 노동력비중은 1970년의 13%에서 1991년 28%로 증가하였으나, 그 이후 2001년에 20%로 감소하였다.

총산업의 성장회계 결과에 따르면 1인당 산출량의 증가는 1970년부터 2001년까지 매년 4.6%씩 이루어졌으며, 이 가운데 자본 심화의 기여도는 2.3%p, 인적자본증가의 기여도는 0.4%p, 생산성증가의 기여도는 2.0%p이다. 따라서 한국경제의 1인당 산출량증가에서 요소축적의 증가가 생산성의 증가보다 더 중요한 역할을 해왔다.[10]

〈표 3〉에서 알 수 있듯이, 총산업에서 생산의 증가가 1970년대의 연평균 10.4%에서 1995~2001년 기간에는 5.2%로 점차 감소하여 왔다. 이러한 감소는 대부분 노동투입의 감소에 의해 비롯되었다. 총산업의 노동력증가율은 시간이 감에 따라 1970년대의 연평균 6.1%에서 1995~2001년 기간에는 0.9%로 점차 감소하였다.

총산업의 생산성증가는 시간이 감에 따라 1970년대에는 0.9%, 1980년대에는 3.1%, 1990~1995년 기간에는 1.7%로 변동하였다.

---

9) 농업부문에서, 1970년부터 2001년까지 총산출과 1인당 산출량의 평균성장률은 각각 2.2%와 5.0%이다.

10) 총요소생산성의 기여도보다 상대적으로 큰 요소축적의 기여도는 총 국내총생산에 대해서도 적용한 성장회계 결과에서도 나타난다. II절에서 사용한 국가간 자료를 이용하여 구한, 1970년부터 2001년까지의 1인당 국내총생산의 성장률은 연평균 4.9%이며, 이 가운데 1인당 물적자본증가의 기여도는 2.7%p, 인적자본증가의 기여도는 0.9%p, 총요소생산성증가의 기여도는 1.3%p이다.

<표 3> 총산업과 개별산업에 대한 성장요인 분석결과, 1970~2001

	연평균 성장률(%)				1인당 성장률에 대한 기여도(%p)				노동소득 분배율
	총산출 (Y)	노동 (L)	자본 (K)	인적 자본 (H)	Y/L	K/L	h	총요소 생산성	
총산업									
1970~1980	10.37	6.11	15.13	0.42	4.27	3.14	0.27	0.85	0.65
1980~1990	10.12	4.45	10.53	0.75	5.67	2.03	0.50	3.13	0.67
1990~1995	8.26	3.71	11.36	0.80	4.55	2.27	0.57	1.72	0.70
1995~2001	5.19	0.92	6.38	0.43	4.26	1.62	0.31	2.34	0.70
1970~2001	8.67	4.05	10.99	0.57	4.61	2.26	0.39	1.97	0.67
제조업									
1970~1980	14.47	8.46	17.26	0.00	6.01	3.56	0.00	2.45	0.59
1980~1990	10.66	4.36	10.16	0.67	6.29	1.93	0.45	3.91	0.67
1990~1995	8.08	−0.55	10.25	1.05	8.63	3.19	0.74	4.70	0.70
1995~2001	6.85	−2.53	7.14	0.09	9.39	3.19	0.06	6.13	0.67
1970~2001	10.40	3.45	11.51	0.39	6.95	2.85	0.25	3.85	0.65
전기·가스·수도사업									
1970~1980	16.77	2.48	13.37	−0.04	14.30	6.49	−0.02	7.82	0.40
1980~1990	14.37	5.30	10.24	−0.16	9.06	3.68	−0.04	5.42	0.25
1990~1995	9.72	0.75	9.05	0.19	8.96	5.79	0.06	3.12	0.30
1995~2001	8.48	−3.96	8.00	−1.09	12.43	8.34	−0.33	4.43	0.30
1970~2001	12.84	1.81	10.29	−0.24	11.03	5.77	−0.08	5.33	0.32
건설업									
1970~1980	9.90	10.62	20.50	−0.49	−0.73	3.18	−0.33	−3.58	0.68
1980~1990	9.85	3.67	10.56	0.27	6.18	1.52	0.18	4.48	0.78
1990~1995	6.90	6.96	20.99	0.22	−0.06	2.64	0.13	−2.83	0.81
1995~2001	−1.37	−3.59	11.99	−0.57	2.22	2.96	−0.49	−0.25	0.81
1970~2001	6.99	4.88	15.23	−0.14	2.11	2.59	−0.12	−0.36	0.75
도소매·음식·숙박업									
1970~1980	7.11	5.74	14.60	0.64	1.38	2.02	0.50	−1.14	0.77
1980~1990	9.45	4.04	12.22	1.14	5.41	2.16	0.79	2.46	0.74
1990~1995	6.80	5.73	16.10	0.57	1.07	1.99	0.39	−1.31	0.81
1995~2001	4.27	1.55	7.69	0.54	2.73	0.59	0.45	1.68	0.90
1970~2001	7.04	4.24	12.34	0.75	2.80	1.66	0.56	0.58	0.80
운수·창고·통신업									
1970~1980	12.38	4.09	24.52	−0.39	8.29	5.63	−0.28	2.94	0.72

	연평균 성장률(%)				1인당 성장률에 대한 기여도(%p)			노동소득 분배율
	총산출 (Y)	노동 (L)	자본 (K)	인적 자본 (H)	Y/L	K/L	h	총요소 생산성	
1980~1990	7.88	3.72	12.01	0.30	4.17	2.26	0.22	1.69	0.73
1990~1995	8.02	4.74	4.93	0.17	3.28	0.04	0.14	3.11	0.82
1995~1901	10.31	3.93	1.79	0.38	6.39	-0.20	0.34	6.24	0.91
1970~2001	9.52	3.92	12.52	0.07	5.60	1.91	0.06	3.64	0.78
금융·보험·부동산업									
1970~1980	7.99	10.98	14.42	-0.96	-2.99	1.95	-0.42	-4.53	0.43
1980~1990	10.11	10.24	9.62	-0.32	-0.13	-0.31	-0.16	0.34	0.50
1990~1995	10.24	12.09	11.30	-1.14	-1.85	-0.39	-0.57	-0.89	0.50
1995~1901	3.97	5.14	4.34	0.44	-1.18	-0.41	0.21	-0.98	0.49
1970~2001	8.00	9.49	10.09	-0.50	-1.49	0.32	-0.24	-1.57	0.48
사회 및 개인 서비스업									
1970~1980	7.92	1.64	5.17	1.31	6.28	1.37	0.80	4.11	0.61
1980~1990	11.92	4.46	13.41	0.56	7.47	2.62	0.40	4.45	0.71
1990~1995	9.36	2.46	15.36	0.40	6.90	2.69	0.32	3.89	0.79
1995-2001	4.05	3.75	8.21	0.36	0.30	0.68	0.30	-0.69	0.85
1970-2001	8.42	2.99	9.75	0.71	5.43	1.92	0.51	3.00	0.72

출처 : 이종화·송철종(2004).

<그림 5> 한국의 산업별 노동자비율, 1970~2000

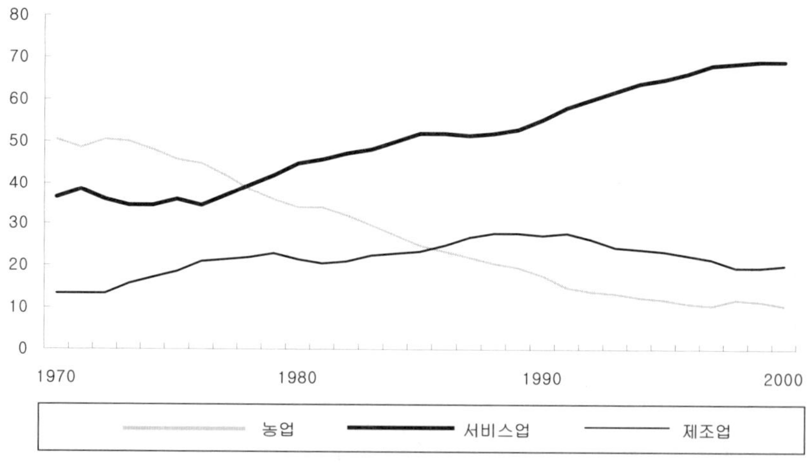

개별산업수준의 성장회계결과 또한 〈표 3〉에 제시되어 있다. 제조업부문은 총산출 및 1인당 산출의 연평균성장률이 높은 수준에서 유지되어 왔음을 알 수 있다. 1970년부터·2001년까지 총산출 및 1인당 산출의 연평균증가율은 각각 10.4%와 7.0%를 기록하고 있다. 또한 제조업부문은 생산성증가에서도 엔진과 같은 역할을 하였다. 전체 기간 동안 제조업의 총요소생산성은 연평균 3.9% 증가하였다. 생산성증가는 1970년대에는 2.5%, 1980년대에는 3.9%, 1990~1995년 기간에는 4.7%, 1995~2001년 기간에는 6.1%로 시간이 지남에 따라 점차 가속되었다.11)

서비스부문의 총산출 및 생산성 증가의 변화는 매우 심하였다(〈그림 6〉 참조). 전기·가스·수도 사업과 운수·창고·통신업을 포함한 서비스산업은 전체 기간 동안 1인당 산출량과 총요소생산성에서 높은 성장세를 유지하고 있다. 전기·가스·수도 사업의 1인당 성장률과 생산성증가율은 각각 11.0%와 5.3%이며, 운수·창고·통신업의 경우 각각 5.6%와 3.6%이다. 사회 및 개인 서비스업 또한 1990~1995년 기간 동안 1인당 산출량과 생산성의 증가율이 각각 연평균 7%와 4% 이상을 보이며 높은 성장세를 나타내고 있다. 그러나 그 이후에 1995~2001년 기간 동안 1인당 산출량은 0.3% 증가하고 생산성은 -0.7% 감소하는 낮은 성장세를 보이고 있다.

기타 서비스산업의 성장은 상대적으로 저조하였다. 전체 기간 동안 도소매·음식·숙박업의 1인당 산출량은 2.8%, 금융·보험·부동산업은 -1.5%였으며, 평균생산성증가율은 도소매·음식·숙박업 0.6%, 금융·보험·부동산업은 -1.6%를 나타냈다. 건설업의 경우도

---

11) Young(1995)에서는 1970년대와 1980년대 한국 제조업부문의 총요소생산성증가율이 각각 평균 2.4%와 2.8%로 나타났으며, 1966~1990년 기간에는 3.0%의 증가율로 나타났다. Young의 논문과 이 논문의 차이점은, Young이 이 논문에서 사용한 59~70% 사이의 노동소득분배율에 견주어 낮은, 48~57%의 노동소득분배율을 사용한 데서 말미암는다.

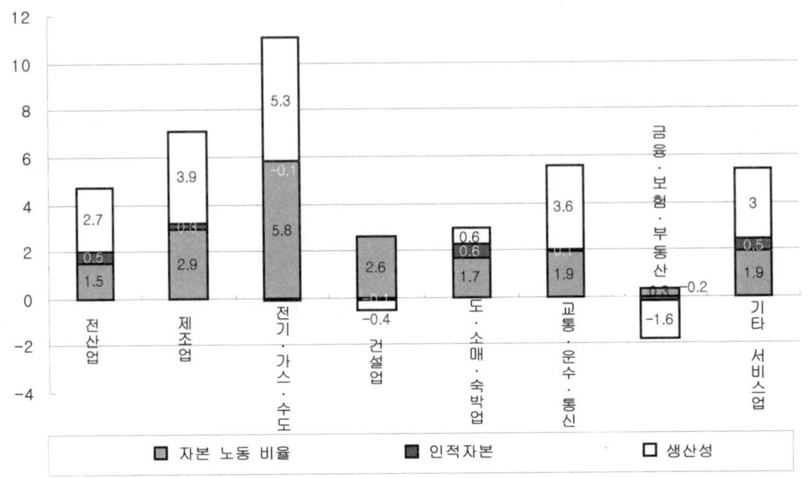

1인당 생산의 연평균성장률은 2.1%, 평균생산성증가율은 -0.4%로 성장률이 낮았다. 따라서 한국경제에서 이러한 산업들은 생산성이 뒤쳐진 산업이라 할 수 있다.

이러한 산업들의 생산이 한국경제의 2/5를 차지하고 있기 때문에, 상대적으로 낮은 이들 산업의 생산성이 경제 전체의 생산성 증가에 방해가 되고 있다. 2001년에 금융·보험·부동산업, 건설업, 그리고 도소매·음식·숙박업이 전체 GDP에서 차지하는 비중은 각각 17.6%, 8.0% 그리고 12.4%이다.

V. 지속적 성장을 위한 생산성 향상의 과제

한국경제가 지난 30년 동안 택해왔던 것과 같은 방식의 선진국 '따라잡기'는 이제 한계에 다다랐다. 한국과 선진국 사이의 요소축적량 및 기술수준의 격차가 줄어들면서 우리 경제가 과거처럼 높은 투자율만으로 성장하는 것은 한계에 부딪혀 있으며, 첨단 선진 기술을 모방하는 것 또한 점차 어려워지고 있다. 앞으로 선진국을 따라잡는 속도가 점점 둔화되면서 우리 경제가 과거와 같은 고도성장을 하기는 힘들 것으로 예상된다. 따라서 이제 우리 경제가 지속적으로 성장하기 위해서는 꾸준히 생산성을 증가시켜 성장잠재력을 높여나가야 할 것이다. 지속적인 생산성의 증가를 위해서는 무엇보다도 기술혁신을 위한 효율적인 투자와 생산성향상을 주도해나갈 우수하고 창의력 있는 인력 양성이 중요하다.

한 경제의 생산성은 그 경제 안의 창조적인 기술혁신과 다른 곳에서 생산된 기술을 채택하고 모방할 수 있는 능력에 따라 결정된다. 저소득, 지기술수준의 국가들에게는 기술의 창조(creation)보다도 흡수(adaptation)가 더 중요하다. 그러나 선진국의 기술수준을 점차 따라잡게 되면서 후발국으로서의 기술도입 또는 기술모방의 이점이 사라지게 되므로 이제 독자적인 기술개발을 위해 기술력을 높이는 것이 필요하다.

경제 전체의 기술력을 높이기 위해서는 먼저 기술혁신을 위한 기술요소의 투입이 중요하다. 기술투입요소의 양적인 측면에서 보면 한국은 최근 급속한 기술투자의 증가를 통해 선진국수준에 접근하고 있다. 창조적 혁신에 필요한 기술생산요소의 투입수준을 국가간에 비교하는 지표로 종종 사용되는 R&D 관련자료를 비교해보면, 한국은 2002년의 경우 R&D 투자에 전체 소득(GNP)의 2.9%를 지출하고 있다(〈표 4〉). 이것은 선진국과 비슷한 비율이지만 절대적인 수치로 비교해보면 한국은 일본이나 미국에 견주어 크게 뒤처져 있다. R&D 인력을 볼 때, 일본이 총 64만 7천 명으로 취업자 1천 명당 평균 9.9명의 연구인력을 가진 반면, 한국은 총 14만 2천 명으로 1천 명당 6.4명의 연구인력을 가지고 있으므로

<표 4> 국가별 연구·개발 지출과 연구인력 규모, 2002[1]

국가	총 R&D 지출		총 연구자수	
	금액 (백만 달러, ppp기준)	GDP 대비 백분율(%)	총 인원	고용 천 명당 연구자 수
한국	23,550	2.91	141,917	6.4
호주	7,810	1.54	66,099	7.2
캐나다	18,447	1.91	107,330	7.1
프랑스	36,618	2.20	177,372	7.2
독일	50,930	2.52	264,685	6.8
아일랜드	1,317	1.15	8,516	2.8
일본	106,838	3.12	646,547	9.9
미국	284,584	2.67	1,261,227	8.6
중국	72,014	—	810,525	—
싱가포르	2,189	—	18,120	—
대만	12,194	—	64,385	—

주 : 1) 또는 가장 최근 연도.
자료 : OECD, *Main Science and Technology Indicators*, May 2004.

아직은 격차가 크다.

또한 이따금 국가간 혁신적인 연구활동의 성과를 비교하기 위해 쓰이는 미국특허권 획득 자료를 보면 최근 들어 한국의 비중이 크게 늘어났다. 〈표 5〉는 1963년 이후 각국이 획득한 미국특허권의 개수를 보여주고 있다. 이를 보면 대부분의 특허권이 G5 국가들에 집중되어 있다는 것을 알 수 있다. 특허권의 절반은 미국인에게 주어진 것이며 20% 이상은 일본인에게 돌아갔다. 한국의 미국특허권 보유는 1990년에 1% 미만이었던 것에 견주어 2003년에는 2.3%로 상당히 늘어났다. 현재 한국의 미국특허권 보유 순위는 독일(6.8%), 대만(3.1%)에 이어서 세계 다섯 번째 위치에 있다.

우리 경제가 앞으로 지속적인 성장을 하기 위해서는 지식창출을 위한 R&D 투자에 더욱 힘써야 함은 틀림없다.[12] 그러나 기술투자가 필요하다고 해서 정부가 개입하여 투자를 늘려야 하는 것은 아니다. 오히려 지나친 정부주도의 R&D 투자는 중복투자를 초래하여 낭비가 될 가능성이 크다. 기술은 자본과는 달리 공동소비된다. 따라서 개발된 기술 가운데 가장 효율적인 기술을 모두가 같이 사용할 수 있으며, 뒤쳐진 기술은 실제 전혀 이용되지 않을 가능성도 있다. 같은 기술을 개발하기 위하여 많은 연구기관들이 투자를 했을 경우, 먼저 개발에 성공한 신기술투자를 제외한 나머지 모든 투자가 낭비될 수도 있다. 따라서 정부가 기술발전을 위해 인위적으로 경쟁을 촉진하거나 공공투자를 확대하는 것이 오히려 부작용을 가져올 수 있다. 과잉투자는 오히려 혼잡효과(congestion effect)를 가져와 기술개발에 부(負)의 외부효과를 초래할 수 있다. 기술투자의 양보다 중요한 것은 그 효율성임을 감안하면 단순한 투자확대 이상으로 R&D 투자의 효율적 배분이 중요하다. 따라서 기술개발의 과잉·중복 투자가 일어나지 않도록 종합적으로 잘 조정하고 장기적인 정책방향을 수립하는 체계를 갖추는 것이 중요하다. 그리고 정부의 공공투자는 응용기술이 아닌 기초기술개발에 중점적으로 이루어지는 것이 바람직하다.

기술혁신을 위해서는 무엇보다 우수한 인력이 필요하다. 최근의 신성장이론(new growth theory)은 기술혁신을 위한 우수한 인력자원(human resources)의 역할을 강조하고 있다. 그동안 한국교육의 양적·질적인 성과는 눈부셨다. 그러나 교육의 성과는 초·중등학교 수준에서 그쳐 있으며, 아직 고등교육의 질적 수준은 선진국에 견주어 낙후되어 있다. 앞으로 생산성향상을 위한 과제가 기

---

12) 하준경(2004)은 한국경제가 발전하면서 지속적 경제성장의 요인으로 R&D 투자를 통한 기술혁신이 점점 더 중요함을 지적하고 있다.

<표 5> 국가별 미국특허권취득 추이, 1963~2003

국가	1963~1982		1983~1989		1990~1999		2000~2002		2003	
	건수	%	건수	%	건수	%	건수	%	건수	%
미국	899,002	69.55	283,122	54.13	602,864	54.39	259,646	52.90	87,901	52.00
일본	85,607	6.62	98,741	18.88	237,092	21.39	99,378	20.25	35,517	21.01
독일	97,048	7.51	48,962	9.36	75,085	6.77	32,774	6.68	11,444	6.77
프랑스	37,223	2.88	17,502	3.35	30,674	2.77	11,895	2.42	3,869	2.29
영국	53,278	4.12	17,547	3.36	27,188	2.45	11,469	2.34	3,627	2.15
캐나다	21,241	1.64	9,903	1.89	22,727	2.05	10,456	2.13	3,426	2.03
대만	404	0.03	1,937	0.37	17,638	1.59	15,469	3.15	5,298	3.13
스위스	22,770	1.76	8,616	1.65	11,928	1.08	4,106	0.84	1,308	0.77
이탈리아	12,711	0.98	6,889	1.32	12,832	1.16	5,174	1.05	1,722	1.02
스웨덴	14,055	1.09	5,626	1.08	8,605	0.78	4,993	1.02	1,521	0.90
네덜란드	11,724	0.91	5,629	1.08	9,336	0.84	3,964	0.81	1,325	0.78
한국	116	0.01	483	0.09	14,256	1.29	10,638	2.17	3,944	2.33
호주	3,853	0.30	2,549	0.49	4,984	0.45	2,439	0.50	900	0.53
벨기에	4,683	0.36	1,957	0.37	4,405	0.40	2,134	0.43	622	0.37
오스트리아	4,313	0.33	2,282	0.44	3,665	0.33	1,624	0.33	592	0.35
이스라엘	1,430	0.11	1,447	0.28	4,501	0.41	2,793	0.57	1,193	0.71
핀란드	1,455	0.11	1,430	0.27	4,099	0.37	2,159	0.44	865	0.51
덴마크	2,642	0.20	1,220	0.23	2,617	0.24	1,341	0.27	529	0.31
홍콩	263	0.02	217	0.04	849	0.08	649	0.13	276	0.16
아일랜드	292	0.02	251	0.05	637	0.06	399	0.08	166	0.10
싱가포르	44	0.00	56	0.01	647	0.06	924	0.19	427	0.25
중국	105	0.01	135	0.03	571	0.05	603	0.12	297	0.18
인도	235	0.02	94	0.02	442	0.04	557	0.11	341	0.20
기타	18,043	1.40	6,399	1.22	10,748	0.97	5,281	1.08	1,918	1.13
합계	1,292,537	100.000	522,994	100.000	1,108,390	100.000	490,865	100.000	169,028	100.000

주 : 특허권 자료는 전체 특허 가운데 design patents, plant patents, reissue patents 등을 제외하고 기술발명과 더 밀접한 관련이 있는 utility patents만을 포함한다.
출처 : USPTO, "Patents Counts by Country/State and Year – Utility Patents, January 1, 1963~December 31, 2003," March 2004.

술혁신에 있다고 하면, 기술의 고도화에 맞추어 새로운 기술을 개발하고 또 이용할 수 있는 고급인력을 개발하기 위한 대학교육의 질적 개선이 시급하다.

현재 한국의 대학취학률은 세계에서 가장 높은 수준이다. 고등교육취학률의 급속한 증가는 한국사회의 강한 교육열과 더불어 지속적인 산업기술발전으로 말미암아 더 높은 수준의 교육에 대한 수요가 늘어나고 있음을 반영하고 있다.

그러나 교육의 양적인 측면의 증가만으로는 기술혁신이 이루어질 수 없다. 혁신적인 기술개발활동을 위한 인력을 양성하기 위해서는 그에 합당한 질을 갖춘 교육이 필요하다. 〈표 6〉은 국가별 고등교육에 관한 몇 가지 지표를 보여주고 있다. 이 표에서 한국의 고등교육에 대한 학생 1인당 공교육비와 사교유비를 합한 총 교육비지출수준은 그다지 높지 않다. 또한 한국은 다른 국가들에 견주어 교사당 학생의 비율이 상당히 높은 편이다.

〈표 6〉은 또한 2000년의 1인당 GDP 대비 고등교육비 지출 비율에 대해 몇 개 국가의 자료를 제시하고 있다. 이 자료를 보면 한국은 다른 국가와 비교하여 고등교육에 정부가 부담하는 비율이 상대적으로 낮은 것으로 나타났다. 2000년에는 민간이 부담하는 사교육비가 전문대학과 대학의 총 교육비지출의 73%를 차지했으며, 이는 GDP의 1.9%에 해당하는 규모이다.

많은 실증연구들이 더 작은 수업규모나 높은 질의 강의와 같은 학생에 대한 학교의 지원이 초·중등 학생들의 학업성취도에 중요한 역할을 한다는 사실을 입증하고 있다(Hanushek and Kimko 2000, Barro and Lee 2001). 만약 이런 주장들을 고등교육에까지 확대 적용한다면, 교사당 학생의 비율이나 강의의 질을 개선시키는 것은 고등교육에서도 또한 교육의 질을 높이는 데 긍정적인 작용을 할 것이다. 교사당 학생 비율을 낮추고 학생들의 창의성을 키

<表 6> 국가별 고등교육지표

국가	학생 1인당 교육비 지출(2000)		총 교육비 지출/ GDP(2000)			전체 등록률 (%), (2002)	교수 대 학생 비율 (2001)
	미달러 PPP[1]	1인당 GDP 대비 비율	합계[2]	공공 부문[3]	민간 부문		
한국	6,118	40	2.6	0.6	1.9	82	53.9
프랑스	8,373	33	1.1	1.0	0.1	54	18.1
독일	10,898	42	1.0	1.0	0.1	48	12.3
일본	10,914	42	1.1	0.5	0.6	49	11.3
스웨덴	15,097	58	1.7	1.5	0.2	76	9.3
영국	9,657	39	1.0	0.7	0.3	59	17.6
미국	20,358	59	2.7	0.9	1.8	81	13.7
칠레	7,483	79	1.3	0.6	1.7	38	—
말레이시아	11,237	125	—	—	—	27	16.9
필리핀	1,589	41	1.5	0.5	1.0	31	25.9

주 : 1) PWT 6.1에 있는 PPP로 구매력을 조정.
   2) 공교육비와 사교육비의 합계와 가계나 기타 교육단체에 지급된 보조금을 모두 포함한다.
   3) 직접적인 공교육비 지출과 가계와 다른 사적 교육단체에 지급된 공공지출을 뜻한다.
자료 : OECD(2003), *Educational At a Glance* ; UNESCO(2003), *Statistical Yearbook*.

위주는 교육방법을 도입해야만 미래 기술개발의 핵심이 될 창의력 있는 인재를 육성해나갈 수 있을 것이다.

교육의 질을 향상하기 위해서는 또한 효율적인 교육시스템이 필수적이다. 즉, 교육의 질을 높이기 위해서는 교육의 양적인 측면과 질적인 측면에 대한 투자가 모두 향상되어야 한다. 더불어 이런 노력이 성과를 거두기 위해서는 교육체제의 관리나 제도적 부분을 강화하는 것이 중요할 것이다. 한국에서는 대부분의 고등교육기관들이 사립이지만, 교육당국의 심한 규제를 받고 있다. 많은 경우 정부개입은 재정자원이나 인적자원을 비효율적으로 배분하고 있

다. 따라서 관료제적인 통제를 줄이고 교육기관의 독립성을 높임
으로써 더 나은 교육체제를 만들 수 있을 것이다. 또한 학교간의
경쟁을 촉진시키는 것도 교육기관의 질적 측면 발전에 긍정적인
작용을 할 것이다.

VI. 맺음말과 정책적 제언

이 논문은 한국경제가 이룩한 고도성장의 요인과 앞으로의 성
장전망에 대하여 생산성(productivity)의 변화를 중심으로 살펴보았
다. 먼저 '소득수준회계(level accounting)'의 방법을 사용하여 1970
년 이후 한국과 선진국 사이의 노동자 1인당 생산량격차의 변화추
이를 살펴보았다. 분석결과 한국은 1970년 미국의 19% 수준에서
2000년에는 44%로 1인당 산출량의 격차를 크게 줄였다. 이러한
급속한 따라잡기 현상은 한국경제가 매우 높은 투자율과 취학률을
유지함으로써 물적 및 인적자본을 빠르게 성장시킬 수 있었던 것
에 말미암는다. 반면에, 상대적으로 생산성의 증가가 기여한 바는
낮았던 것으로 나타났다. 2000년 현재 한국의 총요소생산성수준은
미국의 57% 수준에 머물러 있는 것으로 추정되었다.

1970~2001년 기간에 한국의 비농림산업 전체의 산출량은 연
평균 8.7%로 매우 빠르게 성장하였으나, 이는 농업인구가 비농업
으로 이동한 데 따른 노동력증가가 주요인이었던 것으로 나타났다.
노동시간당 산출량은 연 평균 4.6%로 성장하였으며 '성장회계'를
통한 분석 결과, 이 가운데 노동시간당 자본량의 증가가 2.3%, 인
적자본이 0.4%, 생산성증가가 2.0% 기여한 것으로 추정되었다.
산업별 분석 결과, 한국의 제조업 생산성증가율은 높은 수준을 유
지해오고 있으며 지속적으로 상승하는 추세인 것으로 나타났다. 그

러나 금융·보험·부동산업, 도소매·숙박업, 건설업, 개인서비스업 등의 생산성증가율은 마이너스이거나 매우 낮은 것으로 나타나, 앞으로 한국경제 전체의 생산성을 높이기 위해서는 서비스산업의 경쟁력을 높이는 것이 시급한 것으로 드러났다.

한국과 선진국 사이의 요소축적량 및 기술수준의 격차가 줄어들면서 우리 경제의 투자율이 하락하고 있으며 선진기술의 모방은 점차 어려워지고 있다. 따라서 앞으로 선진국을 따라잡는 속도가 점점 둔화되면서 우리 경제가 과거와 같은 고도성장을 하기는 힘들 것으로 예상된다. 그러므로 우리 경제가 지속적으로 성장하기 위해서는 꾸준히 생산성을 증가시켜 성장잠재력을 높여나가야만 한다. 최근 기술투자의 액수가 크게 증가하고 국제특허권의 취득 수가 늘어나고 있어 기술발전을 통한 생산성증대에 밝은 전망을 주고 있으나 아직 선진국과 격차가 크다. 앞으로 기술혁신투자를 늘리고 외국의 첨단기술기업의 직접투자(FDI)를 적극적으로 유치하는 데 힘써야 할 것이다. 그리고 무엇보다 새로운 기술의 개발을 위한 창의력을 가진 인적자본의 배양이 중요하며, 이를 위한 체계적인 노력이 필요하다.

참고문헌

김용진·이종화(2000), 〈성장이론의 소개〉, 《계량경제연구》 9월.

이종화(2003), 《동아시아 경제의 성장과 금융위기의 재조명 : 재도약할 것인가》, 아세아문제연구소.

이종화·송철종(2004), 《한국 경제성장요인의 산업별 분석, 1970~2001》, 미발간 원고.

표학길(2002), 〈한국의 산업별·자산별 자본스톡추계(1953~2000)〉, 《한국경제의 분석 9》, 한국경제연구원.

하준경(2004), 〈성장 전략의 전환 필요성과 정책과제 : 동태적 거시경제 모형을 이용한 분석〉, 《금융경제연구》 제169호, 한국은행.

Barro, R. J. and J. W. Lee(1994), "Sources of Economic Growth," *Carnegie Conference Series on Public Policy*, 40:1.

______(2001), "International Data on Educational Attainment : Updates and Implications," *Oxford Economic Papers* 53(3).

______(2003), "Economic Growth and Investment in East Asia Before and After the Financial Crisis," *Seoul Journal of Economics*.

Barro, R. J. and X. Sala-i-Martin(2004), *Economic Growth*, 2nd edition, Cambridge, MA : MIT Press.

Bernanke, B. S. and R. S. Gurkaynak(2001), "Is Growth Exogenous? Taking Mankiw, Romer and Weil Seriously," *NBER Working Paper* No. 8365.

Bosworth, B. and S. Collins(2003), "Empirics of Growth: An Update," *mimeo*, Brookings Institutions.

Hall, R. and C. Jones(1999), "Why Do Some Countries Produce So Much More Output Per Worker than Others?" *Quarterly Journal of Economics*, pp. 83~116.

Hanushek, E. and D. Kimko(2000), "Schooling, Labor Force Quality and the Growth of Nations," *American Economic Review*, 90(5), pp. 1184~1208.

Heston, A., R. Summers and B. Aten(2002), *Penn World Tables* Version 6.1, Center for International Comparisons at the University of Pennsylvania(CICUP), October.

Klenow, P. and A. Rodriguez-Clare(1997), "The Neoclassical Revival in Growth Economics : Has It Gone Too Far?," *NBER Macroeconomics Annual* Vol. 12, pp. 73~103.

Nehru, V. and A. Dhareshwar(1993), "A New Database on Human Capital Stock : Sources, Methodology and Results," *Revista Analisis de Economico* 8(1), pp. 37~59.

Lee, Jong-Wha(2001), "Education for Technology Readiness : Prospects for Developing Countries," *Journal of Human Development* 2(1).

Lee, J. W. and R. J. Barro(2001), "Schooling Quality in a Cross of Countries," *Economica* 68.

Mankiw, G., D. Romer and D. Weil(1992), "A Contribution to the Empirics of Economic Growth," *Quarterly Journal of Economics* 107.

Pilat, D.(1995), "Comparative Productivity of Korean Manufacturing, 1967~1987," *Journal of Development Economics* 46(1), pp. 123~144.

Solow, R. M.(1957), "Technical Change and the Aggregate Production Function," *Review of Economics and Statistics* 39, August, pp. 312~320.

Young, A.(1995), "The Tyranny of Numbers : Confronting the Statistical Realities of the East Asian Growth Experience," *Quarterly Journal of Economics* 110(3).

Weil, D.(2004), *Economic Growth*, Addison-Wesley.

제10장
혁신의 선순환구조 확립 : 인적자본 기반 구축

하준경

Ⅰ.머리말

지속적 경제성장을 위해 인적자본의 원활한 축적이 중요하다는 점은 두루 아는 사실이다. Goldin(2001) 등이 지적한 바대로 19세기가 물적자본의 세기였다면 20세기는—적어도 선진국의 경우에는—인적자본의 세기였다고 할 수 있다. 즉 경제성장의 동력이 물적자본에 대한 투자로부터 인적자본에 대한 투자, 그리고 사람들의 아이디어에 기반한 기술혁신으로 옮겨가는 것이다. 이러한 주장은 Galor and Moav(2003) 등에서도 이론모형을 통해 제기된 바 있다.

인적자본에 대한 투자는 물적자본에 대한 투자와는 여러 가지로 다른 특성들이 있다. 민저 인직자본은 기술혁신에 너 직접적으로 영향을 준다. Nelson and Phelps(1966)에서 지적된 대로 인적자본의 수준이 높아지면 기술의 창조와 흡수가 빨라져 경제성장의 속도가 빨라진다. 또 사회를 이루어 살아가는 인간들의 속성상 한 사람의 인적자본은 다른 사람의 인적자본에도 막대한 외부효과를 주게 된다. 그러나 이와 같은 외부성들은 시장에서 원활히 해결되기 어렵다. 즉, 인적자본에 대한 투자가 사회적으로 최적인 수준보다 적게 이루어지기 쉬운 것이다. 따라서 대부분의 국가들에서 인적자본축적을 장려하기 위한 다양한 정부개입이 이루어지고 있는 것이 사실이다.

우리나라에서는 지난 수 십 년 동안 엄청난 교육열에서 볼 수 있듯이 세계 어느 나라에 견주어도 인적자본의 축적 속도가 빨랐으며, 그것이 경제성장에도 큰 기여를 했다. 그러나 외환위기 이후 경제 각 부문의 양극화와 함께 소득분배상황이 크게 악화되고 빈곤층이 증가하면서 저소득층의 교육투자가 부진해지는 문제가 나타나고 있다. 예컨대 2000년 현재 소득 하위 10% 계층의 교육투자는 상위 10% 계층에 견주어 1/6밖에 되지 않는다. 문제는 이러한 현상이 지속되면 국가의 전반적 인적자본기반이 취약해지면서 혁신의 기반도 침식될 가능성이 크다는 점이다. 특히 우리나라가 과거의 물적자본 중심의 성장패러다임에서 인적자본과 기술 중심의 새로운 성장패러다임으로 전환할 수밖에 없는 기로에 놓여 있음을 감안하면, 사회의 한 부분에서 인적자본투자가 저해되고 있다는 사실은 매우 심각한 문제이다.

이 장에서는 이러한 문제들에 대응하기 위한 인적자본기반확충 정책에 대해 살펴볼 것이다. 인적자본과 관련해서는 물론 수월성(excellence)을 위한 교육정책도 매우 중요한 주제가 되지만 여기서는 주로 인적자본축적기회를 광범위하게 보장하기 위한 최소한의 인프라를 구축하는 문제에 초점을 맞추기로 한다.

먼저 제Ⅱ절에서는 인적자본기반확충을 위한 정책의 역사적 배경을 살펴보고, 제Ⅲ절에서는 이러한 정책이 왜 필요한지를 알아보며, 제Ⅳ절에서는 바람직한 정책방향을 모색하고, 제Ⅴ절에서는 결론을 제시한다.

Ⅱ. 인적자본 기반 확충을 위한 투자 — 역사적 배경

산업혁명 이후 급속한 자본축적을 이룬 유럽과 미국에서는 19세기 후반에 들어서면서 인적자본의 중요성에 대한 인식이 광범위하게 싹트기 시작하였다. 특히 이러한 인식이 기업가들 사이에서부터 퍼지기 시작했다는 점이 주목할 만하다. 당시 기업가들은 제대로 교육받지 못한 노동자들의 저임금·장시간 노동만으로는 이윤을 내는 데에 한계가 있으며, 노동자들에게 양질의 교육을 제공하는 것이 이윤율을 높이는 데에도 도움이 된다는 점을 깨닫고 공교육을 확충할 것을 주장하게 되었다. 이는 노동력의 질이 일정한 상태에서는 자본축적이 진행될수록 자본의 한계생산성이 체감하기 때문에 이윤율을 높이려면 궁극적으로 노동력의 질을 높여야 하는 점을 반영한다.

1. 유럽의 공교육 확대

영국에서는 특히 1867년 파리박람회 이후 이러한 경향이 강화되었는데, 이는 당시 영국경제의 미래에 대한 영국인들의 위기의식이 고조된 것과도 관련된다. 즉 1851년의 박람회에서는 90개 정도의 제조업종목 가운데 대부분에서 최고상을 휩쓴 영국이 1867년에는 단지 10개 정도의 종목에서만 수상하게 뇌었고, 이는 영국인들에게 큰 충격이 되었다. 당시 상당수 영국인들은 경쟁력저하의 원인이 무엇보다 영국의 교육제도에 있었다고 생각하게 되었다. 이에 따라 공교육확충과 교육개혁에 대한 자본가들의 로비가 강화되었는데, 영국 정부와 의회는 이러한 요구에 매우 적극적으로 대응하였다. 1868년에는 의회에 과학교육에 대한 위원회가 설치되었으며, 교육실태에 대한 전면적 재점검이 각종 위원회들을 통해서 지속적으로 이루어지게 되었다. 1870년 교육법에서는 정부가 초등교육의 전면적 실시를 책임지게 되었고, 1880년에는 의무교육이 실시되었으며, 1890년에는 기술교육을 위한 공적기금을 조성하는 지방조세법이 마련되었다.

다른 유럽국가들에서도 비슷한 일들이 진행되었다. 프랑스 자본가들은 교육개혁을 적극 지원하여 1881년에는 무상의무초등교육이 실시되고 과학기술교육도 더욱 확충되었다. 독일에서도 자본가들이 대학개혁을 로비하고 기술훈련의 강화와 기초과학의 산업적 응용을 위한 자금을 지원하였다. 독일정부도 공교육제도를 확충하기 위한 조세를 부과하고 교사에 대한 훈련과 자격증제도를 확립하였다. 한편 네덜란드에서는 이미 1830년대에 산업자본가와 기업가들을 대표하는 민간조직들의 자금지원으로 산업학교들이 설립된 바 있다.

이와 같이 유럽국가들에서는 공교육을 대폭 확충한 결과 자본에 대한 렌트에 견주어 임금이 크게 상승하고 중산층이 확대되면서 소득분배상황이 뚜렷이 개선되어 영국의 경우 1870년 무렵 0.6을 상회했던 부의 불평등에 관한 지니계수가 1910년 무렵에는 0.3 수준으로 크게 하락하게 되었다. 뿐만 아니라 노동력의 질적 향상으로 말미암아 지속적 안정성장의 토대도 마련되었다.

2. 미국의 교육과 리더십

교육기반의 확대과정은 미국에서도 오래 전부터 진행되어 1840년대에 이미 유럽을 능가하는 수준이 되었으며, 19세기 중엽에는 미국이 세계에서 가장 잘 교육받은 나라가 되었다. 특히 남북전쟁 이후에는 거의 대부분의 주들에서 공공자금지원을 통한 초등교육 시스템이 확립되었으며 중등교육과 고등교육에서도 공적 성격이 강화되었다.

중등 및 고등교육의 대중화는 20세기 초 미국교육의 중요한 특징으로서 유럽과 차별화되는 요소였다. 즉, 유럽에서는 20세기에 들어서까지도 중등 및 고등교육에 대해서는 엘리트주의가 퍼져 있었던 반면, 미국에서는 '인류평등주의'(egalitarianism)가 더 강해서 모든 이들이 공통의(common) 통합된(unified) 학문교육을 받아야 한다는 생각이 주류를 이룬 것이다.[1] 이러한 차이 때문에 20세기

---

1) 물론 미국에서도 흑인노예들에 대한 교육평등권이 보장된 것은 훨씬 뒤의 일이다.

들어 중등교육과 고등교육 측면에서 미국이 유럽국가들에 견주어
훨씬 앞서가기 시작했는데, 바로 이것이 미국이 초강대국으로 발
돋움할 수 있었던 토대가 되었다. 뿐만 아니라 교육이 '계급' 간의
차이를 벌리기보다는 사회적, 지역적 이동성을 강화하고 경제적
성과의 불평등을 줄이는 효과도 거둘 수 있었다. 실제로 20세기 중
반까지 미국의 계층간 임금격차는 상당히 줄어들었다.

Goldin(2001)은 미국에서 20세기가 '인적자본의 세기'가 될 수
있었던 것은, 교육제도의 변혁, 정부의 적극적 교육자금지원, 납세
자들이 타인의 자녀교육에 기꺼이 돈을 쓸 준비가 되어 있었던 점,
기업과 산업이 제도교육이 그들에게도 중요하다는 점을 인식한
점, 그리고 부모들이 자녀들을 학교에 보내고자 했고 자녀들은 학
교에 가고자 했던 점 등을 들었다. 인류평등주의로 요약되는 이러
한 '미덕'(virtues)은 미국의 공교육을 세계최고로 만들었으며 그것
이 미국의 리더십을 가져왔다는 것이다.[2]

3. 유럽과 미국

유럽과 미국의 교육을 다소 단순화해서 비교해보면, 유럽이나
미국 모두 초등교육에 대해서는 19세기 말까지 급속한 대중화를

---

2) 그러나 교육에서 미국식시스템이 항상 바람직한 방향으로 작용한 것만은 아니었
다. 예컨대 학생들에 대한 지나친 관대함, 즉 엄격한 기준이나 국가적 시험이 미비
하다는 특징은 진학률이 낮았을 때에는 교육의 대중화에 기여했으나 진학률이 높
아졌을 때에는 저학력학생들이 더욱 뒤처지도록 하였다. 이와 관련해서 유럽에서
는 저학력학생들로 하여금 표준화된 시험을 통해 자극을 주거나 기술교육을 받도
록 함으로써 문제에 대응하고 있다. 다른 한편으로 지방정부 중심의 교육자금조달
제도는 미국 내 지역간 교육자금격차를 확대하여 가난한 지역의 교육을 더욱 악화
시켰다. 또 저렴한 비용으로 교육서비스를 제공하는 공립학교들이 유럽에 견주어
덜 발달하게 된 것이 저소득층에 대한 양질의 교육을 확대하는 데 장애요인이 되
었다는 지적도 있다(Foellmi and Zweimüller 2003). 이러한 요인들로 말미암은 소득
계층간 교육의 질적 격차는 20세기 후반에 나타난 소득격차심화와도 무관하지 않
을 것이다.

이루었으나 중등 및 고등교육 측면에서는 상당한 차이가 있었다. 유럽에서는 20세기 전반에 들어서까지 엘리트주의의 영향으로 중등·고등 교육의 기회가 소수에게 한정되어 있었던 반면, 미국에서는 인류평등주의를 바탕으로 한 공화주의적 전통에 따라 일찍이 중등·고등 교육의 대중화가 진전되었다. 미국에서 교육의 대중화는 공공자금을 통하여 확산되었으며, 그것이 미국의 선진적 지위를 확립하는 데 큰 역할을 하였다.

또 교육내용의 측면에서도 유럽과 미국은 다소 차이가 있었다. 유럽은 직업교육에 가까운 구체적 기술에 초점을 둔 반면, 미국은 실용적이되 좀더 일반적인 내용을 가르치는 데 주력했다. 인적자본을 일반인적자본(general human capital)과 특정인적자본(specific human capital)으로 나눈다면, 미국은 전자에 중점을 둔 반면 유럽은 후자에 중점을 둔 것이다. Krueger and Kumar(2002)는 이러한 차이가 1980~1990년대에 미국과 유럽 사이에 성장률격차가 발생한 중요한 이유가 되었다고 한다. 즉, 기술혁신이 급속히 진행되는 시기에는 새로운 기술에 대한 적응성이 중요한데, 일반 인적자본은 새로운 기술에 대한 노동자들의 적응성을 높여 기술혁신을 촉진하는 반면, 특정기술에 국한된 인적자본은 새로운 기술이 개발됨에 따라 그 가치가 떨어지게 되고 원활한 기술혁신에 도움이 되지 않을 수 있다는 것이다. 여기서 우리는 수준 높은 일반 인적자본을 축적할 수 있는 기회를 폭넓게 제공하는 것이 지속적 성장에 중요하다는 점을 알 수 있다.

그러나 전반적으로 볼 때 유럽이나 미국 모두 다소의 차이는 있을지라도 인적자본의 중요성을 깨닫고 공교육을 중요한 성장엔진으로 키우면서 동시에 분배문제 등 사회적 과제도 해결하였다는 점에 주목할 필요가 있다. 이 과정에서는 물론 사회적 합의가 매우 중요했다. 자본가들은 양질의 노동력과 지속적 기술혁신을 통해 이윤율을 높이고자 스스로 계급적 특권을 기꺼이 포기하고 공교육을 통한 재분배를 적극적으로 로비하였으며, 정부는 이를 수용했고 가계는 교육에 열의를 보였다. 이러한 사회적 노력이 자본축적에 따른 이윤율의 하락 등 기존 생산시스템의 문제를 해결하고 자본주의시장경제의 지속적 발전을 가져오게 된 것이다.

Ⅲ. 인적자본 기반 확충정책의 필요성

인적자본의 축적과 관련해서 시장에서 가장 해결하기 어려운 점의 하나가 바로 정보의 불완전성으로 말미암은 자본시장의 실패이다. 예를 들어, 어떤 가난한 사람의 아이가 매우 똑똑하다고 하자. 부모는 아이에게 충분히 교육을 시키면 앞으로 큰 수익이 발생할 것이라고 생각했다. 그러나 이들은 당장 교육비가 없는 관계로 은행에 가게 되었다. 부모가 은행원에게 "이 아이의 장래 인적자본을 담보로 교육비를 대출받고 싶습니다"라고 말하면 과연 어떻게 될 것인가. 아마 대부분의 경우 자금을 대출받는 데 상당한 곤란을 겪게 될 것이다. 그런데 문제를 더 심각하게 하는 것은 이 아이가 제때에 교육을 받지 못하면 앞으로 이를 만회하기가 더욱 어려워진다는 데 있다. 인간의 수명은 유한하고 학습에 필요한 결정적 시기(critical period)라는 것이 존재하기 때문이다. 따라서 자본시장의 불완전성에 따른 교육기회의 상실은 개인의 인적자본축적에 회복하기 어려운 장애를 초래하는 것이다.

또 인적자본축적에 수반되는 막대한 외부효과를 고려하면 한 개인의 교육기회상실은 사회 전체적으로도 엄청난 비용을 초래한다. 교육의 외부성은 여러 차원에서 살펴볼 수 있다. 예컨대 한 사람의 인적자본축적은 타인의 학습에도 영향을 주게 되며, 기술혁신역량도 좌우할 뿐 아니라, 범죄를 예방하고 양식 있는 시민을 육성하는 데에도 큰 역할을 한다. 즉, 인적자본의 축적은 시장에서 대가를 구할 수 없는 막대한 외부효과를 갖는다.

이렇게 정보의 불완전성, 외부효과 등으로 말미암은 시장실패 때문에 앞에서 살펴본 바와 같이 교육에 대해서는 역사적으로 정부가 적극적으로 개입해왔고, 또 상당한 효과를 본 것이 사실이다. 특히 우리나라의 경우에는 성장패러다임의 전환과 맞물려 인적자본축적의 인프라확충이 더욱 중요해지는 시점에 있다.

1. 우리 경제의 새로운 성장패러다임과 인적자본

1990년대 이후 우리 경제는 국민소득 1만 달러 수준의 성숙단계에 접어들면서 출산율저하, 투자수익률하락, 고비용저효율 등의 문제를 겪고 있다. 이에 따라 우리 경제는 1990년대 중반 이후 1인당 국민소득이 1만 달러 수준에 머무르고 미국과의 기술격차가 50% 수준에서 더 이상 좁혀지지 않는 정체된 모습을 보이고 있다 (하준경 2003). 이러한 현상은 과거 개발시대의 요소투입 중심의 양적 성장패러다임이 한계에 도달했으며, 선진국진입을 위해서는 우리 경제가 기술혁신과 인적자본 중심의 질적 성장패러다임으로 전환해야 함을 여실히 보여주고 있다.

한편 외환위기 이후 수출과 내수, IT산업과 비IT산업, 대기업과 중소기업, 그리고 고소득층과 저소득층 사이의 양극화 등 우리 경제의 여러 부문에서 경제적 성과의 격차가 확대되고 있다. 경제양극화는 근본적으로 우리 경제의 성숙단계진입, 세계화의 진전, 기술진보 등 급속한 환경변화에 대한 기업간·개인간 적응성격차에 따라 불가피하게 발생하는 측면이 있다(한국은행 2004). 그러나 경제양극화가 심화·지속되면 장기적으로 인적자본의 원활한 축적과 기술혁신이 저해되어 혁신주도형성장전략의 추진이 제약을 받을 수 있다는 문제가 있다. 특히 소득분배의 악화에 따라 교육투자의 소득계층간 격차가 심화되는 것은 경제의 성장잠재력과 관련하여 매우 심각한 문제이다. 예컨대 2000년 기준으로 소득이 가장 낮은 10% 계층의 지출에서 교육비가 차지하는 비중은 8.1%인 반면, 소득이 가장 높은 10%의 교육비지출비중은 14.6%로 최하위 10%에 견주어 1.8배 높다. 특히 사교육비지출비중은 각각 3.3%와 9.0%로 2.7배 차이가 난다.[3] 그럼에도 소득재분배 및 사회보장 수준은 다른 OECD 국가들에 견주어 매우 열악한 상황이어서,[4] 인적자본투자의 불균형으로 말미암아 국가의 인적자본기반침식, 계층간이동성약화와 사회계층고착화로 말미암아 경제의 역동성 상실, 사회 불안정 및 불확실성 심회 등 막대한 사회적 비용이 발생하고 있는 것으로 보인다.

문제는 경제가 혁신주도형성장패러다임으로 이행되면서 혁신이 가져다주는 변화에 빨리 적응하는 사람들과 그렇지 못한 사람들 사이에 격차가 확대되고, 그것이 인적자본투자의 불균형과 성장기반잠식으로 연결될 경우 혁신주도형 성장전략 자체가 위기에 봉착할 수 있다는 점이다. 따라서 혁신과정에서 나타나는 선도부문과 낙후부문 사이의 차별화로 말미암은 부작용을 완화하여 혁신주도형성장을 지속할 수 있는 토대를 마련할 필요가 있는데, 이러한 토대의 핵심은 무엇보다도 인적자본축적기반의 확충이다.

---

3) 이를 금액기준으로 본 연간교육비지출액은 1분위가 81만원인 반면 10분위가 484만 원으로 약 6배 차이가 나며 사교육비지출액격차는 9배(1분위 33만 원, 10분위는 299만 원)에 달한다(통계청 2002).

4) 우리나라의 GDP 대비 사회복지지출비중은 2000년 10% 미만으로 추정되어 일본(11.5%), 미국(14.1%), 영국(20.8%), 프랑스 (27%), 네덜란드(29.2%), 스웨덴(32.4%) 등에 견주어 낮다(유경준 2003).

2. 인적자본과 성장촉진형 재분배

인적자본 축적기회의 보장을 위한 정책들은 성장을 위한 투자정책이면서 동시에 재분배정책의 성격도 갖는다. 공공자금을 통한 교육기회의 확대는 경제의 인적자본 수준을 높이고 사회의 안정성을 보장함으로써 장기적으로 기업 및 고소득층의 경제활동에 도움을 주면서, 동시에 저소득층의 생활수준에 직·간접적으로 긍정적 영향을 주는 것이다. 이러한 성장촉진형 재분배(growth-enhancing redistribution)가 가져오는 경제성장 효과는 매우 큰 것으로 분석된다. Fernandez and Rogerson(1998)은 미국의 경우 지역간·계층간 학자금이용가능성을 완전히 평등하게 할 경우 장기균형 GDP 수준이 3.2% 증가하는 것으로 분석한 바 있다. 또 Benabou(2002)는 GDP의 6%를 상위 30% 소득계층으로부터 하위 70% 계층으로 재분배할 경우 주로 하위계층의 인적자본 투자 증가로 미국의 장기 경제성장률이 0.5%p 상승하는 것으로 추정하였다.

이와 같은 성장과 분배의 동시적 개선 메커니즘은 경제성장에서 혁신과 아이디어의 역할이 커질수록 더욱 중요해진다. 저소득층

<그림 1> 인적자본 축적을 통한 혁신의 선순환구조

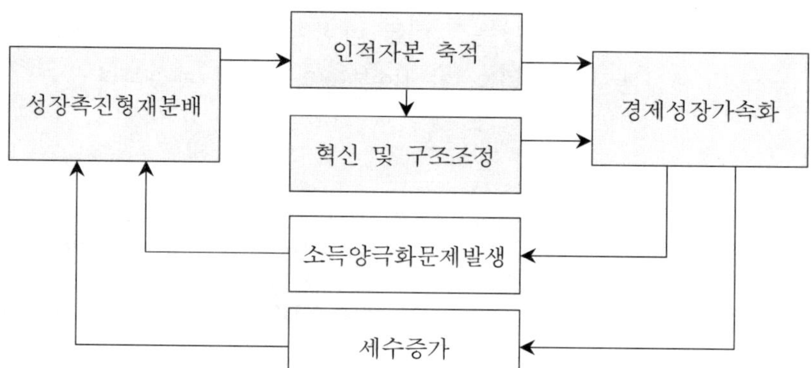

에 속한 사람들이 갖고 있는 잠재적 아이디어를 최대한 활용함으로써 숨겨진 투자기회를 발굴하고 계층간 이동성을 높여 경제의 역동성과 혁신역량을 극대화할 수 있는데, 이를 통한 경제성장의 가속화는 세수를 증대시키게 되므로 지속적 혁신과 성장촉진형 재분배의 선순환구조가 작동할 수 있게 되는 것이다. 여기서 주의해야 할 것은 일회적 재분배가 아닌 지속적 체계적인 인적자본 축적 지원을 통해 혁신과정에서 뒤처진 사람들로 하여금 혁신의 선순환구조에 편입되도록 유도해야 한다는 점이다.

〈참고〉 성장과 분배의 관계에 대한 실증분석

1990년대 이후 성장과 분배의 관계에 대한 다양한 실증분석결과에 따라 소득 및 부의 불평등도와 경제성장 사이에 음의 상관관계가 있음이 밝혀지면서 성장과 분배가 상충관계를 갖는다는 전통적 고정관념이 깨지기 시작했다. Persson and Tabellini(1994)는 56개 나라 자료를 이용한 실증분석에서 최상위 20% 계층의 소득비중을 7%(1표준편차) 늘릴 경우 평균성장률이 0.5%p가량 하락함을 보였다. Alesina and Rodrik(1994)도 70개국의 자료를 이용한 분석결과를 통해 토지소유의 지니계수를 1표준편차만큼 늘릴 때 1인당 국민소득증가율이 매년 0.8%p 하락함을 보였다. Clarke(1995), Perotti(1996) 등도 다양한 불평등도지표와 경제성장 사이에 음의 상관관계가 존재함을 보였다.

다른 한편으로 재분배정책이 경제성장과 양의 상관관계를 가지고 있다는 점도 밝혀졌다. Easterly and Rebelo(1993), Perotti(1996) 등은 재분배정책지표들, 즉 한계 및 평균세율, 다양한 사회보장지출 등과 경제성장률 사이에 양의 상관관계가 존재함을 보였다.

경제학자들 사이에서는 불평등이 심한 경제일수록 성장률도 낮다는 것이 정설로 굳어지고 있으며,[5] 재분배정책을 통해 경제성장을 촉진할 수 있는 가능성에 대해서도 폭넓은 합의가 이루어지고 있다.

IV. 인적자본 기반 확충을 위한 정책방향

1. 기존 정책의 취약점

먼저 현재 우리나라의 인적자본 확충정책에 대해서 간단히 평가하고 바람직한 정책방향을 논해보기로 한다. 기존 정책의 문제점을 간단히 요약하면, 인적자원개발이 주로 시설단위의 공급자 중심으로 이루어지고 있고 서비스의 유기적 전달체계가 미비하여 예산을 늘려도 수혜체감도가 저조하다는 점이다.

먼저 영유아보육과 아동교육에 대한 체계적 서비스전달 인프라가 매우 미비하다. 예산 면에서도 총 보육비용에 대한 정부부담률이 2003년 30.5%로 선진국의 1/3 이하에 지나지 않고, 노동부·교육부·여성부·복지부·농림부 등의 관련 예산이 상호연계와 종합적 기획 없이 부처별로 개별·중복 집행되어 예산의 효율성이 낮다. 청년층의 경우에도 졸업 뒤 진로 등 교육정보와 직업전망, 취업상태, 직장이동경로 등에 대한 교육-노동의 연계정보가 부족하다. 청년층의 주요 취업경로는 연고에 의한 취업(50.6%)이며, 직업안정기관과 학교취업센터 활용은 극히 저조(3.6%)함을 알 수 있

---

5) Forbes(1998)는 예외적으로 불평등도와 성장이 비례할 가능성을 주장하고 있으나 상당수 나라들을 분석에서 제외한 데다, 자의적 시차구조, 계수의 신뢰도 부족 등의 문제로 학계에서 큰 주목을 받지는 못하고 있다.

다. 또 고졸 이하 저학력청년층의 취업문제가 심각하지만,[6] 정부의
청년층취업지원대책은 주로 대졸자를 대상으로 하고 있다. 직업훈
련참여율(2002년)을 보아도 초졸 이하는 3.1%, 중졸 4.2%, 대졸
23.3%, 대학원졸 24.1%로 학력별편차가 심하다.
　　또 취약계층에 대한 능력개발지원 인프라도 부족하다. 저소득근
로능력자 가운데 6.7%만이 직업훈련에 참여하고 있으며, 대부분
(90.2%)이 특별한 직업기술이 없는 것이 현실이다. 장애인의 경우
에도 장애발생 뒤 직업훈련을 받은 경우는 3.0%에 지나지 않는다.

2. 향후 정책방향

　　인석자본기반 확충을 위한 바람식한 성책방향을 제시해보사.
이를 간단히 요약하면, 수요자 중심의 전국적 종합적 학습인프라
를 구축하여 인적자본의 축적과 활용 기회를 폭넓게 제공하는 것
이라고 할 수 있다. 즉 공급자 중심의 시설단위 지원방식으로부터
수요자 중심의 종합지원방식으로 이행하되 전국적 네트워크를 구
축하여 종합아동보육시스템, 구직지원제도, 보건제도 등을 연계함
으로써 서비스전달체계를 강화하는 것이다.
　　특히 수요자에게 가족단위로 종합서비스를 제공하는 방식을 검
토할 필요가 있다. 아동의 문제와 부모의 문제는 불가분의 관계를
가지기 때문에 종합적으로 접근해야만 시너지효과를 극대화할 수
있기 때문이다. 〈그림 2〉는 이러한 시스템을 간략히 보여준다. 아
래에서는 주요 내용을 좀더 구체적으로 살펴보기로 한다.

---

6) 전체 청년층 실업자의 62.8%가 고졸 이하의 저학력자(2003년)이며, 저학력 실업
　자의 10% 이상이 6개월 이상 장기실업자이다.

<그림 2> 인적자본 축적과 활용에 대한 종합지원시스템

취학 전 및 초등교육	중등교육	고등교육	취업 시	퇴직 뒤
종합아동보육시스템	공교육활성화	학자금지원	구직지원 직업훈련 재교육	노인고용지원

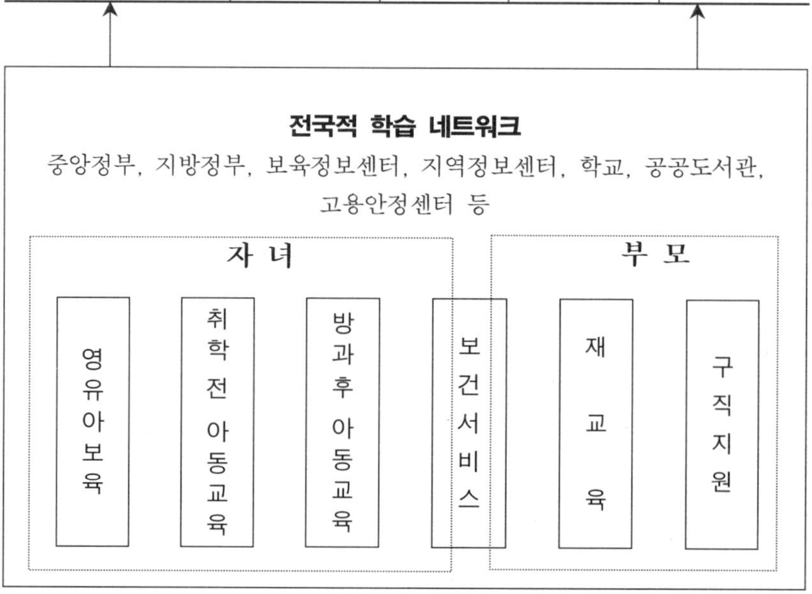

가. 전국적 학습네트워크와 종합 아동보육시스템 구축

전국에 걸친 학습네트워크를 구축하여 영유아와 아동에게는 교육·보건 서비스, 부모들에게는 재교육과 구직·보건 서비스 등 다방면에 걸친 종합서비스를 가족단위로 제공할 필요가 있다. 미국의 헤드스타트(Head Start), 영국의 슈어스타트(Sure Start)[7] 등을

---

7) Head Start, Sure Start 등은 저소득층 아동에 대한 종합보육서비스제도(자세한 내용은 〈부록〉 참조)이며, 우리나라에서도 2004년 5월 민간 중심의 'We Start 운동본부'가 발족하였으나 아직 캠페인 수준이다.

참고하되, 수혜대상을 모든 계층으로 확대하고 관련 기관들 사이의 네트워크를 강화하여 좀더 강력한 수요자 중심 체제로 이행하는 것이 바람직할 것이다. 물론 저소득층아동에 대해서는 무료 또는 매우 저렴한 비용으로 서비스를 제공해야 할 것이다. 이 시스템에서는 아동에 대해서는 영유아보육, 방과 후 교육, 발육상태 및 건강 점검, 부모들에 대해서는 재교육·구직·보육 정보제공 등의 서비스를 제공함으로써 가족구성원 전체의 인력개발을 지원하게 된다. 특히 5세 이전 시기에 두뇌의 75% 이상이 발달하므로 영유아보육 인프라 구축에 중점을 두어야 할 것이다.

이 시스템을 효율적으로 구축하기 위해서는 중앙정부의 지원 아래 지방정부, 기존의 보육정보센터·지역정보센터·공공도서관·고용안정센터·학교·보건소·사회복지관 등의 전국적 종합적 네트워크를 형성하되 부족한 시설은 계속 확충해야 할 것이다. 또 정부는 이를 현재 추진 중인 육아지원센터·지역아동센터 등의 사업과도 유기적으로 연계 또는 통합하는 한편, 자금지원 및 감독뿐만 아니라 서비스의 질적 향상을 위한 관련인력 양성 등에도 주력할 필요가 있다. 이런 과정이 순조롭게 이루어진다면 소요재원은 장기적으로 혁신역량강화를 통한 경제성장이 가져다주는 세수증가와 상속·증여세제 등의 합리적 개선에 따른 세수확대[8]로 마련될 수 있을 것이다.

나. 공교육의 활성화

공교육과 관련해서는 공교육의 계층간·지역간 질적 격차를 축소하고 사교육의존도를 줄이는 것이 핵심과제이다. 먼저 교육의

---

8) 상속·증여세제를 선진국에서 채택하고 있는 평생총액기준 과세형태로 개편하고 고소득층의 누락세원을 적출하는 등 공평과세를 통해 세원을 확대할 수 있다.

초기단계에서부터 부모의 소득수준에 따른 자녀교육의 질적 격차를 극소화하기 위한 방안을 마련할 필요가 있는데, 특히 유아교육을 비롯하여 초등교육 및 중등교육의 질이 해당지역의 평균소득수준에 따라 결정되지 않도록 하는 것이 중요하다(Lloyd-Ellis 2000). 이를 위해서는 교사의 질과 노력 정도가 지역에 따라 좌우되지 않도록 조절하고 교육자원이 부유층 거주지역에 편중되지 않도록 유도해야 한다.9) 이를 통해 저소득층자녀의 잠재력을 충분히 발굴하여 국가의 혁신역량도 강화할 수 있을 것이다.

또 계층간 교육투자의 격차는 사교육에서 더욱 크게 나타나므로 공교육의 질을 높여 전반적으로 사교육 의존도를 낮출 필요가 있다. 이를 위해서는 과거 개발시대의 유산인 입시위주의 획일적 교육에서 벗어나 개개인의 창의성과 능력을 극대화하는 방향으로 교육을 개혁해야 할 것이다. 좀더 장기적으로는 대학입시라는 한 차례 경쟁의 결과가 남은 인생을 좌우하지 않도록 평생에 걸친 공정경쟁을 유도하는 방안을 모색해야 할 것인데, 이는 개인의 능력이 학벌보다는 창의성을 통해 평가되는 혁신주도형 경제시스템의 성공과도 밀접한 관련이 있다.

다. 학자금지원 제도의 대폭 확충

한편 수요자의 다양한 요구를 충족시킬 수 있도록 현행 금융기관 중심의 학자금 융자제도를 정부지원확대를 통한 학교 중심 체제로 개편하여 대폭 활성화할 필요가 있다. 우리나라 학자금 융자액은 외환위기 이후 많이 늘었으나 2003년 7천8백억 원 정도에 지나지 않으며, 융자조건10) 및 대출상품의 다양성 측면에서 수요자의

---

9) 미국 클린턴 행정부는 빈곤층 아동의 수가 많은 학군에 더 많은 교육자금을 지원하였다.

욕구에 못 미치는 실정이다.

또 신용제약으로 말미암아 자금을 조달하기 어려운 저소득층의 교육 및 직업훈련 자금에 대한 재정지원을 대폭 확충할 필요가 있다. 특히 저소득층자녀에 대해서는 장학금지원, 등록금감면 등을 통한 교육자금직접지원을 확대하는 방안도 고려해볼 수 있을 것이다.

아울러 학자금취급을 꺼리고 있는 금융기관들이 더 적극적으로 대출할 수 있도록 학자금대출제도를 개선해야 한다. 이를 위해서는 정부가 어느 정도 위험을 공유할 필요가 있으며, 자금차입자의 도덕적 해이를 방지하기 위한 관리장치도 마련되어야 할 것이다.

라. 재교육 및 직업훈련 제도의 확충

기업들의 수요에 맞는 기술인력을 양성하기 위한 기업 중심의 재교육제도를 활성화하되 사회적인 외부효과가 크다고 인정되지 않는 한 기업 내 재교육의 자금부담은 기업이 지도록 하는 것을 원칙으로 해야 할 것이다. 또한 비정규직근로자에게 더 많은 교육훈련기회를 부여하도록 유도하고 저소득층에 대한 정보통신 관련 교육을 강화하는 등 기술진보에 뒤처지지 않도록 지원해야 한다. 아울러 실업자의 직업훈련과 고용촉진을 위한 지원도 강화하되 지역학습네트워크의 종합서비스를 적극 활용하는 방안을 마련해야 한다.

---

10) 2004년 기준으로 학생부담분의 연리가 4%이다.

V. 맺음말

이상에서 인적자본기반 확충정책의 주요 내용을 간단히 살펴보았다. 물론 위에서 거론되지 않은 좋은 정책들도 많이 있을 것이다. 이러한 정책들이 원활히 추진되면 혁신주도형경제의 지속성을 위한 인프라가 구축됨은 물론, 경제양극화, 체감경기악화, 고용 없는 성장, 출산율저하 등의 문제를 해소하는 데에도 큰 도움이 될 것이다. 요컨대 사람이 성장의 엔진이 되는 시대에 인적자본기반 확충은 곧 '사람에 대한' 투자로서, 새로운 성장동력을 제공할 수 있는 숨겨진 기회를 발굴하는 것이다.

이제는 인적자본의 인프라를 확충하는 정책에 대한 광범위한 사회적 합의를 이루는 것이 절실하다. 나라의 인적자본기반이 튼튼해지면 혁신에 따르는 부작용을 해소함과 동시에 혁신역량을 더욱 강화할 수 있어 혁신주도형경제의 지속성을 확보하고 선진경제로 도약할 수 있으며, 이를 통해 기업가·노동자 모두 이익을 얻을 수 있다는 전망을 공유해야 할 것이다. 그리고 정부는 이러한 사회적 합의를 바탕으로 지도력을 가지고 정책을 추진해나가야 할 것이다.

> "*國富*의 현대적 개념은 *20세기 초 이전에 등장하였다. 그것은 사람들에게 체화되어 있는 자본—인적자본—이 중요하다는 것이다.*"
>
> *— Claudia Goldin(2001)*

〈부록〉 미국과 영국의 스타트프로그램[11]

1. 미국의 헤드스타트(Head Start)

헤드스타트는 3~5세의 취학 전 빈곤아동에게 교육과 보건 등 다방면에 걸친 포괄적 서비스를 제공함으로써 빈곤의 대물림을 끊고자 하는 아동보육프로그램이다. 이것은 1964년 미국의 대빈곤전쟁(War on Poverty) 대책 가운데 하나로 시작되어 현재까지 가장 효과적이고 성공적인 프로그램으로 평가되고 있다. 1990년대 들어서는 헤드스타트프로그램에 대한 정부지원이 꾸준히 늘어나 1993년 27억 달러였던 예산이 2003년 66억 달러로 두 배 이상 증가하여 아동 1인당 연간프로그램비용이 7천 달러에 이르게 되었으며, 2003년에 약 92만 명이 혜택을 보았다.

클린턴 대통령은 헤드스타트지원금을 20% 증액하고 지원대상을 10만 명 늘렸으며 5년 동안 식비보조금에 25억 달러를 추가로 지원하였는데, 이는 클린턴 행정부의 성공적인 업적 가운데 하나로 평가되고 있다. 부시 대통령도 2002년 'Good Start, Grow Smart'란 구호 아래 빈곤아동에 대한 지원의 중요성을 강조하면서 헤드스타트프로그램을 더욱 강화하겠다고 밝혔다.

2002년 현재 연방정부의 지원금을 받아 헤드스타트프로그램을 운영하는 기관은 1천 570개이며 빈곤가정이 손쉽게 접근할 수 있도록 미국 전역에 1만 8천여 개에 달하는 헤드스타트센터가 있다. 프로그램운영기관은 연방정부가 정한 헤드스타트 실행기준을 충족시켜야 하며, 이에 못 미치면 정부보조가 중단되는데, 이 때문에

---

11) 스타트프로그램의 주요 내용에 대해서는 http://westart.joins.com/에 게재된 자료들을 참조하였다.

지난 5년 동안 10%가량의 운영기관이 교체되었다.

수혜자는 연방정부가 정한 빈곤선 아래에 있는 가정의 아동들로 이들은 센터에서 책 읽는 법과 셈하는 법 등을 배우며, 발육상황과 건강상태도 면밀히 점검받는다. 또한 부모들이 프로그램에 긴밀히 관련되어 프로그램종사자의 29%는 자녀가 현재 헤드스타트프로그램에 참여 중이거나 과거에 참여했던 경험이 있으며 86만여 명의 부모들이 헤드스타트자원봉사자로 참여하고 있다. 이 프로그램의 성과를 살펴보면 헤드스타트프로그램을 수혜한 아동은 그렇지 않은 아동에 견주어 IQ나 학업성적이 높았으며, 문제아를 위한 특수학급에 배치되는 비율이 낮았고(37% vs. 50%), 유급되는 비율도 낮았다(15% vs. 20%). 또한 범죄율에서도 프로그램아동은 범죄를 저지르는 비율이 낮았고, 범죄를 저지르더라도 덜 심각한 범죄를 저지르고, 중범죄자가 되는 비율도 낮았다.[12] 이 프로그램에 드는 비용은 한 가족당 1만 2천 356달러지만, 범죄의 감소와 빈곤아동이 사회의 건전한 노동력으로 자라나서 내는 세금의 증가 등으로 얻는 이득은 10만 8천 2달러로 나타나 9배 이상의 효과를 거두는 것으로 분석되고 있다.

1994년부터는 0~2세 영아에게까지 헤드스타트프로그램을 확장하는 '조기 헤드스타트'(Early Head Start)프로그램이 시작되었다. 이 프로그램은 임산부의 건강진단·태아검진을 비롯하여 영아보육·가족지원 등을 중심으로 하는데, 2002년에 6만 2천여 명이 혜택을 받았으며 6억 달러의 추가예산이 투입되었다.

---

12) 프로그램아동은 일생동안 평균 2.3회 검거되는 데 반해 비프로그램아동은 4.6회 검거되며, 5회 이상의 범죄를 저지른 중범죄자의 비율도 프로그램아동은 7%인 데 반해 비프로그램아동은 35%이다.

2. 영국의 슈어스타트(Sure Start)

영국의 슈어스타트는 1999년부터 영국 내 하위 20% 계층의
0~14세(특별한 교육이 필요한 16세까지 포함) 아동을 대상으로
시작한, 교육서비스제공과 부모들의 양육지원 등 보육인프라를 구
축하는 시스템이다. 1999년부터 2003년까지 19억 파운드의 정부예
산이 투입되었으며 2004년 예산은 12억 파운드가 배정되는 등 계
속 증가하는 추세로, 각 지역에서 이루어지는 개별프로그램마다
민간펀드를 두어 재원을 확보 운용하고 있다. 실질적으로 사업을
벌이는 주체는 지방정부를 중심으로 전국에 설치된 67개 아동센터
(Children's Centre), 107개 조기 우등센터(Early Excellence Centre)를
비롯해 기존에 있던 학교·양육시설·시민단체들이다.

이들은 524개의 '슈어스타트 지역프로그램'을 통해 지역별 특성
에 맞게 아동과 그 가족에게 보육·보건·교육·취업 관련 서비스
를 제공하고 있다. 부모들에게 구직정보와 보육정보를 동시에 제
공하고 임신 앞뒤의 건강진단도 지원하며, 생후 2개월의 아동이
있는 집을 방문해 가족건강진단과 보육상담을 하고 있다. 또한 노
동연금부에서 운영하고 있는 지역별구직센터(JobCentre Plus)와 연
계하여 부모들이 아동을 키우면서 일자리를 포기하지 않도록 도와
준다. 아울러 아동수당(Child Benefit)을 늘리고, 가족공제(Family
Credit) 대신 근로가구조세공제(Working Families Tax Credit)를 도
입하는 등 범정부차원에서 금전적인 지원을 하고 있다. 특히 아이
를 키우는 가정의 전반적인 조세부담을 낮춰주는 아동조세공제
(Children's Tax Credit)도 도입하였고, 취학 이후에도 학교를 개방
하여 방과 후 교실이나 학교 밖 프로그램 등을 통해 정규교육시간
이후에도 아이들이 방치되지 않도록 하고 있다. 영국정부는 2006
년까지 45만 명을 보살필 수 있는 시설을 추가로 마련해, 2백만 명

의 아이들이 보육서비스를 받을 수 있도록 하며, 2010년까지 빈곤
아동수를 반으로 줄이고, 2020년에는 '0'으로 만들겠다는 목표를
설정하고 있다.

참고문헌

통계청(2002), 《가구소비실태조사보고서》.

하준경(2003), 〈성장전략의 전환필요성과 정책과제 : 동태적 거시경제 모형을 이용한 분석〉, 《금융경제연구》 제169호, 한국은행 금융경제연구원.

한국은행(2004), 〈경제양극화의 원인과 정책과제〉, 《금융경제연구》 제184호, 한국은행 금융경제연구원.

Alesina, A. and D. Rodrick(1994), "Redistributive Politics and Economic Growth," *Quarterly Journal of Economics* 109, pp. 465~490.

Benabou, R.(2002), "Tax and Education Policy in a Heterogenous Agent Economy," *Econometrica* 70, pp. 96~129.

Clarke, G. R. G.(1995), "More Evidence on Income Distribution and Growth," *Journal of Development Economics* 47, pp. 403~427.

Easterly, W. and S. Rebelo(1993), "Fiscal Policy and Economic Growth : An Empirical Investigation," *Journal of Monetary Economics* 32, pp. 417~458.

Fernandez, R. and R. Rogerson(1998), "Public Education and the Dynamics of Income Distribution : A Quantitative Evaluation of Education Finance Reform," *American Economic Review* 88, pp. 813~833.

Foellmi, R. and J. Zweimüller(2003), "Inequality and Economic Growth : European versus U.S. experiences," *CESIFO Working Paper* No. 1007.

Forbes, K.(1998), "A Reassessment of the Relationship Between Inequality and Growth," mimeo.

Galor, O. and O. Moav(2003), "Das Human Kapital : A Theory of the Demise of the Class Structure," mimeo.

Goldin, C.(2001), "The Human Capital Century and American Leadershi
p : Virtues of the Past," *Journal of Economic History* 61, pp.
263~292.

Krueger, D. and K. B. Kumar(2002), "Skill-specific rather than General
Education : A Reason for Slow European Growth?" *USC Marshall
School of Business working paper* No. 02-7.

Lloyd-Ellis, H.(2000), "The Impact of Inequality on Productivity Growth
: A Primer," Strategic Policy, Human Resources Development
Canada.

Oelson, R. R. and E. S. Phelps(1966), "Investment in Humans,
Technological Diffusion, and Economic Growth," *American
Economic Review* 56, pp. 69~75.

Perotti, R.(1996), "Growth, Income Distribution, and Democracy : What
the Data Say," *Journal of Economic Growth* 1, pp. 149~187.

Persson, T. and G. Uabellini(1994), "Is Inequality Harmful for Growth? "
American Economic Review 84, pp. 600~621.

지은이 소개

>> 함 정 호

성균관대학교, 미국 텍사스대(Ph.D.).

한국은행 금융경제연구원장.

《금융환경 변화와 통화정책》(공저), 지식산업사, 2000.

《한국 은행산업의 진로》(공저), 지식산업사, 2000.

《우리나라 통화금융경제의 이해》, 비봉출판사, 1996.

>> 임 철 재

서울대학교, 미국 미시간대(M.A.).

한국은행 금융경제연구원 통화연구팀 과장.

〈자본이동 확대에 따른 정책대응과 향후 정책과제〉, 《조사통계월보》 2001년 8
월호, 한국은행, 2001.

《우리나라의 금융제도》(공저), 한국은행 조사국, 1999.

〈금리중시 통화정책 운용방안〉(공저), 《금융환경 변화와 통화정책》, 지식산업
사, 2000.

>> 김 영 준

연세대학교(M.A.).

한국은행 금융경제연구원 통화연구팀 과장.

>> 홍 승 제

고려대학교, 미국 캘리포니아대(M.A.).

한국은행 총무국(동북아시대위원회 파견) 차장.

〈자산가격변동과 통화정책〉(공저), 《한국경제연구》 제10권, 한국경제학회,
    2003.

〈전자금융발달과 통화정책〉(공저), 《금융경제연구》 제153호, 한국은행, 2003.

〈금융감독과 통화정책〉(공저), 《한국경제연구》 제4권, 한국경제연구학회, 2001.

>> 하 준 경

서울대학교, 미국 브라운대(Ph.D).

한국은행 금융경제연구원 경제연구팀 과장.

"Accounting for Trends in Productivity and R&D: Schumpeterian Critique of
    Semi-Endogenous Economic Growth Theory"(with Peter Howitt), Brown University,
    2004.

"The Dynamics of Human Capital Accumulation and Technological Progress: Mincer
    Meets Schumpeter," presented at the KEA conference, 2004.

>> 양 동 욱

연세대학교, 미국 일리노이대(M.A.).

한국은행 금융경제연구원 부원장.

〈내외수산업 균형성장을 위한 과제〉(공저), 《금융경제연구》 제128호, 한국은
    행, 2002.

〈은행그룹화와 통화정책〉(공저), 《경제분석》 제10권 2호, 한국은행, 2004.

>> 이 주 경

서울대학교, 미국 코넬대(Ph.D.).

한국은행 은행국 안정분석팀 차장.

〈재정적 인플레이션 이론과 우리나라에서의 적용가능성〉, 《경제분석》 제9권
    4호, 한국은행, 2004.

〈고교평준화 정책의 경제학: 주거지 선택과 서열화 문제를 중심으로〉, 《경제

분석》 제8권 3호, 한국은행, 2002.

〈이자제한법의 타당성에 대한 새로운 접근〉,《경제분석》 제8권 1호, 한국은
    행, 2002.

>> 문 소 상

연세대학교(M.A.)

한국은행 조사국 조사총괄팀 과장.

〈잠재GDP 및 인플레이션 압력 측정결과〉(공저),《경제분석》 제6권 1호, 한국
    은행, 2000.

〈주가와 소비의 관계분석〉(공저), 《경제분석》 제7권 1호, 한국은행, 2001).

〈한국의 자연실업률 추정 및 유용성 평가〉,《경제분석》 제9권 3호, 한국은행,
    2003.

>> 이 종 건

서울대학교, 미국 일리노이대(Ph.D).

한국은행 조사국 물가분석팀장(전 금융경제연구원 거시경제팀장).

"In Finance, Size Matters," IMF Staff Papers, Vol. 51, No. 1, 2004.

〈경제충격과 신경제적 구조변화〉, 《경제분석》 제6권 제3호, 2000.

"資本ストックの動態的調整下の經濟パフォ-マンス", 日本經濟研究 第30號,
    1995.

>> 이 내 황

연세대학교, 미국 인디아나대(M.A.).

한국은행 경기본부 기획조사실장(전 금융경제연구원 경제연구팀장).

>> 강 태 수

연세대학교(M.A.).

한국은행 금융경제연구원 연구조정팀 과장.

>> 전 승 철

서울대학교, 미국 캘리포니아대(Ph. D).

한국은행 금융경제연구원 국제경제팀장.

〈국제금융센터로의 발전을 위한 금융인력 양성과 중앙은행의 역할〉(공저),
　　《금융경제연구》 제177호, 한국은행, 2004.

〈미국 쌍둥이 적자(Twin Deficits)의 향후 전망과 우리 경제에 미치는 영향 및
　　대응과제〉,《금융경제연구》 제162호, 한국은행, 2003.

"Asian Monetary and Financial Cooperation in Response to Currency Crisis: Issues and
　　Policy Implications", Journal of East Asian Affairs, Vol. 18, No. 2, 2004.

>> 이 종 화

고려대학교, 미국 하바드대(Ph.D.).

고려대학교 경제학과 교수.

"Financial Crisis and Credit Crunch: Evidence Form the Korean Firm Level Data"(with
　　E.Borensztein), Journal of Monetary Economics, 49(4), May 2002.

"International Data on Educational Attainment: Updates and Implications"(with R. J.
　　Barro), Oxford Economic Papers, 53(3), 2001.